D1752118

Martin Bucer, De vera et falsa caenae dominicae administratione (1546)

Studies in Medieval and Reformation Traditions

Edited by
Andrew Colin Gow
Edmonton, Alberta

In cooperation with
Sylvia Brown, Edmonton, Alberta
Falk Eisermann, Berlin
Berndt Hamm, Erlangen
Johannes Heil, Heidelberg
Susan C. Karant-Nunn, Tucson, Arizona
Martin Kaufhold, Augsburg
Jürgen Miethke, Heidelberg
M.E.H. Nicolette Mout, Leiden
Christopher Ocker, San Anselmo and Berkeley, California

Founding Editor
Heiko A. Oberman†

Martin Bucer: Opera Latina

Edited by
Annie Noblesse-Rocher, University of Strasbourg

VOLUME SMRT 84 / BUOL 6

The titles published in this series are listed at *brill.com/smrt*

Martin Bucer, De vera et falsa caenae dominicae administratione (1546)

Edited by

Nicholas Thompson

BRILL

LEIDEN | BOSTON

Library of Congress Cataloging-in-Publication Data

Bucer, Martin, 1491–1551.
 [De vera et falsa caenae dominicae administratione]
 Martin Bucer, De vera et falsa caenae dominicae administratione (1546) / edited by Nicholas Thompson.
   pages cm. — (Studies in medieval and Reformation traditions ; VOLUME 184) (Martin Bucer: Opera Latina ; 6)
 Latin work, with preliminary pages in English.
 Includes bibliographical references and index.
   ISBN 978-90-04-27323-8 (hardback : alk. paper) — ISBN 978-90-04-27324-5 (e-book : alk. paper) 1. Lord's Supper—Early works to 1800. 2. Lord's Supper—History of doctrines—16th century. 3. Latomus, Bartholomaeus, 1485?–1570. 4. Church history—16th century—Sources. I. Title. II. Title: De vera et falsa caenae dominicae administratione (1546).

BV823.B78 2014
264'.36—dc23

2014009861

This publication has been typeset in the multilingual 'Brill' typeface. With over 5,100 characters covering Latin, IPA, Greek, and Cyrillic, this typeface is especially suitable for use in the humanities.
For more information, please see brill.com/brill-typeface.

ISBN 978 90 04 27323 8 (hardback)
ISBN 978 90 04 27324 5 (e-book)

Copyright 2014 by Koninklijke Brill NV, Leiden, The Netherlands.
Koninklijke Brill NV incorporates the imprints Brill, Brill Nijhoff, Global Oriental and Hotei Publishing.
All rights reserved. No part of this publication may be reproduced, translated, stored in a retrieval system, or transmitted in any form or by any means, electronic, mechanical, photocopying, recording or otherwise, without prior written permission from the publisher.
Authorization to photocopy items for internal or personal use is granted by Koninklijke Brill NV provided that the appropriate fees are paid directly to The Copyright Clearance Center, 222 Rosewood Drive, Suite 910, Danvers, MA 01923, USA. Fees are subject to change.

This book is printed on acid-free paper.

Printed by Printforce, the Netherlands

For Two Latinists
Mary Hussey, 1909–1993
Father Jack Witbrock, 1937–2012

Contents

Acknowledgements   ix
List of Abbreviations   xi

Introduction   1

Bibliographical Description   45

Praefatio ad patres in synodo Tridentina, qui Deum timent, de causis, quae pios homines ab ea synodo absterrent   48

Ad Latomum   70

Liber Primus   72

Liber Secundus   170

Bibliography   281

Index of Biblical Citations   301
Index of Non-Biblical Sources   309
Index of Subjects, Names and Places   315

Acknowledgements

If there is a scholarly analogue of 'slow food', it is surely the critical edition. By the standards of textual scholarship the present volume has represented a fairly modest challenge. Yet it is the product of seven years of intermittent work and a whole series of debts to the people and institutions who have helped me bring it to completion.

Four grants made it possible for me to devote sustained attention to this project. The first was a visiting fellowship at Saint John's College, Oxford during the summer vacation of 2006. This enabled me to establish the text and to access the special collections of the Bodleian Library. The second was a generous grant under AHRC Research Leave Scheme, which let me spend September 2007–May 2008 working on the edition. A residential fellowship at Wolfson College, Cambridge from October to December 2007 let me make sustained use of special collections in the University Library and the Library of Corpus Christi College. Finally, research leave from the Faculty of Arts at the University of Auckland between July 2012 and January 2103 (including a generous grant for research expenses) has allowed me to complete this edition. I would like to express my deep gratitude to all of these institutions, as well as to the Universities of Aberdeen and Auckland for letting me take time during conference travel to spend briefer periods working at the British Library, the National Library of Scotland and the University of Edinburgh Library.

It has been my good fortune during this project to enjoy the company of good colleagues and friends in two departments of Theology half a world away from each other. For their advice and encouragement I would like to thank the following in particular: Dr Marie-Luise Ehrenschwendtner at the University of Aberdeen, and Professor Elaine Wainwright, Dr Stephen Garner and Dr Caroline Blyth at the University of Auckland. I have also been very grateful to a number of people for advice on various linguistic problems. In particular I would like to thank Professor Gerald Hobbs, Dr Augustine Casiday, Neil Copeland and Debra MacDonald. From the very beginning of this project, Professor Ian Hazlett, my former doctoral supervisor at the University of Glasgow and an editor in this series, has been a source of wise counsel and encouragement. In the project's final stages Mhairi Penman at the University of Auckland has provided invaluable help with indexing and proof-reading.

Thanks finally to my family for their patience and (only occasionally bemused) confidence that it was indeed worth while trying to resurrect the words of a sixteenth century theologian.

List of Abbreviations

ADB *Allgemeine Deutsche Biographie.* 56 vols. Leipzig: Duncker & Humblot, 1875–1912.

ADRG *Akten der deutschen Reichsreligionsgespräche im 16. Jahrhundert.* Edited by Klaus Ganzer and Karl-Heinz zur Mühlen. Vol. 1—Göttingen: Vandenhoeck und Ruprecht, 2000–.

ACO *Acta conciliorum oecumenicorum.* Edited by Edward Schwartz et al. Vol. 1—Berlin: Walter de Gruyter, 1914–.

Allen Allen, H. M., ed. *Opus epistolarum Des. Erasmi Roterodami.* Denuo recognitum et auctum. 11 vols. Oxford: Clarendon. 1906–1947.

Aquinas, *Opera* Aquinas, Thomas. *S. Thomae Aquinatis opera omnia ut sunt in indice thomistico, additis 61 scriptis ex aliis medii aevi auctoribus.* Edited by Roberto Busa. 7 vols. Stuttgart-Bad Cannstatt: Friedrich Fromann and Günther Holzboog, 1980.

ARC *Acta Reformationis Catholicae ecclesiam Germaniae concernantia saeculi XVI.* Edited by G. Pfeilschifter. 6 vols. Regensburg: Friedrich Pustet, 1959–1974.

ARG *Archiv für Reformationsgeschichte* 1 (1903/4)–.

BBKL *Biographisch-bibliographisches Kirchenlexikon.* Edited by Friedrich Wilhelm Bautz. Vol. 1—Hamm: Verlag Traugott Bautz, 1970–.

BCor *Correspondance de Martin Bucer.* Edited by Jean Rott, et al. Vol. 1—Martini Buceri opera omnia: Series 3. Leiden: Brill, 1979–.

BDS *Martin Bucers Deutsche Schriften.* Edited by Robert Stupperich, et al. Vol. 1—Martini Buceri opera omnia: Series 1. Gütersloh: Gütersloher Verlagshaus, 1978–.

BOL *Martini Buceri opera latina.* Edited by François Wendel, et al. Vol. 1—Martini Buceri opera omnia: Series 2. Paris; Leiden: Brill, 1955; 1979–.

Botte and Mohrmann Botte, Bernard and Christine Mohrmann, eds. *L'Ordinaire de la messe: Texte critique, traduction et études.* Études liturgiques 2. Paris: Éditions du Cerf, 1953.

Caramello P. Caramello, ed. *S. Thomae Aquinatis Doctoris Angelici Summa theologiae.* 4 vols. Turin: Marietti, 1948–1950.

CCath 8	Latomus, Bartholomaeus. *Bartholomaeus Latomus: Zwei Streitschriften gegen Martin Bucer (1543–1545)*. Edited by Leonhard Keil. Corpus Catholicorum 8. Münster-i-Westfalen: Aschendorff, 1924.
CCath 34	Eck, Johannes. *Johannes Eck: Enchiridion locorum communium adversus Lutherum et alios hostes ecclesiae (1525–1543)*. Edited by Pierre Fraenkel et al. Corpus Catholicorum 34. Münster-i-Westfalen: Aschendorff, 1979.
CE	*Contemporaries of Erasmus: A Biographical Register of the Renaissance and Reformation*. Edited by Peter Bietenholtz. 3 vols. Toronto: University of Toronto Press, 1985–1987.
cf.	compare (*confer*)
CO	Calvin, John. *Ioannis Calvini opera quae supersunt omnia*. Corpus reformatorum 29–87. 59 vols. Braunschweig: Schwetschke et filius, 1863–1900.
CAO	*Corpus antiphonalium officii*. Edited by René-Jean Hesbert. Rerum ecclesiastica documenta. Series maior. Fontes 7–12. 6 vols. Rome: Herder, 1965—1979.
CCL	*Corpus Christianorum: Series Latina*. Vol. 1—Turnhout: Brepols, 1954–.
CR	*Corpus reformatorum*. 28 vols. Halle: Schwetschke, 1834–1860.
CSEL	*Corpus scriptorum ecclesiasticorum latinorum*. Vol. 1—Vienna: C. Geroldi filius, 1866–.
CT	*Concilium Tridentinum: Diariorum, actorum, epistularum, tractatuum nova collectio*. Edited by Societas Goerresiana. 13 vols. Freiburg i. Breisgau, 1963—2001.
Dionysiaca	[Ps-] Dionysius. *Dionysiaca: receuil donnant l'ensemble des traductions latines des ouvrages attribués au Denys de l'Aréopage*. 2 vols. Bruges: Desclée de Brouwer, 1937.
Divina missa	Liturgy of John Chrysostom. Ἡ θεία λειτουργία τοῦ ἁγίου Ἰωάννου τοῦ Χρυσοστόμου: *Divina missa sancti Ioannis Chrysostomi*. Venice: Ioannes Antonius et fratres de Sabio, 1528.
DHEE	*Diccionario de historia eclesiástica de España*. Edited by Quintín Aldea Vaquero, Tomás Marín Martínez and José Vives Gatell. 4 vols. and suppl. Madrid: Instituto Enrique Flórez, 1972–1987.
DRTA JR	*Deutsche Reichstagsakten, Jüngere Reihe*. Vol. 1—Gotha: F. A. Perthes, 1893–2010; Munich: Oldenburg, 2011–.
DS	Denzinger, Heinrich, ed. *Enchiridion symbolorum, definitionum et declarationum de rebus fidei et morum*. 25th ed. Freiburg i. Breisgau: Herder, 1973.
DThC	*Dictionnaire de théologie catholique*. 15 vols. Paris: Letouzey et Ané, 1903–1950.
e.g.	for example (*exempli gratia*)

esp.	especially
FNHDW	*Frühneuhochdeutsches Wörterbuch.* Edited by Robert R. Anderson, Ulrich Goebel and Oskar Reichmann. Vol. 1—Berlin: Walter de Gruyter, 1989.
Friedberg	*Corpus iuris canonici.* 2 vols. Edited by E. Friedberg. 1879. Reprint, Graz: Akademische Druck- und Verlagsanstalt, 1959.
GCS	*Griechischen christlichen Schriftsteller der ersten drei Jahrhunderte.* Vol. 1—Leipzig: Hinrichs, 1897–1969; Berlin: Akademie Verlag, 1975–.
Grimm	Grimm, Heinrich. *Deutsche Buchdruckersignete des XVI. Jahrhunderts: Geschichte, Sinngehalt und Gestaltung kleiner Kulturdokumente.* Wiesbaden: Guido Pressler, 1965.
HGFN	*Handbuch Gelehrtenkultur der frühen Neuzeit. Bd. 1: Bio-bibliographisches repertorium.* Berlin: Walter de Gruyter, 2004.
i.e.	that is (*id est*)
l.	line
Lenz	Lenz, Max, ed. *Briefwechsel Landgraf Philipp's des Großmüthigen von Hessen mit Bucer.* Publicationen aus den K. Preußlichen Staatsarchiven 5, 28, 47. 3 vols. Leipzig: S. Hirzel, 1880–1891.
Loeb	*Loeb Classical Library.* Vol. 1—London: Heinemann, 1912–.
Louvain, *Articuli*	University of Louvain. *Articuli orthodoxam religionem, sanctamque fidem nostram respicientes a sacrae theologiae professoribus Lovaneinsis Vniuersitatis aediti...* Cologne: Melchior Novesianus, 1545
Mansi	*Sacrorum conciliorum nova et amplissima collectio.* Edited by Joannes Dominicus Mansi. 54 vols. Paris: H. Welter, 1901–1927.
MBW	Melanchthon, Philipp. *Melanchthons Briefwechsel: Kritische und kommentierte Gesamtausgabe.* 12 in 13 vols. Stuttgart-Bad Cannstatt: Frommann-Holzboog, 1977–2007.
Missa Chrysostomi	Liturgy of John Chrysostom. *Missa D. Ioannis Chrysostomi secundum veterem usum ecclesiae Constantinopolitanae...* Edited by Johannes Hoffmeister. Colmar: per Barptholomeum [sic] Gryeningerum, 1540.
MPG	*Patrologiae cursus completus, series graeca.* 162 vols. Edited by J. P. Migne. Paris: J-P. Migne, 1857–1864
MPL	*Patrologiae cursus completus. Series latina.* 221 vols. Edited by J. P. Migne. Paris: J-P. Migne, 1844–1864.
NDB	*Neue Deutsche Biographie.* 12 vols. Leipzig: Duncker & Humblot, 1952–2008.

Niermeyer	Niermeyer, J. F and C. Van De Kieft, eds. *Mediae latinitatis lexicon minus: Lexique latin medieval-français/anglais: A Medieval Latin-French/English Dictionary.* Leiden: Brill, 1997.
Ottosen	Ottosen, Knud. *The Responsories and Versicles of the Latin Office of the Dead.* Aarhus: Aarhus University Press, 1993.
p.	page
QGT 7	Krebs, Manfred & Hans Rott, eds. *Elsaß I: Stadt Straßburg, 1522–1532.* Quellen zur Geschichte der Täufer 7. Gütersloh: Gerd Mohn, 1959.
RGST	*Reformationsgeschichtliche Studien und Texte.* Münster: Aschendorff, 1906–.
RPR J	Jaffé, Philipp et al. eds. *Regesta pontificum romanorum ab condita ecclesia ad annum post Christum natum MCXCVIII.* 2nd ed. 2 vols. Leipzig: Veit, 1885–1888.
SC	*Sources chrétiennes.* Vol. 1—Paris: Éditions du Cerf, 1941–.
Schlüter	Schlüter, Theodor C. *Flug- und Streitschriften zur 'Kölner Reformation': die Publizistik um den Reformationsversuch des Kölner Erzbischofs und Kurfürsten Hermann von Wied (1515–1547).* Buchwissenshcaftliche Beiträge aus dem deutschen Bucharchiv München 73. Wiesbaden: Harrassowitz, 2005.
Seebass, *Bibliographie*	Seebass, Gottfried, H. Pils, S. Ruderer, & P. Schaffrodt eds. *Martin Bucer (1491–1551): Bibliographie.* Gütersloh: Gütersloher Verlagshaus, 2005.
SMRT	*Studies in Medieval and Reformation Thought.* Leiden: Brill, 1966–2004.
TRE	*Theologische Realenzyklopädie.* Vol. 1—Berlin: De Gruyter, 1977–.
VIEGM	*Veröffentlichungen des Instituts für Europäische Geschichte Mainz.* Stuttgart: Steiner, 1975–.

Introduction

I   Occasion and Context

De vera et falsa caenae dominicae administratione (On the True and False Administration of the Lord's Supper) was published on the 6th of April 1546 at Neuburg-an-der-Donau. As its long title indicates, the work forms part of an initially civil, though finally acrimonious literary exchange between Bucer and Bartholomaeus Latomus, a professional rhetorician and counsellor to the Elector Archbishop of Trier, Johann Ludwig von Hagen. Bucer identifies the immediate occasion of the work as Latomus' defence of withholding the communion chalice from the laity (*communio sub una specie*).[1] However, the occasion of the book is also closely connected with three other related spheres of Bucer's activity during this period.

The first of these is the Reformation begun at Cologne in 1543. As Bucer responds to the objections raised by Latomus, he takes the opportunity to defend the reformed liturgy of Cologne (and 'Lutheran' worship in general) against the accusation that these represent an abandonment of the 'fathers' and ancient canons, which Bucer claimed to hold in such high regard.

The second is the Council of Trent, which was in session for the first time as Bucer completed *De vera et falsa administratione*. The work opens with a long prefatory letter to the fathers at the recently opened council. Bucer's letter defends Protestant non-attendance at the council, and expresses his doubt as to whether the prelates have the will—or the divine guidance—to amend the abuses identified by the Council's presidents in an admonition delivered on 7 January 1546. In the main body of the work, Bucer also returns briefly to the competence of pope and council to reach decisions on matters relating to the administration of the sacraments.

Thirdly, the completion of *De vera et falsa administratione* also coincided with Bucer's sojourn in Regensburg, between December 1545 and March 1546, where he was preparing to participate in a religious colloquy with representatives of the Protestant and Catholic territories of the Holy Roman Empire. This second colloquy of Regensburg receives only passing mention in *De vera et falsa administratione*, however there are some allusions in the text to disputes over the doctrine of justification, the chief subject of the colloquy, which suggest a relationship between the book and its immediate context.

---

1   See below, p. 66.

The Dispute with Latomus

Bucer met Bartholomaeus Latomus through the Strasbourg humanists Johannes Sleidan (1506/8–1556) and Johannes Sturm (1507–1589).[2] Latomus probably first met Sleidan and Sturm at the *Collegium trilingue* at Louvain. All three men came to Paris in the 1530s, and all would eventually enjoy the patronage of the city's archbishop Cardinal Jean du Bellay.[3] In the summer of 1540, at the end of an *itinerarium Italicum*, Latomus passed through Strasbourg to visit Sturm. Bucer recalled that he and Latomus had met and spoken together in a friendly manner, and that Latomus struck him as zealous for the truth.[4] Latomus, too, recalled his favourable impression of Bucer's character, his household and his hospitality.[5] During that same summer, Caspar Cruciger noted Latomus' presence at the Colloquy of Hagenau among a group of *eloquentes iuniores* that included Calvin.[6]

Bartholomaeus Latomus (c1500–1570)

Before we turn to the controversy between Bucer and Latomus, it is worth looking briefly at Latomus' biography. He was born towards the end of the 15th century in Arlon, and died in 1570 in Koblenz. Both towns belonged to the archiepiscopal Electorate of Trier.[7] His life was 'absorbed in educational institutions' until he was in at least his early forties.[8] He received his schooling

---

2   On Sleidan, see ADB 34, 454–461; On Sturm, see ADB 37, 5–38.
3   Barron, 19; Wolff, *Un humaniste*, 49. All at least attended the lectures of the professor of Latin, Conrad Gocleinus. See also Latomus, *Responsio*, CCath 8, 21; *Defensio*, CCath 8, 78, l. 8–12.
4   Bucer, *Scripta duo*, 2. According to Barron, 20 Bucer and Latomus may have met first in 1537 when Latomus, then Professor of Latin Eloquence at the newly established Collège Royal, was invited to Strasbourg to assist in the establishment of the new Latin School or *Gymnasium*, of which Johannes Sturm was the first rector. However, I have not been able to verify this.
5   Latomus, *Defensio*, C3rv, CCath 8, 35, l. 40-p. 36, l. 11.
6   Cruciger to Justus Jonas, 27.7.1540, CR3 3, 1063. See also Laemmer, 276 where Cardinal Morone mentions that Sturm and Latomus visited him to sound him out on the ownership of church property. He then summarises concessions the German episcopate was ready to make to the churches of the Augsburg Confession, suggesting that this topic may also have arisen in his conversation with Sturm and Latomus. Barron, 31, n. 75 suggests that Latomus may have been representing Trier at the Colloquy.
7   For biographical treatments see: Latomus, *Deux discours*, 5–12; Bakelants, 3, 678; Barron, 1–40 & *passim*; Benedikt, 204–213; CE 2, 303–304; HGFN 1, 391; CCath 8, xi–xx; Roersch, 132–176, Wolff. For analytical bibliographies of Latomus' works, see Bakelants, 679–747; Wolff, *Un humaniste*, 93ff. 'Latomus' was a Latinised Greek rendering of his father's occupation: *lapicida* or mason, hence a hypothetical surname of *Masson* or *Steinmetz*. On the conflicting evidence regarding the date of Latomus' birth, see Roersch, 154.
8   Latomus, *Responsio*, CCath 8, 4, l. 12, '... consumpsi in gymnasiis.'

in Trier, where his talents attracted the patronage of members of the cathedral chapter and of Archbishop Richard von Greiffenklau (episcopate: 1511–31).[9] This patronage began an association with the Archdiocese of Trier that was interrupted only by the approximate decade that Latomus spent teaching in Paris during the 1530s. In 1516 Latomus was sent to the University of Freiburg in Breisgau, where he graduated as Master of Arts in 1517. Latomus remained in Freiburg until 1522 as *magister* and *conventor* in the *Adlerbursa* or 'College of the Eagle.'[10] He spent a further four years (1522–1526) at the University of Trier, where he had obtained a chair in *bonae literae*.[11] In 1526, Latomus moved to the University of Cologne with one of his patrons, Archdeacon Johann Ludwig von Hagen (1492–1547), and with the archdeacon's brother Wolfgang. There Latomus was to act as the brothers' *praeceptor*, or private tutor. While the brothers studied Arts, Latomus pursued a doctorate in Law.[12] He also gained permission from the university to lecture in rhetoric.[13] However, Latomus was frustrated at the lack of receptivity to humanistic studies at both Freiburg and Cologne, and on July 1530 he left Cologne to immerse himself in the study of Latin literature at the new humanist *Collegium Trilingue* at Louvain.[14]

When Latomus' principal patron Richard von Greiffenklau died in March 1531, Latomus moved to Paris. He was employed as professor of rhetoric at the Collège Sainte-Barbe. According to Eugen Wolff, Latomus' lectures at Sainte-Barbe were tremendously popular, attracting the likes of the young Calvin, Ignatius of Loyola, and Guillaume Budé and his sons.[15] It was on the

---

9   Latomus, *Deux discours*, 9; Benedikt, 43–53, 204–206; Wolff, *Un humaniste*, 11–12.
10 Wolff, *Un humaniste*, 21. Latomus is mentioned in two letters of Erasmus from this period. In November 1521, Latomus was in Strasbourg overseeing the publication of some of his Latin poetry. Erasmus was passing through Strasbourg on his way to Basel, and Latomus accompanied him Sélestat in order to make his acquaintance. Erasmus described him as 'singulari morum et ingenii iuvenis.' See Allen, 5, 208, no. 1342. The next year Erasmus wrote to the Freiburg jurist Ulrich Zazius, and asked him to convey his thanks to Latomus for a poem dedicated to him. See Allen 5, 1, no. 1252. See Wolff, *Un humaniste*, 35.
11 Wolff, *Un humaniste*, 35–6.
12 Barron, 3–4; Wolff, *Un humaniste*, 41–2.
13 Latomus, *Deux discours*, 8; Roersch, 141. During this period Latomus published two handbooks of rhetoric, both carrying dedications to his pupil and later patron, Johann-Ludwig Von Hagen as well as his brother Wolfgang. The first was *Summa totius rationis disserendi* published at Cologne by Quentel in 1527, 1542 and 1544. The other was *Artificium dialecticum et rhetoricum* published at Cologne by Ioannes Gymnicus in 1527 and 1532. See Bakelants, 720–722.
14 Latomus, *Deux discours*, 8–9; Roersch, 144. Wolff, *Un humaniste*, 49.
15 Wolff, *Un humaniste*, 61. Unfortunately Wolff does not give sources for this claim.

basis of his reputation as an exponent of humanistic studies that in 1534 Latomus was appointed the first professor of Latin Eloquence at the new Collège Royale in Paris.[16] Although immensely prestigious, this position was not well remunerated. Johannes Sturm introduced Latomus to Cardinal du Bellay, and Du Bellay's patronage seems to have sustained Latomus through his scholarly penury.[17]

The professorship at the Collège Royal was a risky position for a German to have taken in same year as the *Affaire des placards*.[18] German nationality on its own was enough to attract suspicions of heterodoxy. Moreover, the founding of the Collège Royale had represented a victory for the new learning—and, some suspected, the new religious views—against the conservative scholasticism of the university's Faculty of Theology.[19] Latomus' inaugural address at the Collège made no bones about whose side he was on in this dispute. He attacked the, 'ignorant despisers of humanistic studies, who disparage this most civilised of disciplines by claiming that it is an obstacle to Christian piety, and that a knowledge of languages is the source of all heresies, and the ruin of sound doctrine.'[20] A letter that Latomus wrote to Melanchthon on 24 June 1533 also suggests that Latomus had allied himself unequivocally with what he called, 'the re-emergent truth' under the protection of Marguérite of Navarre and Cardinal du Bellay.[21] Latomus expressed his personal debt, not only to Melanchthon's literary erudition, but also to the spiritual benefit he had derived from Melanchthon's works.[22] The letter described the persecution

---

16 Latomus, *Deux discours*, 9
17 Latomus, *Deux discours*, 11 includes an extract from Latomus' *Bombarda* (a begging letter in elegaic couplets) to Francis I. See also Barron, 32–34; Wolff, *Un humaniste*, 73.
18 In his letter to Erasmus 29.6.1535, Allen 11, 147, no. 3029, Latomus describes the great danger and hatred of Germans that followed the posting of Evangelical placards denouncing the Mass, 'etiam in aula regis.' He also describes the brutal execution of more than twenty-four individuals deemed complicit in the protest.
19 Latomus, *Deux discours*, 9–10. See also n. 24 below.
20 Latomus, *Deux discours*, 25, 'Neque enim audiendi sunt indocti quidam humanitatis osores, qui haec politissima studia ita vituperant, ut dicant officere christianae pietati, linguarumque cognitionem nihil aliud esse, quam fontem heresum, sinceraeque doctrinae labefactionem.'
21 MBW no. 1336, l. 41–2, 51–4 (5, 437–8) 'Apud nos hic Lutetiae magna spes iniecta est remergentis veritatis... Evangelium semina quaedam iacit quotidie, et quidem multis in locis Galliarum, sed aegre ad huc quicquam provenit. Magna est authoritas theologorum, magna vulgi superstitio et ea saeculis confirmata...' Not in CR, but also reproduced in Kawerau, 140–147.
22 MBW no. 1336, l. 22–25 (5, 437).

of Louis de Berquin, Guillaume Briçonnet and Gérard Roussel by Noël Bédier and the intransigents of the Faculty of Theology. Yet, Bédier's exile and the royal patronage of humanistic studies now gave Latomus cause to hope that the seeds of the Gospel, suppressed by scholastic obscurantism and popular superstition, would now ripen and bear fruit.[23] It is these personal and religious affiliations that seem likely to have commended Latomus to Bucer at their meeting in 1540.

Nevertheless, Latomus would later protest that his religious views had never changed, that he had always disliked 'Lutheranism,' and that there were numerous witnesses to his religious orthodoxy in Paris, including his friends Sturm and Sleidan.[24] He emphasised that his criticisms of the church had been limited to the moral and pastoral failures of the clergy, which he saw as responsible for a general religious decline that included the schism in Germany.[25] What may lend some credibility to this protestation (as Latomus himself pointed out) is that he does not appear to have attracted the attention of the guardians of religious orthodoxy at the University of Paris.[26] On the other hand, the latter period of Latomus' employment in Paris was relatively favourable to the 're-emergent truth,' because Francis I was pursuing a policy of conciliation with the Protestant princes of Germany.[27]

However, even if it is the case that Latomus's orthodoxy consisted in an ability to keep his heterodoxy private, it is clear that by the end of the 1530s he

---

23 MBW no. 1336, l. 65–115 (5, 438–439). On these events see Farge, 197–206.
24 Latomus, *Responsio*, CCath 8, 20, l. 31–33 & p. 21, l. 10–24, 'Erras enim, si ita existimas, me maiorum authoritate posthabita Lutheri doctrinam unquam approbare voluisse, quam suspectam semper et popularem habui... [21] Sed mutatus non sum, idem sum, qui fui semper in Germania, Gallia, Italia ac de sententia mea ne tantillum quidem deflexi. Quod si ignoras, quaere ex Ioanne Sturmio, quem amicissmum in Gallia et fratris loco habui, quaere ex Ioanne Sleidano, quem pariter Lutetiae et amicum singularem et familiarissimum habui; quaere ex aliis multis doctis mihique coniunctissime hominibus, qui partim adhuc vivunt in Gallia, partim iam inde discesserunt... Publice docui per novem annos in gymnasio Parisiensi, multos studiosos et attentos auditores habui; dicat et refellat mendacium meum quisquis unquam verbum ex me audivit, quod Lutheri doctrinam oluerit! Theologi Parisienses diligenter inquirere solebant in eos, qui de Lutheranismo suspecti erant et praesertim in Germanos omnes; de me autem quid senserint, quid saepe loquuti sint, ex aliis te audire quam ex epistola mea cognoscere malo.'
25 Latomus, *Responsio*, CCath 8, 20, l. 34-p. 21, 5.
26 E.g. In 1534, prior to Latomus' appointment, Bédier had bought a suit to the parlement of Paris against the king's lecturers. Farge, 205.
27 Farge, 207–208.

was gravely concerned about the evil effects of the German schism.[28] In 1539 Latomus gained leave-of-absence for a sabbatical tour of Italy.[29] The next year Johannes Sturm published a letter Latomus had written to him from Bologna on 2 February 1540.[30] Latomus's letter still suggests a degree of detachment from the traditionalist cause, whose proponents Latomus characterises as *Ecclesiastici*. However, Latomus also expresses disquiet at news of counsels of war among the *Evangelici*. War, he fears, will result in something far worse than any wrongs the Evangelical party have sought to right. Germany will be pulled apart. Either party, on achieving outright victory, will prove a brutal and arrogant victor, brooking no compromise. In any event, the schism leaves Germany vulnerable to Turkish invasion as well as attacks by her other European enemies. Latomus expresses a keen sympathy for the emperor, who is assailed by both sides—on the one hand, because his lenient dealings with the Evangelicals are an affront to the authority of the church and the dignity of his office, and on the other, because he has failed to force the pope to convene the promised general council and is seeking an alliance with enemies of the Protestant estates. Latomus expresses his preference for a resolution of the dispute by the proper authorities—i.e. the emperor and pope—and due legal process. He urges Sturm to do all he can to work for the restoration of concord.[31]

As we shall see, this emphasis on due process and authority, as well as unease at the *babaries* unleashed by religious discord, was fundamental to Latomus's religious outlook. In the same letter he professed his zeal for what he called the 'chaste discipline of the church, godly morals and holy truth,' but he worried that all of this would be lost if war broke out.[32] Likewise, in his dispute with Bucer, when he appeared less than wholly convinced by his own arguments, Latomus would fall back on established authority: the fathers, canon law, the

---

28   Barron, 14 alleges a change of tone as early as 1534, though the source he cites (Latomus's letter to Erasmus, 29.6.1535, Allen 11, 147–148, no. 3029) criticises only the Parisian Faculty of Theology, the culprits in the *Affaire des Placards*, and the Anabaptists in Münster, leaving undetermined the nature of his view of the princely Lutheran reformation.

29   Latomus, *Deux discours*, 41–61 contains his inaugural address upon his return to Paris for the academic year of 1540/1. Much of the address is a traveller's tale of the cities he visited and the humanist luminaries he met.

30   Latomus and Sturm, *Epistolae duae duorum amicorum...* (1540). For this and later impressions, see Bakelants, 701–703; VD 16 L 624–5. The whole correspondence is also reproduced in Friedensburg, 247–272.

31   Latomus and Sturm, *Epistolae duae*, a2r–b1r.

32   Latomus and Sturm, *Epistolae duae*, a3r, 'Etenim studeo religioni, et disciplinam ecclesiae castam, et mores pios, et veritatem sanctam esse cupio, at si bellum fuerit, nihil horum tenebimus.'

popes, and the church represented in a general council. In Latomus's mind, the alternative was anarchy.

The Origin and Shape of the Dispute

Latomus resigned from the Collège Royale in 1542, although he had left Paris almost a year earlier. A letter to Cardinal du Bellay written from Zell-an-der-Mosel on 18th of May 1542, revealed that Latomus had been summoned to Germany by his former student and patron Johann Ludwig von Hagen, who had been elected Archbishop of Trier in 1540. In 1541 Von Hagen appointed Latomus to his privy council. Latomus's letter to the Cardinal insinuates that poor remuneration in Paris had made his former patron's summons more attractive than it might otherwise had been. Latomus had also married Anna Ziegelein of Andernach, in the Electorate of Cologne, though he emphasised that he did not think marriage would be an impediment to his return to Paris if his wife's parents approved.[33]

Although sympathetic to the cause of Catholic reform, Archbishop Von Hagen was hostile to the reformation begun in the neighbouring electorate of Cologne in 1542. In this regard Bucer seems to have been conscious of the strategic role Latomus could play in moderating Von Hagen's hostility.[34] The town of Andernach also featured in Bucer's strategy of extending the reach of the Cologne reforms. Although the Archbishops of Trier exercised patronage and spiritual jurisdiction over the town's parish, the Archbishop of Cologne was Andernach's secular ruler. The traditionalist opponents of Hermann von Wied had already appealed to Von Hagen to check attempts to spread the Cologne reforms to Andernach and Linz (a town under the same overlapping jurisdiction).[35] Latomus had married into one of the patrician families that controlled Andernach's magistracy and were ultimately successful in blocking religious change. It may be that Bucer saw Latomus's connections with the Ziegelein family as a factor in the success, or otherwise, of the Reformation in that town.

However, in 1543, Bucer heard from 'men of some weight' that Latomus had begun to defend the invocation of the saints, clerical celibacy and the distribution of communion under one kind—and that Latomus accorded final weight to the authority of the church in these matters. Bucer thus felt obliged to do what he could to draw Latomus—and 'several other good men who cleave to

---

33   The text of the letter is available at Wolff, 'Beitrag von †Dr. Eugen Wolff,' 253–257.
34   See Bucer, *Scripta duo*, 34.
35   Varrentrapp, 200.

these arguments'—back to the Evangelical cause.[36] Because he did not have the time to respond to Latomus' arguments himself, Bucer sent him a copy of Melanchthon's *Responsio Philippi Melancthonis ad scriptum quorundam delectorum a clero secundario Coloniae Agrippinae* (1543).[37] The accompanying letter, or *Epistola prima Martini Buceri ad D. Bartholomaeum Latomum* marked the beginning of the exchange outlined in the appendix below.[38]

Latomus sent his reply or *Responsio* to Bucer from Koblenz in July 1543, in the hands of his friend Dr Georg Ley, Dean of St. Castor at Koblenz. Latomus' *Responsio* was a short tract, or, as Latomus admitted, a rather long letter. It defends Latomus's right to engage in theological debate, even though he is not a theologian. Since these matters are discussed even by women in every bathhouse and hostelry of Germany, one can no longer hang back fastidiously. Besides, everyone is asking his opinion on these matters, and Latomus cannot avoid committing himself. He then offers a brief defence of the three practices Bucer feared that Latomus favoured: communion under one kind; the invocation of the saints; and clerical celibacy. Latomus finishes by raising the question underlying the whole debate with Bucer: the authority of the church. Scripture, Latomus argues, contains many passages that are obscure, and even those that seem clear are subject to competing interpretations. Besides this, there are 'necessary' matters such as infant baptism and Purgatory for which no immediate scriptural warrant can be claimed. In such cases one has to turn to the church, its hierarchy, and to the papacy, who safeguard the church's unity. In this connection Latomus also questions Bucer's appeal to patristic authority. Bucer, he complains, used the fathers selectively. If Bucer can reject the arguments of certain fathers, why should Latomus give Bucer's arguments credence? Despite the letter's frankness, the tone was still relatively cordial. Latomus praised Bucer's character, singling out his fairness and zeal for peace. He apologised if the tone of the letter seemed too heated.[39]

Latomus had instructed Ley to have an extra copy of the *Responsio* made, so that Bucer and Latomus would both have copies to which they could refer if necessary. In fact Ley had *two* extra copies made, because, as Latomus put it, 'he had a keen interest in matters pertaining to the religious debate.'[40] However, Ley made the mistake of passing that second copy to a friend. Ley intercepted Bucer as the latter was heading home from Bonn to Strasbourg (Bucer described

---

36 Bucer, *Scripta duo*, 8; CCath 8, 1, l. 33-p. 2, l. 16.
37 See Schlüter, nos. 37–38; VD 16 M 4134–4135. Also published in German as *Antwort Philippi Melanthonis* (1543). See Schlüter, nos. 39–40, VD 16 M 4138–4139.
38 See below, p. 43.
39 Latomus, *Responsio*, CCath 8, 3–21.
40 Latomus, *Defensio*, CCath 8, 29, l. 37–8.

INTRODUCTION 9

Ley as 'out of breath' when they met on a hill overlooking Linz).[41] Having fulfilled his duty, Ley went on to Cologne, where, to his dismay, he found further manuscript copies of Latomus' letter already in circulation. The private correspondence had become public. However, Bucer had already proposed the publication of the two letters, so that it was not a matter of embarrassment to him at least. Fearing the circulation of corrupt copies, Ley then took the preemptive measure of having Latomus' *Responsio* printed at Cologne in July 1544. Further editions appeared at Paris and Lyon later that year.[42]

According to Bucer, Latomus then sent him a copy of the printed *Responsio* without any letter of explanation.[43] Latomus denied having done this, and claimed that someone else must have sent the pamphlet to Bucer anonymously.[44] Although Bucer professed a reluctance to continue the dispute, it was clear to him that Latomus represented a type whose support was crucial to the success of the reform Bucer hoped would spread from Cologne to the rest of Germany. Thus, Bucer decided to address not only Latomus, but the 'weaker brethren' in general (cf. Rm 14,21 & *passim*; 1Cor 8,7–12; 9,22): those sympathetic to 'the Gospel' but unwilling to embrace it, because of an attachment to tradition and traditional authority. As he had already done at Cologne, Bucer sought to demonstrate that Evangelical reform was in fact profoundly 'traditional'—consonant not only with the Gospel, but with the writing of the fathers and canons of the early church. Bucer sought as well to refute the traditionalist theologians such as Johannes Eck, Albertus Pighius, Alfonso Virués, and Johannes Gropper, who were competing for the hearts and minds of the same constituency, and whose influence, Bucer suspected, was evident in Latomus' own forays into theological disputation. Moreover, despite Latomus' self-avowed lack of expertise, Bucer also feared that the rhetorician's elegantly turned-out theological reservations might lend further credibility to the traditionalist cause.[45]

---

41 Bucer, *Scripta duo*, 3.
42 For details see CCath 8, xx–xxiii.
43 Bucer, *Scripta duo*, 3.
44 Latomus, *Defensio*, CCath 8, 30, l. 30-p. 31, l. 20.
45 Bucer, *Scripta duo*, 3–4, 'Quoniam autem Latomus dictionis et styli commendatione, Eccii, Pighii, Alphonsi, et Coloniensium sophismata conatus est illustrare, et reddere plausibiliora (nihil enim novi attulit)... visum est aliquid ad has praestigias respondere, non ideo sane, quod confutandum adhuc aliquid restet eorum omnium sophismatum, quae nobis a multis iam annis adversarii nostri obiiciunt (confutata sunt enim omnia pridem et copiose) verum quoniam infirmiores aliqui perturbantur haud dubie, si non opponantur novae refutationes, eisdem novis sophismatis, quando videlicet, ob novum aliquem orationis fucum, vel elegantiorem dictionem et subtiliorem argutiam, plane aliam induunt faciem, et aliquid esse putantur.' See also ibid., 261–262.

Thus Bucer decided to publish the existing correspondence with Latomus, along with two additional works. The first was his *Responsio prior*, a short letter he had sent Latomus from Bonn on 22nd August 1543, promising a longer reply, but pleading more pressing business. The second was a much longer reply of 231 octavo pages: the *Responsio altera et solida*. Along with a preface detailing the origins of the debate, these separate pieces formed *Scripta duo adversaria* which Bucer had published at Strasbourg in 1544.

In *Responsio altera et solida* Bucer addressed, in turn, the arguments raised in Latomus' *Responsio*. The bulk of the text dealt with two topics: clerical celibacy and the nature of the church and its authority. The treatments of *communio sub una specie* and the invocation of the saints were far shorter. The lengthy section on the church and its authority covered a number of other related topics in passing. Among these was a brief discussion of Eucharistic sacrifice in response to one of Latomus's examples of why a final arbiter was needed to adjudicate between divergent interpretations of scripture. In this case it was a divergence between Bucer and Eck over the interpretation of Mal 1,11.[46] Bucer addressed this objection briefly with a collection of patristic citations that favoured his understanding of Malachi's 'pure sacrifice' and its connection with the Eucharist.[47] He would return to this material and develop it in *De vera et falsa administratione.*

Latomus was stung by what he took to be Bucer's accusation in *Scripta duo adversaria* that he had feigned sympathy for the Reformation while in Strasbourg. He also resented Bucer's allegation that Latomus had provoked him to publish their previous correspondence by sending him a published copy of his *Responsio*. So Latomus went into print with *Bartholomaei Latomi adversus Martinum Bucerum … altera plenaque defensio*—hereafter *Defensio*—dedicated to his patron Archbishop Johann-Ludwig von Hagen.[48] The *Defensio* returned to the same three questions that had been at stake since Latomus had raised them in his *Responsio:* communion under one kind only; the invocation of the saints and priestly celibacy. However, since Bucer had raised the authority of the church in *Scripta duo adversaria*, Latomus addressed that as well. In his discussion of communion under one kind, Latomus noted that Bucer had claimed Cyprian's *Letter* 63 as warrant for his view that the church should

---

46   Latomus, *Defensio*, CCath 8, 12, l. 32-p. 13, l. 4. Cf. Eck, *Enchiridion locorum communium*, CCath 34, 199.
47   Bucer, *Scripta duo*, 241–244.
48   Written on 5 December 1544, according to the 'Epistola nuncupatoria' in Latomus, *Bartholomaei Latomi adversus Martinum Bucerum, de controversiis quibusdam ad religionem pertinentibus, altera plenaque defensio* (1545), *4r. Not included in CCath 8.

do nothing in the Eucharist, except what Christ had done.⁴⁹ Latomus seized on the fact that in the same letter Cyprian described the church as imitating Christ, who as high priest offered a sacrifice in the Last Supper to God the Father. Latomus triumphantly described this as a 'blow' to Bucer's whole case.⁵⁰ It is Latomus's attempt to re-appropriate Cyprian's authority in this debate that elicited Bucer's response *De vera et falsa administratione*.

De vera et falsa administratione effectively ended Bucer's dispute with Latomus, even though it was followed chronologically by Latomus' *Refutatio calumniosarum sectationum Martini Buceri*. This is because the latter work referred not to *De vera et falsa administratione*, but to two other works by Bucer in which aspects of Latomus' *Responsio* were dealt with as part of a broader discussion of the Cologne Reformation and the general council scheduled to meet at Trent. These works were Bucer's *Von den einigen rechten wegen vnd mitlen* (1545) and *De concilio et legitime iudicandis* (1545).⁵¹

The Cologne Reformation

When Bucer and Latomus had begun their dispute, it was still uncertain when and if the promised general council would meet. Bucer preferred to hope that the religious schism could be resolved through some form of religious consultation within Germany. At the end of the 1541 Diet of Regensburg, the papal legate Cardinal Gasparo Contarini had urged the German bishops to institute their own 'Christian reformation' by making provision for better pastors, preaching, education of the youth, and more modest living in their own households.⁵² At the same time Charles V signalled that he would allow the Protestant princes to act on their own interpretation of the articles agreed at the Colloquy of Regensburg, pending the decision of a general council. Should the already delayed council fail to meet, The Emperor promised to consider calling an assembly of the German church to resolve the schism.⁵³ Bucer's activity in the first half of the 1540s, especially in Cologne, was an attempt to give concrete form to his own interpretation of these mandates. In particular, he sought to persuade the princes and bishops of Germany that a national

---

49 Latomus, *Defensio*, CCath 8, 45, l. 31-p. 46, l. 28 adv: Bucer, *Scripta duo*, 42–44.
50 Latomus, *Defensio*, CCath 8, 46, l. 8–9.
51 Bucer, *Von den einigen rechten wegen vnd mitlen*, Seebass, no. 145, Schlüter, no. 124, BDS 11.2, 249–353; Bucer, *De concilio et legitime iudicandis*, Seebass, no. 151, Schlüter, no. 140, BDS 15, 104–244.
52 ARC 4, 5–7; ADRG 3.2, 602–605.
53 ARC 3, 390–393.

council of the godly was far preferable to a general council controlled by the Roman 'antichrist' and his allies.

Bucer's defence of the subsequent Cologne Reformation presented it as a legitimate outworking of the Recess of the 1541 Diet of Regensburg, and of the articles that he claimed had been agreed there. His controversial interpretation of what had been agreed and authorised first appeared in two slightly different versions of the acts of the Colloquy and Diet, published in German and Latin: *Acta colloquii* (1541 and 1542)[54] and *Alle Handlungen* (1541 and 1542).[55] In these works, Bucer extended the scope of the agreement beyond the five articles related to justification, on which the 1541 Colloquy of Regensburg had famously reached an accord in April 1541. He also included in the 'agreement' any aspects of the Worms-Regensburg Book that a prince or bishop might deem 'edifying' to the church in his territory.[56] In Bucer's view, this included the Book's article on the Mass.

In his accounts of the 1541 Colloquy of Regensburg, Bucer claimed that there had been extensive agreement on how the Mass should be celebrated. It had been agreed, he wrote, that the Mass was the memorial of Christ's sacrifice and that the people should not trust in the outward work of the priest (i.e. the bare *opus operatum*) but only in the sacrifice of Christ. In this commemoration, the church prayed to the Father that Christ's sacrifice would avail for the salvation of all those who appropriated its benefits by their own faith. Almsgiving was an appropriate sign of the 'sacrifice of thanksgiving and praise' offered by those who faithfully commemorated Christ's own sacrifice. So was the faithful reception of the sacrament. Mass should not be celebrated unless those present were *at least* willing to communicate spiritually and offer their 'Amen' to the priest's prayer (though for the Protestants the presence of communicants other than the priest was a pre-requisite).[57] This true meaning of the Mass should be explained to the people.[58] It was further agreed that the Canon of the Mass could be explained in a way that did not imply a false and superstitious belief in the sacrifice of Christ's body and blood.[59] Both sides, agreed that

---

54 Seebass, *Bibliographie*, 112–3, 119–20.
55 Seebass, *Bibliographie*, 114, 121.
56 Bucer, *Acta colloquii*, 56v, '… ut in ijs quae continentur in articulis nondum conciliatis, quisque statuum cuncta item, congruenter ad conciliatos articulos, quantum pro aedificatione ecclesiae suae liceat, attemperaret et institueret.'
57 Bucer, *Acta colloquii* (1541), 86r; *Alle handlungen* (1541), 134v–35r, 136v–7r.
58 Bucer, *Alle handlungen* (1541), 135r.
59 Bucer, *Alle handlungen* (1541), 137r–138r.

communion under both kinds was permissible. All that remained was how to deal with those who kept administering the sacrament under one kind only.[60]

Even if his interpretation of Regensburg had not been controversial (and it was) Bucer moved quickly from stressing broad agreement to urging his opponents to pursue this agreement to what he thought was its consistent, and indeed, *traditional* conclusion. For example, since the people should understand the Mass and participate in it, the most effective way of achieving this was to abandon the Canon of the Mass and imitate the fathers by celebrating the Lord's Supper in the vernacular, using words and concepts that were more readily understood by the people.[61] Bucer asked the Catholic princes how they could call themselves 'Catholic' when they would not follow the apostles and fathers in this respect, or in promoting the full administration of Christ's sacrament to the laity.[62]

Bucer's interpretation was, of course, fiercely contested. His opponents included the Catholic collocutors from Regensburg, Johannes Gropper (1503–1559) and Johannes Eck (c1480–1550).[63] By extension, they also included other Catholic authors that Bucer's opponents had republished during this period to clarify the differences between the Catholic and Protestant positions. In the first book of *De vera et falsa administratione*, Bucer accused Latomus of preferring these authors—the opinions of 'Eck, Pighius, Cochlaeus and the other satellites of antichrist'—to the clear and certain words of Scripture.[64]

In fact Latomus protested that he had read almost none of the authors Bucer accused him of favouring.[65] This protest is plausible enough. Although, Latomus was familiar enough with Eck's views, on e.g. the Mass, to cite them against Bucer, he never gave specific citations, and it is quite possible he knew of them only at second hand.[66] However, Latomus did admit to the influence of another traditionalist author who had drawn Bucer's ire. Through Johannes Sturm, Bucer had heard that Latomus was reading the work of one 'Alphonsus' and thought highly of him.[67] The author in question was the Spaniard Alfonso

---

60   Bucer, *Acta colloquii* (1541), 86r.
61   Bucer, *Alle handlungen* (1541), 137v–138r.
62   Bucer, *Acta colloquii* (1541), 82v.
63   On Eck, see CE 1, 416–419; NDB 4, 277. On Gropper, see NDB 7, 133–136.
64   See below, p. 109–110.
65   Latomus, *Defensio*, CCath 8, 39, l. 35-p. 40, l. 9, p. 111, l. 33-p. 112, l. 12.
66   Ibid.
67   See Bucer, *Scripta duo*, 1, 5, 36, 49, 72, 166, 211, 261 & Latomus, *Defensio*, CCath 8, 39, l. 37-p. 40, l. 10, p. 111, l. 37-p. 112, l. 2. CCath 8, 40, n. 1 incorrectly identifies the writer in question as Alfonso de Castro (c1495–1558), but Bucer, *Scripta duo*, 1 identifies this 'Alphonsus Hispanus' as the author of *Philippicae*, while Latomus, *Defensio*, CCath 8, 111,

Virués (1493–1545) and Virués featured along with Pighius, Eck and Bucer's opponents at Cologne in the title of Bucer's *Scripta duo adversaria*. Virués was a Benedictine and one time court preacher to Charles V, who had fallen afoul of the Spanish Inquisition for endorsing Erasmus' critique of monasticism. However, he had been rehabilitated and was eventually consecrated Bishop of the Canary Islands.[68] Virués had been chosen to lead the Catholic side at the 1546 Colloquy of Regensburg, but by the time Bucer alluded to his work in the preface to *De vera et falsa administratione*, Virués had died and his place had been taken by the Dominican Pedro Malvenda (d. 1562).[69] The significance of Virués to the Cologne reformation is that his *Philippicae disputationes* (Antwerp, 1541), a confutation of the *Augsburg confession*, had been republished at Cologne in 1542 and 1545.[70] According to Latomus, an un-named friend gave him an edition of this book 'recently printed at Cologne.'[71]

Much of the material on the Eucharist and prayer for the dead in *De vera et falsa administratione* had also recently appeared in Bucer's *Bestendige Verantwortung* (1545).[72] *Bestendige Verantwortung* was a direct response to the *Christliche und Catholische Gegenberichtung* (1544) written on behalf of the clergy and cathedral chapter by Johannes Gropper (and translated into Latin by Eberhard Billick (c1499–1557)[73] as the *Antididagma* in the same year).[74]

---

l. 27 identifies him as 'Alfonsus Canariensis.' It is worth noting, however, that Alfonso de Castro, *Adversus omnes haereses libri xiiii*... (1543) was published as part of the literary skirmish over the Cologne Reformation. See Schlüter, nos. 29–30, VD16 A 1938–1939.

68 Alonso (also 'Alfonso') Ruiz de Virués (also 'Virves' 'Viruez' and 'Ulmetanus') (1480/93–1545). See CE 3, 400–401; DHEE 4, 270; Allen 6, 297.

69 See Enzinas to Juan Diaz, 21.12.1545 in Enzinas, *Epistolario*, 78, 'Delectus est illius nomine Alphonsus Viruesius, Episcopus Canariensis, qui, olim in Hispania ab inquisitoribus captus, postea scripsit Philippicas; nunc ad impugnandam eam sententiam venit armatus quam ipse olim professus est, impius Thraso.' For Malvenda see DHEE 2, 1406.

70 See Schlüter, 15 and nos. 19 and 176. Filser, 68 notes that Gropper's later works cited Virués's *Philippicae disputationes*, though it is impossible to know whether Gropper had any role in the republication of this work in Cologne.

71 Latomus, *Defensio*, CCath 8, 39, l. 37-p. 40, l. 1.

72 Seebass, *Bibliographie*, no. 152, Schlüter, no. 114. In BDS 11.3.

73 On Billick, see ADB 2, 639–640; NDB 2, 238–239.

74 Schlüter, nos. 57, 60, VD 16 G 3400, G 3410, ZV 7062. In *De vera et falsa*, Bucer appears to be referring to the Latin translation. See below p. 221, n. 11. It is also likely that when Bucer referred to his opponents' views on the Mass he had in mind the earlier attack by Eberhard Billick first published in May 1543 as *Iudicium cleri et universitatis Coloniensis de doctrina et vocatione Martini Buceri* and then in an expanded edition as, *Iudicium deputatorum universitatis et secundarii cleri Coloniensis*... in the summer of 1543, Schlüter, nos. 27–28, VD 16 K 1829–30. The main text of both editions is the same. To the latter is appended a

The *Gegenberichtung* was, in turn, a point-by-point refutation of the reform programme proposed in Hermann von Wied's, *Einfaltigs Bedencken* (1543). By far the largest portions (almost a third each) of Gropper's *Gegenberichtung* and Bucer's *Bestendige Verantwortung* were devoted to the Eucharist, and the sacrifice of the Mass in particular.[75] So why would Bucer want to revisit this debate in Latin? At several points in an earlier defence of his preaching at Cologne, Bucer had promised that he was going to return to subjects such as transubstantiation and the sacrifice of the Mass in a Latin work.[76] As already noted, Bucer considered Latomus to be representative of a wider European audience of potentially sympathetic traditionalists. By publicly correcting Latomus's misapprehensions about the Mass, Bucer hoped to reach, 'many great people,' who, as a result of Gropper's 'sophistries,' 'have conceived no little hope that your Masses can be retained'[77] *De vera et falsa administratione* was Bucer's attempt to disabuse them of that hope.

Thus *De vera et falsa administratione*—especially the second book—was a recapitulation of the whole argument over the Mass in the wake of the first Colloquy of Regensburg. Its first book attempted to clarify the true nature of the church's authority and of its tradition, using the administration of communion under both kinds as a test-case. The second half stressed the inconsistencies between the present Mass and the traditions that Bucer's adversaries claimed to venerate, arguing that Protestant liturgical practice was in fact far closer to the spirit of the ancient Mass, even if not always to its letter.

The Council of Trent

The Cologne Reformation exemplified the kind of programme for which Bucer hoped he could win the endorsement of a national German council. In the Recess of the 1544 Diet of Speyer, Charles V promised the Protestant estates a further Diet at which the question of 'Christian reformation' would be considered in exchange for Protestant military assistance against the Ottomans.[78] The risk, however, was that a general council of the church would forestall any such initiative. Exemplifying the threat to what Bucer considered genuine reform

---

sermon on heresy. Also published in German as *Vrteil der Vniuersiteit und Clerisie zuo Coelne*, see Schlüter, nos. 31, 106, VD 16 K 1833–4, ZV 9100.

75 Gropper, *Gegenberichtung*, 59v–114r of 162 folios; Bucer, *Bestendige Verantwortung*, 90v–213r of 294 folios.

76 See Bucer, *Die ander Verteidigung vnd Eklerung der christlichen Lehr*, BDS 11.2, 223, l. 13–14, 217, l. 24, 225, l. 22, BDS 11.2, 205, l. 9, 21.

77 See below p. 170.

78 DRTA JR 15.5, 2270; Vogel, 44.

was Albert Pighius's, *Hierarchiae ecclesiasticae assertio* published in Cologne in 1542, and dedicated to Pope Paul III, who had first convoked the subsequently delayed general council in 1536.[79] Pighius argued that a council's decisions on matters of doctrinal disagreement were only binding if it was summoned and ratified by the pope.[80] In this Pighius went further than Latomus, who was content to regard a general council as the supreme arbiter in such disputes.[81] In *De vera et falsa administratione* Bucer challenged both views, arguing that the church's divisions could be resolved only a council of men chosen for their godliness and learning (rather than hierarchical order, as Pighius had argued) and working to the agenda of Scripture, as well as the writings of the fathers and ancient canons.

De vera et falsa administratione also mentions Ferdinand I's recent initiation of an armistice with representatives of Suleiman II in October 1545.[82] Together with the Peace of Crépy, signed with the French in September 1544, this left Charles V free, should he wish, to impose his religious policy on the Protestants by force of arms.[83] Moreover, this truce between the two major Catholic powers seemed to clear the way for a meeting of the general council.

Accordingly, on the 30th of November 1544, Paul III published the bull *Laetare Ierusalem* summoning the council to meet at Trent on 15th March, 1545 (subsequently moved to the third Sunday of Advent—13th December—1545).[84] This lent Bucer's plans for a national council new urgency, and in 1545 he published four works intended to shore this project up, while attacking the legitimacy of the impending papal council.[85] As already noted, two of these works—*Von den einigen rechten wegen* and *De concilio*—also belonged to the exchange between Bucer and Latomus. As in *Scripta duo adversaria*, Bucer took issue in these works with Latomus' claim that private judgement must give way to legitimate authority in the church—particularly a council—whether or not this authority was exercised by good men.[86] The failure of the pope and

---

79 On Pighius, or Albert Pigge (1490–1542), see CE 3, 84–85.
80 Pighius, *Hierarchiae assertio* 6, c. 12–13, 244r–254r
81 Latomus, *Defensio* CCath 8, 134, l. 35–6.
82 See below, p. 156 and Vogel, 50.
83 Jedin 1, 501–505; Vogel, 44–45, 49–63.
84 The bull was first published to the consistory of cardinals on 19th November. Jedin 1, 504–505.
85 In addition to Bucer, *Von den einigen rechten wegen* and *De concilio* (see above) are Bucer, *Wie leicht vnnd füglich*, Seebass, *Bibliographie*, no. 150, Schlüter, no. 122, BDS 11.2, 353–454, and Bucer, *Ein christliche Erinnerung*, Seebass, no. 149 (not in Schlüter), BDS 13, 227–336.
86 See esp. *Von den einigen rechten wegen*, BDS 11.2, 260–263; *De concilio*, BDS 15, 140–142, 153, 158, 191–192.

his prelates to submit themselves to the judgement of scripture demonstrated for Bucer that Antichrist, rather than the Spirit of Christ, held sway at Rome. In contrast, the traditions of the fathers and the canons and councils of the first five centuries—while never an infallible or adequate guide in their own right—exemplified for Bucer the fidelity to scripture characteristic of a church and ministry endowed with the Spirit.[87]

On 14th March 1545, Charles issued a decree ratifying a statement of Catholic orthodoxy in thirty-two articles published by the Faculty of Theology at the University of Louvain.[88] The decree, directed against 'Lutherans, Oecolampadians and Anabaptists' required preachers and others entrusted with teaching the faith to bring their public utterances into conformity with the articles.[89] The decree applied only to the Low Countries, but it threw Imperial authority behind an unambiguous statement of traditionalist belief, including the finality of the pope's judgement in all religious controversies, and the claim that the see of Peter could not err in matters of 'faith and religion.'[90] In *De vera et falsa administratione*, and in other works published in this period, Bucer attacked the Louvain, *Articuli*, as a 'new Alcoran.' He was dismayed in particular at the way in which the *Articuli* closed down any possibility of a rapprochement on the doctrine of justification, claiming, as they did, that there was no scriptural warrant for the Protestant understanding of faith, let alone justification *sola fide*.[91]

What distinguishes *De vera et falsa administratione* and Bucer's previous works on the general council is that for the first time Bucer had before him evidence of what kind of council Trent *was*. The book opens with a 'Preface to the fathers at the synod in Trent, who fear God: On the reasons that godly men are frightened to attend that synod.' The preface refers throughout to the *Legates' admonition and exhortation to the fathers of the council* delivered at the opening of the second session of the Council on 7 January 1546. Although delivered to the fathers by the council's secretary Angelo Massarelli (1510–1566), the admonition was the work of Cardinal Reginald Pole (1500–1558).[92] It was

---

87   See e.g. his comments at the end of a long itemisation of canons in Bucer, *Wie leicht und füglich*, BDS 11.2, 384, l. 11–14, 'Jn vermeldten vnd andere vil mehr schrifften...hat man klar zů sehen, was die ordnung, haltung vnd recht der allgemeinen kirchen Christi gewesen ist vor Tausent jaren, in der besten zeit der kirchen, wellches auch der H. Schrifft gemäß ist.'
88   See Vogel, 47–48.
89   Louvain, *Articuli*, A3v.
90   Louvain, *Articuli* 21, 24–25, B1v–B2r.
91   Louvain, *Articuli* 8–9, A4v–B1r.
92   CT 2, 415, l. 1–28 & v. 4, 548, n. 2.

a sharply worded call to repentance: unless the council fathers recognised the sins and evils for which they were responsible, they had come to the council in vain and they vainly invoked the Holy Spirit; they had only themselves to blame for the collapse of discipline and abuses that beset the church; it was through their own ambition and avarice that:

> pastors are driven from churches, churches are deprived of the nourishment of God's word, the churches' property, which is the property of the poor, is taken from them and priesthood is conferred on unworthy candidates, and on men who differ from laymen in nothing except their clothing—and not even in that.[93]

It is unclear how Bucer obtained a copy of the legates' admonition. He may have obtained it from Protestant contacts.[94] However, it is just possible that the admonition came instead from a Catholic source. On 21st February 1546, Melchior 'Flavius,' (i.e. Flavin) a Franciscan from Toulouse,[95] arrived in Regensburg carrying reports and documents from the council for Bucer and Johannes Brenz. Flavius had been in Trent while on a visitation of Franciscan convents in Italy and Germany, and claimed that he had been asked by the papal legates to convey greetings to Bucer and Brenz, as well as guarantees of personal safety should the two men attend the council. Count Wolrad zu Waldeck's contemporary account of this meeting between the Protestants and Melchior Flavin is confirmed in a report by Henry VIII's diplomatic agent in Germany, Christopher Mont.[96] Lothar Vogel is sceptical of Flavin's claim that he was sent by the papal legates, noting that there is no mention of this visit in official reports from the Protestant delegates at Regensburg.[97] On the other

---

93   *Admonitio legatorum* CT 4, 550, l. 44–48.
94   The admonition was included in a Protestant edition of the acts of the Council published at the end of 1546 by Francisco de Enzinas, and Enzinas was in correspondence with both Bucer and Juan Diaz (see below). See Enzinas, *Acta concilii Tridentini, anno M. D. XLVI celebrati*... (1546), 2a1r—2b8r, VD 16 K 2063. Enzinas obtained his copy of the *Admonition* from Bullinger. See his letter to Bullinger on 1.11.1546, Enzinas, *Epistolario*, 130. It was also published in Rome as a separate pamphlet, *Admonitio legatorum* (see bibliography of primary sources under Council of Trent) in 1546. The legates' admonition is not included in Bucer, *Zwey Decret des trientischen Concilii* (1546), Seebass, *Bibliographie*, no. 168–174.
95   d. 1580. See DTC 6, 20.
96   See Victor Schultze, 'Das Tagebuch des Grafen Wolrad II zu Waldeck zum Regensburger Religionsgespräch 1546' ARG 7 (1909–1910): 135–184 and 294–347, esp. 309–310. See also Christopher Mont to Henry VIII, 27.3.1546, *Letters and Papers, Foreign and Domestic of the Reign of Henry VIII* 21.1, 223.
97   Vogel, 428–429.

hand, as Vogel also notes, the council diary of Cardinal Angelo Massarelli twice mentions the rumoured existence of 'eight extremely Lutheran bishops' in Trent, who had been making overtures to Melanchthon, urging him to attend the council so that they would be able to speak their minds.[98] Massarelli also writes of the efforts of Cardinal Marcello Cervini, one of the Council presidents, to ensure Protestant attendance at the council and thereby restore them *amichevolmente* to union with the church.[99] It is quite possible, then, that Flavin's mission to Bucer and Brenz was supported at least by elements in attendance at the Council. According to Count Wolrad and Christopher Mont, Bucer replied to the invitation with pointed questions about how the Tridentine fathers understood the authority of councils and bishops, and a promise to respond favourably if satisfied by the answers.[100]

The Second Colloquy of Regensburg

While the first session of the Council of Trent was meeting, representatives of the Catholic and Protestant estates of Germany were assembling in Regensburg to participate in the kind of religious colloquy that Bucer had hoped might bring a 'Christian reformation' of the German church.[101] Charles V had promised another religious colloquy in the recess of the 1544 Diet of Speyer, and after the 1545 Diet of Worms, he summoned a colloquy to convene at Regensburg on the 30th of November 1545 (later moved to 14th December).[102] Bucer arrived in Regensburg a day late on 15th December 1545.[103] *De vera et falsa administratione* was written (or at least completed) at Regensburg in the two months prior to the colloquy and when the colloquy was in session. On 19 January 1546, Juan Diaz (c1500–1546), a Spaniard who had accompanied Bucer to Regensburg as an official member of the Strasbourg delegation mentioned in a letter to Calvin that Bucer was 'very busy with a second reply to Latomus, which he will publish shortly'.[104] In fact Latomus was also briefly present at

---

98 CT 1, 370–372.
99 CT 1, 378–379.
100 Schultze, 'Das Tagebuch,' 310–311; *Letters and Papers, Foreign and Domestic of the Reign of Henry VIII* 21.1, 223.
101 Bucer gives a detailed account of the second Colloquy of Regensburg and events leading up to it in *Disputata Ratisbonae...* (1548).
102 Bucer, *Disputata*, 2–3. See also Vogel, 191, 251.
103 Vogel, 293.
104 Juan Diaz to Calvin, 19.1.1546, CO 2, 255, no. 751: 'Te salutant D. Bucerus, qui in secunda responsione ad Latomum valde occupatus est, quam brevi edet'. See also Bucer's comment on the timing of the work's completion, below, p. 70. On Diaz, see more below, p. 32.

the Colloquy as a representative of the Archbishop of Trier, though there is no record of any personal exchange between Bucer and Latomus there.[105]

The colloquy met first on 27th January, and after complex procedural wrangling, the two sides joined debate on 5th February 1546. However, on 25th February, the colloquy came to a halt as a result of further disagreements about procedure.[106] Finally, on 20th March, the Protestant delegation formally withdrew from the colloquy. Bucer dates the completion of main body of *De vera et falsa administratione* to the 1st March 1546. The 'Preface to the Fathers at the Synod of Trent' is dated 13th March. We shall return to the circumstances of the book's publication below.

De vera et falsa administratione makes a brief mention of the Colloquy of Regensburg in the second preface 'Ad Latomum.'[107] However, in the first preface to the fathers at Trent, Bucer also makes a number of references to the doctrine of justification, which seem to be connected with the main subject of discussion at the colloquy.[108]

In addition to translating Gropper's *Gegenberichtung* into atin, Eberhard Billick wrote two Latin works against Bucer on behalf of the university and traditionalist clergy of Cologne.[109] The second of these, *Iudicii universitatis et cleri Coloniensis defensio* (1545) attacked Bucer's defence of his teaching on justification in *Die ander Verteydigung* (1543). In particular Billick attempted to highlight divergences between the traditionalist and Evangelical doctrines of original sin. In *Die ander Verteydigung* Bucer had defended the view that the Baptised remain sinners, worthy of damnation, on the grounds that the concupiscence remaining after Baptism is sin.[110] Billick argued that this ran counter to the 'orthodox' view that Baptism removed both the guilt and punishment due to original sin, and left concupiscence merely as a propensity to sin (*vitium*) rather than as sin itself.[111] The disagreement had a bearing on the question of whether the baptised could actually meet the demands of God's

---

105 Vogel, 287. Latomus was an auditor rather than a collocutor.
106 Bucer, *Disputata*, 659–692; Vogel, 430–479.
107 See below, p. 70.
108 See below, p. 51ff.
109 Billick, *Iudicium cleri et uniuersitatis* (See above, n. 74) and *Iudicii vniversitatis et cleri Coloniensis, aduersus calumnias Philippi Melanthonis, Martini Buceri, Oldendorpij, & eorum asseclarum, defensio...* (1545), Schlüter, no. 119. Also published in Paris, Schlüter, no. 120.
110 BDS 11.2, 38–51.
111 Billick, *Iudicii defensio*, 27–167, 215–241.

law,[112] and whether (as Alfonso Ruiz de Virués had already alleged) they could do more than the law demanded by performing works of 'supererogation'.[113]

Billick also criticised Bucer for defending the related claim that repentance for sin was without justifying grace was in fact a further sin.[114] Billick argued that this led sinners to despair. While repentance and its works performed before Baptism (or the sacrament of Penance) were not meritorious, Bucer was wrong to claim that they were sins; rather, they were a preparation for grace.[115]

These questions reappeared at Regensburg. In opening the religious debate at Regensburg, the leading Catholic collocutor, Pedro Malvenda had also made it clear that his party would defend the view that the works of the unregenerate could prepare them to receive God's grace (even though they did not merit it) and that the justified could meet the demands of God's law.[116] It is these positions, striking directly at the Evangelical claim that sinners are saved *sola fide*, that Bucer seems particularly keen to highlight and attack in the first preface to the Fathers at the Council of Trent.

II   Content

'Preface to the Fathers at the Synod of Trent'

We noted above the possible avenues through which Bucer may have obtained the papal legates' admonition to second session of the Council of Trent. However he obtained it, Bucer found its contents congenial and he quotes from it *verbatim* several times in the first preface to *De vera et falsa administratione*. However, Bucer's aim in rehearsing the legates' itemisation of the church's ills was to stand their diagnosis on its head. He does not question the sincerity of the presidents' confession—indeed he welcomes and commends it—but he argues that crimes of the prelates are the symptoms, rather than the causes of the church's ills, and that the devil will govern the council until the true nature of his work is exposed. At the root of the hierarchy's moral crisis is idolatry: the prelates have suppressed the word of God and in its place, they have substituted the figments of their own imaginations (διαλογισμοί of Rm 1,21). From this reprobate mind arises the moral depravity that afflicts the church. The connection between idolatry and immorality made in the first

---

112 See BDS 11.2, 61.
113 See below, p. 52.
114 BDS 11.2, 47.
115 Billick, *Iudicii defensio*, 174–270.
116 Bucer, *Disputata*, 24–29. See also Vogel, 342–354.

chapter of Romans, is fundamental to Bucer's argument throughout the rest of the work: 'the source of all the evils oppressing the church and harming God's people is the corruption of evangelical doctrine and corrupted and perverted ceremonies.'[117]

As a consequence, the first part of the preface reasserts the Evangelical doctrine of justification against theological works-righteousness and any practical expression of it, especially in liturgy and church discipline. In this connection, Bucer singles out for attention Alfonso Virués' defence of supererogatory works in his *Philippicae disputationes*. However, as noted above, the debate over justification in the second colloquy of Regensburg was also fresh in his mind as he wrote. Questions connected with justification had also arisen in traditionalist attacks on his preaching at Cologne. Bucer's summary of the gravest shortcomings of his opponents' doctrine of justification seem to be a response to these three spheres of controversy: his adversaries (he writes) claim that fallen humanity can perform good works that prepare it for grace; that even 'dead faith' is enough to make someone Christian; that even someone with living faith may doubt if God favours him; that a person may gain a firmer hope of salvation through good works and may eventually merit eternal life; that a human under grace may do what the law requires of him, and indeed do more than is required; that the 'temporal' punishment due to forgiven sin may be remitted through good works and 'commutations,' whereby the merit of supererogatory works is transferred from one believer to another.

In order to refute these claims Bucer offers a synopsis of the Evangelical doctrine of justification. He also laments the fact that this Gospel has little chance of making any headway wherever ecclesiastical authorities have smothered not just the true interpretation of scripture, but the public and even private reading of scripture in the vernacular. Thus any attempt to reform the church is doomed to failure. The pope's flatterers regard ancient rituals and structures as means of meeting the demands of God's law. Ritual and order should, rather, be the means of confessing faith in the saving work of Christ and building up the church in the good works that freely spring from that faith. Until the Protestant estates see evidence of such a confession, they will have reason to doubt that the fathers at Trent are illuminated by the Holy Spirit, and they will stay clear of the council.

'Ad Latomum'

The preface to the fathers at Trent is followed by a shorter preface 'To Latomus'. Here Bucer gives a short, general account of the controversy between them.

---

[117] See below, p. 49.

He lists five points of contention: the accusations of bad faith on both sides; the denial of the chalice to the laity; the invocation of the saints; mandatory clerical celibacy; the authority of the church. Bucer then explains why he has decided to return to communion under one kind and abuses of the Mass in particular.

Bucer writes that Latomus' defence of communion under one kind, led him to conceive of a work that would deal with the chief abuses of the Mass more broadly—one that demonstrated their incompatibility not only with Scripture, but with the fathers as well. Although, he had not wanted to reply to Latomus' *Defensio* (Latomus, on his own admission, had said nothing new in it) the leisure afforded by the procedural delay before the second Colloquy of Regensburg gave Bucer an opportunity to write. The new work was addressed to two kinds of person. Bucer described the first as theological dilettantes (*scioli*) who shared Latomus' view that the outward ritual of the sacraments was of secondary importance (and thus subject to change) as long as people had access to the sacraments' spiritual realities. The second group were those impressed by the arguments of 'certain sophists' that patristic authority supported the sacrifice of the Mass and its offering for the souls in Purgatory. With the exception of Latomus himself, Bucer does not identify the *scioli*, though they are likely to have included 'weaker brethren' impressed by Latomus' appeal to the finality of the church's decisions. It is clear, however, that the *sophistae quidam*, whom Bucer promises to address in the second book of *De vera et falsa administratione*, were the traditionalist opponents of the Cologne Reformation.

Book I

Book I treats the denial of the chalice to the laity as symptomatic of a more basic dispute: how the authority of Scripture is related to authority of the church. Latomus had argued in his *Defensio* that the church was not only entitled to change how the sacraments were administered, but that it also had good reasons for withholding the chalice from the laity (he cited a desire to avoid spilling Christ's blood, accommodation of those made ill by the taste or smell of wine, the tendency of wine to spoil when reserved, and the scarcity of wine in northern climes). Moreover, Latomus argued, Jesus's instructions at the Last Supper pertained in the first instance to the apostles. It was thus sufficient that the apostles' successors (the clergy) observed the command to take, eat and drink. In any case, a modification like communion under one kind was not sufficiently important to warrant the Protestants' secession from the unity of the church.

Bucer replies that to reject the clear instructions of Christ at the Last Supper is to preach another Gospel, and thus to withdraw from the church founded on Christ's teaching. To make this case Bucer acknowledges that he has first to show why Christ's instructions concerning the Supper cannot be changed. He begins by considering at length the terrible threats and punishments incurred by transgressors against the ceremonial injunctions of the Law (e.g. the fiery destruction of Aaron's sons in Lv 10,1–3). He grants Latomus that, as outward symbols and instruments, God's ceremonies are fleeting and perishable; what endure are the spiritual gifts they represent. Thus ceremonies can be changed, where times and circumstances demand. As an example Bucer cites the relaxation of Sabbath injunctions in 1Mcc 2,41 and Mt 12,1–13. Likewise, there may arise conditions under which it is impossible to administer the sacraments as Jesus instructed. In such cases Jesus will grant saving communion to those who call on him. However, when there is nothing standing in the way, the sacramental institution is to be observed with the same punctiliousness demanded of Israel in Dt 4,2 and 5,32. This is even more the case under the freedom of the Gospel, where the ceremonial requirements are so few and simple. Even though faith is all that is necessary for adults to receive the benefit of the sacraments, faith will always seek to obey Jesus's commandments whenever it possibly can.

Latomus had also argued that other changes in the church's worship offered precedents for the denial of the chalice to the laity. Firstly, baptism in the name of Jesus mentioned in Act 2,38; 8,16; 10,48; 9,15 seemed to truncate the Trinitarian formula instituted by Jesus in Mt 28,19. Second, the sequence of instructions in Mt 28,19–20, seemed to envisage instruction (μαθητεύσατε) before baptism, whereas now children were given instruction afterwards. Third, the verb βαπτίζειν implied immersion, rather than triple immersion or sprinkling practiced by the later church.

In response, Bucer alleges that baptism 'in the name of Jesus' was a way of saying, 'baptising as Jesus commands' (i.e. in the name of the Father, Son and Holy Spirit). However, even if such a concession was granted to the apostles, it did not set a general precedent. Besides, the apostles did not completely remove the sacramental sign of water in the way the priests now remove the chalice. Bucer also rejects what he calls Latomus's 'Catabaptist' argument about the order of baptismal instruction. Μαθητεύσατε implies not instruction, but making disciples by baptism, whether they are previously instructed adults able to make a confession of faith, or infants, who will make that confession later in life. Although Latomus did not mention infant baptism, Bucer argues that this is not a modification of the original institution either, but a tradition that the apostles must have received directly from Christ and the Holy Spirit. Regarding βαπτίζειν, Bucer claims that it covers washing, sprinkling and wetting (he doubts that apostles could have baptised three thousand people in one day by immersion—cf. Acts 2,41). Bucer also deals briefly with other changes to the celebration of the Eucharist raised by Latomus—i.e. the celebration of the Lord's Supper at times of day other than the evening, and the fact that Mass is not usually celebrated in conjunction with the washing of feet.

The argument then moves on to the relative authority of church and scripture on this matter. Latomus had asserted that the interpretation of the scriptural passages adduced by Bucer in *Scripta duo* were unclear. This meant the church was needed to adjudicate. In response Bucer denies that Scripture is unclear in its own right. The obscurity is in the minds of its interpreters: blind eyes cannot see the sun's brilliance. Nevertheless, he promises to show that the weight of tradition favours the reformers' interpretation of Scripture, rather than that of men like Eck, Pighius, Cochlaeus and 'other lackeys of Antichrist.' Thus the churches of the east and Ethiopia have retained communion under both kinds, while the western church abandoned the practice of the ancient church only in recent times. Furthermore, even canon law denies the church's right to establish 'new law' in contravention of ancient practice. Does Latomus imagine that the morally corrupt episcopal 'idols' with whom he invests such great authority, are better pastors than the fathers of the church? Rather, the church that opposes itself to scripture *and* tradition can only be the church of Antichrist. Thus the decisions of its prelates, false priests and prophets, and the decisions of its councils are void.

Bucer then returns to the question of whether the reformers have broken the unity of the church by restoring the chalice to the laity. Here, Latomus had pointed out that by modifying received tradition, the reformed churches had cut themselves off from the churches of Germany, Italy, France, England and Spain. Bucer argues that Latomus's definition of catholicity is tendentious. Why has Latomus not mentioned the churches of Greece, the east and Ethiopia in this regard? In fact the 'catholic' church is the church of those who have been reborn and believe in Christ. Even if they are only a few (such as the thousand in Israel who would not bend the knee to Baal, or Athanasius when many deserted the Nicene faith), they form the catholic 'whole' of the children of God, in communion with all reborn believers in the past and future. Christ and the Spirit have always been with this church and its ministers. They are not with those who claim the right to modify Christ's precepts as it suits them.

In the final part of Book I, Bucer returns to three patristic passages that had already featured in the debate with Latomus: the canon *Comperimus*, attributed to Pope Gelasius I (r492–6); a passage from John Chrysostom's *Homilies on 2 Corinthians*; and an extract from Cyprian's *Letter 63*. *Comperimus* condemned those who abstained from the chalice at communion. Latomus contended that this condemnation applied to clergy only. Bucer argues again that it applies to all communicants. The second extract from Chrysostom insisted that there was no difference between priest and laity when partaking in the sacred mysteries. Latomus argued that this passage had no bearing on the present western church, where the pastoral context had changed. Bucer notes that Chrysostom contrasts the inequality of priest and people under the Law with their equality under the Gospel. This suggests to Bucer that their equality at the Eucharist is not subject to subsequent changes in historical circumstance.

Bucer devotes a final five chapters of Book I to the last of these three patristic authorities. As noted above, Cyprian's *Letter* 63 seemed to serve Bucer's reform agenda well. Against the 'Aquarii,' who used water rather than wine in the Eucharist, Cyprian urged that nothing should be done in the Eucharist except what Christ had commanded. He had also condemned the attempt to diminish Christ's instructions through 'human tradition.' However, Latomus pointed out that the whole of this passage referred to the Last Supper as a 'true and full sacrifice' offered by Christ to the Father—something that seemed to work against Bucer's case, rather than for it. He also argued that Cyprian's deep aversion to innovation made him an unlikely ally of the reformers. Bucer returns to the first part of Latomus's objection in Book II, however, he submits the passage from *Letter* 63 (and another from Cyprian's *Letter* 74) to close analysis, arguing that Cyprian gave no unqualified recognition to any human institution or tradition other than truth, which had its origin in the tradition that the Lord handed on to his apostles. Latomus, Bucer argues, has overlooked this in focussing on Cyprian's sacrificial vocabulary.

Book II

Book II addresses the claim that the Eucharist is a sacrifice offered for others, both living and dead. It begins with Latomus's argument that, in citing Cyprian's *Letter* 63, Bucer has landed a 'blow' against the very case he has been trying to make. Bucer treats Latomus's gloating as typical of the traditionalists' claim that the authority of the fathers stands wholly on their side and against the reformers. He also finds this boast epitomised in the *Gegenberichtung* (1543) in which the 'sophists of Cologne' had attacked the reformation of Archbishop Hermann von Wied. It is thus the *Gegenberichtung*, and to a lesser extent, Latomus's *Defensio* which are the principle objects of attack in this second part of *De vera et falsa administratione.*

As noted above, much of what Bucer has to say in this book is simply a development (though in Latin) of the arguments he had recently directed against the *Gegenberichtung* in his *Bestendige Verantwortung* (1545). The point of writing in Latin becomes clear when Bucer remarks that, as a result of the *Gegenberichtung's* sophistries, many people of stature (often good people who lack instruction in Christ's mysteries) have hoped that the present Mass can be retained. Because these individuals are troubled by the claim that the authority of the ancient church favours the Mass, Bucer has decide to taken it upon himself to explain the following: (1) what kind of sacrifices the ancient church brought to the altar in the Eucharist; (2) what the fathers meant in this connection by the terms 'offer' and 'sacrifice'; (3) what they meant when they spoke of offering the Eucharist for the living and the dead; (4) how the doctrine of Purgatory insinuated itself into the church; (5) whether it is the reformed Supper or the perverted Mass that is closer to the observance of the ancient church and the fathers.

The first part of Bucer's argument focuses around the various meanings that the patristic church attached to 'offering' and 'sacrifice.' The discussion here is closely shaped by the fruit of Bucer's collaboration with Johannes Gropper: the *Worms-Regensburg Book* (1540-1). This divided the Mass into four 'spiritual sacrifices': (1) Christ's offering of himself to the Father, 'represented' in the church's prayer and in the consecrated bread and wine; (2) the church's offering of itself, as the body of Christ, in intercession for all of its members, living and dead; (3) the church's sacrifice of praise; (4) the alms, bread and wine brought to the celebration by the faithful.[118] These four sacrifices had continued to structure the ensuing debate between Gropper and Bucer. However, in *De vera et falsa administratione* Bucer considers the Eucharist in terms of five sacrifices so that he can distinguish between the bread and wine 'offered' in the Eucharistic prayer and the food and alms brought to the Eucharist by the congregation. Bucer also notes in passing that the Greek church has extended sacrificial significance to the liturgical blessing of incense and the ritual division of the Eucharistic bread.

Bucer begins his discussion of sacrifice by analysing the sacrificial vocabulary in substantial quotations from the following sources: Cyprian's *Letter 63*; Irenaeus's *Against the heresies* 4,18; the collects and Canon of the Roman Mass; the prayers of the Liturgy of John Chrysostom. He also refers Latomus to Augustine's *City of God* 10,6. The patristic church, he argues, used 'offering' and 'sacrifice' to mean the following: the presentation of material offerings in recognition of our complete dependence on God and in thanksgiving, through Jesus Christ, for all of God's gifts; setting apart a portion of the offerings for 'divine use'; the reverent sharing and enjoyment of this portion to God's glory. Bucer argues that this sacrificial structure echoed the essential nature of the Old Testament sacrifices. For this reason Cyprian and Irenaeus could rightly speak of Jesus instituting a sacrifice in the Last Supper, and Cyprian could

---

118 See BDS 9.1, 461–467; ADRG 3.1, 364–371.

rightly speak of Jesus offering the Eucharist as 'high priest.' Jesus took bread and wine, the gifts of God, and gave thanks to God the Father. He then consecrated them and shared them with his disciples 'for saving use': i.e. to represent lifegiving fellowship in him and his merit and to stir his disciples to commemoration of him.

However, Bucer recognises that he still has to address the problem of why some patristic sources refer to the offering of Eucharistic bread and wine as 'offering or sacrificing Christ.' This is why he has decided to consider the offering of bread and wine separately from the material gifts brought to the Eucharist by the faithful. After considering a collection of passages from Augustine and Cyril of Alexandria, Bucer argues that 'to sacrifice' or 'immolate' Christ is to commemorate the flesh and blood of Christ with solemn thanksgiving and then to partake of them to salvation. This, he argues, is quite different from what he calls the 'conjuring trick' of his opponents in Cologne, who speak of the church 'setting Christ before the Father' as the victim sacrificed for us. What, he asks, could be more futile than to ask that the Father accept the sacrifice of the Son, when the Son is already seated at God's right hand presenting *us* to God the Father?

Bucer then turns to the question of what the fathers meant when they spoke of offering the Eucharist *for others*, living and dead. According to Bucer, this language covered a range of meanings from almsgiving at an individual's funeral (often outside the context of the Eucharist) to the recitation of someone's name in the prayers offered in the Eucharist. Here again, the letters of Cyprian provide him with his examples. To 'offer for the living,' Bucer explains, is to thank God, to implore his mercy, and ask his favour for those named by the priest. To 'offer for the dead' is to give thanks for the conversion and true penitence of those who died having confessed their sins, and to pray that their penitence was brought to perfection. Bucer argues that all prayers for the dead express the hope, and even confidence, that the beneficiary of the prayer now enjoys the presence of God. He points out, for example, that the Liturgy of John Chrysostom offers *for* all who sleep in Christ, including the apostles, martyrs and the Virgin Mary. He then examines a collection of witnesses concerning prayer for what he calls the 'common' faithful departed. He notes, for example, that Ambrose's prayer for the dead Theodosius I, assumes the emperor already enjoys heavenly rest. Here Bucer suggests that prayer and what is prayed for need not always follow each other in chronological sequence—prayer for an already dead sinner may have secured his or her conversion while still alive. Moreover, our prayers do not cause God to act. Rather, all intercessory prayer serves as a kind of 'seal' of what God has already decreed. Bucer finishes this section with a description of the funeral ceremony in the *Ecclesiastical hierarchy* of Pseudo-Dionysius, which again he argues assumes that the dead for whom the rite is offered, already dwell in the 'light and the land of the living in the bosoms of Abraham, Isaac and Jacob,' even as it asks God to forgive their sin.

Bucer blames Augustine for linking prayer for the dead with the later doctrine of Purgatory. He points to Augustine's speculations about class of the dead—the *non valde mali*—who may be helped by the offering of the Eucharist and almsgiving. He singles out Augustine's remark in *Enchiridion* 109–110 and *On the eight questions of Dulcitius* 2 that such offerings may be 'propitiations' for those who were 'not very bad,' and may even help the 'very bad' by winning them 'a more tolerable damnation.' Bucer argues that this conjecture cannot be squared with the belief of other fathers that death is followed immediately by either salvation or damnation. Here it was the other fathers and not Augustine, who taught Scriptural truth.

Next Bucer considers the case of the fourth century heretic Aerius, who, according Epiphanius of Salamis, was condemned for rejecting prayer for the dead. Again Bucer argues that prayer for the dead does not logically imply the existence of Purgatory. Aerius rejected such prayers because he doubted that the dead could benefit from them, and because he thought they encouraged moral complacency. However, Bucer notes that Epiphanius did not condemn Aerius for this reason, but because Aerius seemed to undermine the hope of resurrection to eternal life, even for those whose lives had been far from blameless. There is no question here of a defence of Purgatory or of any notion that sins can be forgiven after death.

The discussion then turns to the question of whether Scriptures provide any support for the doctrine of Purgatory. Here Bucer considers 2 Mcc 12,43–45, the scriptural passages sung or recited by the church in the 'vigils of the dead,' 1 Cor 3,11–15, Mt 12,32, Mt 5,26 and 18,34. Bucer questions the canonicity of 2 Maccabees, but argues that the offering Judas Maccabaeus made to release the dead does not imply belief in Purgatory. As Bucer has already pointed out, the prayers of the patristic church which ask God to forgive the dead, assume that the dead are already with God. Here Bucer introduces the prayers of the 'vigils' or office for the dead, which speak of human sin, of penitence, and of divine judgement, yet always in the hope that sin, death and condemnation have been removed from believers by the death and resurrection of Christ. Again, there is no Purgatory in the prayer of the church. Returning to the proof-texts of the traditionalists, Bucer denies that the 'fire' that tries the works of each person (cf. 1 Cor 3,13) is the fire of Purgatory; rather, it is divine judgement testing the quality of teaching built on the foundation of faith in Christ. Here Bucer appeals to patristic commentaries on this passage. On Mt 12,32, he argues that it is illegitimate to claim that sin can be forgiven in the future life simply because Jesus says that sin against the Holy Spirit will not be forgiven in the future (i.e. in Purgatory). This passage is to be understood in light of Mc 3,29, which simply claims that sin against the Holy Spirit will not be forgiven *forever.* Mt 5,26 and 18,34 regarding the unforgiving debtor who would not be freed from prison 'until he had paid the last penny' cannot be taken to imply a future state from which those in debt to sin will be released. Bucer argues that the 'until' here does not imply a future release—otherwise Mt 1,25 (*And [he] knew her not till she had brought forth her firstborn son*) would imply that Mary bore several children (apparently Bucer assumes Mary's perpetual virginity). Bucer concludes by returning to passages from Augustine in which the father asks that no credit be given to any of his writings unless they can be confirmed by canonical scripture, 'or probable reasons.' Purgatory meets neither of these criteria. Where the fathers teach or imply it, it is an example of their weakness, which like wood, hay and straw will be burnt away in the fire of God's judgement (1Cor 3,12–13). Moreover, as a result of this figment of the human imagination (Rm 1,21) the people have been led from true penitence, faith in Christ and the duties for love to a godless trust in the work of the massing-priests.

Chapters 24–39 constitute what Bucer calls an 'epilogue' comparing the Lord's Supper of the 'Lutherans' and the Mass in order to demonstrate which conforms most closely to the 'offerings' and 'sacrifices' of the ancient church. First of all, the Lutherans have restored the material offerings, which are brought to the church and placed in an alms box. Even if they do not bring bread and wine to the Eucharist, as the laity did in the ancient church, the traditionalists do not do this in their Mass, either. Secondly, the Lutheran's have restored the people's offering of themselves, since they offer intercession for all people and consecrate themselves to God through the prayers of the liturgy—which are offered in a language that all can understand and for their edification. Thirdly, the Lutherans have restored the sacrifices of thanksgiving and praise, which is also manifest in their liturgical prayers. Fourthly, the Lutherans have restored an offering of bread and wine, by which Bucer means that they follow Christ's example in giving thanks with bread and wine, and distributing it in his memory to increase faith and communion among his faithful. Fifthly, the sacrifice of Christ himself is diligently preached and explained to all present in word and sacrament. Finally, it is true that the Lutherans have ceased naming and praying for their dead, since in the present day this practice can only strengthen the people's godlessness. Although the practice of naming the dead in the Eucharist was introduced without the express command of the Lord, it was introduced for sound reasons: in particular, terror at divine judgement and the desire to commend the departed to God's mercy. However, in the present day, the only way to achieve the aims of the funeral rituals of the patristic church is to change the form of the rite. In doing this, the reformers are following the example of Christ when he dispensed with the external forms for observing the Sabbath, fasting and purification.

Bucer then contrasts the 'Lutheran' order at Cologne with the Masses of the *sacrificuli* or massing-priests who have either, 'completely overthrown or perverted the sacrifices of the ancient church'.[119] The church's sacrifice of thanksgiving is rendered impossible by the fact that it is murmured or chanted in a language most of the people do not understand. In seeking monetary compensation, the massing priests offer their sacrifice to Mammon and foul pleasure. Rather than consecrating the people as a sacrifice to God through preaching, they sacrifice the people to themselves. The people have no understanding of what is signified by the sacrifice of bread and wine. Nothing is said publicly of the death and resurrection of Christ or of the sacrifice of his body on the cross. The people are never given the sacrament in its fullness. The priests may use the words of the ancients in the Canon of the Mass, but they use them to lie, as they never explain to the people what they mean.

Bucer then singles out for further consideration three major offences that should persuade Latomus of what an abomination the Mass has become: (1) the superstitious whispering of the Mass in a foreign language; (2) the celebration of Mass without the administration of the sacrament to the people; (3) false trust in the *opus operatum*, which renders people complacent about divine judgement. The third of these is the most serious of all, arising an innate ungodliness that comes to us from Adam. After humans lost the image of God through Adam's sin, God in his goodness promised and gave his Son to make expiation for our sins through his death, to restore us to life and fellowship with him and by his Spirit renew the image lost by the earthly Adam. True religion has its origin in the preaching ordained by God to rouse his people to repentance and faith in the remission of sins through Christ. To render this preaching more effective God added to it certain places, times, objects and actions. However, true worship of God was not confined to temples and sacrifices, but manifest in the lives of the godly in every time, place and act. False worship and debased religion arose from an attempt by the unregenerate to placate God's judgement against sin, while continuing to live in it. The prophets bore witness to the way in which the ungodly observed the outward forms of worship instituted by God, but lived lives that showed their contempt of him. Indeed, they went further, and in mixed the religious observances commanded by God with rites taken from the gentiles. The Mass has exceeded

---

119   Bucer, *De vera et falsa*, 261. See below, p. 248.

even these idolatries in hardening consciences against divine judgement and fostering contempt for God, because God had established no rite in which true religion was more effectively presented than in the Lord's Supper. It is no wonder that the ungodly preferred a conjuring trick that promised all the benefits of Christ's death even to those who lived without penitence, than the preaching of repentance and true faith in the death of Christ presented in the sacrament. There is no point in the adversaries protesting that, according to Thomas Aquinas and the older scholastics, the Mass can only benefit those who are living members of Christ. When has Latomus ever heard a massing-priests tell the people this? When has he ever seen a wicked man driven away from the mass, or the sacramental discipline of the patristic church observed in all its severity? This lengthy 'epilogue' finishes with a seven point 'antithesis of the Lord's Supper and the Papist Mass' which summarises its argument.

Bucer finally returns to the 'blow' that Latomus alleged Bucer had inflicted on himself by claiming the authority of Cyprian's *Letter* 63 in support of the reform of the Lord's Supper at Cologne. If the massing-priests do not follow Christ's observance in every respect, as Cyprian claims they should, then they cannot be said to act in Christ's stead, or to offer the 'true and full sacrifice to God the Father' of which Cyprian speaks in his account. It is clear that the papist Mass stands opposed to Christ's institution, while the Supper of the Lutherans observes it, and therefore Bucer has taken no 'blow' from Cyprian.

III   Publication

We have already noted the letter to Calvin by Juan Diaz, who mentioned Bucer's preoccupation with a work against Latomus in January 1546. On 10th of March, Diaz left Regensburg to oversee the printing of Bucer's manuscript at the press of Hans Kilian (1505–1595) at Neuburg-an-der-Donau.[120] Kilian was the printer to the Count-Palatine Ottheinrich (1502–1559), who, in June 1542, had taken the recess of the 1541 Diet of Regensburg as license to introduce Protestant reform to his own territory of Pfalz-Neuburg.[121] Ottheinrich's Reformation

---

120   Enzinas, *Historia vera*, 83. The first evidence of Diaz's presence in Neuburg is a letter written to Ottheinrich 27 February. See, Enzinas, *Verdadera historia*, 438–441. For Kilian's biography, the history of his press, and analytical bibliographies of the works published there, see the collection *Hans Kilian* and Schottenloher, 60–86.

121   Schottenloher, 40, 60–65. Reichold, 142 refers to an extensive correspondence between Bucer and Ottheinrich that began after the Diet of Augsburg in 1530. However he offers no reference for this. Four of Bucer's letters to Ottheinrich have been published: one in

mandate and the church order of 1543 had to be printed by the nearest available Protestant press in Nuremberg, and this probably influenced Ottheinrich's decision to establish his own printing press at Neuburg in 1544.[122] However, just over five months after the publication of *De vera et falsa administratione*, on 17 September 1546, Kilian's press was destroyed at the behest of Charles V, whose troops had occupied Neuburg during the Schmalkaldic War.[123] Bucer seems to have felt a degree of responsibility for this event, since he later wrote to Kilian commiserating with him over the destruction of his press, and alluding to the unwitting role *De vera et falsa administratione* might have played in this.[124]

On 13th March 1546, Juan Diaz mentioned in another letter to Calvin that he was lodged in Neuburg with Adam Bartholomäus, the preacher to Ottheinrich.[125] Two weeks later, on 27th March, Diaz lay dead in Bartholomäus's house, with an axe buried in his head. The murder of Diaz by a henchman of his brother Alfonso became a European *cause célèbre*. Bucer wrote the preface for the first (and largely eye-witness) account of these events by Claude de Senarclens ('Claudius Senarclaeus'), the *Historia vera de morte sancti viri Hispani Ioannis Diazii*, which was edited by Francisco Enzinas and published in Basel 1546.[126]

Diaz a native of Cuenca in Spain had been associated with Evangelicals since at least the time of his arrival at the University of Paris in 1533.[127] He left Paris in March 1545 on a tour of Reformed cities in Switzerland and Southwestern Germany. During a three month stay in Geneva he made the acquaintance of Calvin and continued to write to him until the time of his death a few months later. Arriving in Strasbourg in August 1545 with Claude de Senarclens, Diaz lodged with Bucer and then went to Regensburg with him as a representative of Strasbourg. His inclusion in the Strasbourg delegation seems to have had a propaganda value, since it was known that Charles V had deliberately selected a Spaniard rather than a German to lead the Catholic collocutors at Regensburg.[128]

Pollet, *Études sur les relations* 2, 85–94, dealing with the Cologne Reformation, and three dealing with the aftermath of the Schmalkaldic war in Rott, 142–50.

122 Schottenloher, 40–2; Stierhof, 50–56 52–3.
123 Schottenloher, 61; Seitz, 'Beiträge' 189–90; 'Hans Kilian, erster Buchdrucker zu Neuburg,' 23–4. Kilian was able to open a new press in Neuburg in 1556. See ibid., 27.
124 Bucer to Kilian, 30.3.1547, Schottenloher, 143.
125 On Adam Bartlme / Bartholomäus see Enzinas, *Verdadera historia*, 445, n. 115; Pollet, *Etudes* 2, 199, 210.
126 The most recent and thorough discussion of Senarclaeus' sparse biographical details can be found in Heinzer, 96–105.
127 For the following see Ignacio García Pinilla's biography in Enzinas, *Verdadera historia*, 31–49.
128 See above, p. 14.

Diaz had already become acquainted with Pedro Malvenda, the chief Catholic collocutor, when the two men were studying in Paris. De Senarclens tells us that when the two met again in Regensburg, Malvenda tried to impress on Diaz the shame that his conversion would bring to his family and nation, as well as the victory that the Protestants would think they had achieved in the conversion of even one Spaniard.[129] When Diaz proved impervious to these arguments, Malvenda wrote twice to his fellow Dominican, the Emperor's confessor Pedro de Soto looking for a way to secure either the reconversion of Diaz, or his elimination.[130] Eventually notice of Diaz's presence at Regensburg was sent to brother Alfonso, a lawyer at the Roman Rota.[131] Alfonso came to Regensburg with a companion, whom Enzinas suggests had been a public executioner in Rome, and through a variety of ruses they located Juan Diaz in Neuburg.[132] However, according to Enzinas, it was the arrival of Bucer with Martin Frecht in Neuburg on 23th March, that put an end to Alfonso's attempts to persuade Juan to leave with him.[133] On 25th March, Alfonso left Neuburg, apparently still on good terms with his brother.[134] But once Bucer and Frecht had left Neuburg, satisfied that Juan was now safe, Alfonso made his way back from Augsburg, using another series of ruses to avoid detection, and entered Neuburg with his companion at dawn on 27th of March. The companion, (whom Bucer, alone among the sources, names 'Johann Valdesio' or Juan de Valdés)[135] gained entrance to the house of Adam Bartholomäus by proffering letters that Alfonso had written to his brother. Using the letters to distract Juan's attention, he killed him with a hunting axe that Alfonso had purchased for this purpose.[136]

The focus of the accounts of Juan Diaz's martyrdom then move away from Neuburg to the pursuit of the killers (who were finally detained near Innsbruck) and the descent into farce of the legal proceedings against them.[137] Alfonso and the unidentified killer were eventually able to claim clerical exemption, the case was deferred to the Bishop of Trent, and the killers were freed. As we have already noted, *De vera et falsa administratione* was published on 6th April,

129   Enzinas, *Historia vera*, 37–9, 44–5.
130   Enzinas, *Historia vera*, 75–6, 79.
131   Enzinas, *Histora vera*, 79–80.
132   Enzinas, *Historia vera*, 85.
133   Enzinas, *Historia vera*, 121–2.
134   Enzinas, *Historia vera*, 124.
135   Bucer, *Zwey Decret*, BDS 15, 256, l. 9.
136   Enzinas, *Historia vera*, 126–45.
137   Enzinas, *Historia vera*, 146–74.

nine days after Diaz's death. The next work to emerge from Hans Kilian's presses was Diaz's own catechism, *Christianae religionis summa* (1546).[138] This octavo pamphlet of only eight leaves was also appended to Enzinas's, *Historia vera* when it was published in Basel later that year.

Ignacio J. García Pinilla draws our attention the possibility that Diaz's death affected the state of the edition.[139] There seem to be a greater number of significant errors in the final gathering of the book as well as in its first part, the prefatory address to the fathers at Trent, which Bucer dated 13th of March, and which Bucer (or someone else) must have delivered to Neuburg after Diaz had arrived there with the manuscript of the first two books of *De vera et falsa administratione*. It is possible, then, that galleys of the prefatory address were proofread by a someone other than Diaz, or that they were not proof-read at all.

IV Influence and Significance

As already suggested, *De vera et falsa administratione* covers material that had already appeared in Bucer's German works emerging from the Cologne Reformation, principally the *Bestendige Verantwortung*. It also returns to arguments on the authority of the church that had been worked over in *Scripta duo adversaria*, and, to a lesser extent, in *De concilio et legitime iudicandis controversiis*. The repetition may go some way towards explaining why the *De vera et falsa administratione* elicited little in the way of response or engagement.

Although Latomus did not reply to *De vera et falsa administratione*, the debate over Latomus' defence of communion under one kind did revive briefly in the wake of the 1557 Colloquy of Worms, and in this context Bucer received passing mention. Latomus attended the colloquy in the delegation from the Electorate of Trier, and functioned informally as a spokesman for the Catholic party.[140] After the colloquy Latomus published *Spaltung der Augspurgischen Confession* (1557) in which he blamed the colloquy's failure on the Protestant party's insistence that negotiations take place on the basis of scripture alone. As in the earlier dispute with Bucer, Latomus presented *sola scriptura* as a recipe for subjectivism and anarchy. Scripture, he argued, must be interpreted in the church and by the divinely appointed hierarchy, regardless of

---

138 VD 16, D1378; *Hans Kilian*, 135–136.
139 In Enzinas, *Verdadera historia*, 46, n. 5.
140 Von Bundschuh, 381. See also Melanchthon to Johannes Marbach, 19.11.1557, CR 9, 374, no. 6402.

the hierarchs' moral status.[141] Jacob Andreä (1528–1590), one of the Protestant auditors at Worms, used a polemical exchange with Mathias Bredenbach to attack Latomus' claim in his 1543 *Responsio* that the administration of communion under both kinds was an expression of the early church's 'inexperience,' whereas the vicissitudes of history had forced it to recognise that it was neither necessary, or even desirable, to administer communion to the laity under both kinds.[142] In his reply to Andreä, Latomus pointed out, almost wearily, that his dispute with Bucer had taken place 'fifteen years ago, give or take.'[143] Nevertheless, he elaborated further on the legitimacy of communion under one kind, as well as the traditional doctrine of Eucharistic sacrifice. By this stage, however, there was little in his work that showed any more than the indirect influence of the debate with Bucer. Some of the familiar patristic *sententiae* on Eucharistic sacrifice made an appearance (e.g. Irenaeus, Cyprian) but the dispute was now with Andreä and the *Augsburg confession* rather than with Bucer.

However, despite its limited influence, *De vera et falsa administratione* is significant as a marker of the failure of Bucer's policy of rapprochement with the Catholics. As Jacques Pollet has noted, Bucer's view of the Mass in the 1540s differed subtly but significantly from that of Calvin.[144] Asked whether an Evangelical living in a Catholic territory could attend the Mass in good conscience, Calvin answered with an emphatic, 'no.' In his *Petit traicte monstrant que doit faire un homme fidele ... quand il est entre les Papistes ...* (1543; republished 1545) Calvin condemned the Mass in polarising terms: what similarity could there be between the Supper of Christ and the Mass, this hodgepodge of ordure? The canon, which was the substance of the Mass, was full of the

---

141 Von Bundschuh, 539–41. Latomus, *Spaltung der Augspurgischen Confession* (1557), A3r–B3v. Latomus' attack was answered by Petrus Dathenus, *Ad Bartholomaei Latomi rhetoris calumnias* (1560). See Von Bundschu, 551–4, but this exchange did not touch on Latomus' earlier debate with Bucer in any specific way.

142 See Latomus, *Responsio*, CCath 8, 6, l. 5–8, 'Cum enim rudis adhuc esset prima ecclesia, ritum a Christo acceptum religiose tenuit...' Bucer attacks this claim, *Scripta duo*, 39–40. Latomus elaborates on this theory of doctrinal development in *Defensio*, F2r-G1v, CCath 8, 47, l. 7-p. 50, l. 26.

On the controversy between Latomus and Andreae, see Bakelants, 'Latomus,' 717–718. Andreae first attacked Latomus in Ὑπερασπιστης τῶν προλεγομενῶν *Ioannis Brentii* (1559) VD 16 A 2645. Latomus responded in *De docta simplicitate primae ecclesiae in usu calicis in synaxi* (1559) VD 16 L 622. Andreä responded with *De usu calicis in synaxi* (1560) VD 16 A 2711, and this marked the end of the controversy.

143 Latomus, *De docta simplicate*, A2v, G4v.

144 Pollet, 'Joh. von Bekensteyn et les théologiens Strasbourgeois,' 294–320.

most shocking blasphemies; one could no more separate the Mass from these blasphemies than heat from fire.[145] For this reason no faithful Christian could attend Mass without being compromised by its idolatries or without great scandal to the weak.[146] However, Calvin also noted the view of, 'several good persons of holy life and sound doctrine,' who alleged that in papist assemblies, 'there is a church of Christ, from which a Christian must not separate himself on his own private authority.'[147] The same people alleged that a faithful person living among the papists might attend their parish Mass, because, 'that Mass comes from the Supper of our Lord, however greatly contaminated and corrupted it is.'[148]

There is little reason to doubt that Calvin was referring to Bucer here.[149] Not only was this Bucer's view of the church, it was also his view of the Mass. This much is evident in Bucer's unpublished treatise on the same subject, *Consilium theologicum privatim scriptum* written in about 1540, and roughly contemporaneous with Calvin's *Petit traicté*. There Bucer argued that:

> nothing in the decrees of the fathers, nothing in the words said at Mass, nothing in the doctrine of the schools suggests anything other than a celebration of the memorial of Christ offered on the cross, and a kind of 'setting' of Christ before the Father, through the prayers of the priest, in the name of the whole church, so that the faithful may enjoy the fruits of the sacrifice perfected on the cross. The 'offerings' that are also frequently mentioned, refer to the offerings that the faithful brought to the church at the time of the Sacred Supper for the use of the poor. The fact that the unlearned and impure Massing priests have thrust upon the people another opinion regarding the immolation of Christ in the Masses cannot defraud churches of their sacraments or wrest their enjoyment from the saints.[150]

Because there are true churches, even 'under the yoke of papal tyranny,' a Christian living under such conditions must not give any suggestion of having separated himself from Christ's church. Like the apostles participating in the worship of Israel after the death of Christ, Evangelicals could likewise go to Mass.

---

145   CO 6, 553.
146   CO 6, 569.
147   CO 6, 582.
148   CO 6, 583.
149   Pollet, 'Joh. von Bekensteyn et les théologiens Strasbourgeois,' 297–302. Pollet suggests that Capito shared Bucer's views.
150   BOL 4, 149.

For Bucer, the appearance of a self-imposed schism was as great a scandal to the weak as attendance at Mass was for Calvin. It would be better, Bucer argued, to use attendance at Mass as an opportunity to help one's weaker brethren understand the difference between the Mass's true use and its abuse.[151]

More evidence of the distinctive nature of Bucer's approach to the Mass can be found in his *Wider auffrichtung der Messen, anderer Sacramenten vnd ceremonien, vnd des Papstumbs* (1545). This was written to Evangelicals in the southwestern German territories of Alsace, Breisgau and Sundgau. They had been disturbed by Bucer's publication in the same year of *Ein christlich ongefährlich Bedencken, wie ein leidlicher anefang christlicher Vergleichung in der Religion zů machen sein möchte*, containing the text of the agreement that Bucer and Georg Witzel had reached in a colloquy at Leipzig in 1539.[152] Rather than suggesting how the Mass might be reformed, the *Bedencken* described how it had been celebrated by, 'Saint Paul, the most ancient teachers and the sound fathers',[153] and concluded, 'in such a manner do we wish that the holy Mass was held in all churches.'[154] The content and the qualifications that Bucer added in his prefatory 'Bericht zum christlichen Leser' did not differ substantially from Bucer's *Consilium*, or from *De vera et falsa administratione*.[155] However, the book's publication was enough to make neighbouring Evangelicals worry that Bucer wanted to reintroduce the Mass and other ceremonies of the papal church.[156] Bucer's *Wider auffrichtung der Messen* sought to allay these fears, contrasting the true 'Mass of Christ' with the 'Mass of the Wicked Papists.' The terms which

---

151   BOL 4, 150–151. In May 1545 Bucer wrote a second and much shorter *Consilium* for publication with the second edition of Calvin's *Petit traicte*. If read without reference to the *Consilium theologicum* (from which it is clearly derived) it might be interpreted as favourable to Calvin's advice to shun the rites of the ungodly. In fact the policy Bucer advocates in his shorter *Conslium* is substantially the same as that in his longer one, even though Bucer does not explicitly exonerate the Mass liturgy, as such, from the perverted uses to which it has been put. On this, see also Higman, 'Bucer et les Nicodemites,' 653–654. For the Latin version, see Calvin, *De vitandis superstitionibus, quae cum sincera fidei confessione pugnant*... (Geneva: Jean Girard, 1549), 105–109, Seebass, no. 189. For the French translation, see Calvin, *Petit traicte* (1545), 172–179, Seebass, no. 156.

152   See Ortmann, 49–77; Pollet, 'Joh. von Bekensteyn et les théologiens Strasbourgeois,' 308–310.

153   Bucer, *Ein christlich ongefährlich Bedencken*, C2r. See also BDS 9.1, 30, l. 11–12.

154   Bucer, *Ein christlich ongefährlich Bedencken*, C2v. See also BDS 9.1, 17–18.

155   Bucer's only rider was that, in hindsight, he would prefer to avoid any language suggesting that the Church 'set' Christ before the Father in the prayers of the priest. He acknowledged that it had an acceptable meaning when used by the fathers, but now felt that it impinged on Christ's majesty and did not accord well with scripture. See, Bucer, 'Bericht zum christlichen Leser' BDS 13, 351, l. 10–13.

156   Bucer, *Wider Vffrichtung der Messen*, BDS 13, 369, l. 14-p. 370, l. 6.

Bucer uses in condemning the latter, 'open blasphemy,' 'perversion,' 'sophistry,' 'antichrist,' represent the same unyielding condemnation of the current celebration of the Mass that can be found in all of Bucer's work, including the *Consilium theologicum*. However, even in rejecting the charge of crypto-papistry, Bucer does not resile from his conviction that the Mass of the ancient church remained substantially faithful to Christ's institution. He continues to refer to 'fathers' and 'canons.' He even defends the use of the term 'Mass.'[157]

Bucer's distinctive approach to the dilemma that the Mass posed for Evangelicals in Catholic territories and their 'weaker brethren' depended on his belief that the fundamental problem with the Mass lay not with the prayers themselves, but the perverse ends to which the liturgy had been put by the *sacrificuli* or Massing-priests. In Bucer's view, the prayers of the Mass were products of the patristic church. That did not render them exempt from improvement (or abolition) in the right circumstances, but it did mean they could be given a sound interpretation, if understood in their historical context. In the religious colloquies of 1539–1541 Bucer explored the possibility that the Mass could be 'retrieved,'—at least in Catholic territories. However, by 1546 Bucer's confidence in the practical possibility of any such retrieval was at an end. Traditionalist opposition in Cologne and Latomus' dogged attachment to the authority of the papal church—or at least its general councils—revealed the futility of a policy of accommodation. The fact that a general council was now in session was only likely to fortify Bucer's opponents in their errors. Thus, while *De vera et falsa administratione* continued Bucer's attempt to claim the heritage of the patristic church, it did so in the context of a confrontation with the weaker brethren. They must be made to realise that their attachment to the church and the received mode of celebrating the Mass arose from a mind darkened by Adam's sin and prone to every kind of idolatry. *De vera et falsa* may thus be read as a kind of final notice of the stark choice facing every Christian as the Empire stood on the brink of religious war and the forces of Counter-Reformation assembled in Trent.

V Editorial Procedure

The availability of digitized versions of Early Modern texts (*De vera et falsa administratione* is now freely available online) raises the question of what purpose a scholarly edition now serves. My first aim in editing this work has been to make the original text accessible to a modern reader familiar with Latin, but

---

157 See Bucer, *Wider Vffrichtung der Messen*, BDS 13, 370, l. 18, where he unconvincingly links it with *miserunt*, the action of the faithful who came to Mass bearing offering for the poor.

not necessarily with the conventions of early modern typography, orthography or the vagaries of the original punctuation. This means that the original edition's many abbreviations have been tacitly spelled out in full, including Bucer's biblical references, where these are abbreviated.[158] In the case of ambiguous abbreviations (e.g. where '.s.' may stand for *sacer* or *sanctus*) the alternative reading is noted in a footnote. Spelling has been regularised to conform with the conventions observed by previous editions of Bucer's *Opera latina*. This means, for example, that:

- *e* is changed to *ae*, where it represents the *-ae* endings of second declension nouns
- an initial *j* is replaced with an *i*
- however, *v* replaces a *u* where ecclesiastical Latin and some other traditional European preununciations treat the letter as a consonant rather than a vowel
- *-unque* endings are regularised to *-umque*

In cases of doubt, I have usually followed the first spelling given by the relevant entry in the *Oxford Latin Dictionary*.

The original punctuation is also tacitly changed where this seems to assist readability. For example, the original edition makes lavish use of commas in breaking up Bucer's characteristically lengthy sentences. In general this is helpful—to a modern English reader at least. However, sometimes a sentence in the original edition has been so minutely divided by commas, it is not immediately clear how its parts function as syntactic units. So, for example, I have left the original commas in place where they separate two clauses or several items in a list, but I have usually deleted them where they simply separate two verbs, two subjects, or two objects within a single clause. Long sentences are sometimes broken up into two or more shorter sentences. Single inverted quotation marks have been introduced to indicate where Bucer is quoting from a source or discussing a particular phrase. Quotations within quotations are indicated with double inverted quotation marks.

---

158   When Bucer spells out a biblical reference in full, his usual practice is to give the book in the genitive case, together with a Roman chapter number (e.g. Esaiae xlii). In expanding abbreviated titles of biblical books, I have followed this practice, except in the case of Psalms, where Bucer normally uses the ablative singular (e.g. Psalmo l). Where the biblical book is given in the nominative case (e.g. Acta xiv) this is the way it appears in the original text.

In annotating the text, I have tried to steer a middle way between the generous annotation in previous editions of Bucer's *opera latina* and the sparser annotation generally found in editions of *Martin Bucers Deutsche Schriften*. Annotations in the last two editions in the *Opera latina* series have situated Bucer's allusions and citations in something close to their complete intellectual context. Like the editors of *Martin Bucers Deutsche Schriften*, I have largely confined my task to verifying the sources of Bucer's explicit citations. I have, nevertheless, also tried to situate *De vera et falsa administratione* within its three immediate contexts described above: the Council of Trent, the Cologne Reformation and the 1546 Colloquy of Regensburg. I have also attempted to verify some of Bucer's more general allusions. For example, he refers several times in this work to the opinions of *scholastici* without specifying which scholastics he has in mind. I have generally used the works of Aquinas and Gabriel Biel's compendious *Sacri canonis missae expositio* as representative examples of the theological arguments to which Bucer is referring. These have been chosen, because Bucer refers to Aquinas explicitly elsewhere in the text, and because Biel often provides a synopsis of earlier scholastic thought on questions related to the Mass.

In addition to identifying the chapter and verse numbers for explicit biblical quotations and citations, I have followed previous editors of the *Opera latina* in attempting to identify implicit allusions to biblical phrases and ideas. Occasionally, I have also tried to explain and contextualise phrases and allusions that may appear obscure to a modern reader. All scriptural allusions, explicit or otherwise, are identified in square brackets [ ] within the text. Scriptural quotations are given in italics. The verses, as well as any chapter number not given in the text, are also provided in square brackets. Where the citation is an allusion or implicit reference, details of the biblical book, chapter and verse are preceded by 'cf.'. Marginalia in the original text have been placed in diamond brackets < > within the text.

Following the convention established in previous editions in the *Opera latina* series, the works of the fathers, the mediaeval theologians and Bucer's opponents are identified according to two later source editions, such as Migne's *Patrologia* or *Corpus Christianorum*. Although I have checked all of Bucer's quotations against Early Modern editions of the fathers and other sources that might have been available to him, I have generally not sought to identify these in the footnotes. For example, Bucer might have gleaned a quotation from Augustine or the *Decretum Gratiani* from a number of printed or even manuscript sources. However, in some cases one can identify the edition that Bucer was using with a reasonable degree of confidence. Here I have noted this alongside the reference to modern editions. For example, most of Bucer's quotations of the Liturgy of John Chrysostom use a Latin translation to which Pierre Fraenkel has drawn our attention in his edition of Bucer's *Florilegium patristicum*.[159] I have also noted other correspondences between citations in *De vera et falsa administratione* and those citations and extracts recorded by Bucer and his amanuenses in the *Florilegium patristicum*.

In locating Bucer's sources, I have followed previous editions of his *Opera latina* in identifying the corresponding modern source with 'Ap:' (*apud*). If Bucer seems to be quoting at second hand, the symbol > is used to identify the original source from which his immediate source may be derived. The abbreviation 'Adv:' (*adversus*) is used to identify citations of Bucer's traditionalist opponents. Where Bucer quotes an opponent, the source is identified with 'Ap and adv:' In general I have not followed BOL2 and BOL4 in *introducing* citations with a numeric footnote reference. As in recent editions of BDS, numeric footnotes follow citations. However, in the case of citations *within* other citations, a numeric reference stands at the beginning and end of the internal citation.

The original manuscript of *De vera et falsa administratione* has not survived, and, although I have not sighted all of the surviving imprints, I am satisfied that there was only one impression. I have consulted five of the copies that are held in the United Kingdom (Edinburgh UL, two copies in the Bodleian Library, Cambridge UL, Corpus Christi College in Cambridge, and the British Library) and they are identical, even in the smudging of the ink on similar pages. The same is true of the digitised version currently available from the Bavarian State Library. For this reason I have not needed to collate textual variants. I have, however, corrected what appear to me to be typographical errors. In such cases the abbreviation *corr.* indicates the original text, and immediately follows an emended word or phrase. The abbreviation *om.* indicates a word which I have taken out of the original text. The abbreviation *suppl.* follows any word or phrase that I have added to the text. In most cases this is demanded by the sense or grammar, but where this addition is conjectural, *suppl.* is followed by a question mark. Where the grammar suggests that the printed edition has omitted words present in Bucer's original, or a quotation omits words from the original source, I have marked this lacuna with [...].

As mentioned above, it has been possible to identify some of the sources from which Bucer took his quotations directly. However, even in these cases he does not always quote exactly—e.g. because he is correcting a translation

---

[159] P. Fraenkel, 'Supplément' 4 in BDS 3, 198–204. I was able to consult Corpus Christi College, Cambridge, SP 118, a bound collection of editions and translations of eastern liturgies, includes the text and translation probably annotated by Bucer: Ἡ θεία λειτουργία τοῦ ἁγίου Ἰωάννου τοῦ Χρυσοστόμου: *Divina missa sancti Ioannis Chrysostomi* (1528).

from Latin into Greek. Where Bucer has omitted a word or phrase from a passage that he quotes, the lacuna is indicated in the text as [...]. Where he has changed a word or phrase, the original text follows immediately, enclosed in parentheses and proceded by the italicised word 'source.' Where Bucer adds words or phrases to his source, this is indicated by {source. om}. Even where it has not been possible to identify Bucer's immediate source, I have also indicated apparent lacunae where Bucer's quotation omits words, phrases or passages found in the Early Modern and modern printed editions.

Finally, both pagination and foliation are indicated by a bar in the text, and the number of the folio and page number (where the original gives this) in the margin. In the text, as well as in the footnotes, *recto* is indicated with a lower case 'r' and *verso* with a lower case 'v'. Occasionally the pagination has been corrected and this is indicated with a *corr.* annotation in margin.

VI   Appendix

Order of Works in the Exchange between Bucer and Latomus
Date and place of *writing* given in brackets; details of *publication* given in footnotes.

1. Bucer, *Epistola prima Martini Buceri* (Bonn, 15 June 1543)
2. Latomus, *Responsio ad epistolam quandam Martini Buceri* (Koblenz, 12 July 1543)
3. Copied by George Ley and published as: *Responsio Bartholomaei ad epistolam quandam Martini Buceri*[160]
4. Bucer, *Responsio prior* (Bonn, 22 August 1543)
5. Bucer, *Responsio altera et solida* (Speyer, 20 March 1544)
6. Collected by Bucer as: *Scripta duo adversaria D. Bartholomaei Latomi LL. doctoris et Martini Buceri theologi*[161]

---

160 Cologne: Melchior Novesianus, 1544. Also Paris: Chrétien Wechel, 1544; Lyon: Godefroy Beringen, 1544. See Bakelants, 'Bartholmaeus Latomus,' 703–704, CCath 8, xx–xxi, VD 16 L 632.
161 Strasbourg: Wendelin Rihel, 1544. See Bakelants, 705–706, Seebass, *Bibliographie*, no. 137, VD L 634.

7. Latomus, *Adversus Martinum Buccerum ... altera plenaque defensio* (Koblenz, 5 December 1544)[162]
8. Bucer, *Von den einigen rechten wegen vnd mitlen* (Strasbourg, after May 1545)[163]
9. Bucer, *De concilio et legitime iudicandis controversiis* (Strasbourg, 1 August 1545)[164]
10. Bucer, *De vera et falsa caenae dominicae administratione* (Regensburg, 1 March 1546)[165]
11. Latomus, *Refutatio calumniosarum insectationum Martini Buceri* (Koblenz? 1546; precise date of writing not given)[166]

---

[162] Cologne: Melchior Novesianus, 1545. See Bakelants, 707, CCath 8, xxi–xxii, VD 16 L 620, Schlüter, no. 169–70.

[163] Strasbourg: Wendelin Rihel, 1545. See Seebass, *Bibliographie*, no. 145, VD 16 B 8940. BDS 11.2, 249–353, BDS 11,2, 249–353.

[164] Strasbourg: Georg Messerschmidt, 1545. See Seebass, *Bibliographie*, no. 151, VD 16 B 8858, Schlüter, no. 140, BDS 15, 104–244.

[165] Neuburg: Hans Kilian, 1546. See Seebass, *Bibliographie*, no. 160, VD 16 B 8930.

[166] Cologne: Melchior Novesianus, 1546; Paris: Chrétien Wechel, 1546. See Bakelants, 'Bartholomaeus Latomus,' 711–2, CCath 8, xxii, Schlüter, no. 221, VD 16 L 631.

Bibliographical Description

Seebass, *Bibliographie*, no. 160.
[a1ʳ] [8mm] M. BVCERI | [3mm] DE VERA ET FALSA CAENAE | [3mm] *DOMINICAE ADMINISTRA-* ||[2.5 mm] *TIONE.* | [4mm] *LIBRI II.* ||[Caps 2.5mm; minisc. 1.5mm] *In Priori libro refutatur mutilatio Euchariſtiae, & docetur, Qua | Religione ſervanda ſint præcepta Dei de Ceremonijs. | In altero, De ueris & falſis ſacrificijs & oblationibus Ecclesiæ, Vi- | tijs Miſſarum, Cura mortuorum, Purgatorio.* ||[Caps 3; minisc. 2 mm] ALTERA aduerfus B. Latomum Reſponſio. | [Woodcut printer's device 40 mm; Grimm, 238] ||[Caps 3; minisc. 2 mm] Praefatio ad Patres qui Deum in Synodo Tridentina | timent, de cauſis quae pios homines ab ea | Synodo abſterrent.| [Caps 3; minisc. 2 mm] Neuburgi Danubij. | [rule 345mm] | [Caps 2; minisc. 1 mm]*VI. Aprilis. Anni Domini. M. D. XLVI.*
Collation: [198 × 151 mm] 4°: [a1ʳ]–c4ᵛ, A1ʳ–Z4ᵛ [misnumbering A4ʳ as D4ʳ], a1ʳ–q4ᵛ, 168 leaves, pp. [24] 1–311 [312] [misnumbering 54 as 43, 113 as 103, 303 as 293]
Contents: a1ʳ: title [verso blank]. a2ʳ: *M. BVCERI PRAEFATIO.* | AD PATRES IN SYNODO TRI- |dentina, qui Deum timent, de cauſis, quæ |*pios homines ab ea Synodo abſterrent.* c3ᵛ: AD LATOMVM. A1ʳ: *LIBER PRIMVS.* | *In quibus conſiſtit controuerſia, quæ eſt inter Eccleſiam |Christi, & Latomum de diſpenſatione calicis Dominici. Cap: I.* S4ᵛ: *LIBER SECVNDVS.|Præfatio.* T2ʳ *Quæ & quot genera oblationum & ſacrificiorum ha- |buerit uetus Ecclesia. Cap. I.*
Type: Font in "M. Buceri Praefatio": 37 ll. + hdl. & dr. l. Header: Caps 4mm; minisc. 2 mm; Body: Caps 3mm; minisc. 1.5 mm. Font in "Ad Latomum" and in rest of text: 24 ll. + double hdl. & dr. l. Italics: Caps 4mm; minisc. 2mm; Plain: Caps: 3; minisc. 2 mm; Black letter marginals begin p. 1; fol. A1ᵛ: Caps 2mm; minisc. 1 mm; Marginals turn to italics on p. 66; fol. I1ʳ with note *Quid Antichristi.* Caps. 2mm; minisc. 1mm. Greek: Caps 2 mm; minisc. 1.5 mm.

Libraries:
Basel: Öffentliche Bibliothek der Universität Basel
Berlin: Staatsbibliothek zu Berlin
Cambridge: Corpus Christi College
Cambridge: Trinity College
Dresden: Sächsische Landesbibliothek- Staats- und Universitätsbibliothek
Edinburgh: Edinburgh University Library
Göttingen: Niedersächsische Staats- und Universitätsbibliothek
London: British Library
Munich: Universitätsbibliothek München
Munich: Bayerische Staatsbibliothek

Neuburg an der Donau:	Staatliche Bibliothek Neuburg an der Donau
Oxford:	Bodleian Library (two copies)
Oxford:	Magdalen College
Regensburg:	Staatliche Bibliothek Regensburg
Rostock:	Universitätsbibliothek Rostock
Strasbourg:	Bibliothèque Nationale et Universitaire
Stuttgart:	Württembergische Landesbibliothek
Tübingen:	Universitätsbibliotheek Tübingen
Utrecht:	Universiteitsbibliotheik Utrecht
Vienna:	Österreichische Nationalbibliothek
Wolfenbüttel:	Herzog-August-Bibliothek
Worcester:	Worcester Cathedral Library

M. BUCERI
DE VERA ET FALSA CAENAE DOMINICAE ADMINISTRA-TIONE
LIBRI II.

In priori libro refutatur mutilatio eucharistiae, et docetur, qua religione servanda sint praecepta Dei de ceremoniis
In altero, de veris et falsis sacrificiis et oblationibus ecclesiae, vitiis missarum, cura mortuorum, Purgatorio
ALTERA adversus B. Latomum Responsio

Praefatio ad patres qui Deum in Synodo Tridentina
Timent, de causis quae pios homines ab ea
Synodo absterrent
Neuburgi Danubii
VI. *Aprilis Anni Domini M.D. XLVI.*

Praefatio
M. Buceri praefatio ad patres in synodo Tridentina, qui Deum timent, de causis, quae pios homines ab ea synodo absterrent

Audimus vos admodum mirari, atque graviter quoque damnare,[1] quod nos, qui studium restituendae ecclesiae Christi per Germaniam tot iam annis profitemur, a vestra synodo, quae huius maxime rei causa coacta sit, et sola legitimatius rei gerendae oportunitatem praebeat, abesse sustineamus. Ostendam igitur vobis paucis causam huius absentiae nostrae, ut vel irasci nobis desinatis a synodo vestra abfuturis, quamdiu causam hanc non removeritis, vel ut, semota illa, viam nobis ad vestrum conventum muniatis. Causa vero, quae nos a synodo vestra abstinet, est, quod nondum videmus obtinere apud vos Spiritum sanctum ecclesiae *Paracletum* [Io 14,16,26; 15,26; 16,7], quo uno cogi, regique salutares synodos oportere, ipsi agnoscitis. Cernimus autem valere adhuc nimium in vestro concilio spiritum adversarium,[2] spiritum per quem mala in ecclesiam invecta sunt, et retinentur omnia. Haec itaque nisi commutentur, ut primas tenere in synodo vestra conspiciamus Spiritum Christi, et oppressum *spiritum antichristi* [1Io 4,3], non apparet sane fas esse nobis, ut desertis ecclesiis nostris, quibus nos certa Domini vocatio addixit, et quibus experimur Dominum fructuosum efficere nostrum ministerium, ad vos concedamus, ad quos vocari nos per Dominum nondum animadvertimus, et apud quos adeo nulla adhuc spes sese ostentat alicuius operaepretii pro ecclesia Dei faciendi.

Quod autem praesentiam et gubernationem Spiritus sanctus in vestra synodo adhuc desideramus, inde est, quod eum multa et gravia quidem peccata praelatorum agnoscere videmini, et confiteri esse a vobis corrigenda, prima tamen omnium et gravissima praelatorum clerique totius peccata, quibus oppressa est ecclesia Dei, nondum videmini agnoscere, aut corrigenda putare: peccata scilicet vitiatae doctrinae et depravatarum ceremoniarum. Iam ipsi praesides vestri in sua prima ad vos admonitione et exhortatione, quae his diebus ad nos quoque allata est confessi sunt: Nisi peccata et mala

---

1 See above, p. 18 regarding Bucer's possible sources of information regarding the proceedings at Trent.
2 Possibly an allusion to 1Pt 5,8: *Adversarius vester diabolus.* See also Mt 13,39; Lc 10,19.

vestra, quibus ecclesia est oppressa³ sint vobis 'bene cognita et perspecta, frustra,' vos intrare 'in concilium, frustra' invocare 'Spiritum sanctum, qui primum ingressum in animam hominis semper facere soleat per ipsius hominis condemnationem, ut condemnet *mundum* | *de peccato* [Io 16,8]. Quare nisi ille spiritus vos apud' vosmetipsos 'primum condemnaverit nondum illum ingressum esse ad' vos 'affirmare' vos posse, 'ac ne ingressurum quidem, si peccata' vestra audire recusetis.⁴ Agnoscitis verba praesidum vestrorum.

a2r

Dubitare vero non potestis, dum prima et atrocissima omnium peccata (et quae omnium reliquorum peccatorum causae sunt) peccata primae tabulae,⁵ perversae doctrinae et vitiatarum religionum, nondum habetis bene cognita et perspecta, et quamdiu vos de his Spiritus sanctus apud vosmetipsos non condemnaverit, nulla vobis peccata vestra posse vere esse cognita et perspecta, nec de ullis vos apud vosmetipsos adhuc rite esse per Spiritum sanctum condemnatos. Unde concludi et ex ipsa vestrorum praesidum vera confessione ipsi videtis, Spiritum sanctum necdum esse ingressum ad vos, affirmare vos posse, immo frustra etiam vos eum invocare et frustra in concilium intrare.⁶

Sunt quidem gravia et importuna, quae praesides vestri de se et praelatis aliis confitentur. Diserte enim fatentur se, qui pastorum locum iam diu tenuerunt, et ingentia ecclesiarum emolimenta sibi huius nominis et muneris praetextu vindicarunt, non solum ecclesiis munus pastorale non praestitisse, verum causam dedisse his malis, quibus illae oppressae sunt.⁷ <Quae et quanta peccata confessi sunt praesides synodi Tridentinae> Fatentur se, collapsae morum disciplinae et abusuum nullos praeter se ipsos auctores ne nominare quidem posse.⁸ Fatentur denique per praelatorum ambitionem, avaritiam, et cupiditates, 'pastores ab ecclesiis fugari, ipsasque pabulo verbi Dei privari, bona ecclesiarum, quae sunt bona pauperum, ab illis tolli, indignis sacerdotia conferri, et illis qui nihil a laicis praeterquam in vestis genere—ac ne in hoc quidem—differunt dari.'⁹

Haec sane gravissima et horrenda in Christum et ecclesiam eius peccata sunt, verum non prima, non nocentissima. Fons enim horum et omnium

---

3 Failures and abuses of the pastoral office described ap: *Admonitio legatorum*, CT 4, 550, l. 1–2 and *passim*.
4 Ap: *Admonitio legatorum*, CT 4, 551, l. 15–21. Bucer substitutes verbs in the second person for the legates' first person plural.
5 I.e. sins against the three commandments regarding the worship of God on the first tablet of the Decalogue rather than the moral failings described in the *Admonitio*.
6 Ap: *Admonitio legatorum*, CT 4, 551, l. 15–21.
7 Ap: *Admonitio legatorum*, CT 4, 549, l. 49, 51–52.
8 Ap: *Admonitio legatorum*, CT 4, 550, l. 23–25.
9 Ap: *Admonitio legatorum*, CT 4, 550, l. 44–48.

malorum, quibus oppressa ecclesia est, sunt vitiata et populo Dei aversa doctrina evangelii et vitiatae perversaeque ceremoniae.

Perniciosissima sane vis sit ecclesiis a praelatis, quod per illorum ambitionem, avaritiam, cupiditatem,[10] ut praesides vestri confessi sunt, veri pastores ab illis fugantur, atque ita verbi pabulo privantur, tum etiam quod spoliantur bonis suis, ne sibi veros et idoneos ministros[11] ipsi educent, beneficio piarum scholarum. Tamen id populum Dei multo nocentius {*corr.* noncentius} adfligit et opprimit, quod a praelatis in locum verorum pastorum obtruduntur ecclesiis *lupi graves, qui gregi non parcunt* <Actorum xx [29]>, eique pro pa-|bulo verbi Dei, sua perversa commenta ingerunt: doctrinam scilicet, qua mentes a Christo Domino et eius propitiatione abstractae addicuntur ipsis sacrificulis et illorum ceremoniis, atque divorum intercessionibus et meritis. Quam doctrinam, hi lupi consentaneis, et eodem institutis ceremoniis confirmant, et animis hominum infigunt. Atque ne populus doctrinam vitae ipse sibi ex sacris litteris hauriret, ei non modo horum veram interpretationem, sed etiam lectionem avertunt, ferro et igni.

Non ignoratis, siquidem monumenta sanctorum patrum legitis, institutum fuisse ecclesiae Dei, sicut et synagogae, ut sacra biblia populo legerentur in sacris coetibus. Hunc salutarem morem quis abolevit, quis morem illum non minus insanum quam impium, <i Corinthiorum xiiii [1–37]> ut divus apostolus adeo multis demonstrat et testatur, introduxit, ut in templis omnia sacrata lingua recitentur et propagantur, quam populus non intelligit? Quis auctor fuit clericis, ut nocturnis lectionibus scripturarum supponerent tam fabulosas historias divorum, et pro diurnis capitulis legendis, ubi versum unum aut alterum ex capitulo aliquo recitarunt, subiiciant statim: 'Deo gratias'?[12]

Sed hoc exitiali sacrilegio lupi isti contenti non fuerunt, eo tandem rem perduxerunt, ut laicis ne domi quidem legere sacros libros liceat. Idque, ad quod sancti patres suas plebes quotidie et gravissime hortabantur, hoc isti a praelatis in locum pastorum ecclesiis suffecti lupi fecerunt capitale flagitium. Immo nec istud sacrilegium eis satis fuit, effecerunt enim et hoc, ut laicis non solum scripturas divinas non liceat legere in sua lingua, sed ne catechismum quidem illum qui pueris tradi debet, decalogum scilicet praeceptorum Dei, symbolum fidei nostrae, precationem dominicam, traditionem sacramentorum nostrorum.

---

10   Ap: *Admonitio legatorum*, CT 4, 550, l. 44.
11   Ap: *Admonitio legatorum*, CT 4, 550, l. 45–48.
12   On the practice of reading a single verse of the appointed lessons (*capituli*), see Marot, 151–154. On the reading of saints' lives, see Salmon, 103–104, 120–121, 161, 175. Cf. the criticisms made by Francisco de Quiñones, 'Ad sanctissimum patrem et dominum nostrum Paulum tertium' in *Breviarium Romanum ex sacra potissimum scriptura, et probatis sanctorum historiis nuper confectum...* (1542), 2v.

Sed nec in his constitit horum luporum in gregem {*corr.* grege} [cf. Act 20,29] Christi nomine signatum rapacitas et saevitia. Erepta enim populis omni sincera doctrina Christi, non modo per subtractam piam scripturarum interpretationem, sed etiam per sublatam earum lectionem, eamque sublatam non ex templis tantum, verum etiam ex domestico et privato usu, invexerunt suam illam theologiam Aristotelicam, quae contra apertissima non tantum divina, sed etiam sanctorum patrum scripta, haec obtrusa populis dogmata sunt.[13]

Hominem impium, uti est, quicumque in Christo renatus non est, cuius meritis nihil quam supplicium deberi potest, ut cum divo Augustino ecclesia Dei semper confessa est, posse bona opera facere, quibus se ipsum ad gratiam Dei praeparet, oculosque misericordiae Dei ad se convertat.[14] | a3r

Mortuam fidem, esse veram fidem, facereque hominem Christianum.[15]

Credentem autem Christo etiam viva fide, tamen oportere dubitare, an habeat Deum sibi propter Christum propitium, qui vero velint faciendis bonis operibus, incumbere, eos posse, non solum vitam aeternam sibi mereri, spemque salutis ita solidam firmamque reddere, sed etiam plura bona opera efficere, quam cuique pro se opus sit, ad percipiendam vitam aeternam.[16] Adeo quidem, ut habere homines queant supererogationis opera, ut vocant, quae aliis impertiant.[17]

---

13   With the exception of Alfonso Virués, the account of Catholic doctrine that follows does not name any particular adversary. However some of these views had been defended by Bucer's recent opponents such as Billick in *Iudicii defensio*, Pighius in *Controversiarum explicatio*, and the Louvain, *Articuli*, the last of which Bucer does mention later (See below, p. 121). They were also defended at the second Colloquy of Regensburg, shortly before Bucer completed this preface. The record of the debate on justification in Bucer, *Disputata*, which begins on p. 21 is far too complex to reference adequately below, though Bucer may also have had this in mind. See however the account of the colloquy in Vogel, 338–428.

14   Adv: Billick, *Iudicii defensio*, 241–270. Possibly also adv: Pighius, *Controversiarum explicatio* 2, 54v, 63v, 65r. In *Die ander Verteydigung*, BDS 11.2, 47, l. 21–26 Bucer cites Augustine, *Contra Iulianum* 4, 3, MPL 44, 743–756, esp. p. 750 (no other modern source), but see also Augustine, *Contra duas epistolas Pelagianorum ad Bonifatium* 1, 3 (6), MPL 44, 552–553; CSEL 60, 427, l. 1-p. 428, l. 16; *De correptione et gratia* 13 (41) MPL 44, 941–942; CSEL 92, 233, l. 1–16.

15   Adv: Louvain, *Articuli* 9, B1r–v; Pighius, *Controversiarum explicatio* 2, 31r-33r. Cf. Bucer, *Der newe Glaub*, BDS 15, 71–74.

16   Adv: Billick, *Iudicium deputatorum*, A4r; Gropper, *Gegenberichtung*, 22r–24r; Louvain, *Articuli* 9–10, A3v-'M'4r [i.e. A4r]; Pighius, *Controversiarum explicatio* 2, 61v, 63v, 64r–66r. Cf. Bucer, *Die ander Verteydigung*, BDS 11.2, 57–62; *Der newe Glaub*, BDS 15, 68, l. 26-p. 70, l. 7, p. 71–77.

17   Neither Billick, the *Articuli* nor Pighius mention works of supererogation, and this is probably directed adv: Virués, *Philippicae disputationes* (1542) 11, 103v–119r.

Item, qui a mortali peccato resurgunt per paenitentiam, hos oportere operibus suis in hac vita, sed poenalibus vel cruciatibus purgatorii post hanc vitam, exolvere poenam peccatis suis debitam temporariam, in quam eis poena aeterna sit vi clavium, cum remissione culpae commutata, nisi huius temporariae poenae redimant vel remissionem,[18] per indulgentias vel compensationem, per Missas et opera supererogationis divorum aut monachorum, quorum tamen nihil sine pretio comparari pridem potuit.[19]

His sane dogmatis, totum evangelion Domini Christi Iesu, quod *virtus Dei est ad salutem omni credenti* [Rm 1,16], ab ecclesiis miserum in modum sublatum est. Dum enim docetur, et Christo Domino contradicitur, malam arborem posse bonos fructus [cf. Mt 7,17; 12,33], hoc est, impium hominem et invisum Deo, opera adeo grata Deo facere, ut illis oculos misericordiae Dei ad se ipsum {*corr.* se ipse} convertat, iam reconciliatio nostri cum Deo non tota a Christo Domino petitur, igitur nec percipitur.

Ita, dum docentur homines etiam mortua fide posse esse christianos et membra ecclesiae, tum iubentur, etiam si viva fide credant in Christum, dubitare de salute sua, operibus autem suis certam facere spem salutis suae, rursus in infidelitate sua confirmantur, et a Christo Servatore penitus abstinentur, quem Servatorem habere nemo potest, qui id non credit tenetque indubitato verum, quod Dominus ipse dixit, habere vitam aeternam quicumque credit in ipsum [cf. Io 3,16], et credit fide viva, sine qua placere Deo impossibile est, nec potest esse quisque christianus, hoc est, discipulus et membrum Christi.

Praeterea, dum bonis hominum operibus tribuitur, quod vitam aeternam mereantur, spemque salutis ratam, certamque efficiant, quod poenas quoque peccatorum expient, quod denique his homines adeo possint abundare, ut aliorum quoque saluti impertiendo ea queant suffragari,[20] an non iustitia propria, qua iustitia Dei, Christus excluditur? Per gra-|tiam, <Romanorum x [3]> inquiunt, et Christum Dominum, tantum valent opera bona, non suo ipsorum pretio et dignitate.[21] At gratia, ut divus Augustinus recte scripsit: 'Non est

---

18 Adv: Billick, *Iudicium deputatorum*, B3r-B4r; Louvain, *Articuli* 6, A3v; Pighius, *Controversiarum explicatio* 2, 122r-v. Cf. Bucer, *Die ander Verteydigung*, BDS 11.2, 54–56; *Der newe Glaub*, BDS 15, 63–66, 93–94.

19 Adv: Billick, *Iudicium deputatorum*, A4v; Louvain, *Articuli* 6, 27, 30, A3v, B1v, though, again, these do not mention works of supererogation specifically.

20 Adv: Billick, *Iudicium deputatorum*, A4v.

21 Adv: e.g. Louvain, *Articuli* 8, A3v.

gratia ullo modo, si non est gratuita omni modo.'²² Deinde in Christo Domino is non manet, adeoque nec ullum bonum opus efficere potest (verum enim illud Dominus ipse dixit: *Sine me nihil potestis facere.* <Iohannis xv [5]>) qui non amplectitur eum, ut iustificantem impium [Rm 4,5], qui non confitetur extra Christum omnes esse *filios irae* [Eph 2,3], nec mereri aliud quam iram Dei posse, quique non confitetur etiam cum in Christo Domino manet, se, quamdiu in hac quidem vita versatur, habere peccatum, eoque legi Dei nullis suis operibus unquam satisfaceret.

Et autem qui haec sentit, et vero corde confitetur, potestne ulla obrepere cogitatio de bonis operibus suis supererogatis? Sentit quidem omnis, qui ex fide Christi bona operatur, ex eo ipso bonorum operum studio, quod opus scilicet Christi est inhabitantis corda per fidem, Christum in se vivere, maioremque inde fiduciam gratiae Christi merito concipit. Promissionibus quoque Domini de mercede bonorum operum [cf. Mt 5,12, 6,4–6, 10,42, 16,27 19,29; Mc 9,41; Lc 6,23, 6,35] omnes filii Dei, non parum eriguntur, et incitantur ad bene operandum. At, qui tamen possunt hi, qui legi et evangelio solide credunt, ullis suis quamlibet benefactis niti? Quo his queant ulla ex parte confidere, spemque sibi salutis aeternae conscientia et cogitatione suorum bonorum operum ullo modo fulcire, cum conscientia horum simul atque in sua opera respicit et {*suppl.*} ipsis attestetur, eos nullis adhuc suis, quantumvis probe factis, legi Dei satisfecisse, eoque quod ad ipsos et ipsorum bona opera attinet, esse adhuc sub maledictione et condemnatione Dei. Novit enim omnis fidelis conscientia, maledictum esse a Deo, quicumque non manserit in omnibus verbis legis eius [Dt 27,26; Gal 3,10], id est, qui non perfecerit praecepta omnia, eoque cum primus illud: *Diliges Deum ex toto corde tuo, ex tota anima tua, cunctis viribus tuis* [Dt 6,5; Lc 10,27].

Qui ergo legi Dei fidem habent, quique evangelio vere credunt, quid possunt hi dum de iudicio Dei cogitant, suaque opera etiam optima legi Dei conferunt, dicere aliud, quam vir ille secundum cor Dei factus, dixit: *Domine ne intres in iudicium cum servo tuo, quia non iustificabitur in conspectu tuo omnis vivens* [Ps 143,2] quantalibet sit sua iustitia ornatus? <Actorum xv [10–11]> Quid aliud quam Petrus: *Iugum* legis *nec patres nostri, neque nos portare potuimus, sed per gratiam Domini nostri Iesu Christi credimus servari, quemadmodum illi* <Galatorum ii [16]> et cum Paulo monente Petrum: *Scientes, quod non iustificatur homo ex operibus legis, nisi per fidem Iesu Christi, et nos in Iesum Christum*

---

22   Ap: Augustine, *De gratia Christi et de peccato originali* 2, 24, MPL 44, 399; CSEL 42, 187, l. 25–26.

a4r *credidimus, ut iustificemur ex fide Christi* et non ex operibus {*corr.* operbius} legis, in-|ter quae {*corr.* quam} certe opera diligere Deum: *Ex toto corde* etc. [Dt 6,5; Lc 10,27]? Ita primum est, et continens caeterorum, ut nullum habeas, si hoc non habeas. Item cum Iohanne: *Si dicamus quia peccata non habemus, nosmetipsos seducimus, et veritas non est in nobis. Si confitemur peccata nostra, fidelis est, et iustus, ut remittat vobis peccata, et mundet nos ab omni iniquitate.* [1Io 1,8–9] Et idem rursus: *Si quis peccavit, advocatum habemus apud Patrem, Iesum Christum iustum, et ipse est propitiatio pro peccatis nostris.* [1Io 2,1–2]

Adeo sane nihil potest bonorum operum quisquam supra quam debet unquam efficere, ut omnes quamlibet sancti, et bonis operibus ornati, necesse habeant confiteri semper dum hic vivunt, <Iacobi ii [10] {*corr.* Iac. i.}> quod peccatum habeant, quod offendant in multis, quod debeant Deo plurima, eoque numquam ad extremum usque spiritum non etiam orare, et orare fide non haesitante, ut hae ipsis offensae et debita, ex gratuita Dei misericordia propter Christum, remittantur, et in vitam aeternam transferantur, gratia et merito *unius Mediatoris Dei et hominum, hominis Iesu* [1Tim 2,5] ut ita remissionem peccatorum perfectam, et *adoptionem in filios* [Gal 4,5; Eph 1,5] Dei, absolutam percipiant, fide unius nostri propitiatoris: 'Fide sanguinis eius, fide crucis eius, fide mortis et resurrectionis eius,' ut divus Augustinus pie confitetur. <De natura et gratia, capite xliiii>[23]

Alfonsus Viroesius, ille Hispanus[24] conatus est commentum illud plus sane quam dici possit, impium de operibus supererogatis confirmare per relictum omnibus liberum caelibatum, atque id quod Paulus supra debitum evangelium gratis praedicavit *Achaeis*.[25] <i Corinthiorum ii [3], i Corinthiorum ix [11–15] et ii Corinthiorum xi [7–11]> At non perpendit hic, quamquam acutus sibi videatur, etiam si caelibatus *propter regnum caelorum* [Mt 19,12] susceptus sit supra debitum quod tenet promiscue omnes homines, et praedicatio evangelii gratuita Pauli, fuerit supra debitum ordinis praedicatorum evangelii, tamen lege caritatis Dei posci ab uno quoque, ut Deum glorificet, et regno eius deserviat pro omnibus viribus quascumque ad hoc a Domino acceperit. Itaque ex huius legis debito fieri, ut qui donum hoc a Domino acceperit ut ipsum glorificet, et ecclesiam eius aedificet in vita caelibe et praedicando evangelion Christi gratis, non solum nihil adhuc caelibatu suo, et evangelii praedicatione gratuita facere, ultra quod Domino Deo suo debet, sed nec dum implere debitum suum, debitum inquam, non quod ei incumbit ex lege caelibatus, neque ex lege gratuitae praedicationis, sed quod est ex lege caritatis illius qua diligere, colere,

---

23   Ap: Augustine, *De natura et gratia* 44, 51, MPL 44, 272; CSEL 60, 271, l. 7–8.
24   Alonso (also 'Alfonso') Ruiz de Virués. See above, p. 13–14.
25   Adv: Virués, *Philippicae disputationes* (1542) 11, 109v.

et glorificare Deum debemus in ecclesia eius *ex toto corde, ex tota anima, ex cunctis viribus* [Dt 6,5; cf. Mt 22,37; Mc 12,30; Lc 10,27] quascumque ipse nobis contulerit. Quapropter et Paulus ipse, cum caelibem vitam suam, tum officium Evangelii gratis praedi-|cati sicut et caetera vere apostolica κατορθώματα²⁶ sua omnia <Ita hunc locum et divus Augustinus interpretatus est, de omnibus eius bonis operibus, etiam evangelicis, Contra duas epistolas Pelagii ad Bonifatium, libro iii. capite vii.²⁷> nihil duxit, et pro *damnis* et *reiectamentis* [Phil 3,8] in seipsis quidem considerata habuit, ut Christum lucrifaceret et inveniretur in illo non habens suam iustitiam *quae est ex lege* [Phil 3,9] (id est, quam doctus, exactusque lege praestarer non {*suppl.*} potuit etiam renatus, et Spiritu Dei actus, adiutusque) *sed quae est per fidem Christi, iustitiam quae ex Deo in fide* [Phil 3,9] id est, Christi iustitiam perfectam, unde subiecit: *Ut cognoscam eum, et virtutem resurrectionis eius, et communionem passionis eius, conformis factus morti eius, quo occurram in resurrectionem mortuorum* [Phil 3,10–11]

Sed quid attinet disputare vobiscum de bonorum operum vel imperfectione, vel etiam necessitate, gratia, vi, ac mercede? Novimus et nos, atque studiose praedicamus, bona opera esse nobis ad salutem nostram necessaria, adeoque grata Deo, ut Deus pro sua liberali misericordia, et gratissimi Filii sui merito, per bona opera, quae ipse tamen in nobis efficit, augeat in nobis, studium recte agendi, et plura bona opera faciendi, certioresque nos de sua benevolentia, et dignatione reddat, atque illis ipsis nostris bonis operibus, quamquam imperfectis, et longe infra eam bonitatem, quam lex Dei requirit, desidentibus, tamen per sua: 'Omni modo gratuita' gratia,²⁸ et poenas meritas remittat, et mercedem rependat amplissimam, et bonis vitae praesentis, et ipsa quoque fruitione vitae futurae.

Sed frustra de his ipsis donis Dei, bonis operibus, iisque divinae liberalitatis beneficiis, et quae per bona opera in nobis efficit, et quae propter illa redonat, disputatur apud eos, apud quos nondum constat, quae sint re vera bona, Deoque grata opera, et unde vis illa petenda sit, bona opera efficiendi. Quis enim audit apud vos, ea tantum Deo haberi bona, grataque opera, quae fiunt mandato, et fide Domini nostri Iesu Christi, et ea efficere neminem posse, nisi qui manet fide viva palmes in vite Christo [cf. Io 15,5]? Quis docet populum apud vos ea solum instituenda esse homini Christiano, et agenda, quibus: *Sanctificetur nomen* Domini, *adveniat regnum* eius [cf. Mt 6,9–10; Lc 11,2], quibus proximi

---

26 Ap: Cicero, *De officiis* 1, 3, 8, Loeb 30, 10. Not used by Virués, Pighius or Latomus.

27 Ap: Augustine, *Contra duas epistolas Pelagianorum ad Bonifacium* 3, 7 (19), MPL 44, 602–603; CSEL 60, 509, l. 5–12.

28 Ap: Augustine, *De gratia Christi et de peccato originali* 2, 24, MPL 44, 399; CSEL 42, 187, l. 26. See above, p. 53.

liberentur, quoad fieri potest, malis omnibus, et fruantur cunctis bonis, in utroque homini,²⁹ utque ista homines beneficentia in proximos referre, et glorificare Deum valeant, oportere eos veterem hominem semper exuere, et induere novum, Christum Dominum [cf. Eph 4,22–24; Col 3,9–10; Gal 3,27]?

De his, inquam, vere bonis, Deoque placitis operibus, et communicatione Spiritus Christi, ea in nobis efficientis, quantum est apud vos silentium? At quae fiunt contiones in quibus non invitatur, et incitatur quoque populus ad b1r extruenda et ornanda templa, aras, statuas, et sacrificulos, | ad comparandum et redimendum missas, aliasque templorum ceremonias, ac indulgentias? Ad suspiciendum novas illas disciplinas, et genera vivendi cucullatorum, ad comparanda merita, et intercessiones divorum, ac etiam eorum qui inter cucullatos et cucullatas se aliqua sanctimoniae specie ostentant? Cum vero haec opera, quae etiam a non renato in Christo sibique mortuo homine fieri possunt, populo potissimum commendantur, et his ipsis operibus id quoque tribuitur, quod et satisfieri per ea possit, pro neglectu vere bonorum operum, et exsolvi poenas pro malis operibus debitas; cumque tantus thesaurus offertur operum supererogationis per cultum divorum, per largitatem in coenobitas, atque redemptas indulgentias, sit certe ut homines si illis humanitus traditis operibus studeant, aut opera illa supererogata sibi a divis, a cucullatis, vel pontifice comparaverint, putent se egregie Christianos esse, et non sine bonis operibus, etiam si de officiis verae pietatis, sanctimoniae, et iustitiae nullam prorsus curam habeant.³⁰

Unde et illud malum in ecclesiam pervasit, ut omnis praecepta a Deo severitas, contra vere mala opera plane exsolverit. Spiritus verus ecclesiae Dei Gubernator, negat partem habere in regno Dei, hoc est, in ecclesia Christi: *Scortatores, cultores simulacrorum, adulteros, moechos, molles qui concumbunt cum masculis, fures qui fraudant proximum, ebriosos, maledicos, raptores* [1Cor 6,9–10] et his similes, eoque cum talibus nec cibum quidem communem sumi debere a Christianis, siquidem 'fratres' illi vocentur [cf. 1Cor 5,11–12]. Tamen eo perversitatis ventum est, ut huiusmodi flagitiis palam detur pati, et cooperiri {*corr.* cooperti} et {*suppl.*} praecipuas dignitates, et summam in ecclesiis potestatem, si habere possint, et habeant, si modo pontifici Romano obedientiam profiteantur, et consuetis ceremoniis interdum deserviant.

---

29 I.e. the enjoyment of both bodily and spiritual goods. See Augustine, *De civitate Dei* 8, 8 MPL 41, 232–233; CCL 47, 224, l. 21-p. 225, l. 49.

30 Probably adv: Virués, *Philippicae disputationes*. See above, n. 17. Possibly also adv: Gropper, *Gegenberichtung*, 22r–24r and Billick, *Iudicium deputatorum*, A4v. On the treasury of merit see Clement VI, *Unigenitus* (1343) in *Extravagantes communes* 9, 2, Friedberg 2, 1304–1305 and Shaffern, 11–36.

Hoc itaque primum, atque fons omnium peccatorum est, quibus praelati ecclesiam Dei oppresserunt, quod ecclesiis non solum eripuerunt et lectionem et veram interpretationem scripturarum, hoc est, puram et vivam praedicationem paenitentiae et remissionis peccatorum in nomine Domini nostri Iesu Christi, doctrinam sanam de fide et operibus. Sed eam praeterea doctrinam ecclesiis obtruserunt et invexerunt, quae morbus vitiatae a primo parente naturae nostrae et inhabitans in nobis dum hic vivimus peccatum extenuat, vires naturae extollit, legem Dei remittit, totque et peccatorum expiationes peregrinas et rationes promerendi Deum exoticas et falsas suggerit, ut homines videre non possint, quam habeant opus medico Christo. Quaeque eam etiam fidem docet, qua ut Christus non teneri, ita nec novus homo zelotes bonorum operum potest renasci.

| Huic vero peccato vitiatae doctrinae, cohaeret peccatum adulteratorum rituum, atque ceremoniarum, quibus nimirum id ipsum ingeri in animos hominum debet per oculos, quod doctrina infertur mentibus per aures: Christus, scilicet *finis legis* [Rm 10,4] *propter peccata nostra* mortuus, et *propter iustitiam nostram rursus a mortuis excitatus* [Rm 4,25], atque in nomine eius paenitentia et remissio peccatorum [Act 2,38; 10,43; 1Io 2,12]. b1v

Nullum etenim Christi sacramentum pridem ita apud vos exhibetur, ut est institutum a Domino, traditum per apostolos, observatum in veteri ecclesia. Mysterium enim Christi in nulla sacramentorum vestrorum administratione explicatur populo, totque sacramenta humanitus inventa sacramentis institutis divinitus ita admixta sunt, ut, sicut fieri solet, sacramenta illa humana, divinis apud vulgus longe anteferantur. Quis enim non videat quantum populus, ubi pura praedicatio evangelii non est recepta, tribuat, et fidat chrismati, consecrato oleo, signis et ritibus missae, aquae benedictae, et sali, variis aquis divorum nomine, et reliquis consecratis, sanctificatis cereis, vestibus, statuis, atque imaginibus divorum, certis templis, et aris, osculis quae his figuntur, et benedictionibus quae per haec fiunt? Quid? Quantum est Romae, Treveris, Coloniae,[31] et similibus in locis, horum sacramentorum, immo quid non est in sacramenta huiusmodi conversum? Quantum enim soli, quantum tumulorum, lapidum, parietum, fornicum, statuarum, monumentorum, signorum est, quae omnia instrumenta habentur divinae benevolentiae conciliandae, et cultus Deo praestandi, hoc est, sacramenta, quae si quis modo contingat, certam consequatur sanctificationem, et indulgentias, siquidem verae sunt vestrae de his pollicitationes. Atque haec vestra nova sacramenta ita habetis sacrosancta, ut

---

31 The latter two cities are probably chosen because of their particular relevance to the controversy with Latomus. See above, p. 2ff.

si quis voverit ad ea proficisci, eisque uti Romae, Hierosolimae, Compostellae, aut ad domum Lauretanam[32] votum illud redimi nisi magno non possit.

Interim, quotusquisque est in tot millibus ecclesiarum vestrarum, qui sciat baptismum—*lavacrum regenerationis* [Tit 3,5]—sibi semper esse in animum ad id revocandum, ut pleniore, et plane filiali fiducia Deum per Christum invocet, et sese contra omnes molitiones mundi et Satanae muniat, et ad confessionem nominis divini, omneque officium pietatis in Deum, et iustitiae in proximum erigat, et sustineat, ut veterem hominem indies fortius exuat, ut Christum indutum [cf. Gal 3,27; Eph 4,22–24; Col 3,9–10] baptismate perpetuo pietatis studio, plenius semper induat, ut expectatione revelandae, et perficiendae adoptionis per mortem corporis, in vitam caelestem laetus transeat.

Quis novit sacramentum eucharistiae non esse datum, ut spectetur tantum, et externe colatur, sed ut sumatur, ad confirmandam fidem in Christum, et percipiendum incrementum in omni vita Dei. Vera itaque sacramenta concesserunt falsis, et oppressa sunt ab illis. Falsa vero sunt ita multiplicata, ut non solum singulae civitates, sed singula collegia, singula monasteria, singula templa, immo etiam singuli prope homines sua peculiaria instrumenta salutis, et cultus divini, id est, sacramenta habeant. <Ieremi. [2,13]> Et hae: *Cisternae illae sunt, et putei contriti*, qui aquam propitiationis divinae, et virtutis recte videndi, tenere non possunt, quos praelati effoderunt, relicto Deo *fonte aquarum viventium* [Ier 2,13; Io 4,10–11; 7,37–38],[33] relictis canalibus verbi, et sacramentorum, per quae Dominus ipse nobis exhibere dignatur remissionem peccatorum, et communicationem vitae aeternae.

Haec itaque peccata vitiatae doctrinae, et adulteratarum ceremoniarum, prima omnium, et gravissima, praelatorum, clerique totius peccata sunt, uti Deus ipse per omnes prophetas clamat, propter quae homines quoque tradit in foedas, et perniciosas cupiditates, et perturbationes importunas, *mentemque reprobam* [Rm 1,28], ut caetera omnia scelera et flagitia sine fronte, sine ulla cunctatione, admittant. Ita ut divus Paulus praedicat: *Revelatam iram Dei de coelo in omnem impietatem, et iniustitiam hominum, qui veritatem in iniquitate detinent* [Rm 1,18].

Legite, quaeso, horribilem illum vitiorum, scelerum et flagitiorum catalogum, quem apostolus hoc loco subiicit [cf. Rm 1,23—31], et observate, quod ea tanta, et tam immania vitia, scelera et flagitia testatur, omnia ex eo fonte promanare, quod homines Deum ex creaturis, et factis suis cognitum, non ut Deum, id est, iuxta verbum eius colunt, sed *evanescunt* διαλογισμοῖς *suis* [Rm 1,21] in

---

32   i.e. the major sites of pilgrimage: Rome, Jerusalem, Santiago de Compostela and the Holy House of Loreto. See TRE 35: 426–428.

33   Cf. *Admonitio legatorum*, CT 4, 549, l. 14.

confingendis novis colendi Deum rationibus. Tum cogitate, quodnam illorum et vitiorum, et flagitiorum, quae apostolus recensit, non pridem Romae, et in non paucis etiam pontificibus et cardinalibus, sic cum summo piorum dolore, conspectum. Quae vitia, scelera et flagitia his tam multis {*suppl?*} annis consummarunt indicibili saevitia, quam et exercuerunt ipsi, et per universam Europam excitarunt, et adhuc immaniorem concitare laborant, in sanctos, et innocuos homines, qui aliud nihil peccant, quam quod legere, et discere, confiteri, et doceri ausi sunt evangelion Domini nostri Iesu Christi, atque monere de tantis malis aliquando ab ecclesia Dei, amoliendis. Ista igitur, tam execranda, tam immania scelera, et flagitia, cum ex uno illo omnis mali fonte promanarint omnia, et promanent, ex reiectione purae doctrinae, et disciplinae Christi, et substitutione doctrinae et disciplinae adeo vitiatae, atque adulteratae, ipsi videtis, donec hunc fontem tantorum malorum, repudiatam | scilicet, et tot modis oppugnatam doctrinam puram evangelii, et sinceram Christi religionem, et invectam contra tamque dire defensam et doctrinam et colendi Deum rationem evangelio Christi adeo contrariam, praesides vestri et caeteri praelati solide vobiscum agnoverunt, et cum iusta paenitentiae significatione fuerint confessi, et eorum certam et efficacem correctionem professi, indubitatum esse apud omnes pios, nullum peccatum, et ecclesiae malum a praelatis vestris, et vobis rite adhuc agnosci, nullius adhuc vos vera paenitentia commoveri, veramve confessionem facere posse. Ex eo autem ipsi quoque perspicitis concludi, attestante id et praesidum vestrorum confessione affirmare non posse, Spiritum sanctum qui scilicet primum ingressum in animam hominis per ipsius hominis condemnationem, et plenam facere solet, esse adhuc ad vos ingressum, immo etiam vox illum adhuc frustra invocare, et frustra vos ipsos in concilium intrare. Atque nunquam etiam hunc Spiritum ad vos ingressurum, si audire peccata vestra,[34] ut omnia, ita inprimis omnium prima, et nocentissima, recusetis.

b2v

Ab hac autem agnitione, et confessione primorum omnium et gravissimorum peccatorum, ac fontes malorum omnium quibus ecclesia oppressa est, tam absunt adhuc praesides vestri, et quicumque cum illis sentiunt praelati, ut se nullius haeresis auctores fuisse[35] laudent, atque extirpationem haeresum profiteantur,[36] hoc est, ut plurimi interpretantur, puri evangeliii Christi, quod nos praedicamus, quoque perversitatem illam doctrinae et ceremoniarum, quae apud vos etiamnum retinetur et defenditur, reprehendimus, eiusque reformationis quam secundum evangelion Christi instituimus et molimur.

---

34 Ap: *Admonitio legatorum*, CT 4, 551, l. 15–21.
35 Ap: *Admonitio legatorum*, CT 4, 550, l. 11.
36 Ap: *Admonitio legatorum*, CT 4, 550, l. 9–21

Quid enim causae dicetis, cur in hac praesidum vestrorum professione intelligere debeamus, alias haereses, quam eas ipsas, quas Romanus pontifex et praelati eius nobis tribuunt, qui sinceram evangelii praedicationem, et traditam in evangelio sacramentorum dispensationem restituere laboramus? Aut aliam etiam harum haeresum extirpationem, quam eam, quam idem pontifex, et praelati eius moliti sunt iam supra annos xxv, cum per seipsos, tum per omnes eas potestates, quas tenent sibi obnoxias. Ea autem extirpatio est, ut nobis quam crudelissime sublatis et extinctis, removeatis, aut certe impediatis reprehensionem, et correctionem, eorum malorum, quibus populum Dei, tot iam annis oppressistis, quorum, ut toties dictum, et dicendum est saepius, caput et fons est, vitiata doctrina, et adulteratae ceremoniae. Quae mala perversam disciplinam, omnemque vexationem et direptionem ecclesiarum secum traxerunt.

b3r Cumque praesides vestri extirpationem haeresum, primum de quo statuen-|dum sit vobis in hac vestra synodo vobis proposuerunt,[37] an non eo significarunt, oportere vos in hac synodo ante omnia instituere et perficere extinctionem et abolitionem nostrum omnium, qui puram Christi doctrinam et disciplinam revocatam cupimus—antequam sane quicquam de vestris quamlibet clare confessis peccatis emendetis, hoc est, priusquam collapsam per vos disciplinam, restituatis, priusquam ambitionem, avaritiam, cupiditatem, quam praesides vestri confitentur, restringatis, priusquam ecclesiis fugatos veros pastores, verbique pabulum, et bona sua, bona pauperum, restituatis, et erepta indignis sacerdotia, idoneis hominibus conferatis?[38]

Etenim de ingenti saevitia, qua praelati vestri, in confessores puri evangelii, hactenus grassati sunt, praesides vestri nihil agnoscunt, nullius ob eam sibi conscios esse peccati ostendunt, nihil huius confitentur, adeoque nullam eius remissionem pollicentur, ut pridem consilia agitent, perquam callida, et immania, de excindendis totis gentibus propterea quod puram Christi doctrinam, et ritus in hoc traditos semel receptos volunt abiicere, et vitiatam ipsorum, et doctrinam, et disciplinam repetere. Certe de veteri, unaque ratione errores in religione extirpandi, per sinceram nimirum et claram doctrinam

---

37 Ap: *Admonitio legatorum*, CT 4, 548, l. 40–42 referring to one of the aims of the Council set down in *Indictio concilii Mantuae celebrandi*, 2.6.1536, CT 4, 3, l. 18, '...non solum omnes haereses et errores ex agro Domini extirpandos...' & 4, l. 35–36, '...haeresum vero omnimodam extinctionem...' Cf. the more moderately expressed aim of the *Bulla suspensionem concilii revocans illudque...denuo Tridentinum indicens*, 19.11.1544, CT 4, 386, l. 50–51, '...primum ut discordiae in rebus religionis, quibus ecclesiae unitas misere in partes scinditur, penitus tollantur et oves errantes ad ovile Dominicum reducantur...'

38 Ap: *Admonitio legatorum*, CT 4, 550, l. 44–47.

Christi, nullam faciunt mentionem, nihil pollicentur. Metus igitur est, ne praesides vestri, exemplo et maiorum suorum et eorum qui nunc rerum ecclesiasticarum plane potiuntur, de ea velint vos haeresum extirpatione deliberare et statuere, qua non haereses, salvis hominibus qui illis tenentur, sed qua pii homines extirpentur, ac ita quibusque perniciosissimis haeresibus via muniatur. Confutare enim nos per scripturas Dei, quae non minus utiles sunt ad refellendum, quicquid in religionibus falsum, et pravum excogitari potest, quam ad docendum, quicquid in his verum et rectum est, praelati vestri pridem, operosum nimis, et sua indignum excellentiae, iudicant.

Sic ergo, dum res habent apud vos, dumque ita est comparata synodus vestri, ipsi cernitis, quemadmodum nulla adhuc apparet apud vos, iusta vestra apud nosmetipsos condemnatio de peccatis omnibus, ac ideo in primis, et maxime de summis et nocentissimis, caeterorumque omnium causis, ita necdum apparere synodum vestram, esse congregatam, regique a Spiritu sancto. Eoque sicut vos frustra in hoc concilium vestrum intratis, quamdiu perfectam illam Spiritus sancti condemnationem in vobis non sentitis, et veris signis prae vobis fertis, quod et praesides vestri confessi sunt, ita et nos in illud frustra vobiscum esse conventuros.

Dum itaque eiusmodi argumentis congregatam legitime in Spiritu sancto synodum[39] vestram declaretis, quibus fidem habere, homines Christi deceat | orabimus vobis a Deo Patre per Dominum nostrum Iesum Christum hunc ipsum Spiritum Dei, qui vos doceat, quanta sint haec praelatorum peccata, quod populis Christi scripturas Dei penitus eripuerunt, cum quod eas non nisi aliena illis lingua recitari in ecclesiis patiuntur, et habere domi vetant, tum {*corr.* cum} quod falsis etiam interpretationibus eas volunt perverti, ac denique per impia hominum commenta prorsus opprimi. Deinde, quod ceremonias et sacramenta Dei tot abominationibus obruerunt, veroque usui subtraxerunt, postremo, quod tanta crudelitate, perversam doctrinam et ceremonias suas defendunt, et sanam Dei doctrinam, verosque Christi ritus oppugnant. b3v

Cumque nos Spiritus Christi fecerit haec extrema mala agnoscere, et vero Domini zelo inflammaverit, ut de correctione eorum, digna Christo, de cuius regno agitur, dignaque vobis, qui synodum Christi vultis representare, severitate atque constantia deliberare coeperitis. Aut saltem animos vestros, hic idem Spiritus efficax peccatorum reprehensor, et condemnator, ad cognoscenda et corrigenda ista mala eousque excitarit et praepararit, ut audire nos velitis de illis admonentes, et quam sint et Deo abominanda et ecclesiis noxia,

---

39   The phrase 'synodus in Spiritu sancto legitime congregata' was part of the formula by which a general council asserted its legitimacy and that of its decrees. See e.g. CT 4, 554, l. 22.

ex divinis scripturis et sanctorum patrum monumentis demonstrantes, tum demum causa erit, ut ad vos veniamus, qui munus gerimus praedicandi paenitentiam et remissionem peccatorum in nomine Domini nostri Iesu Christi. Iussit enim Dominus inquirere nos, ubi appareat audiendi evangelii eius animus, ubi admittatur {*corr.* admittitur} qui illud 'pacem' annuntiat quae pax eius nec admitti nec intelligi quidem potest ab iis, qui verbo evangelii ad veram peccatorum paenitentiam non possunt commoveri [cf. Mt 10, 11–13; Lc 10, 5–6].

Habetis unde sit, quod videre nondum possimus synodum vestram esse in Spiritu sancto legitime congregatam, et ab eodem Spiritu gubernari. Ostendam nunc etiam ea signa, quae metum nobis non inanem incutiunt, spiritum adversarium adhuc multo plus apud vos valere, quam ut ulli parti ministerii nostri locus apud vos queat patefieri.

Non est enim dubium, quin vos, qui aliquem timorem Domini habetis, agnoscatis per pontificem ipsum, et curiam eius, ecclesiam Dei gravissimis scandalis esse dissipatam et vastatam, atque indies magis dissipari atque vastari, tabemque tantae perversitatis ab hoc capite in totum corpus ecclesiae dimanasse, ut papa Adrianus in comitio imperii Germanici Norinbergae, est anno MDXXIII per nuntium suum, non minus libera, quam vera voce confessus.[40] Nemo igitur magis correctione et reformatione opus habet Christiani concilii, ecclesiam Dei catholicam representantis, quam pontifex ipse, et eius curia.

b4r | Dum ergo ille se concilii correctioni non vult subiicere, sed concilio potius dominari, idque cum lubet suspendere, alio transferre, penitus tollere, ita ut factum iam est multoties, exemplo primum sumpto ab Eugenio,[41] certe vestrae synodo ille moderatur spiritus, qui et destruere ecclesiam Dei, studet, et averti se ab ea pernicie non sustinet.

Non ignoratis, quae in sessione quarta concilii Constantiensis de potestate concilii etiam in papam ipsum est constitutum,[42] illud decretum si restituere non valetis, cum nitatur certo verbo Dei et canonibus, qui spiritus primas in vestra synodo obtineat quis non clare perspiciat? Sed dicetis, nec nos iudicio concilii subiici velle. Nos vero synodo quae agnosci queat, iuxta verbum Dei et canones, christiana et in Spiritu sancto legitime congregata, iudicandos nos, et actiones nostras libenter deferemus. Congregationi enim quae ex suis fructibus, et plane notis cognoscitur, regi a spiritu adversario, tum, non licet,

---

40 Ap: Adrian VI, 'Instructio pro te domino Francisco Cheregato' c25.11.1522, DRTA JR 3, no. 74, p. 397, l. 17–18. According to Jedin, *History* 1, 211 the instruction was delivered on 3.1.1523. Quoted by Bucer in *De concilio*, BDS 15, 135, l. 37-p. 136, l. 4.
41 Ap: Council of Basel, Session 3, Crabbe 2, 618rA–619rA; Mansi 31, 480–4 (under Acts of the Council of Florence).
42 Ap: Council of Constance, Session 4, Crabbe, 2, 504vE-F; Mansi 27, 585.

nos, qui Christi sumus, non nostri, nec ullorum hominum, nec nostra, quae esse donata nobis a Christo, haudquaquam dubitamus iudicanda committere, quam scimus nefas esse vis Christi, et libertatem, quam ipse nobis sanguine suo comparavit, prodere.

Sed nec synodo, quae gubernationem Spiritus sancti ita prae se ferat, ut ea vere sancta, et in Spiritu Christi congregata synodus, agnosci possit, verbum Dei iudicandum deferre fas est. Nos ipsos itaque et nostras actiones, non doctrinam Christi, iudicio pii concilii permittemus. Scripturam vero Dei, nullorum hominum iudicio subiiciemus.

De germana quidem verbi Dei intelligentia, omnis Spiritu Christi praeditus, maxime iudicare debet magna spiritualium [cf. 1Cor 2,15] ecclesia. At cum falli in hac diiudicatione etiam sancti possint, idque et in eodem loco coniuncti, et in diversis locis disiuncti, solusque Spiritus Dei novit et perscrutatur, quae sunt Dei [cf. 1Cor 2,10], nec piae synodi decreta ideo statim recipienda sunt, quia ipsa ita censuit: sed quia quae decrevit certo Dei verbo comprobat. Quapropter Pater caelestis orandus est, ut ipse per hunc suum Spiritum cuique fidelium suorum pro se germanum sensum scripturae revelet, et: *In veritatem omnem* [Io 16,13] inducat. A Deo enim doceri, quae Dei sunt, [cf. Io 6,45] omnes necesse habent. Pia synodus ministrare quidem Domino ad id potest, fidem autem dare, et solidam rerum divinarum cognitionem, non potest, nisi Dominus ipse. Quocirca nulla unquam pia synodus, id a quoquam requisivit, ut suo iudicio, et non potius verbo Dei, ex quo veteres probatae synodi omnia docebant et statuebant, fidem simpliciter haberet. At si pii vere in nomine Christi conveniant, et verbum Dei rite secent, clareque exponant, Dominus ipse in eis | vivit et loquitur, nec solum efficit, ut quae salutis sunt, recte ipsi diiudicent et doceant, sed aperit etiam corda suorum, ut probe diiudicata ab illis, et tradita pronis animis, excipiant, et constanter retineant.

Etsi nonnulli, vel etiam perquam multi, quae tales vere sanctae synodi recte pieque iudicaverint, et tradidierint, vel per fidei infirmitatem nondum valeant cognoscere, vel etiam reprobi cum sint, vitio haereseos prorsus reiiciant, quod malum utrumque omnes piae synodi, ab apostolis usque celebratae, expertae sunt, Dominus tamen talium suarum synodorum iudicata, et decreta, ita rata habet, itaque animis suorum approbat, ut obtineant tandem apud omnes electos ad regnum Christi, facessente indies magis haereticorum obstinata fraude, et erigente se, ad lucem veritatis, imbecillitate eorum, qui errant ex ignorantia.

Orate igitur vos Dominum, et nos una orabimus, ut ipse synodum vestram suo Spiritu penitus gubernet, depulso spiritu adversario, et remota a gubernaculis huius synodi vestrae omni ea potestate quae sese ad destruendum tantum, non ad aedificandam [cf. 2Cor 10,8] ecclesiam Dei effert. Tum et nos ipsos et nostra omnia vestro iudicio libenter sistemus et offeremus, deque omni vero

b4v

scripturarum intellectu, omnique Christi et doctrina et disciplina Spiritum Domini in vobis audiemus, orabimusque Dominum, ut hoc ipso suo Spiritu nos doceat et faciat, quae vos eodem Spiritu suggerente decernetis et statuitis, cum agnoscere, tum fideliter amplecti et sequi.

Atque ut pontifex Romanus seipsum et praelatos suos, eousque quamlibet sanctae synodo subiiciat iudicandos, veremur vos frustra expectare. At si representare debetis universam ecclesiam Dei, et iudicium, cum cognitionis, tum correctionis exercere in omnes homines (sanctis enim Dominus subiecit mundum ipsum, et angelos iudicandos [cf. 1Cor 6,2–3], multo magis eos omnes, qui in ecclesiae communionem, et in ministeriis versantur) neminem omnino hominum, nec pontificem ipsum, vestra potestis iudicio exemptum habere, sed necesse est, ut vos in Domino fortiter profiteamini iudices omnium, qui opus habent emendatione et correctione, et eorum cum primis, qui ante alios necesse habent emendari et corrigi. Et si qui iudicium vestrum contempserint, nec audire vos, ecclesiam et synodum Christi, in animum induxerint, habere eiusmodi, quocumque loco ipsi se constituerint, vel ab aliis constituti fuerint *ut ethnicos et publicanos* [Mt 18,17].

C1r Quamobrem, dum non solum ausi non fueritis pontificem et aulam eius, quibus nemo correctione Christianae synodi magis opus habet, ad iudicium vestrum cum primis vocare, sed nec audebitis profiteri vestrum esse de | pontifice et aula eius iudicare, feretisque adhuc eiusmodi imperium pontificis, ut ille vos, cum visum sit, iubeat in actionibus synodi progredi, cum libeat cessare, cum senserit vos officium piae synodi velle praestare, in locum dominationi suae magis obnoxium devocare, aut rursus omnino dissipare, re ipsa certe fatebimini et demonstrabitis ipsi, synodum vestram obnoxiam esse spiritui adversario, spiritui ecclesiarum destructori.

Idem et eo de vobis manifestum facietis, si sedere in synodo vestra, et iudicare patiamini eos praelatos, qui vero Spiritus sancti iudicio non possunt agnosci, vel intelligere quae Christi sunt, vel optare ut ea in ecclesiis restituantur, non dico, si etiam eos consortes synodi vestrae pertuleritis, quos omnino constat iis teneri vitiis, et flagitiis, propter quae partem in regno Christi, et Dei, habere prorsus non valent. Nostis enim non esse *ducendum alienum iugum cum incredulis*, scitis nullam esse *participationem iustitiae cum iniquitate*, nullam *communionem luci cum tenebris*, nullam *consensionem Christi cum Belial* [2Cor 6,14–15]. Quocirca, cum Domini vos sitis, et sciatis Spiritum Domini, reformatorem ecclesiae, in iis modo habitare, qui tremunt ad verbum eius, et spiritui adversario ubique repugnant, necesse est ut consultare de rebus ecclesiae cum iis tantum velitis, qui veris Spiritus notis et fructibus [cf. Gal 5,22; Eph 5,9] cognoscuntur a vobis, non solum esse Christi, sed etiam scientia, zeloque Christi, praecipue pollere, eosque omnes synodo vestra, quod ad vos attinet eiiciatis, quos vel nec Christi esse, vel iudicio Christi parum valere, non dubitatis.

Iam ergo si prohibere aut cessetis, aut non valeatis, ne pontifex Romanus repleat synodum vestram, praelatis, quos omnes palam vident quaerere, non quae sunt Iesu Christi, et ecclesiae eius, sed quae sunt ipsorum, et pontificis, et ad hoc unum esse vobiscum coactos, ut vestras bonas sententias, suis suffragiis opprimant, postquam nimirum sententiae synodi vestrae numerantur, non ponderantur, ipsi infitias ire non potestis, etiam hoc fore argumento, spiritum adversarium in synodo vestra praecipuam etiamnum potestatem obtinere. Et cum obstare vobis hic spiritus potest, ut iudicium Christi nec in consortes vestros exercere valeatis, quibusque plane nostis locum in Christiana synodo, nec per legem Dei, nec per canones concedi posse, quam facile idem spiritus efficiet, ut nec in alios exercere censuram Christi audeatis.

Tertium documentum eius, quod imperium spiritus adversarii in synodo vestra plurimum adhuc valeat, illud est, quod ea, quam praesides | vestri fecerunt confessionem, gravissimorum sane scelerum et flagitiorum videtur in verbis inanibus consistere, esseque prorsus destituta efficacia Spiritus sancti auctoris verae paenitentiae.

C1V

Confitentur enim clare admodum praesides vestri: vi praelatorum ambitiosorum, avarorum, et cupidorum, fugari 'ab ecclesiis pastores,' ecclesias 'pabulo verbi' Dei 'privari, bona ecclesiarum, quae sunt bona pauperum, ab illis tolli, indignis sacerdotia conferri, et illis qui nihil a laicis, praeterquam in vestis genere—ac ne in hoc quidem—differunt.'⁴³ At nos nullum adhuc praelatum audimus, se cumulatorum episcopatuum, praelaturarum et sacerdotiorum sacrilegiis exonerasse, nullos ecclesiis idoneos redditos pastores, et sincerum verbi pabulum, nusquam reddita bona, nec indignos uspiam a sacerdotiis remotos, et dignos substitutos, narratur. Interim dogma haereticum habetur apud hos praelatos, si quis aliis, quam his ipsis correctionem et constitutionem rerum ecclesiarum deferat, quamlibet hi pii sint et sancti. Itaque ecclesiae ereptae procurationi eorum, qui eas recte procurare et norunt et volunt, addicuntur iis, qui ex ecclesiarum vastatione ea maxime sibi comparant, quae summo opere expetunt. Atqui non ignoratis confessionem illam praesidum et praelatorum vestrorum, haud debere a christianis hominibus agnosci veram, et a Spiritu Dei condemnante peccatum, profectam, nisi a tanta [...], tantaque sacrilega vi, pontifex et praelati vestri statim sese abstineant. Et longe a se reiecta omni ambitione, avaritia et cupiditate, ecclesiis ilico {*corr.* illco} restituant idoneos pastores, purum verbi Dei pabulum: tum etiam bona ecclesiarum in usum pauperum et scholarum, ut ministerium sacrum possit substineri et

---

43 Ap: *Admonitio legatorum*, CT 4, 550, l. 44–48.

propagari, et dignis modo sacerdotia conferant.⁴⁴ Etenim Spiritus sanctus est: *Spiritus veritatis* [Io 14,17; 15,26; 16,13], quare necesse est, ut qui ex ipso sua confitentur peccata, ea etiam mox reipsa detestentur, et abiiciant, ita ut Zacheus fecit [Lc 19,8], ut Paulus [Act 9,1–30], ut caeteri fecerunt, quos Dominus nobis exempla paenitentiae in scripturis suis proposuit.

Ex hac igitur de causa, iustus metus est piis, spiritum adversarium plus nimio adhuc valere, apud praelatos illos, qui concilio vestro praecipue moderantur, sive adsint sive absint. Iam tali coetui, in quo tantum etiamnum valet spiritus adversarius obiicere causas, et filios Dei iudicandos, ii tantum possunt se dignum putare qui Deum prorsus ignorant.

Exposui itaque iam etiam ea signa et argumenta praecipua, quibus sane c2r metuere nobis cogimur, ab imperio spiritus adversarii in synodo | vestra, plus nimio adhuc praevalentis, idque facile effecturi ne corrigi ea mala possint, quae ii, quos verus timor Domini [. . .],⁴⁵ vero corde confitentur, quorumque confessionem, ab horum collegis ipsa rei evidentia, quod ad verba attinet, expressit.

Dum igitur Dominum utrique exoraverimus, ut repulso spiritu hoc ecclesiarum destructore, synodum vestram, suo ipse Spiritu totam regat, adeoque hic ipse Spiritus Christi se in ea illis suis fructibus et operibus praesentem exhibeat, quae sola de eius praesentia et gubernatione, debent fidem facere piis hominibus, volui vos subiectis libris convenire, et ad agnitionem solidam, iustamque correctionem primorum, et omnium atrocissimorum peccatorum, pro mea portione excitare. Nam admoneo in his libris, de quibusdam gravissimis sane praelatorum ecclesiasticorum peccatis (vitiatae doctrinae, et depravatarum ceremoniarum) maxime vero de contemptu praeceptorum Dei, quibus nobis rationes praescripsit se colendi, deque vitiis admissis in administrationem caenae dominicae, hoc est, de vitiis missarum vestrarum: de sublatis videlicet et perversis sacrificiis ecclesiae veteris; de abusu ceremoniarum funeralium, omnisque curae defunctorum, et commento purgatorii; denique de vitiatis hinc moribus et disciplina, tum cleri tum populi christiani.

Respondendum erat Bartholomaeo Latomo, qui et ipse suum stilum maluit proferre colorandis et excusandis vitiis ecclesiasticae administrationis, et nobis, qui haec monemus esse corrigenda, insectandis⁴⁶ in gratiam hominum, quam exhibere cum his vitiis emendandis, et piorum conatus in harum emendatione adiuvandis, in gloriam Christi.

---

44   Cf. *Admonitio legatorum* CT 4, 550, l. 44–48.
45   This lacuna obscures the rest of the clause dependent on *metuere cogimur*, including the verb governed by *verus timor Domini*. It also obscures the beginning of a further clause or new sentence.
46   On the circumstances of the debate, see above, p. 7ff.

Quanquam autem ille in vitiis missarum, id tantum nominatim defendendum susceperit, quod laicis non administratur sacramentum sanguinis Christi,[47] tamen cum mihi magis videndum esset, qua ratione scripto meo commodarem ecclesiae Dei, quam quid in sana doctrina oppugnet Latomus, volui missarum vitia, non omnia quidem (sunt enim innumera) sed praecipua tantum taxare, et quanta sint, ostendere, idque non solis divinarum scripturarum, verum etiam sanctorum patrum auctoritatibus, quas si voletis pie expendere, ipsi videbitis hanc operam meam plerisque hominibus non inutiliter esse collocatam.

In his vero libris offendet forsan vos, dictionis alicubi severitas, sed cogitandum vobis est, agenti causam omnipotentis Dei et Servatoris Domini nostri Iesu Christi, magis respiciendam et imitandam fuisse admonendi de his gravissimis Dei offensionibus, religionem et gravitatem | Christi ipsius, prophetarum, et apostolorum, quos constat dixisse et scripsisse ex Spiritu sancto, quam praestandam lenitatem eam, quam postulant ii, qui verbum Dei tolerare non possunt.

Nemo certe potest negare, quae non sunt Christi et sub Christi tamen nomine ecclesiis Dei obtruduntur, ea omnia esse Antichristi, esse impia, Deo et sanctis abominanda, adultera, sacrilega, blasphema. Et si quis obtrudendo haec hominibus perseveret, eum omnino agi amentia et furore. Dum igitur et dogmata et facta, quae cum verbo Dei omnino pugnant, et tamen ut cultus Dei hominibus commendantur, his ipsis suis nominibus noto et traduco, testimonium de illis profero Spiritus sancti, non indulgeo maledicentiae. Nec enim velim his notis, quas omnis pius merito summopere execratur, quicquam vel dogmatum vel factorum notasse, quod non omnino constet pugnare cum verbo Dei, ac ideo non posse haberi probum et sanctum, sine certa contumelia Dei. Quod ad homines attinet, protestatus sum in utroque libro, et hic quoque protestor, me neminem ullius vitii velle accusasse, quo is non seipse laborare, manifestis et notoriis factis suis demonstrat.

Nec etiam cuiquam ex his, qui istorum quae reprehendo, vitiorum prorsus manifesti sunt, adimo excusationem apostolicam, cui quidem illa possit ullo modo competere, ut dicant se haec peccata admittere ex ignorantia, propter incredulitatem, qua et divus Paulus *blasphemus*, et *contumeliosus* fuit, ecclesiamque Dei persecutus est, qui tamen est *misericordiam consecutus, quia id ignorans* fecit, *in incredulitate* [1Tim 1,13].

---

47   Ap and adv: Latomus, *Responsio*, CCath 8, 5, l. 5-p. 8, l. 15; *Defensio*, CCath 8, 36, l. 30-p. 58, l. 9.

Neminem equidem eius volo impietatis accusare, quod sciens et volens contumeliam faciat Deo per falsos cultus, nisi cui id de ipsius incredulitate {*suppl?*} attestatur conscientia sua, et facta convincunt.

Latomus queritur multum, de mea in priore ad eum responsione acerbitate, quod scripserim eum oppugnare ecclesiam Dei, impia tueri dogmata.[48] At nusquam in meo scripto reperit, quod ipsi haec tribuerim, scienti et pugnanti dolo malo. Temeritatem in eo et supinam ignorantiam accusavi, quod divina ausus sit tractare, et nostra oppugnare, cum divinas litteras nondum legisset, et iusta religione versasset. Tum admonui de studio gratiae, laudisque humanae,[49] cuius valde vereor eum suam ipsius conscientiam accusare. Interim tamen verum est, ut ante dixi, quicquid Christi non est, et tamen Christi nomine obtruditur, id non posse non esse antichristi.[50] Debemus quoque ex dicto Domini illo: *Qui non est mecum, is contra me est, et qui non colligit mecum, is dispergit* [Mt 12,30; Lc 11,23] eum iudicare et con-|fiteri esse Christi et ecclesiae eius adversarium, qui sanae evangelii doctrinae et ecclesiarum secundum hanc restitutioni sese opponit, quacumque id ex causa faciat, sive ignorans, sive odiens eorum, quae Dei sunt. Plurimum tamen differt, an id quis faciat odio manifesto, sicut iustitiae, ita et Dei, an zelo praepostero, sicut Dei, ita et iustitiae, quam nosse quisque possit.

Latomus autem, qui voluit videri me tractare, quam ego ipsum tractaverim multo mitius, criminatur interim me depravare scripturas Dei, oppugnare ecclesiam Dei, tueri haereses et schismata, violationemque omnis iuris divini et humani, idque ex malitia, dolo, fraudeque obfirmata.[51] Quod qui facit, peccat in mortem, et blasphemat, satis cognitum iam, et degustatum Spiritum sanctum [cf. Mt 12,31]. Quod scelus inexpiabile [cf. Mt 12,32] absit, ut cuiquam, nisi qui ipse se de eo condemnat, impingam.

Apud timentes itaque Deum, quos mea in dicendo vehementia offendet, rursus protestor, me nolle quenquam ullo eorum criminum, quae in his libris, vel alias, reprehendo et detestor, notare, qui non teneri se eo suis se ipse factis omnino manifestis convincit. Deinde illis, qui criminibus detinentur vitiatae doctrinae et vitiatarum ceremoniarum, libenter omnibus concedere, qui id quidem in sua ipsi conscientia poterunt sibi sumere, quod peccent ex ignorantia,

---

48 Adv: Latomus, *Defensio*, CCath 8, 23, l. 21–30 *et passim*. Cf. Bucer, *Scripta duo*, 262. Bucer seems to be using 'prior responsio' in reference to the whole of *Scripta duo adversaria* rather than to his 'Responsio prior' contained therein, p. 29–30.
49 Ap: Bucer, *Scripta duo*, 35–36, 82.
50 See above, p. 67.
51 Adv: Latomus, *Defensio*, CCath 8, 32, l. 33-p. 36, l. 23 and *passim*.

et zelo imperito, sed nec eos, qui confessis apud omnes flagitiis palam adobruti sunt, peccantem ad mortem obstinationi tribuo.

Cum itaque non nisi propheticis et apostolicis reprehensionibus sim usus et diserte tester, me bis neminem velle taxare, nisi quos et ipsorum conscientia et facta notoria faciunt, eiusmodi reprehensionibus obnoxios, nemo poterit meam in scribendo severitatem condemnare, nisi qui ferendum non putet, ut manifesta contra Deum peccata et contumeliae, voce Domini reprehendantur. Dominus det haec vobis, et quae duobus his libris meis, quos vobis inscripsi, pie perpendere et diiudicare, quod si eum exoremus, scio et acerbitatis me crimen absolvetis, et operam meam navatam Domino et ecclesiae eius his ipsis libris gratam habebitis, nec inutilem ecclesiae iudicabitis. Dominus vos Spiritu libertatis [cf. Rm 8,2; 2Cor 3,17] Christianae indies magis corroboret, ut confiteri illum plane et fortiter possitis, cuius unius olim confessione nobis gaudia attribuentur caelorum. Amen.

Ratisbonae xiii Martii MDXLVI.

Ad Latomum

Det tibi Dominus Iesus, ut prophetica et apostolica scripta vel semel cum vero timore Domini [cf. Ps 111,10] et fideli, perseverantique invocatione Spiritus sancti velis perlegere, et excutere, reiectis interim humanis opinionibus, aliunde tibi ingestis. Amen.

Hoc certe, si Dominus tibi dederit, indubie non minus pigebit ac paenitebit te scripti tui, quod adversus, non me, sed doctrinam Christi, superiori anno evulgasti, quam nunc tibi de eo places, et confidis.

Agnosces quoque te nihil omnino attulisse hoc ipso tuo altero scripto, quod non iam confutatum a me sit, priore mea ad te responsione.[1] Qua nimirum de causa tam sero impelli potui, ut tibi responderem denuo, quod forsan adhuc distulissem, nisi otium hic contigisset aliquod, dum initium colloquii huc instituti per aliquot septimanas expectandum fuit,[2] magis enim necessaria et utilia ministeria ecclesiae anteponere debuimus minus necessariis minusque utilibus.

Quinque controversias contra me agendas suscepisti:[3] unam criminum, quae nobis mutuo intendimus; alteram de submota a missis vestris dispensatione calicis dominici; tertiam de invocatione divorum; quartam de exactione caelibatus sacerdotum; quintam de auctoritate, et scripturarum et ecclesiae. Praesenti opere secundam modo con-|troversiam tractandam suscepi. Quae enim est de criminibus nostris, quoniam ad nostras ipsorum personas pertinet, merito iis, quae sunt de causa Christi, post habetur, ut et in priori mea responsione huic ultimum locum assignavi,[4] utcumque tu eam primam feceris.

In priore mea responsione, hanc de mutilatione sacramenti attigeram parcius.[5] Non enim visus eras mihi eam pertractasse serio, vel iam longe abesse a cognitione veritatis, in hac praesertim causa, quae pridem gratia Domino, etiam a quibusque laicis hominibus (qui aliquid modo Christianae mentis habent) intelligitur. Visum itaque est nunc istam quaestionem tractare paulo

---

1 Adv: Latomus, *Defensio*, CCath 8, 39, l. 17–19, 27–30 who was responding to Bucer, *Scripta duo*, 3–4.
2 Bucer is referring to the procedural delays prior to the second colloquy of Regensburg. Roughly eight weeks elapsed between Bucer's arrival in Regensburg in mid-December 1545 and the beginning of the colloquy on 5 February 1546. See the whole of Bucer, *Warhaffter Berichte* and *Disputata*, 5–21.
3 I.e. the content and order of Latomus, *Defensio*.
4 Ap: Bucer, *Scripta duo*, 250–262. Cf. Latomus, *Defensio*, CCath 8, 26, l. 1-p. 36, l. 28.
5 Ap: Bucer, *Scripta duo*, 36–44.

exactius, maxime ideo, quod videam plerosque sciolos[6] tecum putare, eam esse contemnendam, ut quae sit de externa modo sacramenti parte.[7] Quocirca locum illum, qua religione nobis praecepta Dei de ceremoniis externis servanda sunt, aliquanto uberius tractandum desumpsi.

Quia vero vos, qui receptos abusus contra evangelium Christi defenditis, de missis vestris propter quorundam sophistarum in hoc infeliciter collocatam operam,[8] admodum coepistis confidere, ut quae possint auctoritatibus sanctorum patrum defendi, volui alterum librum subiicere,[9] de veris et falsis ecclesiae sacrificiis, et ex scriptis quoque sanctorum patrum ostendere, non omnia quidem, (quis enim omnia enumeret?) sed prae-|cipua missarum vestrarum vitia, atque demonstrare missas vestras auctoritatibus sanctorum patrum omnino condemnari. Cumque missas vestras mortuis et refrigerando purgatorio vestro potissimum addixistis, exposui etiam et ex eisdem quoque sanctorum patrum monumentis quam horum religioni sacrificuli vestri adversentur, et in cura mortuorum, in ceremoniis scilicet funeralibus, aliisque defunctorum commemorationibus, ipso commento purgatorii. Dominus donet tibi, ut libero ac pio haec animo legere, et ex ipsius verbo valeas omnia diiudicare, et sequi tibi libeat posthac vocem ipsius pastoris [cf. Io 10,27] nostri in salutem tuam, non ei reclamare in perniciem tuam. Amen.

c4v

---

6   i.e. men of superficial learning, dilettantes. See Niermeyer, 946.
7   Adv: Latomus, *Defensio*, CCath 8, 42, l. 17-p. 45, l. 13, p. 47, l. 31-p. 52, l. 21. See esp. ibid., 47, l. 31-p. 48, l. 8.
8   i.e. the works of Eberhard Billick, Johannes Gropper and other opponents of the Cologne reforms. See introduction above, p. 14–15.
9   i.e. the second part of *De vera et falsa administratione*. See below, p. 170.

Liber Primus

In quibus consistit controversia, quae est inter ecclesiam Christi et Latomum de dispensatione calicis dominici. Caput I.

Primus locus inter nos controversus est de eucharistia integre dispensanda, in quo illa quaestio inter nos nominatim controvertitur: num fas esse possit, a celebratione mensae Christi dispensationem removere sanguinis Christi, sacramento calicis exhibendi. Ad hanc quaestionem tu ais posse, ego nego. Cumque sententiam tuam scripturis, quibus solis in his rebus standum est, probare non possis, quod ipse fateris,[1] ad auctoritatem confugis ecclesiae, eaque de causa quatuor hoc in loco tractando, capita tibi probanda sumpsisti.

<Quatuor capita disputationis Latomianae> Primum, calicem Domini esse ademptum laicis per ecclesiam Christi;[2] alterum, id esse non sine ratione, iustisque de causis ab ecclesia factum;[3] tertium, etiam si absque ratione hoc idonea ab ecclesia factum esset, tamen tolerari a piis hominibus debere potius, quam committi, ut unitas ecclesiae, huius rei gratia labefactetur, et scindatur, quam contendis, nos usurpando usum sacramenti integri distraxisse et eo a communione recessisse ecclesiae Christi catholicae;[4] quartum, nostram sententiam auctoritate divi Cypriani et Chrysostomi non adiuvari, et Cypriani etiam premi.[5] | His quatuor capitibus tua disputatio tota continetur, quae ego in priore mea responsione confutavi omnia.[6] Quam meam confutationem, si existimasti non ex scripturis divinis et ecclesiasticis traditionibus, certo, probeque esse conclusam, debebas reprehendere, vel eas auctoritates, ex quibus illam concludere volui, vel ipsam concludendi rationem. Quorum neutrum tu facere tentasti, tametsi susceperis et mea confutare, et tua confirmare. Quibus vero in locis ab hoc tuo proposito excideris, consequenter indicabo.

---

1 Adv: Latomus, *Responsio*, CCath 8, 6, l. 1–8; *Defensio*, CCath 8, 52, l. 35–40. Latomus admits that there is no express scriptural warrant for the withdrawal of the chalice from the laity.
2 Adv: Latomus, *Responsio*, CCath 8, 6, l. 5–8; *Defensio*, CCath 8, 44, l. 9–p. 48, l. 29.
3 Adv: Latomus, *Responsio*, CCath 8, 6, l. 14–18; *Defensio*, CCath 8, 52, l. 35–p. 53, l. 17.
4 Adv: Latomus, *Responsio*, CCath 8, 11, l. 20–p. 20, l. 20; *Defensio*, CCath 8, 54, l. 9–p. 57, l. 10.
5 Adv: Latomus, *Defensio*, CCath 8, 45, l. 15–p. 47, l. 1.
6 Ap: Bucer, *Scripta duo*, 36–44, 122–262.

Prima controversia: Utrum Christi vel Antichristi ecclesiae et ministris accepta ferenda sit remotio dispensandi calicis e mensa Domini. Caput II.

Prima igitur controversia inter nos discutienda haec est: utrum ecclesiae, ut Christi ecclesiae, factum et iussum esse possit, nec ne, quod a missis vestris, omnique administratione caenae dominicae, dispensatio sanguinis Christi per sacramentum calicis, submota et prohibita est. Tu contendis hanc vestrorum sacrificulorum et pontificum audaciam, et factum et iussum ecclesiae Christi habere oportere;[1] nos, vero, affirmamus hoc sacrilegium esse temeritate et superstitione sacrificulorum imperitorum | irreligiosorum, primum admissum, deinde rebellione et pervicacia antichristorum defensum, tantisque poenis sancitum.

A2r; 3

---

1 Adv: Latomus, *Responsio*, CCath 8, 11, l. 20–p. 20, l. 20; *Defensio*, CCath 8, 54, l. 9–p. 57, l. 10.

Summa confutationis, qua Latomi commentatio de sublata dispensatione calicis prius confutata est. Caput III.

Tu pro tua opinione, nullam aliam affers rationem, quam usum diuturni temporis, et decreta conciliorum Constantiensis et Basiliensis.[1] Ego vero demonstravi in mea priore responsione pagina xxxix et sequentibus, et pagina cxxvi et duabus sequentibus, item pagina clii. et duabus sequentibus:[2] primum non statim ecclesiae, ut ecclesiae Dei, attribuendum esse, si quid diu observatum sit ab iis, qui se ecclesiam aut ecclesiae ministros vocant, aut etiam re vera sunt, nam homines dum hic vivunt, quantumvis sancti sint et pii, labi posse et errare, idque tam coniunctos quam separatos; <Praesumptiones in ecclesia> iam enim Augustini tempore fuisse in ecclesiis omnia plena humanis praesumptionibus, et quas homines praeceptis Dei anteferebant, <Epistola cxix> ut idem Augustinus queritur,[3] (has interea plus nimio esse auctas omnes fatentur); at propterea quod hae praesumptiones multo diutius, quam detracta a sacra caena fuerit distributio calicis, obtinuerunt, ec-|clesiae eas ascribere, ut ecclesiae Christi, neminem esse qui ausit, multo minus igitur illam vestram caenae dominicae truncationem, licere attribuere ecclesiae Christi, ideo, quia annis multis, quibus scilicet ecclesiae idoneis destitutae episcopis fuerunt, recepta et defensa est.[4]

<Quid catholicum et ecclesiae proprium> Deinde ostendi id demum posse ecclesiae ut ecclesiae Christi adscribi, et dici catholicum, quod et divinis scripturis sit consentaneum, et observatum sit ab ecclesiis Dei omnibus, et semper, initio ab ipsis apostolis facto.[5] Tum demonstravi remotionem dispensandi calicis a sacra caena esse nuper introductam et in solis occidentalibus ecclesiis, idque pessimo illarum tempore, cum iam antichristus in illis praevaluisset.[6] <Errarunt synodi> Deinde ostendi nec istam esse firmam consecutionem: comprobatum aliquid esse in synodis, igitur verum esse et

---

1 Adv: Latomus, *Responsio*, CCath 8, 6, l. 5–14, p. 7, l. 1–2; *Defensio*, CCath 8, 52, l. 40–p. 53, l. 2, citing Council of Constance, Session 13, *Cum inter nonnullis partibus*, Crabbe 2, 514vF–515rA–B, Mansi 27, 727–728; Council of Basel, Session 30, *Ut lucidius videatur*, Crabbe 2, 667rB–C, Mansi 29, 158–159.
2 Ap: Bucer, *Scripta duo*, 39–44, 126–128, 152–154.
3 Ap: Augustine, *Epistola* 55 'ad inquisitiones Ianuarii, liber 2' ('35' in CCL), MPL 33, 221–222; CCL 31, 263, l. 736–761. Possibly *via Decretum Gratiani* 1, d. 12, c. 11, Friedberg 1, 29–30. Cf. Bucer, *Florilegium patristicum*, BOL 3, 148; *Scripta duo*, 216. 'Epistola cxix' is the numbering in the Amerbach edition.
4 Ap: Bucer, *Scripta duo*, 39–40, 42, 215–216.
5 Ap: Bucer, *Scripta duo*, 124–154.
6 Ap: Bucer, *Scripta duo*, 39–40.

rectum. Non solum enim Sirmiensem,[7] Ariminensem,[8] Ephesinam secundam,[9] et alias reprobatas synodos lapsas esse a vero et vitiosa decreta fecisse, sed etiam probatas synodos ut magnam Chalcedonensem de potestate summorum patriarcharum,[10] et nonnullas Africanas tempore divi Cypriani, de baptismate haereticorum.[11] Quam vero vitiosae fuerint synodus Constantiensis et Basiliensis, utinam non tam notum esset.

| Ex his itaque cognosce te, Latome, tria praetermisisse, quae ad confirmandam tuam sententiam erant demonstratu necessaria. <Vitia probationis Latomianae> Unum, quod non ostendisti, quicquid usurpatum aliquamdiu sit in ecclesiis quibusdam, id haberi debere, ut factum ecclesiae Christi proprium, eoque ut ex Spiritu sancto institutum. Alterum, quod non probasti submotionem distribuendi calicis a sacra caena ab ecclesiis omnibus, et iam inde ab initio receptam esse. Manifestum enim est, eam ne hodie quidem ab orientalibus ecclesiis esse admissam. Tertium, quod non evicisti ea inter ecclesiae Christi   A3r; 5

---

7   i.e. Council of Sirmium (358). See *Historia tripartita* 5, c. 6, 8–9, MPL 69, 988C–989A, 990D–992B; CSEL 71, 220, 226–228. Cf. Bucer, *Florilegium patristicum*, BOL 3, 134.

8   i.e. Council of Rimini (359). See *Historia tripartita* 5, c. 20–21, MPL 69, 999A–1003B; CSEL 71, 246–249. Cf. Bucer, *Florilegium patristicum*, BOL 3, 134; *Scripta duo*, 39, 137–138.

9   i.e. Second Council of Ephesus (449). See Crabbe 1, 395vE–396rA, 396vD–E; Leo I, *Epistolae* 43–44, MPL 54, 821A–832B. Cf. Bucer, *Florilegium patristicum*, BOL 3, 137, 141; *Scripta duo*, 39.

10 Cf. Bucer, *Florilegium patristicum*, BOL 3, 133; *De concilio*, BDS 15, 150, l. 22–p. 151, l. 10; *Scripta duo*, 137–138, '...lege epistolam huius 51 ad Anatholiam episcopum Constantinopolitanum.' For this letter see Crabbe, 1, 363vD–364rC; MPL 54, 1001A–1010B. See also Leo, *Epistola* 105 ('55' in ACO, '53' in Crabbe) to Pulcheria, Crabbe 1, 365rvA–D; Mansi 6, 195–198; ACO 2.4, 57–59. For the pertinent canon, see Council of Chalcedon, *Actio* 16, Crabbe 1, 506rC; Mansi 7, 427.

11 It is not clear which immediate source Bucer has in mind here, though he also mentions these African Councils in *Scripta duo*, 247. Crabbe 1, 84rA–87rB lists a single 'Concilium Carthaginense' at the time of Cyprian. Mansi 1, 951–966 describes this as the 'Concilium Carthaginense III...improbatum ab ecclesia in causa baptismi.' This was held at Carthage in September 256 and is edited separately in CCL 3E, 3–109 as *Sententiae episcoporum LXXXVII de haereticis rebaptizandis*. Cyprian also addressed local conciliar decisions on the rebaptism of schismatics and heretics in *Epistolae* 72 and 74 (in Mansi 1, 926–932 under 'Concilium Africanum sive Carthaginense II,' c256; 72 not in MPL, but 74 in MPL 3, 1127D–1137A; CCL 3C, 523–528, 563–580) 70 (in Mansi 1, 923–926 under 'Concilium Africanum I' c256; not in MPL; CCL 3C, 499–515) and 75 (in Mansi 1, 911–922 under 'Concilium Iconiense,' c256; MPL 3, 1153B–1178A; CCL 3C, 581–604). The relevant letters of Cyprian are also mentioned by Augustine in *De baptismo contra Donatistas* 5, 22–25, CSEL 51, 288–292. On the chronology of the councils and dispute, see CCL 3D, 702–704. The 'African Councils' are not listed in Merlin, ed. *Conciliorum quatuor generalium...* (1535).

decreta numerari oportere omnia, quae decreverint ii, qui synodum ecclesiae volunt representare.

Praeterea et illud peccasti, in confirmatione sententiae tuae, quod de laicis tantum concludis,[12] cum nos culpemus calicem Domini apud vos dispensari nemini, ne clericis quidem, aut ipsis etiam sacerdotibus. A qua caenae dominicae mutilatione tui, Latome, sacrifici eo profecerunt, ut pridem perpauci eorum vel panem Domini in missis suis distribuant. Cum enim dispensare panem volunt, facere id solent seorsim a missis suis,[13] opere missarum penitus addicto novo illi suo sacrificio, quod confinxerunt. De quo dicemus infra plura.[14] | Planum igitur factum est, te tua nondum confirmasse. Ostendam nunc te nec nostra confutasse.

---

12   See below, p. 150.
13   On the administration of communion to the laity after Mass, see Nussbaum, 50; Reifenberg 1, 298–300.
14   See below, p. 149 ff.

Propositio ecclesiae Christi de dispensatione calicis dominici.
Caput IIII.

Confirmavi, et adhuc confirmo, id, quod apud vos e Domini caena sanguis Christi sacramento poculi praesentibus et probatis non dispensatur, sacrilegium esse, quod nequaquam attribuendum sit instituto vel decreto ecclesiae, ut ecclesiae Christi, sed tribuendum sit sacerdotum, qui huiusmodi audaciae auctores fuerunt, temeritati et superstitioni, eorum autem qui id hodie defendunt manifestae contra Christum Dominum rebellioni, et furori plane antichristiano. Hanc vero orthodoxam et catholicam ecclesiae Christi sententiam huiusmodi demonstravi syllogismo.[1]

Demonstratio praemissae veritatis catholicae.
<Propositio> Recedere a manifesto instituto, et praecepto Christi, <Galatorum i [6–9]> et aliud quam ab ipso Domino et Apostolis eius traditum est evangelizare, vel evangelizatum recipere, id non potest esse factum vel iussum ecclesiae ut ecclesiae Christi, sed habetur a vera ecclesia necessario *anathema* [Gal 1,8], et inexpiabile sacrilegium.

<Assumptio> At removere a sacra caena dispensationem sangui-|nis Christi, symbolo vini exhibendam, et docere ita faciendum esse, aut sequi scienter istud docentes, id re vera est recedere ab instituto et praecepto Domini, et aliud quam Dominus ipse apostolis, et apostoli tradiderunt ecclesiis, evangelizare, et evangelizatum recipere.

<Conclusio> Non potest igitur hoc factum vel decretum censeri ecclesiae, ut ecclesiae Christi, sed habetur ei necessario pro anathemate, et extremo sacrilegio.

<Ephesiorum v, Iohannis xiiii, Deuteronomii iiii et xii, Galatorum i> Propositio patet per se. Ecclesia enim Christi, sicut Christum sponsum et caput suum vere diligit [cf. Eph 5,25–27, 32], ita religiose observat eius et instituta et praecepta [cf. Io 14,15]. Nihil his adiicit, nihil detrahit [cf. Dt 4,2; 12,32]. Quin ipsos etiam cum apostolos, tum angelos habet anathemati, si aliud, quam a Domino per apostolos accepit, ei evangelizent [cf. Gal 1,6–9].

Assumptionem etiam veram esse, dubitare nemo poterit, qui modo institutionem sacrae caenae, et quae de ea Dominus praecepit, rite consideraverit. Diserte enim testantur tres evangelistae et Paulus [Mt 26,26–28; Mc 14,22–25; Lc 22,17–20; 1Cor 11,23–26]: Dominum *calicem similiter* [1Cor 11,25] ut panem,

---

1 The syllogism summarises the structure of Bucer's argument in *Scripta duo*, as well as in the present work.

postquam 'benedixit,'[2] hoc est, gratias egit [cf. Mt 26,27; Mc 14,23], dedisse discipulis [Mt 26,27; Mc 14,23], atque eis praecepisse, ut *omnes ex eo* biberent [Mt 26,27; Mc 14,23], quod et fecerunt. Tum etiam subiecisse: *Facite hoc*, nimirum quod ego feci, *in meam commemorationem* [1Cor 11,25]. Sic enim locum hunc et | divus Cyprianus explicavit.[3] Nec negabis apostolos hanc ceremoniam ecclesiis hac ipsa ratione, qua eam a Domino acceperant, tradidisse. Nam divus Paulus cum abusum, quem ecclesia Corinthiaca circa hoc sacrum admiserat, vellet corrigere, ad hunc modum praefatus est: *Ego accepi a Domino, quod et tradidi vobis* [1Cor 11,23]. Tradidit autem illis non minus calicis dominici, quam panis, e mensa Domini dispensationem, et adiecit: *Quotiescumque editis panem hunc, et bibitis calicem hunc, mortem Domini annuntiatis, donec veniat* [1Cor 11,26].

Ergo, teste Apostolo, traditio haec Domini est, et observanda *dum ipse redeat* [1Cor 11,26] ad iudicium orbis, ut quotiescumque eucharistia celebratur, dispensari debeat e mensa Domini, sicut panis, ita etiam calix Domini, et praesentibus, atque probatis pariter omnibus. Quamobrem remotio, ac inde consecuta prohibitio dispensandi calicis, traditioni dominicae et apostolicae tam aperte contraria, ecclesiae Christi, aut veris Domini sacerdotibus attribui nullo modo potest. Sed est omnino et necessario accepta ferenda, primum temeritati et superstitioni imperitorum et irreligiosorum sacerdotum, qui eam invexerunt, deinde manifestae rebellioni contra Christum, et tyrannidi eorum, qui se | in locum Christi, immo supra Christum, et quicquid colitur pro Deo, evexerunt, suaque decreta decretis Christi anteferri volunt.

Haec non tam mea, quam omnium fidelium Christi demonstratio est, in qua illi certo vident, et tenent istam vestram sacrae caenae mutilationem, ecclesiae, ut ecclesiae Christi, tam attribui non posse, ut omnis vera Christi ecclesia, et de institutis ac praeceptis Christi sui recte edocta, illud certe et necessario pro horribili habeat sacrilegio, et aeterno anathemati addicat.

---

2 Ap: *Canon missae*, CCL 160I, 80–81, no. 6265a–c.
3 Ap: Cyprian, *Epistola* 63, 9–10, MPL 4, 380B–381B; CCL 3C, 400–403, l. 141–185. See also below, p. 160.

Sophistica reprehensio praemissae demonstrationis quam obiicit Latomus. Caput V.

Sed conatus tamen es, Latome, hunc syllogismum nostrum dissolvere. Id igitur ut perstiteris, nunc videamus. Conclusionem tu nostram eo avertere et irritam ostendere instituisti, quod laboraris ostendere, deesse illi universalem et propositionem et assumptionem. <Latomus conatus offundere fumum ne compareat ostendere propositiones nostri syllogismi esse universales> Propositionem, quod contendis, praecepta Domini de externis ceremoniis sacramentorum non esse ex eorum praeceptorum Dei genere, a quibus recedere, quaeve immutare, vel adiiciendo eis, vel detrahendo [Dt 4,2; 12,32], omnino non liceat, quorumque contraria statuta oportet tamquam *alienum* habere *Evangelion* et anathematizare [Gal 1,6–9], sed esse ex eo praeceptorum, et mandatorum Dei genere, quae Deus in libera dispensatione ecclesiae, vel procerum ecclesiae suae, posuerit. Et hoc probare anniteris quibusdam, ut tu adseris mutationibus, quas sibi ecclesia in ceremonias utriusque sacramenti baptismatos, et eucharistiae recte permiserit. Assumptionem vero non esse universalem eo conatus es ostendere, quod negas dispensationem sanguinis Christi sacramento calicis faciendam a Domino sic esse institutam et praeceptam, ut esset observationis perpetuae, verum ut certo tantum tempore observaretur in ecclesiis.[1] Et regeris refutatum per nos antea commentum illud, quod et vestrae observationi omnino pugnat, usum calicis tantum sacerdotibus institutum et praeceptum esse.[2]

Itaque et maiorem et minorem propositionem nostri syllogismi conaris particulares facere,[3] hanc negando ei inesse generalitatem temporis et hominum quibus usus calicis institutus sit, et praeceptus in illa universitatem eius generis praeceptorum Dei, a quibus recedere ecclesiae minime liceat.

<Ordo tractandorum> Mihi igitur contra, tria nunc ostendenda sunt. <Hoc demonstratur a capite iiii usque ad caput ix> Unum, institutum et praeceptum Domini de dispensando e mensa eius calice, contineri sub eo praecepto Dei genere, a quibus recedere nequaquam possit ecclesiae licere. <Hoc demonstratur a capite ix usque ad caput xv> Alterum, quod ea, quae tu adfers, tamquam ab ecclesia contra institutum et praeceptum Domini in utroque sacramento immutata, aut omnino non esse facta, aut non esse facta contra institutum

---

1 Adv: Latomus, *Defensio*, CCath 8, 42, l. 1–p. 45, l. 13, p. 47, l. 31–p. 48, l.24, p. 51, l. 19–p. 52, l. 21.
2 Adv: Latomus, *Defensio*, CCath 8, 41, l. 6–23 in response to Bucer, *Scripta duo*, 41.
3 Latomus claims that the first premise of Bucer's 'syllogism' (see above, p. 77) applies only to some aspects of the church's worship, and that communion under one kind is not one of these.

et praeceptum Domini. <Hoc demonstratur a xv capite usque ad xx> Tertium erit, ut ostendam, institutum, et praeceptum Domini de dispensatione calicis e sacra caena, ita esse a Domino traditum, ut non certo tantum, sed omni tempore observari debeat *ad finem usque saeculi* [cf. Mt 28,20], dum scilicet ipse redeat ad iudicium. <Hoc demonstratur in xx capite usque ad finem libri primi> Tum usum calicis esse institutum et mandatum omnibus Christianis, non tantum sacerdotibus.

His demonstratis, planum erit propositionem et assumptionem nostri syllogismi veras universas et proprias esse, atque evidenter concludere ecclesiae catholicae {*corr.* catholicam} et nostram sententiam: dispensationem, scilicet, calicis in omni caena dominica, esse ita a Domino traditam et praeceptam, ut sit religiose observanda ab omnibus ecclesiis, et singulis Christianis, usque dum Dominus ipse redierit ad iudicium, et impleverit, perfeceritque nobis omnia, his rebus, quae *ex parte* [1Cor 13,9–10, 12] sunt, sublatis: verbo, sacramentis, *fide et spe* [1Cor 13,13]. Nec ulli ecclesiae ius esse posse eam ullo tempore submovendi. | Eoque recedere ab hoc tam manifesto Christi praecepto, ecclesiae Christi haberi necessario *anathema* [Gal 1,8], nec attribui hanc introductionem posse, nisi temeritati, et superstitioni imperitorum et irreligiosorum sacrificulorum: confirmationem autem et defensionem rebellioni et furori plane antichristiano.

Qua religione observanda sint praecepta Dei de externis ceremoniis et sacramentis tradita. Caput VI.

<De externis ceremoniis cultus divini, illa nominatim praecepta sunt: 'Sic fac; his nec addas nec detrahas aliquid.'> Quod igitur attinet ad id, quod primo loco, et pro confirmatione maioris propositionis demonstrandum est – de genere praeceptorum, in quo dispensatio calicis dominici sit collocanda – rogo te videas ipse et in ipsa lege Domini, de quibus rebus et officiis illa praecepta a Domino sunt: *Nihil addas verbo meo, nihil detrahas* [Dt 4,2]; *non declines ad dexteram, nec ad sinistram* [Dt 5,32].¹

Quarto Deuteronomii illud de non adiiciendo nec detrahendo verbis Domini, primum propositum est; eum ergo locum lege, atque expende. Sic enim habent verba Domini: *Et nunc Israel audi* חוקים, id est, ceremonias et leges civiles,² *quas ego doceo vos, ut faciatis et vivatis, et intretis atque possideatis terram quam Dominus Deus patrum vestrorum dat vobis.* | *Non addetis verbo, quod praecipio vobis* etc. [Dt 4,1–2] Et subiicitur ibi: *Ecce docui vos ceremonias et leges civiles, sicut mihi praecepit Dominus Deus meus, ut faciatis sic in terra.* [Dt 4,5] Et rursus: *Quae gens adeo magna, cui sint ceremoniae et leges civiles, sicut lex ista universa, quam propono vobis hodie* [Dt 4,8].

Totum hoc caput perlege, Latome, tum et duodecimum huius libri,³ atque in his singula verba pondera, idque animo libero et religioso, seposita aliquantisper vincendi cupiditate, et videbis perfacile praeceptum hoc Dei de non adiiciendo verbo Dei et non auferendo, nominatim de ipsa externa sacrarum ceremoniarum ratione et observatione esse traditum, totiesque ingeminatum: חוקים enim sacras ceremonias significat. <Dominus nos in obedientiam verbi sui primum per ceremonias reducit> Videbis Dominum voluisse mentem nostram illam superbam semper et sibi fidentem, atque {*corr.* aque} praeceptis ipsius resilientem, atque pro suis impiis cogitationibus in varia et nefaria inventa evagantem, evanescentemque (idque maxime in ratione cultus divini) ad obedientiam revocare verbi sui, praecipuae et primum omnium in ipsis externis cultus sui ceremoniis. Videbis quoque quam diligenter urgeat illud: *Ut sic faciatis in terra, in quam vos introduco, uti vobis praecepi.* [cf. Dt 4,1; 12,1] Utque omnem etiam populi sui, et praestantiam et felicitatem, vitamque

B3r; 13

---

1 Adv: Latomus, *Defensio*, CCath 8, 42, l. 6–10, which cites both passages before distinguishing between the external and mutable aspects of the sacraments, and their internal and mutable aspects.
2 Possibly ap: Sebastian Münster, *Dictionarium hebraicum* (1539), s3v.
3 i.e. the injunction in Dt 12 to remain obedient to God's commands, while shunning and eradicating idolatry in the Promised Land.

B3v; 14   ipsam | ponat in hac ipsa religiosa ceremoniarum suarum observatione, <Quibus vera ceremoniarum observatio constet> quae his scilicet duabus rebus tota continetur: ut {*corr.* nt} ad praescriptum Domini illae, summa religione, dum id Dominus concedit, et viva fide misericordiae Dei in Mediatore promissae [cf. Gal 3,15–20], peragantur.

<Numeri xv [39–41]> Lege praeterea, et pensita pie et illud, Latome, quod in quarto libro Mose scriptum est ubi de symbolo vittae hyacinthinae in fimbriis vestimentorum figendo praecipitur. Erit autem, inquit, in fimbria vestra vitta, scilicet: *Ut videntes eam, recordemini omnium praeceptorum Domini, et faciatis ea, et non vestigetis quae tulerit cor vestrum, quaeve arriserint oculis vestris, ut ea studio et ardore quodam adulterino sectemini, sed recordemini, ut faciatis omnia praecepta mea, sitisque sancti Deo vestro. Ego Dominus Deus vester, qui eduxi vos de terra Aegypti, ut essem vobis in Deum, ego Dominus Deus vester.*

<Vide quanta in ceremoniis religio exigatur> Vide, Latome, quoties repetat Dominus, debere populum suum habere semper in memoria et praesenti animi sui contemplatione praecepta sua – et ea omnia. <Morbus novas excogitandi ceremonias>. Perpende item, ut nominatim vetet, ne argutetur, neve vestiget ceremonias et rationem sacrorum, pro ut ei suggesserit animus ipsius,

B4r; 15   tuleritque | cupiditas aspectu excitata oculorum eius. Qui morbus adeo inhaeret nobis, innatus scilicet cum caeteris a primis usque parentibus, per vitiatum traducem, ut nunquam, dum hic vivimus, excuti satis possit. Quare cum primo decalogi praecepto [cf. Ex 20,2–3; Dt 5,6–7] tam multa illi praecepta Dei obiecta sunt, tamquam multae et graves prophetarum contiones.[4]

Animadverte praeterea, quod Dominus hoc 'fornicari' a se vocet [cf. Nm 15,39]. Denique considera, quam huius praeceptionis causam subiiciat: *Vt sitis sancti*, inquit, *Deo vestro; ego Deus vester* [Nm 15,40–41]. <Deum ne sit noster Deus, abiicimus, non observando eius ceremonias, ut ipse praecepit> Tum igitur sancti Deo nostro sumus, et est ipse Deus noster, cum in omnibus rebus, maxime vero in religionibus, verbum ipsius per omnia sequimur. Et tum nos ipsos profanamus, et a Domino adulteramur, ipsumque ne sit Deus noster abiicimus, quando in confingendis religionibus aliquid nostrae argutationi, et cordium nostrorum commentationi indulgemus, quaeque carni nostrae pulchra videntur, et decentia, in sacras ceremonias inferimus.

<Romanos> Hi enim sunt illi *dialogismi*, quibus, teste Paulo [Rm 1,21], maiores nostri ad omnem idolomaniam evanuerunt, easque tenebras mentibus suis invexerunt, eoque exitialis stultitiae praecipitarunt [cf. Rm 1,21–22], cum

B4v; 16   sapere sibi maxi-|mopere viderentur, ut tandem sempiternam *Dei incorruptibilis maiestatem commutarent simulacris hominum corruptibilium, volucrium,*

---

4   See e.g. below, p. 265–266.

quadrupedum et serpentum [Rm 1,23] <Ut ulciscatur Deus humanitus inventas ceremonias> Quam maiestatis suae violationem quantopere Deus detestatus sit, eo abunde patefecit quod *tradidit illos*, hac de causa, in cupiditates, et animi perturbationes foedissimas {*corr.* faedissimas}, et deterrimas, mentisque furorem extremum, ut ipsi sibi ipsis, et omnibus hominibus abominationi essent, uti eos apostolus ad Romanos i [21–25] describit.

<Praelati papistici eisdem malis praediti, quae apostolus de autoribus idololatriae commemorat Romanorum i [21–25]> Quem te rogo apostoli locum lege et expende, ac cum eo compone, quam vitae rationem, quam sanctimoniam ipse videris episcopos et sacerdotes Romae, Lutetiae, Treveris, Coloniae[5] obtinuisse, et eos maxime qui primos et dignitatum et emolumentorum ecclesiasticorum gradus occupant. Nihil certe in his deesse conspexisti eorum scelerum et flagitiorum, quorum apostolus catalogum describit sane horrendum, praesertim Romae. Inquire igitur apud te, undenam evenerit, ut in hos populi Christiani summos pontifices, cardinales, primarios episcopos, praelatos caeteros et sacerdotes, ita, ut in primos idololatriae inventores et sectatores, ultio Dei deflagrarit. Mirabor nisi deprehenderis huius tam saevae irae divinae in istam gentem tuam sacerdo-|talem hanc esse causam, quod *maiestatem Dei* [Rm 1,23], eadem qua veteres idololatrae violant audacia, proiiciendo a se (ut in sacris ceremoniis, ita et in omni reliqua vita) verba et praecepta Dei, suis vanissimis *dialogismis* [Rm 1,21], et praepostera sapientia cuncta, *peregrinis* replendo *cultibus* [2Par 14,3]. <Sub tyrannide papae omnes ceremoniae Christi vel sublatae vel immutatae> Etenim, Latome, hoc tibi confirmo, nec negabis ipse id verum esse, siquidem scias quid Dominus in scripturis suis, et traditionibus apostolicis, ecclesiis commendarit: non esse reliquum unum ritum ecclesiasticum, unam ceremoniam, quam tui sacrificuli, tuus pontifex cum creaturis suis non aut plane novam invexerint, aut impia novatione perverterint.

C1r; 17

Hinc itaque factum est, ut hos ipsos tuos primos praesules, et ceremoniarum administros videamus prae omnibus mortalibus in probrosas cupiditates, portentosas animi libidines, cunctaque scelera et flagitia proiectos esse, ut nemo non cernat, et tangat, non esse hos qui colere, aut placare Deum valeant, sed qui iram et ultionem potius Dei, ut in seipsos, ita in omnes quoque eos qui ipsorum sacris communicant, provocent.

<Ira igitur Dei concitatur malorum sacerdotum ministerio etiam vero> Iuxta illud Psalmi l [16–23]: *Impio autem dixit Deus, quid tibi ut commemores ceremonias meas, et de foedere meo verba facias? Nam odisti disciplinam, et proiecisti verba mea a tergo. Si videas furem, cum illo curris et | cum adulteris habes partem tuam. Os tuum dimittis ad iniurias, et lingua tua concinnat dolos. Sedens* {*corr.* Sedes} *contra fratrem tuum loqueris, et filio matris tuae imponis probrum. Ista*

C1v; 18

---

5   All cities with which Latomus was familiar. See above, p. 1ff.

tu facis; quia vero silui, nec poenas de te sumpsi, aestimas me fore tui similem. Ego autem reprehendam te, et consistam adversus faciem tuam. Intelligite hoc, qui obliviscimini Deum, ne corripiat ad poenam nec sit qui eripiat. <Vide gratum sacrificium> Qui sacrificat confessionem, praedicans sincere evangelium Dei: *Is honorat me, et qui expedit viam pie vivendi, huic exhibebo salutem Dei.* <Meleachi ii [2]> Item Meleachi: *Si non audieritis, et corde acceperitis, ut detis gloriam nomini meo, dicit Dominus exercituum, mittam in vos maledictionem, maledicamque benedictionibus vestris, sicut etiam maledixi, quia non accipitis corde.*

<Vide quid ecclesiae commodent perversa sacrificia> <Distinctio xlix> Ex quo et divus Gregorius, tam sanctus licet vir, non ab re scripsit se, valde pertimescere, ne commissa ipsi plebs fidelium, reatus ipsius additamento, depereat, cuius Dominus eo usque delicta toleravisset, postquam, sicut cuncti liquidum cognoscerent, cum is qui displicet, ad intercedendum mittitur, irati ad deteriora animus provocaretur.[6] Haec det Dominus, ut et tu, et ii pro quibus decertas in tempore intelligatis, et animadvertatis. Amen.

Ne autem ea, quae et hoc loco depravatorum {*corr.* depravorum} praesulum et sacrificulorum manifesta orbi perversitate et | nequitia quaestus sum, quisquam ad eos etiam detorqueat qui in ordine episcoporum et praelatorum vestrorum adhuc haerent quidem, sed vivunt castigatius, et correctionem eorum, quae nequiter et flagitiose ab aliis in hoc ordine admittuntur, expetunt. Protestor me hac mea querela non velle quenquam notare, qui non ea, de quibus quaeror, in se palam, omni reiecto pudore, plane ostentet. Nam humanitus admissa peccata, eorum praesertim qui ecclesiae consultum cupiunt, tegi et emendari leniter, non acerbis criminationibus exagitari velim.[7]

Horum volui te in isto loco admonere, ut si fieri queat, non tam leve duceres, abiicere mandata Christi, etiam quae videntur minima: *Qui enim unum ex minimis praeceptis suis solverit, et sic docuerit homines, is minimus vocabitur in regno caelorum* [Mt 5,19], adeoque tandem regno caelorum eiicietur. Quanquam haec de sacris ceremoniis praecepta, tametsi de externis rebus praecipiant, minima nequaquam, sed prima et maxima, ut divo Cypriano,[8] ita et caeteris Christianis omnibus, habeantur.

---

6 Ap: *Decretum Gratiani* 1, d. 49, Friedberg 1, 175 > Gregory I, *Regulae pastoralis liber ad Joannem episcopum civitatis Ravennae* 1, 10, MPL 77, 23C; SC 381, 162–164, l. 23–39 & *Epistolae* 1, 25 (CCL '1, 24'), MPL 77, 469A. CCL 140, 22, l. 21–23.

7 This paragraph seems intended to counter Latomus' accusation that Bucer vilifies the clergy of the old church indiscriminately. See Latomus, *Defensio*, CCath 8, 155, l. 4–9.

8 See above, p. 78 and below, p. 160.

Omnia praecepta Dei esse observatu semper necessaria, sed ceremonias non esse praeceptas pro omnibus locis, temporibus et personis. Caput VII.

| <Duplicia praecepta perpetua et temporaria> Sunt quidem inter praecepta Dei et Christi gradus, quod quaedam sunt de rebus et actionibus observatu semper necessariis, quae remitti nunquam possunt, ut sunt credere et fidere Deo, invocare et amare Deum, eius causa omnia perdere velle, diligere et iuvare in omnibus proximum, sancte et caste vivere. Quaedam vero de rebus certi temporis, certi loci, et certarum personarum, ac ideo non per se ad salutem necessariis. Tales res sunt omnes externae ceremoniae, sacrae feriae et conventus, sacramenta, et reliquae ecclesiasticae actiones.

<Quando praecepta de ceremoniis non tenent> Cum ergo Dominus populo suo non id tempus concedit, non eum locum, aut caeteras conditiones et circumstantias, quas ipse ad peragendas rite ceremonias suas praescripsit, tum nec earum observationem ceremoniarum praeceptis suis requirit. Proinde, cum e terra sacrificiis suis consecrata Israelem eiecisset, nec sacrificia sibi ab eo fieri postulabat [cf. 2Rg 25,9,13–17; 2Par 39,19; 1Esd 1,2–4; 5,17]. Sic Machabeos, cum eis hostes immisisset, sabbatho nec spatium concederet sacris ceremoniis vacandi. Pugnare voluit, non vacare religionibus [1Mcc 2,41]. Ita dum obiiceret sabbatho necessitatem iuvandi homines, vel in corporibus, vel in rebus, hoc benignitatis et caritatis sacrificium potius quam ceremoniarum sacra praestari sibi voluit, ut Christus ipse hanc legem de sabba-|tho est interpretatus [Mt 12,1–13].

<Sacramenta quando non necessaria> Ad eundem modum, si non concedat Dominus facultatem percipiendi baptismatis et eucharistiae ita ut ipse instituit, nihilominus credentibus sibi et se invocantibus, regenerationem, suique salvificam exhibet communionem, nec praetermissa symbola peccato deputat.

<Quando observatio ceremoniarum necessaria> At cum largitur harum rerum facultatem, tum certe, si non et festos dies sanctifices, sacros conventus animo et corpore frequentes, sacramentis utaris, et utaris eadem omnino et mente et ratione quam Deus ipse praescripsit, si quid in his praetermittas earum rerum quas ipse tradidit, si quid peregrinum, pro inventione cordis tui, aut ex cupiditate oculorum tuorum admiscueris, si non per omnia ipsius verbo quam religiosissime inhaereas, sed ab eo vel ad dexteram, vel ad sinistram declines [cf. Dt 5,32], adiiciens aliquid, vel detrahens [cf. Dt 4,2], adulteraris a Domino [cf. Nm 15,39], maiestatem eius imminuis, eamque Deo tuo facis contumeliam, ut merearis prorsus excindi ex populo Dei, qua poena Dominus sua de ceremoniis praecepta toties sancivit. <Quanta poena Dominus sanciverit ceremonias suas> Etenim qui circumcisionem, qui religionem sabbathi,

qui sacrum pesah,[1] qui ieiunium in die expiationis neglexisset, qui sacrificia Domino aliter atque ipse praescripsit, fecisset, vel praetermittendo in illis, quae Dominus prae-|cepit, vel adiiciendo quae non praecepit, qui immundus sacris se ceremoniis admiscuisset, eos omnes excindendos esse e populo suo Dominus decrevit. Vide Geneseos xvii [14] Exodi xxxi [14–15] et xii [19], Levitici xxiii [30], Levitici vii [20] et vicesimo secundo [Lv 22,3].

His in locis loquitur tibi Deus, Conditor et Iudex tuus, cuius verba perstabunt immota, cum non nos tantum, sed etiam tota caelorum et terrae machina *instar vestimenti* [Isa 51,6] immutabitur [cf. Mt 24,35]. Hinc ergo, non ex tua aut aliorum hominum ratione, non ex diuturnis abusibus, disce quam Dominus a nobis requirat obediendi religionem, etiam in illis praeceptis suis, quae de externis, atque temporariis ceremoniis tradidit, quibus salutem tamen nostram nequaquam addixit, quasque etiam, si sine fide solida praestentur, <Iesiae i [11–15]> non solum pro nihilo habet, sed plane abominatur, tollique a se praecepit, tamquam singularem maiestatis suae contemptum et contumeliam.

<Nusquam religiosius verbis Domini inhaerendum, quam in sacris caeremoniis> Neque enim res istas Deus per se moratur. Obedientiam poscit verbi sui. Hoc ipsum igitur non caecam rationem mentis nostrae, non ullam universae creaturae auctoritatem, iubet nos sequi, cum in rebus et actionibus caeteris omnibus, tum maxime in sacris ceremoniis, ut quibus velut in conspectum eius [cf. Dt 12,28; 13,18] prodi-|mus, et cultum eius singulariter profitemur, idque cum primis agimus, ut et veniam impetremus eius, quod a verbo, placitisque ipsius in caeteris nostris actionibus tam multipliciter deflexximus, et nos eius imperio nunc quasi restituamus, et addicamus, implorato eius Spiritu, qui nos *in viis* [cf. Dt 8,6; 26,17; 28,9; 30,16] eius ducat, et a praeceptis eius nusquam sinat aberrare.

Sunt sane et nostra sacramenta res externae, et mutationi obnoxiae, nec perpetuum usum religionis habent, <In quo ceremoniarum sanctitas> tamen quia Deus illas instituit, ut sint symbola et instrumenta suae erga nos benevolentiae, et meriti Filii sui pro nobis depensi, ac vult, ut his summa eius beneficia percipiamus, remissionem peccatorum, communicationem cum ipso in Filio eius, spiritum rectum, et benedictionem eius in omnem vitam nostram, tum etiam ut invicem ipsum his sacramentis confiteamur, celebremus, et nos ei totos consecremus, exigit merito, ut in his rebus versemur cura et religione exactissima, mente omni ut in caelum, inque ipsum Dei conspectum, iuxta illud: 'Sursum corda,'[2] subvecta, ita etiam in verba eius penitus defixa, et tota inhaerente.

---

1 i.e. פסח or Passover.
2 Ap: *Missa*, Botte & Mohrmann, 72. Not in CCL 160I.

Quapropter cum in cunctis actionibus nostris cavendum nobis magnopere sit, ne commenta nostri | cordis, nostrarumve cupiditatum motus sequamur, hoc profecto cavendum nobis summopere est in religionibus. <Et regum atque principum ministri sua ministeria in conspectu principum exhibent singulari cura> Certe qui terrenis se regibus et principibus student approbare, et praestare gratiosos, hi quamquam semper, et in omnibus actionibus suis ob oculos habeant praecepta et mandata suorum regum et principum, et ad illam omnem vitam suam formare elaborent, ac ne quid ab illis aberrent studiose caveant, tamen haec multo maiore adcurant sollicitudine, quando versantur in oculis regum, et principum suorum et sua illis coram ministeria exhibent. Quanto ergo magis nos haec cura et sollicitudo tenere et urgere debet, cum in sacris ceremoniis, quasi relictis terris, in caelos ad ipsum divinae bonitatis [cf. Hb 4,16], et *gloriae thronum* [Mt 19,28; 25,31] ascendimus, et veniam erratorum nostrorum, Spiritumque vitae sanctae et beatae, et oramus et percipimus ab ipso Domino et Deo nostro, magno et *formidabili prae omnibus regibus terrae* [Ps 76,12], qui est: *Zelotes et ignis vorans* [Dt 4,24]. C4v; 24

<Ultiones violatarum ceremoniarum> Moveant igitur nos exempla Nadab et Abihu, Betsemitarum {*corr.* Betsemitae}, Uzae, et regis Uziae. Erat etiam tunc omnis ignis Domini, ac ideo sanctus, gratumque incensum habuit Deus, quem ei sancti patres, communi ad id igni usi, exhibuerunt [Ex 30,1–10; Lv 16,12–13]. <Levitici x [1–3]> Tamen cum Nadab et Abihu praeceptum Domini aliud haberent, exitium ipsi sibi | sua intempestiva religione accersiverunt, adhibentes ad incensum Domini ignem alienum. <i et ii Samuelis vi {*corr.* i Samu. ii et vi}> Ita et conspecta atque attrectata arca foederis, cum multis salutaris fuisset, Betsemitis [1Sm 6,19–20] et Uzae tam gravem pestem attulit [2Sm 6,6–7], quia hi eam contra quam praescripserat Dominus, et viderunt et tetigerunt. <ii Paralipomenon xxvi [16–21]> Ita ab incensu, quo multi patrum Deum placaverunt [cf. 1Rg 3,3; 9,25; 2Par 2,4], rex Uziah leprae plagam retulit, quia eo usus fuerat praeter verbum Domini. Vide quam severiter ultus sit Dominus neglectum verbi sui, in rebus transitoriis quidem, et caducis, sed pertinentibus ad cultum suum, et verbo eius consecratis. D1r; 25

<i Corinthiorum x> Atque haec propter nos: *In quos fines saeculorum pervenerunt, scripta sunt* [1 Cor 10,11] ut nobis *typi* [1Cor 10,6,11] essent, in quibus iudicia Dei nostri cognoscamus, et illud disceremus, cum omnis neglectus et contemptus verbi Dei, gravissima sit Deo contumelia, et extremam iram eius mereatur, <Contemptus verbi Dei in ceremoniis gravissimus> tamen contemptum verbi eius, qui in sacris ceremoniis admittitur, immaniorem esse Deo contumeliam, et ultionem Dei mereri omnium severissimam. Etenim, qui verbum et praeceptum Dei tum sacrosanctum non habet, et servire Deo, iuxta illud non studet ex *toto corde* [Dt 6,5; 10,12; Mt 22,37; Lc 10,27], *cum timore et tremore*

[Eph 6,5], cum ceu in conspectu ipsius [cf. Dt 12,28; 13,18] versatur, et placare eum | quaerit, de omni transgressione legis eius, quam in reliqua vita universa admisit, quid is omnino de verbis et praeceptis Dei aliis in locis, et actionibus suis sollicitus sit? Immo quid de Deo, et maiestate eius dignum Deo sentiat? Recte igitur de talibus quaeritur Dominus, quod foedus salutis violent, et tergum sibi obvertant, seque ne sit Deus eorum reiiciant [cf. Ie 32,33–42].

<Superstitiosa cura ethnicorum in ceremoniis> Hinc sane in ceremoniis gentium, quanquam gravissimo cum errore superstitionis, ista de ceremoniis divinis haesit existimatio.[3] Magnum enim delictum iudicabant, et eo iram divinam provocari gravissime censebant ethnici, si sacerdotes vel verbulo vel facto in operandis sacris lapsi fuissent. Id veteris et verae religionis quoddam vestigium fuit, quae ut dictum est, summam curam et attentionem in sacris ceremoniis requirit, ne a verbo et praecepto Dei aberretur. Illud quidem erat superstitionis, quod anxiam illam sacrorum curam, et scrupulosam et verborum pronuntiationem, et rerum tractationem existimabant per se requiri a Deo et gratam haberi, etiam si ceremoniae ipsae, et praeter verbum eius, et absque vera cordis fide Deo exhiberentur. Hoc tamen erat verae religionis vestigium, quod in sacris ceremoniis agnoscebant versandum esse accuratissime, et a praescriptis a Deo verbis et rebus nullo modo deflectendum.

| Hanc porro ethnicorum superstitionem referunt nobis sacrificuli tui. Utinam referrent sanctorum patrum (quam falso iactant) religionem. Verbis enim et signis ab ipsis confictis anxiam curam adhibent; ut vero ea quae tradidit Dominus religiose administrent, nulla tenentur sollicitudine. Quanquam enim sicut mentem perversam et impuram ad sacra sua adferunt (unde summam a Deo execrationem sibi, et iis, pro quibus sacrificant, quod ad ipsos attinet, referunt) ita etiam quae instituit ac praecepit Dominus, tam in verbis quam in ritibus exhibent et perverse et negligentissime, pleraque etiam in totum repudiarunt. Tamen si quid ex verbis et signis canonis sui vel imprudentes praetermiserint, aut perturbate dixerint, aut non recte pinxerint, id grave delictum ducunt, et in confessionibus suis anxie commemorant, evitareque maximopere student.[4]

Hic tu ipse, Latome, de tuis sacrificulis iustum iudicium facito. Grave piaculum ducunt, si in sacris suis ab hominum praeceptis minimum declinarint, etiam imprudentes, et quod in his praeceptum Christi, scientes et prudentes penitus reiiciunt, nulla religione moventur. Nonne hoc antichristorum est? In vulgari nostra lingua honorantur titulo attentorum in sacris ceremoniis 'die

---

3   Ap: e.g. Cicero, *De natura deorum*, 2,3, Loeb 268, 128–132.
4   See e.g. Gabriel Biel, *Canonis expositio* 88, esp. C & L, Oberman & Courtenay 4, 164–171, esp. 166–167, 171.

Andechtigen,'5 quo monentur quanta ipsis in sacris cura | et religione versandum et agendum sit. Sed ut ipsi se comparant, titulum hunc in suis forsan inventis sustinent, in praeceptis certe Dei tam falso eis tribuitur, quam caeteri tituli, quibus superbiunt, paparum, episcoporum, sacerdotum etc.

Haec te rogo, Latome, ut coram Deo, Servatore cordium, expendas, et hinc, ex certis scilicet oraculis Dei et Servatoris nostri unici, non ex iis commentis quae vel tibi, vel aliis hominibus probabilia videntur, discas, quid de sacramentis Domini, veroque illorum usu statuas. <Sacramenti ratio, in quo consistat> Ut enim sacramenta sint, id non ex eo habent, quod in eis externum et caducum est, sed ex eo, quod instituta sunt et praecepta divinitus ad id, ut sint beneficiorum eius, et omnium maximorum symbola et instrumenta. Itaque non sunt etiam nobis existimanda secundum id, quod in eis apparet sensibus, quod est in eis temporarium et fluxum, sed secundum ea, quae de illis praedicant oracula Dei, et quae exhibere per illa Deus dignatur beneficia sua summa et aeterna.

Verumtamen illud non infitiamur, ut superius testati sumus,[6] externum et corporalem usum sacramentorum non ita requiri ab omnibus hominibus, omni tempore et omni loco, ut ipsam fidem, invocationem | Dei per Christum, communionem Christi et nostri ad omnia Dei placita consecrationem, quibus rebus sacramenta instituta sunt. Haec enim Deus ab omnibus et omni tempore atque loco poscit, quia his vita et salus hominis constat. Ut autem ad haec certis utamur sacramentis, id Dominus ab illis tantum postulat, quibus ea sacramenta instituit, et illis tantum cum temporibus, tum locis, quibus usum eorum sacramentorum circumscripsit. Ita cordis circumcisionem [Rm 2,29; cf. Dt 10,16; 30,6; Ier 4,4], hoc est, totius hominis innovationem [Gal 6,15; Col 2,11–12], voluit Deus omnes homines, et ubique et semper a se, per Mediatorem [Gal 3,19; Hb 8,6] nostrum Christum, et petere et percipere, et meditari. At hoc Dei beneficium recipere, et istud pietatis officium profiteri, sacramento externae circumcisionis, id nec omnibus hominibus, nec omni tempore, sed iis solum praecepit hominibus, qui vel nati ex Abraham fuissent [Gn 17,10–14], vel recipi in politiam Israelis [Lv 12,3] voluissent, idque etiam eo tantum tempore, quod ab Abraham, usque ad revelatum Christum [Gal 3,23–24] decurrit.

<Religio sabbathi> Eadem ratione tradita fuerunt Israeli praecepta de sabbatho, et festis aliis, de sacrificiis atque caeteris ceremoniis veteris cultus.[7] Cum enim deesset vel tempus vel locus his ceremoniis a Domino designatus,

---

5 See *Frühneuhochdeutsches Wörterbuch* 1, 1023–1026. Cf. the word's use in an Evangelical context in Bucer, *Einfaltigs Bedencken*, BDS 11.1, 328, l. 21–22.
6 See above, p. 85.
7 For Bucer's scriptural references, see above, p. 86.

D3v; 30 vel ratio conferendi ad salutem observantibus, Dominus | nihil horum requisivit. Hinc Dominus Machabeis adfuit pugnantibus sabbatho [1Mcc 2,41], cum lapidari voluisset, qui ligna tantum sabbatho collegisset [Nm 15,32–36]. Eadem aequitate discipulos excusavit, cum sabbatho spicas vellissent, ut fami occurrerent [Mt 12,1–8], cum tamen adeo opera corporis eo die exclusa omnia vellet [Ex 20,10–11; 31,14–16; 35,2; Lv 23,3; Dt 5,14], ut et ignem accendere sabbatho vetuisset [Ex 35,3]. Debebat enim sabbathi religio, homini, propter quem erat institutum, commodare, non incommodare [cf. Mc 2,27]. <Religio sacrificiorum> Sic cum sacrificia Dominus certo addixisset loco, non solum ea a populo Israele, cum sua terra exsularet, non requisivit, sed impietati imputasset, si illa in terra aliena facere voluisset.

<Ratio ceremoniarum> Eadem ratio est in omnibus ceremoniis, quae certis addictae sunt locis, temporibus, et hominum ministeriis, ut eas Dominus non exigat, et nihilominus sua spiritualia dona quae illis ceremoniis solet exhibere, benigne impertiat, si non simul largiatur et tempus et locum, caeteramque rationem eas observandi, quam suis ipse ceremoniis praescripsit. At dum ista omnia concedit, facultatemque ita veri usus in his largitur, tum certe, qui sacras ceremonias negligit, aut non ita, ut Dominus eas instituit, summa religione usurpat, is sicut Dei benignitatem in his contemnit, ita et

D4r; 31 ipsa Dei beneficia repudiat, foedus salutis cum Deo dissol-|vit, Dominumque ne sit Deus et Christus suus reiicit, atque incidit in legem illam: <Peccatum et poena violatarum ceremoniarum. Numeri xv [30–31]> *Anima quae fecerit aliquid per manum celsam* – id est, sciens et prudens, confessa rebellione – *sive fuerit ex indigenis, sive ex advenis, ea facit contumeliam Domino, et excidetur de populo suo, nam verbum Domini contempsit, et praeceptum eius fecit irritum, ideo excidione excindetur anima ista, et erit eius iniquitas super eum*. Sunt enim praecepta de ceremoniis, primae tabulae praecepta [cf. Ex 20,1–11; Dt 5,6–15], quae ad cultum Dei pertinent. His, ut dictum est, Deus ipse se nobis communicat, et nos ei invicem consecramus, ipsum confitemur et celebramus, unde reliquorum praeceptorum obedientia ab horum maxime observatione pendet. <Psalmo cxix [4–6]> Quapropter de his praeceptis illa Psalmi cum primis nobis cantanda sunt: *Tu praecepisti mandata tua servare summo studio. Utinam dirigantur viae meae ad observandas ceremonias tuas. Tunc non pudefiam cum perspexero omnia praecepta tua.*

Ceremonias Domini maiore religione observandas esse sub libertate evangelii quam sub paedagogia legis. Caput VIII.

Sed dices forsan,[1] Deus a novo populo suo in luce libertatis evangelicae [cf. Gal 5,1] externa ista non tam exacte requirit, atque a populo suo veteri ea requisivit | quem sub illa *elementorum* [Gal 4,9] paedagogia voluit tenere arctius, et exercere severius.

Verum non in eo consistit amplissima illa quam fecit Dominus populo suo ab externis ceremoniis libertas, ut liceat nunc quas Dominus instituit agere negligenter, aut etiam mutare, vel penitus omittere, cum a veteri populo postularit Dominus, ut traditas ceremonias religione summa observaret, et nefas duceret maximum, vel minimum aliquid in eis mutare, nedum eas penitus abiicere. <In quo libertas evangelica in ceremoniis> Libertas ista evangelii in eo continetur, quod Dominus nobis loco ceremoniarum tam multarum et laboriosarum, quae nec omnibus erant satis explicatae, quibus onerabatur populus vetus, tradidit numero tam paucas, factu tam faciles, et significatione tam perspicuas et augustas. Quo magis ergo Dominus nos onere externarum observationum *quod nec patres portare potuerunt* [Act 15,10], liberatos, in eam verbo et sacramentis suis subvexit caelestium bonorum et lucem et fruitionem, quam *reges et prophetae videre* et percipere *expetiverunt* [Lc 10,24] (non autem perceperunt aut viderunt) eo ampliorem ei, ob tantam benignitatem, gratitudinem, et amorem ardentiorem debemus, ita ut has ipsas paucas, commodas, et perspicuas ceremonias, quas Do-|minus nobis pro multis onerosis, et tectioribus [cf. 2Cor 3,13–18] commendavit, observare multo maiore, quam patres suas observarunt, cura et studio elaboremus.

<In sollicita observatione ceremoniarum nihil servile> Quae observantia, cum sit opus grati et amantis animi, nihil habet in se servile, nil molestum, nihil quod non ex ipsa evangelii et Spiritus libertate [cf. 2Cor 3,17; Gal 5,1] ultro perveniat. Huius enim est praestare illud Psalmi [2,11]: *Servite Domino in timore; exultate cum tremore*, et habet amor verus atque observantia iusta suam quoque curam, et in approbando se ei,[2] quem amat, et observat sollicitudinem. Quo igitur in novo testamento maior est ab externis observationibus libertas, quoque et pauciores et praestantiores nobis Dominus ceremonias instituit, hoc profanant sese gravius, adulterantur magis impie a Domino [cf. Nm 15,39; Ps 50,18], et reiiciunt eum ne sit Deus eorum, magis nefarie, merenturque eo amplius excindi a populo Dei [cf. Nm 15,30–31], qui in his tam paucis, ac

---

1 A hypothetical objection not actually advanced by Latomus.
2 i.e. 'and in seeking to be acceptable to him.'

adeo eximiis ceremoniis a verbo Domini recedunt, illique vel adiiciunt aliquid, vel detrahunt [Dt 4,2; 12,32].

<Conclusio probationis, qua demonstratur syllogismi nostri propositio> Cum itaque constet traditam esse a Domino et disertis verbis praeceptam, sanguinis eius dispensationem e mensa eius sacramento calicis faciendam [cf. Mt 26,26–28; Mc 14,22–25; Lc 22,17–20; 1Cor 11,23–26], dubitari non potest, hanc ipsam calicis dominici dispensationem – quamquam res sit externa et sensibilis, nec obser-|vatu necessaria pro omni tempore, omni loco, nec omnibus hominibus, sit denique *novi testamenti* [Lc 22,20], et ideo usus maxime liberi – in eo tamen contineri mandatorum Dei genere, de quo praecipue et nominatim ista Dominus praecepit: sic facies, sic observes ut ego tibi tradidi [cf. Dt 4,1; 12,1; Lc 22,19; 1Cor 11,24–25] nihil illis addas, nihil detrahas [cf. Dt 4,2; 12,32], a quibus qui sciens recedit, profanat se [cf. Nm 15,30], Dominumque reiicit ne sit Deus suus, adulteratur a Domino [cf. Nm 15,39; Ps 50,18], et e populo Dei excindi meretur [cf. Nm 15,30–31]. Constat itaque propositionem nostrae demonstrationis,[3] qua affirmamus, recedere scienter a praeceptis Dei, esse rem, quam ecclesia Dei necessario habet anathemati, esse omnino universalem, et nostrae disputationi propriam, atque adeo in praeceptis ceremoniarum praecipue veram.

Nunc ad ea respondendum est, quibus probare voluisti: esse ecclesiae Dei permissum, externas res in sacramentis immutare. Hic tu eiusmodi argumentationem connectere conaris.

---

[3] See above, p. 77.

Latomi obratiocinatio, quod ecclesia possit externa mutare in sacramentis. Caput IX.

De similibus et paris momenti rebus eadem est ecclesiae concessa potestas. Ecclesiae autem concessum legimus, mutare instituta, et praecepta Domini | de rebus in utroque sacramento, et baptismate et eucharistia, quae similes sunt dispensationis calicis e mensa Domini, parisque cum illa momenti. Ergo in ecclesiae potestate est, et hanc a mensa Domini tollere.[1]

Minorem[2] eo probare laboras, quod Apostoli (ut tu ais) mutarint formam verborum, quibus baptisma conferendum sit, et ecclesia mutarit ordinem et ritum baptizandi, cum, quod baptizet infantes, priusquam doceat, tum, quod non mergat in aqua, et ter, quos baptizat, sed perfundat tantum aqua. Denique quod eucharistiam ecclesia administret non vespertino tempore, et praemissa lotione pedum. Hoc tuum est sophisma, quod qui velit, legat tuis verbis adornatum, quaternione E.[3]

Latomianae obratiocinationis confutatio
Nos vero, ut propositionem huius sophismatis tui maiorem[4] libenter concedimus: ecclesiae scilicet, esse in res pares parem potestatem. <Minor sophismatis Latomiani falsa> Minorem tamen non recipimus: ecclesiam scilicet, ut ecclesiam Christi, aliquid sibi in alterutrum sacramentum permisisse, quod sit paris momenti, cum remota dispensatione calicis a celebratione mensae dominicae. Quae enim tu adducis exempla, in quibus videri vis ecclesiam aliquid in his sacramentis de praeceptis Domini mutasse, in his ecclesia aut omnino nihil, aut nihil mutavit | earum rerum, quae a Domino sunt mandatae.

Nam primum de baptismate, certum est, nihil omnino esse ab ecclesia immutatum, nec de forma, nec de ordine aut ritu baptizandi, quod quidem praeceptum sit divinitus [cf. Mt 28,19]. In eo enim quod aliquando trinae, nonnunquam unicae mersionis symbolo usa, nunc multis in locis perfusionis tantum signo utitur, nihil immutavit eius quod praecepit Dominus.

---

1 Bucer uses a syllogism to summarise what he regards as the fallacious argument (*sophisma*) underlying Latomus, *Defensio*, CCath 8, 42, l. 17–p. 45, l. 13, p. 48, l. 1–18.
2 i.e. the minor premise of the syllogism above.
3 Adv: Latomus, *Defensio*, CCath 8, 42, l. 17–p. 45, l. 13.
4 i.e. the major premise of the syllogism above.

Apostolos non mutasse formam baptismi. Caput X.

<Apostoli iusserunt baptizari ac baptizare in nomine Christi. Id est, iussu et auspicio Christi, non hac verborum forma> Adducis tu mutatam ab apostolis verborum baptizandi formam, quam praescripsit Dominus, sed id vestrum commentum est, non factum apostolorum.[1]

<Actorum ii [38]> Quod enim legimus apostolos fratribus illis, qui sermone ipsorum compuncti, rogaverant quid facerent, respondisse: *Paeniteat vos, et baptizetur quisque vestrum in nomine Iesu Christi* <Actorum x [48]>, et quod legimus Petrum iussisse Cornelium cum sua familia baptizari {*corr.* baptizare} in nomine Domini. Ex his divi Lucae verbis haudquaquam consequitur vel fratres illos Hierosolymis, vel Cornelium cum sua familia Caesareae fuisse baptizatos aliis verbis, quam quibus Dominus Iesus baptizare praecepit [cf. Mt 28,19]. Immo ex hac ipsa Lucae narratione [Act 10,1–48] magis id concluditur: baptisma his eisdem omnino verbis, et ea-|dem ratione esse collatum, quam Dominus ipse praescripsit.

<Quid facere aliquid in nomine Iesu> Facere enim aliquid in nomine Domini nostri Iesu Christi, est id ita facere, ut id Dominus Iesus praecepit, et habet gratum; facere scilicet aliquid eius auspicio, iussu et voluntate. Praeceperat autem Dominus Iesus baptizare *in nomine Patris, Filii et Spiritus sancti*, et docere baptizatos observare quaecumque ipse mandaverat [Mt 28,19–20]. Cum ergo Lucas commemorat apostolos iussisse baptizari aliquos in nomine Iesu [cf. Act 2,38; 8,16; 10,48; 19,5], consequitur, siquidem apostolico intellectu, baptizari *in nomine Iesu*, accipere velimus, ut debemus, hos ipsos omnino baptizatos fuisse, ea ipsa ratione, quam Dominus Matthei ultimo [Mt 28,19]? Nec enim verisimile est, apostolos verbis Magistri sui tam penitus addictos, in baptizando aliquid mandatorum Domini esse transgressos, et nusquam scriptum est, baptizasse apostolos hac verborum forma, ut nomen Iesu solum, et non *Patris, Filii et Spiritus sancti* [Mt 28,19] baptizando invocaverint. Lucas enim simpliciter memorat, apostolos iussisse baptizari, et baptizare in nomine Christi, hoc est, iussu et fide Christi, ita ut Christus instituerat et mandaverat [cf. Act 2,38; 8,16; 10,48; 19,5].

Et si contendas, formam baptizandi, non aucto-|ritatem tantum, et fidem Christi istis verbis – *Baptizetur* {*corr.* Baptitur} *quisque vestrum in nomine Christi* [Act 2,38] et: *Mandavit eos baptizare in nomine* Domini [Act 10,48]) – esse significatam, tamen nunquam efficies, ut quisquam eorum, qui verbo Dei vere credunt, et mediocri iudicio harum rerum praediti sunt, perinde habendum iudicet, in baptismate pro his verbis: 'Baptizo te in nomine Patris, et Filii,

---

1 Adv: Latomus, *Defensio*, CCath 8, 42, l. 37–p. 43, l. 1.

et Spiritus sancti,'[2] usurpare haec: 'Baptizo te in nomine Domini nostri Iesu Christi,' <Non formam tantum verborum, sed ipsa verba et symbolum auferunt a coena Domini, qui calicem non dispensant> et in sacra caena alteram sacramenti partem, et quidem explicatiorem, atque in se sacramenti totius perfectionem continentem, a sacra caena removere penitus, cum verbis, tum symbolo, ac ita removere, ut haereseos damnentur,[3] qui uti ea velint. Etenim in nomine Domini nostri Iesu Christi, et Patrem et Spiritum sanctum confitemur, et satis etiam haec nomina apud credentes, atque doctos in religione omnes, apud quos solos baptisma administratur *in nomine Iesu* [cf. Act 2,38; 8,16; 10,48; 19,5] exprimimus. Tum symbolum aquae apostoli non minus ad hanc, si usi ea fuissent, quam ad illam verborum formam, adhibuissent. At in remota dispensatione calicis a mensa Domini, iuxta tolluntur et verba et symbolum totum – atque verba doctrinae summae, et solacii maximi. Nihil enim id sumentibus sacramentum confert, quod sacrificulus verba | haec Domini super calicem adspirat potius, quam loquitur.[4] E4r; 39

<Usurpare nomen Iesu in baptizando, *pro nomine Patris, Filii et Spiritus sancti*, [Mt 28,19] servato symbolo aquae, non est simile sublationi dispensationis calicis> Sed dices, ut Patris et Spiritus sancti nomina in nomine Christi exprimuntur, ita exprimuntur etiam verba Domini dicta de calice in verbis dictis de pane.[5] Possunt quidem fideles in eo quod dicitur: *Accipite* [Mt 26,26; Mc 14,22] *et manducate* [Mt 26,26] *hoc est corpus meum* [Mt 26,26; Mc 14,22; Lc 22,19], *quod traditur pro vobis* [Lc 22,19; cf. 1Cor 11,24] recordari, et horum verborum: 'Accipite et'[6] *bibite ex eo omnes* [Mt 26,28], *hoc poculum est novum testamentum in meo sanguine* [1Cor 11,25; cf. Mt 26,28; Mc 14,24; Lc 22,20] *qui effunditur pro* [7]'vobis et'[7] *multis* [Mt 26,28; Mc 14,24] *in remissionem peccatorum* [Mt 26,28]. Tamen haec ipsa Domini verba ad calicem dicta, tam multa et tam significantia, tamque divinae ἐνεργείας καὶ ἐναργείας,[8] haudquaquam adeo

---

2   Paraphrase of the baptismal formula: 'Et ego te baptizo in nomine Patris, et Filii, et Spiritus sancti.' See J. Deshusses, *Le sacramentaire Grégorien* 3, 96, no. 3920.
3   i.e. by the Councils of Constance and Basel. See above, p. 74 and below, p. 123.
4   A reference to the fact that the formula of consecration in the Canon of the Mass was whispered rather than spoken aloud.
5   Adv: Latomus, *Defensio*, CCath 8, 43, l. 2–4.
6   Ap: *Canon missae*, CCL 160I, no. 6265a–c.
7   Ap: *Canon missae*, CCL 160I, no. 6265a–b.
8   i.e. 'liveliness and vivid illustration.' For ἐνεργεία see Aristotle, *Rhetorica* 3,10–11, Opera 2, 1410b, 1411b–1412a, and for ἐναργεία see Quintilian, *Institutio oratoria* 4, 2, 63–65 & 8, 3, 61–71, Loeb 125, 250 & v. 126, 374–380. The two terms were conflated in Agricola, *De inventione dialectica* 3, 3, Mundt, 448, l. 77. Cf. Latomus, *Epitome*, 101–102.

plene fidelibus in illis verbis Domini quae de pane protulit significantur et exponuntur, atque nomen Patris et nomen Spiritus sancti, significatur et exprimitur credentibus in *nomine Domini* nostri *Iesu Christi* [Act 2,38; 8,16; 10,48; 9,15]. Proinde nemo sensu pietatis donatus paris momenti habebit, in baptizando pro nomine Patris, et Filii, et Spiritus sancti, dicere, *in nomine Domini* nostri *Iesu Christi* [Act 2,38; 8,16; 10,48; 9,15], si caetera baptismi omnia, iuxta institutum Domini rite perficiat, et in administratione sacrae caenae, una cum vini symbolo, tam multa Domini verba prorsus intermittere, eaque | tam plena salutaris cum primis et efficacis significantiae, quae Dominus scilicet circa calicem usurpavit, et usurpanda nobis commendavit.

<Si baptizarunt Apostoli aliis verbis, quam Dominus praescripsit, dispensatio fuit ad ipsos solos pertinens> Sed fac esse, ut haec vestra caenae mutilatio aliquo modo conferri posset cum eo, si baptizando usurpetur nomen Christi pro nomine Patris, Filii et Spiritus sancti, tamen etiam scholastici vestri, et inter hos Thomas,[9] faciunt hanc ipsam formae Baptismatis mutationem, quam tu obiicis, singularis et tantum apostolicae dispensationis, quam non liceat alios imitari.

Sed ut dictum est, apostolos non esse usos forma verborum baptizandi, quam praescripsit Dominus, nec concludi potest ex verbis Lucae [Act 2,38; 8,16; 10,48; 9,15], nec est consentaneum pietati apostolorum, qui omnia ut a Domino mandatum acceperant, perficere maximopere studuerunt.

Deinde apostoli ut usi illa forma fuissent, de qua vos contenditis, tamen non dicetis eos formam a Domino praescriptam, ab ecclesiae usu prorsus removisse, multo minus fecisse haereticum hanc formam usurpare, ita ut vestri dispensationem calicis a sacra Domini caena, et submoverunt penitus, et usurpare eam haereseos condemnarunt.[10]

Vides itaque hinc, etiam si demus tibi apostolos in | forma verborum baptizandi aliquid mutasse <Nemo dicit uti verbis a Domino praescripti haereticum, ut nunc papistae repetere calicem> (quod tamen dari necesse non est, et pie non potest) tamen id nihil patrocinari tibi defendenti tantam caenae sacrae mutilationem. Primum enim haec vestra sacramenti truncatio constat non paucorum tantum nominum, et eorum aequipollentium mutatione, sed multorum, et quibus nulla idem significantia supponuntur, omnimoda

---

9   Ap: Thomas Aquinas, *Scriptum super Sententiis* 4, d. 3, q. 1, a. 2, qc. 2, ad 3, *Opera omnia* 1, 432; *Summa theologiae* 3, q. 66, a. 6, ad. 1, Caramello 3, 416. Aquinas argues that the present church could only change the dominical form of baptism if it were in receipt of a special revelation. On the scholastic discussion of this question, see DThC 2, 271–2.

10 i.e. by the Councils of Constance and Basel. See above, p. 74 and below, p. 123.

suppressione, ac symboli praeterea totius ablatione. Deinde vestri doctores ipsi, qui apostolos baptizandi formam contendunt mutasse,[11] docent id fuisse dispensationem, non legem, aut publicum institutum, et fuisse dispensationem solis apostolis concessam, tum brevi modo tempore usurpatam, quo etiam tempore a reliqua ecclesia nihilominus baptizatum fuit forma quam Christus praescripsit. Nemo enim vel veterum, vel recentium theologorum unquam hoc in ecclesiae potestate posuit mutare formam baptizandi a Domino praescriptam [cf. Mt 28,19], vel illam ipsam formam, qua scholastici existimant apostolos esse usos,[12] multo minus prohibere illa forma verborum uti, quam Dominus praescripsit, et tradere pro ea novam aliquam, sicut vestri institutum et praeceptum Domini de dispensando calice haereseos damnarunt, et prorsus novam sacramenti distribuendi | a nullis unquam sanctis patribus nedum apostolis tentatam invexerunt.   F1v; 42

Constat igitur te pro exemplo apostolico adduxisse, quod ex nulla potes vel sacra, vel alia probabili historia demonstrare esse factum ab apostolis, quodque cum pietate apostolorum plane pugnat, et ex quo, etiam si constaret factum esse, nequaquam tamen concludi possit, esse in manu ecclesiae ullam circa sacramenta facere mutationem, vel in verbis, vel in signis, praesertim quae mutatio vim legis accipere, et in publicum ecclesiae usum recipi possit.

Et admodum mirandum, unde tu nobis non vetus theologus,[13] audeas tale dogma proferre (quae externa et sensibilia sunt in sacramentis ea mutari ab ecclesia posse) cum non veteres tamen, sed et scholastici omnes, hoc indubitatum ἀξίωμα tradant: sacramenta ecclesiae a solo Christo ipso esse instituta, et ab ecclesia nihil de iis rebus, quae ad substantiam pertinent sacramentorum mutari posse.

---

11 See above, p. 96.
12 i.e. again, baptism in the name of Jesus.
13 Latomus mentions his lack of theological training on several occasions. Bucer also draws attention to his opponent's shortcomings in this regard. Latomus, however, sometimes uses his professed ignorance to ironic effect, asking, for example, why a poor layman should put more credence in Bucer than in Eck, or the church. See e.g. Latomus, *Responsio*, CCath 8, 4, l. 18, p. 21, l. 36–37; *Defensio*, CCath 8, 37, l. 37–p. 38, l. 9, p. 40, l. 21–23. Cf. Bucer, *Scripta duo*, 34–35.

Non esse praeceptum Domini ut omnes baptizandi antea doceamur. Caput XI.

Videamus iam et de mutato, ut opinaris, ordine eorum, quae ad baptismi administrationem requiruntur. Nam ita adducis illa Domini verba:[1] | <Matthei ultimo explicatur de docendo et baptizando> *Ite, et facite mihi discipulos omnes gentes, baptizantes eos in nomen*[2] *Patris, et Filii, et Spiritus sancti, docentes eos servare omnia, quae ego mandavi vobis* [Mt 28,19–20], tamquam Dominus his verbis eum ordinem in docendo et baptizando servare praecepisset, ut neminem liceat baptizare, nisi qui de religione et doctrina Christi sit antea institutus, in quo facis imprudens cum Catabaptistis.[3] <Latomus facit cum Catabaptistis> Praecipuum enim hi erroris sui, contra infantium baptisma argumentum, ex hac ipsa falsa loci istius interpretatione, et iniqua praecepti Domini extensione, adferunt: nimirum contendentes, infantes a nobis contra praeceptum Domini baptizari propterea quod non queant, antequam eis baptisma conferatur, quae Christi sunt doceri, ac proinde se hos non rebaptizare, sed tamquam nondum baptizatos primum iuxta mandatum Domini baptizare, cum religionem Christi iam fuerint edocti. Debes igitur et hinc agnoscere, Latome, te in certamen hoc non satis instructum descendisse.[4]

Verba haec, profecti igitur *facite discipulos omnes gentes, baptizantes eos*, etc. [Mt 28,19] Dominus de totis gentibus praecepit, non de hominibus singulis: Μαθητεύσατε πάντα τὰ ἔθνη. Deinde μαθητεύειν, quo verbo Dominus usus est, cum active usurpatur, ut id usurpavit Dominus | significat non docere simpliciter, sicut διδάσκειν {*corr.* didaskειn}, quod verbum Dominus post praeceptum de baptismate posuit [Mt 28,20], sed significat 'facere discipulos'. <Actorum xiiii [21]> In Actis enim cum Lucas de Paulo et Barnaba memorat, quod evangelion praedicassent Derbe, et fecerint illic multos discipulos, usus est hoc verbo: Καὶ μαθητεύσαντες ἱκανοὺς, id est: 'Cum fecissent non paucos discipulos.'

Iam homines bifariam discipuli Domini fiunt: adulti quidem non absque propria fidei professione, ubi edocti fuerint evangelion Christi; horum autem infantes baptismate. <Discipuli Christi fiunt homines etiam baptismate> Cum vero nulli homines, vel seipsos propria fidei professione, vel infantes suos per baptisma, velint Christo in disciplinam offerre et consecrare, nisi docti antea,

---

1 Adv: Latomus, *Defensio*, CCath 8, 43, l. 10–14.
2 Possibly on analogy with εἰς τὸ ὄνομα in the Greek NT. However, Bucer, *Enarrationes perpetuae in sacra quatuor evangelia* (1530), 200 uses 'in nomine.'
3 See e.g. Müller, ed., *Glaubenszeugnisse*, 238; Bucer, *Grund und Ursach*, BDS 1, 258; QGT 7, 99, l. 37, 168, l. 31–36.
4 Cf. above, p. 97, n. 13.

quid Christus sit, et quid cum ipsis, tum liberis ipsorum, conferat baptismate suo, tum cum totae gentes erant Christo adducendae, initium fieri necesse fuit a doctrina et praedicatione evangelii. Hinc Dominus, ut Marcus ultima [Mc 16,15] discipulis tradita praecepta refert, dixit: *Profecti in universum mundum, praedicate evangelion omni creaturae.*

Hoc vero qui vera fide receperint, et seipsos in disciplinam Domino consecrarint, indeque in hanc et baptismate initiati, docentur in ecclesia, quae praecepit | Dominus omnia. <Ex quibus scripturis docemur infantes nondum Christum doctos baptizare> Discunt et illud: Dominum praecepisse sibi et infantes credentium afferri, atque consecrari in discipulos, taliumque esse regnum Dei affirmasse [Mt 19,14; Mc 10,14; Lc 18,16]. Discunt se per Christum esse germanum semen, verosque filios Abrahae, adeoque participes omnium quae Abrahae factae sunt promissionum [Rm 9,8; Gal 3,6–9,15–18]. Quocirca et ad se pertinere non dubitant principem illam promissionem, Geneseos xvii [7]: *Ego constituam foedus meum inter te et me, et inter semen tuum post te, in generationibus suis, foedus perpetuum, ut sim tibi in Deum, et semini tuo post te.* Hinc itaque, qui docti sunt evangelion Christi certum habent, et liberos suos esse Domino sanctos, eumque velle et horum se Deum, id est, Servatorem, ac vitae aeternae Largitorem praestare, ac proinde pertinere et ipsos ad regnum Dei, id est, ecclesiam. Quae omnia, cum non sint nisi renatorum in Christo, et *regenerationis lavacrum* [Tit 3,5] sit baptisma, non dubitant et infantes suos Christo per baptisma regenerandos offerre, ac deinde quae mandavit Dominus omnia, suo tempore docere, ita ut apostoli ecclesiis hanc traditionem acceptam indubie a Domino,[5] et Spiritu sancto, reliquerunt. Quod ergo pii parentes in liberis suis ante susceptum baptisma praestare non possunt, id curant praestare cum illi adoleve-|erint, ut scilicet in religione Christi instituti, etiam cum propria fidei promissione Domino in disciplinam per impositionem manuum consecrentur.[6]

F3r; 45

F3v; 46

Dupliciter igitur hic offendisti, Latome. Primum quod praeceptum Domini datum de totis gentibus, tu contraxisti ad homines singulos. Gentes quidem a Christo adhuc alienae, in disciplinam Christi adduci non possunt, nisi praecedente doctrina. Singuli autem homines possunt, consecrati scilicet

---

5 In *Bericht auss der heyligen Geschrift*, BDS 5, 204, l. 10–14 Bucer cites the following as evidence for the apostolic origin of infant baptism: Origen, *Commentarii in epistulam ad Romanos* 5, 9, MPG 14, 1047B, Fontes Christiani 2.3, 164, l. 19–20; Augustine, *De Genesi ad literam* 10, 23, CSEL 28.1, 327, l. 1–6, MPL 34, 426; *De baptismo contra Donatistas* 4, 23, CSEL 51, 258, l. 24–25, MPL 43, 174; Cyprian, *Epistola* 63, 8, MPL 4 379A–380B; CCL 3C, 397, l. 107–p. 400, l. 140.

6 Cf. the discussion of the laying of hands in confirmation in Bucer, *Bestendige Verantwortung*, BDS 11.3, 199, l. 15–p. 200, l. 10.

Christo per sacramentum regenerationis, cum ad hoc Domino et ecclesiae eius a fidelibus fuerint oblati. Deinde impegisti {*corr.* impegisto} in eo, quod μαθητεύειν hoc loco pro 'docere' accipis.[7] <Acta xiv {*corr.* xvi} [21] > Cum significet facere discipulos, quod etiam sit baptismate, sine doctrina praeeunte, ad eum scilicet, qui sit baptizandus. Possum adiicere et tertium in quo lapsus es, quod ex ordine verborum in praecepto, concludere cum Catabaptistis voluisti, ordinem eorum, quae agenda praecipiuntur, quod non semper licet, sicut nec ex ordine verborum in narrationibus statuendum est de ordine factorum. Marcus scribit de Iohanne Baptista: *Erat Iohannes baptizans, et praedicans baptisma paenitentiae in remissionem peccatorum* [Mc 1,4], in quibus verbis baptisma doctrinae praepositum est, quanquam certum sit Iohannem ante docuisse, quam baptizasse.

F4r; 47 | Vides iam, Latome, sicut in priore tua obratiocinatione,[8] apostolis attribuisti factum contra praeceptum Domini, quod factum ab illis non est. Ita in hac te attulisse, tamquam praeceptum a Domino quod ecclesia mutarit, quod a Domino praeceptum non est. Ex neutro igitur loco concludere potuisti, ecclesiae concessum esse aliquid in sacramentis Domini immutare, de quo aliter praecipit Dominus.

---

7 In fact Latomus, *Defensio*, CCath 8, 43, l. 10–2 quotes Mt 28,19 in Latin and does not dicuss the Greek text.
8 See above, p. 94.

Praeceptum Domini de baptizando, impleri etiam perfundendo vel aspergendo. Caput XII.

Tertio loco urges verbum βαπτίζειν, quod mergere significat, et canonem obiicis veteris ecclesiae de trina mersione.[1] Posterius, ut ter mergantur, qui baptizandi sunt, quia non est praeceptum Domini, non est cur hoc loco adducas,[2] ubi scilicet inter nos disputatur, an ecclesiae concessum sit, mutare in sacramentis ea, quae Dominus praecepit. <Quid βαπτίζειν> Mergendi autem verbo Dominus usus est in praecepto de baptismate [Mt 28,19], et mergendo baptisma in populo veteri perficiebatur,[3] quanquam ob causam etiam primis ecclesiae temporibus mergi solebant, qui baptizabantur, siquidem id per corporis valetudinem ferre poterant, quo signo nimirum quasi sepeliri eos per baptisma in mortem Christi docebatur [cf. Rm 6,4; Col 2,12]. Verum | si defuisset mergendi in aqua commoditas, aut perferendae mersionis valetudo, perfusionis symbolo perfectum dari baptisma non dubitarunt, propterea quod ablutionis representatio nihilominus constaret.[4]

Et verbum ipsum βαπτίζειν constat usurpari ad significandum etiam quamlibet ablutionem, aspersionem, et tinctionem. Unde creditum est, tria illa hominum millia, quibus apostoli baptisma per os Petri persuaserunt, die quo Spiritum sanctum accepissent, aspersione aquae esse baptizatos, non mersione [Act 2,41].[5] <In quo vis baptismatis> Vis enim baptismatis est in ablutione peccatorum, quam Dominus aquae symbolo dare instituit, sed in verbo suo. Unde Paulus de ecclesia scripsit: Quam mundavit *lavacro aquae in verbo* [Eph 5,26]. Quocirca cum aqua signi loco adhibeatur in mysterio baptismatis, perinde est habendum, sive parum, sive multum aquae adhibeatur, et sive adhibeatur ea aspersione, sive perfusione, sive tinctione, modo aquae symbolum non desit, postquam Dominus nos statuit regenerare *ex aqua et spiritu* [Io 3,5]. Cum itaque verbum βαπτίζειν non tantum mergere, sed etiam quovis modo tingere, etiam aspergere et lavare significet, et vetus quoque ecclesia, cum homines aqua tantum aspergerentur, aut perfunderentur, sed in nomine

---

1 Ap and adv: Latomus, *Defensio*, CCath 8, 43, l. 14–29. Again, Latomus does not discuss the meaning of the NT Greek.
2 Ap and adv: Latomus, *Defensio*, CCath 8, 43, l. 31–p. 44, l. 2.
3 Bucer's treatment of Baptism in *Enarratio in Evangelium Ioannis*, BOL 2, 71 suggests that here he has in mind the ritual ablutions of the Old Testament. Cf. e.g. Lv 15,13, 17,15–16, 16,23–28. Cf. also Hb 9,10.
4 Cf. e.g. Cyprian, *Epistola* 69, 12, 3, CCL 3C, 488, l. 268–269. Listed as *Epistola* 76 in MPL 4 but not included there.
5 See e.g. Thomas Aquinas, *Scriptum super Sententiis* 4, d. 3, q. 1, a. 4, qc. 1 co *Opera omnia* 1, 434; *Summa theologiae* 3, q. 66, a. 7, resp, Caramello 3, 417.

G1r; 49 Patris, et Filii, et Spiritus sancti, iudi-|cavit praecepto Domini de baptizando satisfactum esse, idque ut creditur traditione et exemplo apostolorum,[6] neque ex isto loco probare potes, Latome, ecclesiam Christi sibi permisisse praecepta Domini in sacramentis mutare. Manetque verum, ecclesiam Dei, sicut in caeteris rebus et actionibus, ita etiam in dispensatione sacramentorum a verbis et praeceptis Domini ac sponsi sui non recedere.

Denique, quod vestri sacrifici dispensationem calicis a mensa Domini penitus removerunt, et haereticum fecerunt,[7] si quis ea utatur, id nec cum ista potest mutatione symboli baptismatis ullo modo conferri, quod illud scilicet adhibetur ab aliis in aquam mergendo, ab aliis aqua tantum perfundendo, ab aliis aquam aspergendo, idque apud alios semel, apud alios ter. Omnibus enim his modis aquae adhuc et ablutionis symbolum solidum exhibetur, id quod ad mysterium baptismatis abunde satisfacit. Vestri autem sacrificuli symbolum vini a mensa Domini prorsus sustulerunt. Non tantum modum mutarunt illud administrandi, ut si exhiberent vinum non quidem iusta potione, sed gustatione tantum, vel suctu, aut sorbitione, ut proximo ante remotam calicis
G1v; 50 dispensationem saeculo factum a nonnullis legimus, canna | argentea ad id comparata,[8] vel si infusum contrito pani, quem morem veterum aliqui introduxerunt, illud exhiberent. Quamcumque enim harum rationum dispensandi calicis tui sacrifici retinuissent, modum dispensandi mutassent, non autem symbolum totum sustulissent, una cum sacratissimis verbis, quibus Dominus symbolum hoc sanctificat, et sanguinem suum praebere instituit. Nunc autem sustulerunt tui sacrifici a mensa Domini omnem sanguinis Domini dispensationem, et signo, et verbis, et praeterea haereticum fecerunt illam repetere. Ergo nec ex hoc baptizandi vario ritu probasti, Latome, ecclesiam sibi aliquid permisisse mutare de his praeceptis Domini, quae de externis sacramentorum ceremoniis tradidit.

---

6 On Bucer's authorities for this claim, see above, p. 99, n. 5.
7 See above, p. 74 and below, p. 123.
8 See Braun, 247–265; Jungmann 2, 475–476; Smend, 17–22, 34, 36. Bucer may be referring to Beatus Rhenanus's preface to Tertullian, *De corona militaria* in Tertullian, *Opera* (1521), 411, 'Idem nuper reperit in primis Cartusiorum constitutionibus Chonradus Pellicanus... ubi prohibetur ne quicquam preciosorum possideat vasorum, praeter calicem argenteum et fistulam qua laici dominicum exhorbeant sanguinem.' Cf. *Florilegium patristicum*, BOL 3, 34–35 which refers to *Decretales Gregorii IX* 3, t. 41, c. 6, Friedberg 2, 636 on the pope receiving the consecrated wine from the chalice through a straw.

De tempore caenae dominicae. Caput XIII.

<De tempore celebratione eucharistiae nihil praeceptum> Multo minus argumenti, pro hoc tuo novo et omnibus saeculis damnato dogmate, in se habent illa, quae adduxisti de eucharistia, quod ecclesia scilicet illam administret mane, cum eam Dominus vesperi instituerit, et administret eam iis, quorum non ante pedes lavet, cum Dominus discipulis suis pedes ante laverit, quam sacramentum praeberet corporis et sanguinis sui.[1] Nam nec in hac mutatione ecclesia | aliquid de praeceptis Domini commovit, nullum enim vel de tempore caenam celebrandi, vel de pedibus admittendorum ad mensam Domini antea lavandis, praeceptum nobis a Domino traditum est. Iussit Dominus: Quoties hanc caenam celebramus, ut eam ad ipsius commemorationem celebremus [Lc 22,19; 1Cor 11,24–25]. <Cur antemeridianum tempus sacrae caenae deputatum>. Ad hanc cum certum sit, tempus illud quo ieiuni adhuc homines sunt, magis esse idoneum, ecclesia recte hoc sacrum celebrare instituit ante tempus prandii, cum et prandere solebat. Cum enim per totum diem servabat ieiunia, sub vesperam hoc sacramentum administrabat. Augustini tempore pleraeque ecclesiae in die anniversario sacrae caenae, ad insigniorem commemorationem institutae caenae dominicae eucharistiam etiam sumpta caena celebraverunt.[2]

Quod vero Dominus post cibum sacramentum hoc instituit, ideo fecisse creditur, ut post caenam legalem, quae vesperi sumenda erat [Exod 12,6,8; Dt 16,6], suam evangelicam nobis commendaret, et ut mysterii huius altitudinem eo quoque cordibus discipulorum penitus infigeret,[3] quod exhiberet illud ultimum, cum statim ad supplicium esset sese oblaturus. De his autem rationibus quicquid sit, illud inter omnes constat, Dominum de tempore, quo sacram caenam nos celebrare debemus, nihil praecepisse,[4] nullum igitur ecclesia in hac re praeceptum Domini potuit mutare.

---

1   Adv: Latomus, *Defensio* 2, CCath 8, 44, l. 9–18.
2   Ap: Augustine, *Epistola* 54 'ad inquisitiones Ianuarii, liber 1', 7 ('9' in CCL) MPL 33, 204; CCL 31, 233, l. 174–185.
3   Ap: e.g. Thomas Aquinas, *Summa theologiae* 3, q. 83, a. 2, ad 3, Caramello 3, 572–573.
4   Ap: e.g. Thomas Aquinas, *Summa theologiae* 3, q. 83, a. 2, co. & ad. 1–5, Caramello 3, 572–573 and Gabriel Biel, *Canonis expositio* 14, Oberman and Courtenay 1, 113–118, which gives a resumé of scholastic thought on the timing of Mass.

| De lotione pedum. Caput XIIII.

Sic etiam est de lotione pedum.[1] Quanquam enim et hac beneficium illud suum ablutionis a peccatis representarit, ut Petro ipse testatus est, dicendo: *Si non lavero te, non habebis partem mecum* [Io 13,8], tamen nobis hoc factum, non in hunc usum, sed ad commendandam nobis nostri submissionem, et inserviendi nobis invicem promptitudinem, ipse interpretatus est et commendavit: *Intelligitis,* inquit, *quid fecerim vobis? Vos vocatis me Magister et Dominus, et bene dicitis, sum enim. Si ergo ego lavi vestros pedes, Dominus et Magister, debetis et vos invicem lavare pedes. Exemplum enim dedi vobis, ut quemadmodum ego feci vobis, et vos faciatis.* [Io 13,13–15] <Quid Dominus lotione pedum fecerit et docuerit> En simpliciter lavandi pedes invicem exemplum et praeceptum nobis hic Dominus dedit, non etiam idem, ante sacrae caenae celebrationem facere praecipit.

Denique, ut ecclesiae nonnullae, etiam facto hoc praeceptum Domini docere consueverint,[2] tamen non dubium est, omnibus divinarum scripturarum vel mediocriter peritis, Dominum his verbis: *Debetis et vos invicem lavare pedes* [Io 13,14], non praecise lotionem pedum praecepisse (multominus pompam talem, qua vestri se praelati quotannis ostentant, aliquibus prius bene ab-|lutos, et odorata aqua perfusos, pedes lavando atque osculando[3]) sed hoc infimo quodammodo ministerio praecepisse eam, quam ipse nobis exhibuit caritatem, animi submissionem, inserviendique fratribus, et quidem ministeriis quamlibet humilibus, promptitudinem.

<Lavare pedes in scriptura significat infima praestare ministeria> In scripturis enim lavare pedes, pro praestare quaelibet infima ministeria usurpatur. Ad quae cum se Abigail offerret Davidi poscenti eam in uxorem, dicebat servis illius: *Ecce famula tua sit in ancillam, ut lavet pedes servorum domini mei* [1Sm 25,41]. Et Paulus i Timothaei v [10] de probatione viduae: *Si sanctorum pedes lavit.* Sed quicquid de signo hoc in se sit, id perspicuum est, non esse praeceptum a Domino, ut ad eucharistiam nemo, nisi cui loti ante pedes sint, admittatur. Nec igitur ex hoc loco quicquam potes concludere pro eo, quod ecclesia facta potestas sit, res externas mutare in sacramentis, de quibus Dominus praeceptum aliquod dedit.

---

1 Adv: Latomus, *Defensio*, CCath 8, 44, l. 13–6.
2 Probably adv: Latomus, *Defensio*, CCath 8, 156, l. 23–25, which cites Augustine, *Epistola* 55 'ad inquisitiones Ianuarii, liber 2', 18 ('33' in CCL), MPL 33, 220; CCL 31, 261–262, l. 702–713.
3 i.e. the washing of feet administered by a priest or bishop to members of the choir or clergy on Maundy Thursday. On the practices to which Bucer refers, see Reifenberg, *Sakramente* 1, 705–8.

<In Sermone de caena Domini> Novi quid divus Bernardus de sacramento lotionis pedum scripsit.[4] Verum sicut nihil de ea nobis a Domino mandatum est, ut peccata fratribus abluamus hoc symbolo, ita nec tale aliquid Bernardus urget.

Ex his itaque omnibus id iam planum factum est, te propositum illud tuum, ecclesiam mutasse praecepta | Domini in externis sacramentorum ceremoniis, paris momenti, cum dispensatione calicis, te ex his locis, quae pro hoc tuo novo dogmate probando adduxisti, nequaquam probasse, sicut nec ex aliis ullis probare potes. Adeoque iacet etiam quam intentasti propositionis nostrae reprehensio, qua ostendere voluisti, esse quaedam Domini praecepta, quae scilicet sunt de externis rebus in sacramentis, a quibus ecclesiam Christi liceat discedere, et stat nostra propositio immota, recedere a manifesto praecepto Dei, ecclesiae, ut ecclesia Dei est, tribui nullo modo posse, sed haberi hoc illi necessario *anathema* [cf. Gal 1,8].

G3v; 54
{corr. 43}

---

4   Ap: Bernard of Clairvaux, *In coena Domini sermo de baptismo, sacramento altaris, et ablutione pedum*, MPL 183, 271A–273C, esp. 273BC; Opera 5, 67–72. Not cited by Latomus.

Lapsus Latomi putantis non esse res observatu necessarias, quae non sunt ad salutem per se necessariae. Caput XV.

Lapsus praeterea et eo es, in hac ipsa tua tentata propositionis nostrae reprehensione. Cum mea recte commemorasses, quod credam nefas esse mutare quicquam de verbo evangelico, et vel apicem unum de institutis Christi detrahere, et recitasses loca scripturae [Dt 4,2; 23,32; 5,32–23] quibus hoc praecipitur, quibusque ego nitor,[1] ac deinde de duplici rerum genere, quibus sacramentorum institutio continetur, subiecisses, atque inde de praeceptis Domini concludere deberes, quae liceret mutare, de qua sola re versatur inter nos disputatio, tu conclusisti de ratione et instrumentis ad Dei percipienda beneficia non ne-|cessariis.[2] <Latomus cum de potestate mutandi praecepta Dei propositum sit, concludit de instrumentis Dei beneficia percipiendi non necessariis> 'In hoc,' inquis, 'duplici rerum genere, quorum alterum terrenum atque caducum, alterum divinum sempiternumque est, utrum eandem vim rationemque esse putabimus ad percipiendum divini beneficii fructum?'[3] At nihil de eo erat propositum, nec hoc inter nos disputatur, quae res ad percipiendum divini beneficii fructum sint necessariae, quae minus. In adultis siquidem sola fides, quod ad ipsos attinet, est per se, et semper necessaria. Sacramentorum enim usus ad hoc eatenus modo necessarius est, quatenus est a Domino praeceptus, et quatenus fidei necessario cohaeret, hoc est, dum adest huius rei opportunitas ea, quam Dominus verbo suo requirit, quae si deest, fide nihilominus Dei beneficia percipiuntur a credentibus et petentibus ea, habetque tum illud locum: 'Quid paras dentem et ventrem, crede et manducasti.'[4] At cum Dominus eam percipiendi sacramenta Domini commoditatem, quam ipse praescribit, largitur, tum qui sacramenta negligit, ut et supra diximus,[5] praecepta Domini negligit, et Dominum ipsum, eoque nec fidem habet, itaque re ipsa iis se donis ipse privat, quorum contemnit fide sumere sacramenta.

Sed inter nos non de necessariis, vel non necessariis percipiendi munera Dei instrumentis, sed de praeceptis Domini, et iis nominatim quae dedit de

---

1 Bucer is either speaking generally here or referring to his use of these or similar verses in the present work. *Scripta duo* does not use any of the verses quoted by Latomus, with the exception of two oblique allusions to Dt 4,2 and 12,32 on p. 146 and 153.
2 Adv: Latomus, *Defensio*, CCath 8, 42, l. 1–36.
3 Ap and adv: Latomus, *Defensio*, CCath 8, 42, l. 27–30.
4 Adv: Latomus, *Defensio*, CCath 8, 44, l. 27–28 > Augustine, *Tractatus in evangelium Ioannis* 25, 12, MPL 35, 1602, CCL 36, 254, l. 8–9; *Decretum Gratiani* 3, d. 2, c. 47, Friedberg 1, 1331; Peter Lombard, *Sententiae* 4, d. 9, MPL 192, 858; Spicilegium Bonaventurianum 5, 286.
5 See above, p. 90.

rebus exter-|nis in sacramentis propositum erat. De praeceptis igitur concludere debebas, non delabi ad ea quae ad percipiendum Dei beneficia, quae exhibet sacramentis, sunt necessaria vel secus. Nec enim ideo licet praeceptum Domini de his externis in sacramentis vel ullis aliis rebus transgredi, dum servandi ea Dominus potestatem facit, quia res illae ad salutem percipiendam per se non sunt necessariae, et quia Deus interdum sine his sua largiri dona dignatur. Nulla sane nostra bona opera sunt ad percipiendam vitam aeternam per se necessaria. Qui enim *in Christo* [1Th 4,16] moriuntur infantes sine ullis suis bonis operibus vitam aeternam percipiunt, et latro confessor perpauca bona opera habuit [Lc 23,43].[6] Nihilominus tamen, si quae Dominus praecipit bona opera negligas, in vitam ingredi non potes [cf. Mt 19,17], non quia haec opera per se ad salutem nostram sint necessaria, sed quod necessaria sit obedientia praeceptorum Dei, necessaria sit fides, cui adesse contemptus praeceptorum Dei non potest. Haec dicta sint pro confirmatione nostrae propositionis.

G4v; 56

---

6   Adv: Latomus, *Defensio*, CCath 8, 44, l. 23–24.

Assumptionis nostrae defensio, praeceptum Domini de calice dispensando pertinere ad omnes Christianos, et omni tempore. Caput XVI.

H1r; 57 | Assumptionem nostram – quae est, clarum esse praeceptum Domini, debere in mensa Domini et legitima eucharistiae celebratione dispensari praesentibus et probatis etiam sanguinem Domini sacramento calicis – huius[1] universitatem voluisti, Latome, infringere, contrahendo hoc praeceptum, primum ad certum genus hominum (sacerdotes scilicet) deinde ad certas ecclesias, et postremo ad definitum tempus. Nam obiicis primum eorum commentum, qui volunt praeceptum hoc de calice tantum ad sacerdotes, quales apostoli tum fuerint, pertinere, non etiam ad laicos, quorum nemo caenae Domini interfuerit.[2] Cumque veteris tibi ecclesiae auctoritas obiicitur, quae cum scriptura consentiens testatur, praeceptum Domini de dispensando calice sic intelligendum esse, ut ille etiam laicis dispensetur, dicis, quibusdam ecclesiis fuisse hanc consuetudinem, et certo tantum tempore, sed pridem ecclesiis maxima ex parte aliud esse visum, ac etiam decretum.[3]

<Nec sacerdotibus distribuunt calicem antichristi> Commentum vero illud de sacerdotio apostolorum miror cur iterum referre volueris, cum ne verbum quidem respondeas ad id, quo illud in priore mea responsione refutavi.[4] Satis enim aperte monui vobis hoc commentum nihil omnino patrocinari, cum

H1v; 58 vestri | sacrifici ne sacerdotibus quidem sanguinem Domini e mensa eius sacramento calicis dispensent. Deinde, si valeat haec consecutio – laicis non debere calicem Domini praeberi, quia Dominus eum non praebuit nisi apostolis, iam tum sacerdotibus – consequi, nec panem Domini laicis esse distribuendum, cum nec ipse sit nisi eisdem apostolis sacerdotibus a Domino administratus.

---

1 The syntax here is awkward. The original punctuation (colons, rather than the hyphens used above) suggests that *assumptionem* and *huius universitatem* stand in apposition as objects of *infringere*.
2 Latomus first advances this argument in *Responsio*, CCath 8, 5, l. 28–32. Bucer, *Scripta duo*, 41 dismisses it as unworthy of Latomus. However, Latomus, *Defensio*, CCath 8, 40 l. 16–30, p. 40, l. 9–18 returns to the question, pointing out that Eck and Bucer interpret scripture differently on this point, and asking whom he should believe.
3 Adv: Latomus, *Defensio*, CCath 8, 45, l. 14–p. 49, l. 35, especially ibid., 48, l. 7–13.
4 Ap: Bucer, *Scripta duo*, 41.

Latomi lapsus colligentis incertitudinem scripturae ex eo, quod multi illi non credunt et de ea varie iudicant. Caput XVII.

Sed scribis te his me: 'Locis magnopere urgere' nolle (quasi vero possis); eo autem pertinere orationem tuam, ut ostendas mihi 'non esse certa ea, in quibus' ego collocem 'firmamentum assertionis' meae.[1] Agnoscis tua verba, quae te rogo expendas coram Deo, quid habeant ponderis: scilicet, quia impurus Eccius,[2] quia antichristus Romanus, et cum hoc omnes ipsi mancipati praebendarum sacrilegiis sacrificuli et fascinati ab his etiam mille mundi, praecepto Dei, planis et apertis verbis tradito, quod ipse fateris, non acquiescunt, et contrarium affirmant, ac praecipiunt, ideo verbum ipsum Dei incertum et dubium esse dices? Universa Iudaeorum ecclesia contradice-|bat Domino Iesu et apostolis eius, ut et prophetis saepe ante contradixerat. Ideone non certae erant et indubitatae veritatis ea, quae Christus, apostoli et prophetae praedicaverunt?

Negas scripturam, ad quam te vocem: 'ita plenam confessamque esse, ut' tibi ex ea 'nodum hunc in quo' haeres, 'sine cunctatione dissolvere' possim.[3] Idem et Iudaeus et Turca responderet mihi confirmanti ex scripturis Dominum Iesum unum esse Servatorem nostrum verum Deum, verumque hominem. <Unde quod Latomo nec apertis quidem et claris scripturis persuaderi aliquid possit> Blasphemabisne igitur et tu non esse credendum mihi incerta ambiguis, obscura controversis probanti – id quod tu mihi hoc loco obiicis – quoniam et Iudaeus et Turca scripturas quibus probabo Dominum Christum et Deum esse, ambiguas et obscuras esse blasphemat? Neque sol potest caecos et lusciosos[4] oculos illuminare. Ergone dicemus obscurum esse solem, nec ullam ex se fundere lucem? Tu fateris ex littera, quam tibi obiicio, sensum certum ostendi,[5] et tu vero Domino et Servatori tuo, clare, diserteque tibi praecipienti de sacramentis suis, non vis credere. Addesne huic tuo peccato etiam illud, ut tu dicas, verba eius certa, et sanctis omnibus indubitata, esse ambigua, et controversa, propterea quod illis contradicunt Eccii, Pighii, Cochei, et caeteri

---

1 Ap and adv: Latomus, *Defensio*, CCath 8, 41, l. 25–28.
2 Latomus, *Defensio*, CCath 8, 40, l. 24–30 juxtaposes Bucer's views with those of Eck on a series of questions including *communio sub una specie*, the inerrancy of the church and its authority, and the authority of the pope and hierarchy. Latomus does not identify which works of Eck he is referring to, though Keil's notes in CCath 8, ibid. identify the appropriate passages in Eck's *Apologia* and *Replica*. For Eck's views on *communio sub una specie*, see Eck, *Apologia*, T1r–v; *Enchiridion* 10, CCath 34, 134–139.
3 Adv: Latomus, *Defensio*, CCath 8, 41, l. 29–30.
4 i.e. blinded by the dark
5 Adv: Latomus, *Defensio*, CCath 8, 41, l. 9–10. In fact: 'Sed scio: apertum hic sensum esse, ais.'

antichristi satellites,⁶ atque | antichristus ipse, huius creaturae omnes, quorum tibi quam Dei gratior est benignitas? Ipse te, Latome, quo haeres nodo,⁷ implicas, nec vis eo explicari, eumque dissolvi, immo solutum conaris adstringere. Sic certe animato tibi nihil prodest, quod ad scripturam Dei te vocamus, quam tu quantumvis apertam et planam, tamen antichristorum ausis et decretis vis posthabere.

Subiicis: 'Nam ut tibi plus auctoritatis quam omnibus adversariis tuis tribuam, neque aequum est, neque tu ipse, ut opinor tam impudens es, ut a me postulare velis.'⁸ Ego vero non postulo ut vel mihi credas, vel adversariis meis. Postulo ut credas Filio Dei, credas universae ecclesiae Dei, quae praeceptum hoc Domini, quod ipse agnoscis, nihil prorsus habere in se dubii, nihil obscuri, credidit supra mille annos. Sancti patres ubi manifestam habebant scripturam, nullis creaturis, ne angelis quidem *e caelo* [Gal 1,8], nedum hominibus auscultabant adferentibus contraria, quantumlibet illi pollerent eruditione et sanctimonia, et quantacumque freti essent assentientium multitudine. Sed de hac blasphemia in sacratissimam scripturam Dei, quod sit tam obscura, incerta, ambigua, ut nihil ex ea certi, quamlibet plane et diserte nobis loquatur, discere | possimus, nisi id certum faciant ii, qui se episcopos et ecclesiarum vocant moderatores, in loco de ecclesia dicemus plura.⁹

---

6 On the works Bucer may have in mind see Schlüter, especially nos. 6, 18, 32, 105, 141. Latomus, *Defensio*, CCath 8, 39, l. 35–p. 40, l. 9, p. 111, l. 33–p. 112, l. 12 insisted that he had not read Eck or Pighius, and he does not cite Cochlaeus, though this probably did not preclude indirect familiarity with their arguments. See above, p. 13.
7 Adv: Latomus, *Defensio*, CCath 8, 41, l. 29–30.
8 Ap and adv: Latomus, *Defensio*, CCath 8, 41, l. 32–34.
9 See below, book 1, chapters 19–23.

Quam nuper sublata sit calicis dispensatio. Caput XVIII.

Porro, cum hoc loco urgeris, non solum clarissimo et prorsus indubitato Dei praecepto, sed etiam ecclesiae universae (quae hoc Domini praeceptum ultra mille annos, optimis scilicet suis temporibus, religiose observavit) auctoritate, eo confugis ut dicas, ecclesiam autem post hos mille annos definivisse, ut sacerdotes caenam Domini celebrantes, ipsi quidem calicem etiam cum pane sumant, sed non referre de aliis, sub una vel altera specie hoc sacramentum sumant.[1] Ad haec, primum te rogo, Latome, ut hanc nobis ecclesiae definitionem proferas, et dicas, quo in concilio illa sit facta. <Decreta concilii Constantiensis et Basiliensis non potest adscribi ecclesiae Christi> Si concilium Constantiense et Basiliense allegas,[2] rogo cogites horum ne conciliorum possit esse auctoritas tanta, ut praeferri ea debeat auctoritati universae ecclesiae, quam late orbis patet, et quae fuit iam inde ab apostolis, atque hoc Domini praeceptum de calice eius dispensando observavit tam religiose, ultra annos mille, melioribus, scilicet suis temporibus? Et si consuetudinem obiicias, quae ante tempora ho-|rum conciliorum obtinuerit,[3] certum tamen est, hanc per orientis et Aethiopum ecclesias nec hodie receptam esse,[4] <Ante annos trecentos nondum sublata erat ubique, nec in occidentalibus ecclesiis dispensatio calicis> sed nec per occidentis ecclesias omnes obtinuisse adhuc ante annos hinc trecentos. Nam Thomae Aquinatis tempore, qui scripsit circa annum Domini cxxvii[5] adhuc in quibusdam tantum ecclesiis illa sacramenti truncatio coeperat, ut hic ipse testatur Summae suae parte iii, q. lxxx, articulo xii.[6]

---

1 Adv: Latomus, *Defensio, passim*, but especially CCath 8, 40, l. 11–16.
2 Adv: Latomus, *Responsio*, CCath 8, 6, l. 8–p. 8, l. 2, *Defensio*, CCath 8, 47, l. 3, p. 53, l. 1–2.
3 Adv: Latomus, *Defensio*, CCath 8, 52, l. 41–53, l. 3.
4 Bucer refers to the practice of the Ethiopian church several times below, p. 120, 125, 136, 252. According to Marcel Bataillon, 'Le Cosmopolitanisme de Damião de Góis,' 191 Bucer met in Strasbourg with Damião de Góis (1502–1574) a Portuguese humanist with Evangelical sympathies, who published two collections of primary texts relating to diplomatic negotiations between Ethiopia and Portugal: *Legatio magni Indorum imperatoris Presbyteri Ioannis* (1532) and *Fides, religio, moresque Aethiopum* (1540) published again in Paris by Christian Wechel in 1541. On *communio sub utraque specie*, see de Góis, *Fides, religio, moresque Aethiopum*, K2v. For Góis, see CE 2, 113–117.
5 Thomas Aquinas began work on the *Summa theologiae* in c1265, and when he died in 1274 it remained incomplete. It is difficult to see how this is related to the number 'cxxvii', unless Bucer's ms. of *De vera et falsa* used the arabic numerals 127[...], in which case we may have the beginning of an appropriate date.
6 Ap: Thomas Aquinas, *Summa theologiae* 3, q. 80, a. 12, co, Caramello 3, 557.

De potestate ecclesiae in scripturam Dei. Caput XIX.

Contendes autem ecclesiam habere omnibus temporibus aequam potestatem, et potestatem litterae in praeceptis Dei etiam certum sensum ostendentis, moderandae et exponendae.¹ Quid? Etiam moderandae? Ac ita moderandae, ut prohibeat atque haereseos damnet id quod littera Domini clare praecipitur? Puto te non maiorem conciliis, quam papae tribuere in his potestatem.² <xxv, quaestio i, Sunt quidem> At Urbanus papa scripsit: 'Ubi [...] aperte Dominus vel eius apostoli, et eos sequentes sancti patres sententialiter aliquid definierunt, ibi non novam legem' Romanum pontificem 'dare, sed potius quod praedicatum est, usque ad animam et sanguinem confirmare,' debere. 'Si enim quod docuerunt apostoli et prophetae, destruere (quod absit) niteretur, non sentent-|tiam dare, sed magis errare convinceretur.'³ Haec ille. Et quid esset aliud vel concilio vel papae Romano eam tribuere potestatem, ut, quod Dominus diserte et clare instituit, et servare praecepit, concilium, vel pontifex nova et contraria lege possit destruere, prohibere, et haereticum esse decernere, quam concilium et pontificem anteponere Christo, hoc est, facere eos antichristos?

<Tertullianus De praescriptionibus: Qui evangelio credit, is credit nihil sibi ultra illud credendum esse> Piis hominibus certum est quod Tertullianus scripsit: 'Nobis curiositate opus non est post Christum Iesum, nec inquisitione post evangelium. Cum credimus, nihil desideramus ultra credere. Hoc enim prius credimus, non esse quod ultra credere debemus.'⁴ Item: 'Nobis vero nihil ex nostro arbitrio indulgere licet, sed nec eligere quod aliquis de arbitrio suo induxerit. Apostolos Domini habemus auctores, qui nec ipsi quicquam ex suo arbitrio, quod inducerent, elegerunt, sed acceptam a Christo disciplinam fideliter nationibus adsignaverunt. Itaque: *Etiam si angelus de caelo aliter*

---

1 Ap and adv e.g.: Latomus, *Defensio*, CCath 8, 47, l. 31–p. 48, l. 29, though this is a précis of Latomus' argument rather than the citation of a particular passage.

2 Bucer is mistaken in this surmise. Latomus claims repeatedly that the highest authority in the church resides in a general council. See *Defensio*, CCath 8, 126, l. 33–37, p. 130, l. 9–16, p. 134, l. 10–2, l. 35–40. However, he does this in the fourth chapter of the *Defensio*, 'On the authority of the church,' rather than in the second section which deals with the Eucharist. Strangely Bucer, *De concilio*, BDS 15, 177, l. 24 recognises that, 'Latomus tamen subiicit Concilio generali Pont. Romanum.'

3 Ap: *Decretum Gratiani* 2, c. 25, q. 1, c. 6, Friedberg 1, 1008. Here Bucer renders direct speech as *oratio obliqua*. According to Friedberg ibid., n. 57, 'non est inter epistolas Urbani neque I., neque II.'

4 Ap: Tertullian, *De praescriptionibus adversus haereticos* 7, MPL 2, 20B–21A; CCL 1, 193, l. 37–40.

evangelizaret, anathema [Gal 1,8] diceretur a nobis.'[5] Et Adversus Praxeam: 'Quo peraeque adversus universas haereses iam hinc praeiudicatum sit: id esse verum, quodcumque primum; id esse adulterum, quodcumque posterius.'[6]

Iam verba pensitemus apostoli scripta Corinthiis: | Quod *enim accepi a Domino*, inquit, *tradidi vobis* [1Cor 11,23], et hic repetitio instituta Domini, ut panis, ita et calicis dispensationem, tradidit. Hoc nec ipse clarum, certumque esse negas.[7] Si ergo nobis nihil ex nostro arbitrio indulgere, nec eligere debemus, quod aliquis de suo arbitrio induxerit, immo adulterinum et *anathema* [Gal 1,8] habere et scire quicquid post Domini et apostolicam traditionem invectum, et aliter quam ipsi tradiderunt, evangelizatum fuerit, etiam si id auderet *angelus de caelo* [Gal 1,8], nedum imperiti et superstitiosi sacrificuli, aut pontifices antichristi, aut concilia ex antichristis coacta, vides ecclesiae hanc sacramenti inferre truncationem nullo prorsus tempore licere potuisse, eoque nullam etiam ecclesiam, ut Christi ecclesiam, eam intulisse, etiamsi in multis adeo ecclesiis illa obtinuit, in quibus fuerunt, et sunt hodie multi filii et electi Dei, qui per ignorantiam hac etiam nunc truncatione utuntur.

---

5 Ap: Tertullian, *De praescriptionibus adversus haereticos* 6, MPL 2, 18B; CCL 1, 191, l. 15–7.
6 Ap: Tertullian, *Adversus Praxeam* 2, MPL2, 157A-B; CCL 2, 1160, l. 20–2.
7 Adv: Latomus, *Defensio*, CCath 8, 40, l. 23–34.

Praeceptum Domini de dispensando calice, et omnibus ecclesiis, et omni tempore observandum. Caput XX.

<Diiii, pagina ii> Scribis tu quidem: 'Quae in epistola ad Corinthios scripta sunt, pertinere tantum ad ecclesiae illius et temporum consuetudinem,'[1] non etiam ad | nostras ecclesias, et nostra tempora. Sed huius commenti tui nullam nec rationem, nec auctoritatem adfers, nec adferre quidem potes. Nec enim ullum potest tempus esse, quo creaturae liceat praecepta mutare Creatoris. Praeceptum autem Domini de usu integri sacramenti diserte sancitum est, ut sic observetur ab omnibus ecclesiis, dum Dominus ipse redeat ad iudicium. Clarum enim verbum est: *Quotiescumque ederitis panem hunc, et biberitis poculum hoc, mortem Domini adnuntiatis, donec veniat* [1Cor 11,26] Proinde nullam potes citare ecclesiam, quae illam vestram sacramenti huius mutilationem admiserit, usque ad corruptissima illa antichristorum tempora, qui ecclesias ubique gentium, quod in ipsis fuit, ex sede sua Romana, vastarunt.

---

1 Ap and adv: Latomus, *Defensio*, CCath 8, l. 18–20.

Quae sit illa Latomi ecclesia, cui debemus sublatam calicis dispensationem. Caput XXI.

Rogo vero te, Latome, dispicias, quaenam illa sit ecclesia, cui hanc sacramenti divinissimi diminutionem ascribas. Vide ex quibus hanc hominibus confles. Laicos certe (non maiorem tantum, sed etiam multis iam saeculis meliorem ecclesiae partem) ab omni rerum ecclesiasticarum iudicio submovetis. Sed nec clericis, immo nec episcopis quibuslibet illud | permittitis, solis Romanis pontificibus iudicium hoc addicitis. Quanquam enim tu, et non multi alii tuae partis defensores, etiam conciliis potestatem iudicandi de religione faciatis, ipsa tamen concilia pontificibus Romanis obstringitis, et indicenda, et gubernanda.[1] Iam toto eo tempore, quo recepta est ista sacramenti truncatio, et tenuerunt Romanam sedem, et concilia gubernarunt, eiusmodi pontifices, qui fere omnes manifesti antichristi fuerunt, et in Spiritum sanctum blasphemi. <Qui antichristi> Antichristi enim sunt, ut post Iohannem apostolum [cf. 1Io 2,18; 2,22; 4,3; 2Io 1,7] omnes patres hoc nomine usi sunt,[2] qui contra ea quae Christus aperte praecepit sub obtentu nominis Christi, et ipsi scienter faciunt, et facere alios permittunt, docent et praecipiunt, et blasphemantes Spiritum sanctum [cf. Mt 12,31–32; Mc 3,29; Lc, 12,10] qui contra canones ecclesiae libenter vel ipsi agunt et loquuntur, vel facere volentibus sponte consentiunt. <Genus blasphemantium Spiritum sanctum> Qualem praesumptionem Damasus Papa ait esse manifeste unum genus blasphemantium Spiritum sanctum.[3]

Negare autem non potes pontifices Romanos, et aliquamdiu ante illud tempus quo obrepsit haec sacramenti dimidiatio, et postea, indies deploratius sub nomine Christi innumera facinora contra aperta praecepta Christi, item contra canones, et eos canones qui sunt iuris divini, cum admisisse ipsos, tum aliis ut

---

1 Bucer seems to conflate Latomus' conciliarism with Pighius' defence of papal infallibility (ap: e.g. Pighius, *Hierarchiae assertio* 4, c. 8, 129v–136v; *Controversiarum explicatio* 3, 79r–v) in the belief that Pighius has influenced Latomus. See also above, p. 112, n. 2. Latomus, *Defensio*, CCath 8, 137, l. 4–p. 155, l. 38 defends papal primacy as the principle of unity in the church, accords it the highest jurisdiction within the hierarchy of bishops, and treats the indefectibility of the Roman see as an historical fact. However, he insists that: 'Summa totius ecclesiae authoritas est in conciliis oecumenicis,' ibid., 134, l. 35–36.
2 Cf. Bucer, *Florilegium patristicum*, BOL 3, 81 which cites Cyprian's application of 'antichrist' to Novatian, Cyprian, *Epistola* 69, 2 ('69, 1' in CSEL), CSEL 3.2, 750, l. 3–13; CCL 3C, 470, l. 13–p. 471, l. 28.
3 i.e. Damasus I (r. 366–384) ap: *Decretum Gratiani* 2, c. 25, q. 1, c. 5, Friedberg 1, 1008 > *Epistola Damasi ad Aurelium Carthaginensem episcopum* (inter *opera apocrypha Damasi*), MPL 13, 414B–C.

admitte-|rent, non solum indulsisse, sed plerosque eorum etiam praecepisse, atque extremis poenis exegisse.

Quod ut de perversitate doctrinae et ceremoniarum velis infitiari, de quo tamen ipso nimium manifesti sunt, non potes tamen id negare de admissa ab ipsis pontificibus et aliis indulta sacerdotibus omnimoda desertione ministerii docendi ecclesias, et animas Christi sanguine redemptas curandi, de horribili simonia, de saecularium rerum cura, ac turpi, noxiaque occupatione, de concessis et comprobatis cumulatorum sacerdotiorum sacrilegiis, de indicta denique, atque extorta episcopis tantae, tamque multifariae impietatis impunitate. Atque his tam importunis sceleribus et flagitiis, sicut praecepta Christi, ita et veros ecclesiae canones pontificum Romanorum, tot iam saeculis perfringunt et conculcant, eoque ecclesias tam horribilem in modum vastarunt et vastant, contemptis interim – ac etiam vinculis et caede repressis – piis gemitibus et clamoribus, quibus illos multi religiosi viri omnibus saeculis, a tam immani praeceptorum Dei et canonum profligatione et ecclesiarum vastatione revocare conati sunt.

Cum igitur pontifices vestri, cum qui receperunt, tum qui defenderunt, et defendunt hodie vestram sacramenti truncationem, se a tam horrenda omnis disciplinae | ecclesiasticae conculcatione, manifestoque cunctarum Dei et sanctorum patrum legum contemptu, et abolitione revocari per nullam quamlibet doctrina et pietate praestantium virorum admonitionem, per nullam omnium piorum accusationem et vociferationem ad eos tam multis iam saeculis factam, passi non sint, nec hodie patiantur, sed haec mala horribilem in modum perpetuo augent, confirmant, defendunt, ac ne corrigi ea possint, sive per episcopos, sive per pios reges, sive denique per ipsa concilia, omnem omnium horum potestatem oppressam, et suae libidini addictam tenent, atque ne episcopi, ne reges, ne concilia potestatem suam ad reformationem ecclesiarum aliquando vindicent (excitati per eos, qui leges Dei et ecclesiae rursus in lucem verbis et scriptis proferunt) modis omnibus cavent, denique eos, qui et ipsos pontifices, et principes atque populos Christiani nominis de officio suo ecclesiis hac in re praestando admonent, curant ut {*suppl.*} ubicumque deprehendantur, ferro et igni tolli. Constat sane (nec infitiari id quisquam potest) eam ecclesiam (cui et receptam et defensam debemus hanc sacramenti dimidiationem, institutique Christi abolitionem, haereseos condemnationem eorum quicumque illud repetunt) nihil esse aliud, quam successionem et colluviem eorum | pontificum et praelatorum, qui iam multis centenis annis in manifesta adversus Christum rebellione, praeceptorum Christi, et canonum ecclesiae conculcatione, in ipsa scilicet manifesti antichristianismi professione, obstinate perseverant, eoque indubitati sunt antichristi [cf. 1Io 2,18; 2,22; 4,3; 2Io 1,7], et Spiritus sancti blasphematores [cf. Mt 12,31–32; Mc 3,29;

Lc, 12,10]. Haec illa tua, Latome, ecclesia est, cui sublati calicis dominici sacrilegium acceptum ferimus, horum tu factum et iussum de hac vestra sacramenti mutilatione, vis haberi factum, iussumque ecclesiae Christi, quae non constat nisi ex membris et veris discipulis Christi, qui verbo Dei ex quo renati [cf. 1Pt 1,23] inhaerent, vivuntque studio summo? Vide quo te a vero et omnium sanctorum sensu ipse abducas, dum ut praesentem statum tuorum praelatorum, et sacrificulorum defendas, defendendas suscepisti manifestas illas abominationes, religionisque nostrae perversiones, quibus status ille comparatus est, et sustinetur.

Verum hic iterum et te, Latome, et quemlibet horum lectorem, admoneo, ne ea, quae hic rursus, et ex verbo Dei, et ex canonibus dixi in pontifices et praelatos antichristos, detorqueatis in ullum praelatum,[4] qui non cum manifesto, tum omnino obstinate in iis vitiis et flagitiis perseveraverit aut perseverat, quae et | scriptura Dei et canones faciunt antichristorum propria. Illos enim quibus commemorata antichristorum facinora displicuerunt, aut hodie displicent, utcumque Babylonicis illis vinculis [cf. e.g. 2Par 36,6] fuerint obstricti, aut sint hodie, a misericordia Dei absit ut alienos fuisse, aut esse iudicem.

---

4   Adv: e.g. Latomus, *Defensio*, CCath 8, 114, l. 9–12, l. 34–p. 115, l. 18.

Quid potestatis episcopalis retineant episcopi perversi. Caput XXII.

Sed contendis hos vestros episcopos, et pontifices, etiam si constet esse antichristos [cf. 1Io 2,18; 2,22; 4,3; 2Io 1,7], et Spiritus sancti blasphematores [cf. Mt 12,31–32; Mc 3,29; Lc, 12,10], dum tamen episcopi et pontifices sunt, nihilominus istam habere potestatem moderandorum praeceptorum Dei, ut ea etiam contrariis praeceptis evertant, ordinis enim et muneris illam esse, non personarum, facultatem.¹ Est quidem, Latome, explicandi praecepta Dei (non moderandi tamen) potestas ordinis et ministerii, at vide cuius ordinis, cuius ministerii, et a quo constituti. <Ordinem et ministerium Christi iactant, qui in ordine sunt, et ministerium Antichristi gerunt> Qui per simoniam, et alias diaboli fraudes, nomen, dignitatem, opes, et potestatem ecclesiarum invadunt, et hoc freti nomine, hac dignitate, his opibus, ista potestate, verbum Dei opprimunt, sacramenta pervertunt, suae libidini et tyrannidi populum Dei addicunt, qua scilicet ratione pontifices Romani et caeteri praelati Romanam disciplinam sequentes con-|sueverunt loca invadere munerum ecclesiasticorum, et in illis contra Christum grassari, hi in ordine sunt, et ministerium gerunt quidem, sed antichristi, non Christi. Evertendae igitur legis divinae non interpretandi habent potestatem, uti et maiores eorum falsi sacerdotes, pseudoprophetae [cf. e.g. Mt 24,24; Mc 13,22], et pseudoapostoli [2Cor 11,13]. Haec ad locum quidem pertinent, in quo disserendum est de ecclesia, et ecclesiae ordine atque potestate, tamen cum sine his, tuae falsae reprehensiones, et quibus tuam tui paralogismi² opinionem tueri niteris, excuti et dissolvi non plane possint, et hoc loco attingi illa necesse est. Sic enim tu colligis.

---

1 See Latomus, *Defensio*, CCath 8, 47, l. 31–p. 48, l. 29, p. 119, l. 31–34, 124, l. 11–20. Again, a précis of Latomus' argument rather than an exact citation.
2 i.e. a fallacious argument. Bucer itemises the 'paralogisms' of Latomus below, beginning at p. 119, and uses this term elsewhere in his attacks on Latomus. See e.g. BDS 11.2, 263.

Paralogismi Latomi, quibus ecclesiae attribuere conatur sublatam dispensationem calicis et eorum confutatio. Caput XXIII.

<Paralogismus Latomi> Calicem e mensa Domini non dispensari obtinuit per quam plurimas ecclesias aliquamdiu, et est confirmatum per duo concilia, ergo obtinuit auctoritate et iussu ecclesiae, potestateque ordinis et sacri ministerii, igitur et iudicio atque Spiritus sancti sanctione, atque haereseos sese obligant, quicumque observare detrectant.[1]

<Prima Latomi obratiocinatio> Horum omnium paralogismorum unicum fundamentum tibi istud est: proceres ecclesiae tuae, Romanos pontifices, et episcopos huic addictos, quantumvis | sint flagitiosi et impii, tamen dum hunc tenent locum, et haec nomina, quicquid in rebus ecclesiasticis vel usurpant vel statuunt, etiam si id omnino contra expressa praecepta Dei in scripturis nobis prodita esse constet, usurpare tamen illud ac statuere nomine ecclesiae, et ideo ex Spiritu sancto, eoque nec errare eos nec labi in his posse, ut firma scilicet perstet ecclesiae promissio, de Spiritu sancto, eam *in omnem veritatem* introducturo [Io 16,13], et perstet certa religionis constitutio.

<A pagina centesima xxxvi usque in paginam clv, rursus in folio argumenti ii et iii, et pagina clxxix {*corr.* cxxix} usque in paginam cxcviii>[2] Hunc paralogismum accidentis[3] in mea priore responsione evidentissime confutavi, auctoritate scripturarum, sanctorum patrum, et sensus communis omnium piorum, ac demonstravi contingere, ut ecclesiae etiam verae usurpent diu, et concilia magno consensu statuant, quae tamen proba non sunt. Esse quidem ex Spiritu sancto, et indubie vera atque salutaria quaecumque sunt ordinis et ministerii ecclesiastici a Domino instituti, sed plerosque hunc ordinem et hoc ministerium prae se ferre impie, qui in ordine sunt et ministerio Antichristi. Christum sui ministerii ordinem et vim nequaquam alligasse sacrilegis, vel actionibus vel initiationibus eorum qui eligere illos, et initiare solent, qui vocantur pontifices Romani, et aliarum ecclesiarum episcopi. Ad hos pertinere illud: *Maledicam | benedictionibus vestris* [Mal 2,2]. Esse apostolos, esse prophetas, esse episcopos

---

1 Adv: Latomus, *Responsio*, CCath 8, 6, l. 1–18; *Defensio, passim*.
2 Ap: Bucer, *Scripta duo*, 136–155, 179–198. Bucer refutes Latomus' second and third arguments on the authority of the church on p. 179–198, and since the original page reference '129–198' overlaps with the previous one, there seems to be a double reference here with 'cxxix' as a misprint for 'clxxix' on which page the refutation of the second argument begins.
3 i.e. the 'fallacy of accident' whereby Latomus argues: A. Christ has promised the Holy Spirit to the apostles; B. the bishops are the apostles' successors; C. the decisions of the bishops are therefore inspired by the Spirit. Bucer contests premise B. See Bucer, *Scripta duo*, 198 & Aristotle, *De sophisticis elenchis* 5, Opera 1, 166b.

veros, esse etiam apostolos, prophetas et episcopos falsos, Dominum ipsum praedixisse venturos, qui etiam ipsius nomen sibi sumerent, et Christos esse se iactarent, et iussisse hos a fructibus, et maxime doctrinae, ac iudiciorum de religione, cognoscere, et vitare, non audire [Mt 7,15–16; 24,23–24; Mc 13,21–22]

Vides igitur, si tua debeat constare argumentatio, oportere ut ante omnia istud tuum ἀξίωμα comprobes. <Summum Latomi firmamentum: quicquid ii qui habentur episcopi et pontifices statuunt, etiam contra aperta Christi verba, id esse ex Spiritu sancto> Quicquid sacrifici tui semel usurpare coeperint, qua temeritate, qua superstitione, si in eo aliquot saeculis, et per multas ecclesias persisterint, quacumque id eveniat hominum, qui Christi nomen et ministerium iactant, supinitate, qua impietate, id etiam si manifeste pugnet cum littera verbi Dei, tamen oportere esse profectum a Spiritu sancto, et esse salutare ecclesiis, maxime si id etiam confirmatum fuerit per pontifices Romanos, et concilia, quamlibet etiam hi importunis simoniis, idololatriis, caeterisque sceleribus et flagitiis omnibus contaminati, et oppressi sint.

Etenim agnoscis, et cogeris agnoscere, institutum et praeceptum Domini de dispensando calice, esse proditum nobis disertis, clarisque verbis Domini, quae nihil omnino in se habeant ambiguitatis, nihil obscuri-|tatis. Nec infitiari potes, quemadmodum divus Paulus hoc institutum et praeceptum a Domino Corinthiis tradidit [1Cor 11,23–29], ut omnibus praesentibus mensae Domini, omnibus qui essent *panis unus*, et *corpus unum* Domini [1Cor 10,17], aeque laicis atque clericis dispensaretur, ita illud et caeteris ecclesiis per universum orbem traditum esse ab hoc, et reliquis apostolis, sicque illud etiam religiose ecclesias observasse omnes ultra annos mille ducentos, usque ad illud scilicet calamitosissimum tempus, quo Romanam sedem, et plerasque occidentis omnes ecclesias occupavit, tenuitque et tenet violentissime Antichristus, et observare illud adhuc cunctas orientis, et Aethiopum ecclesias. Tamen, quia hoc institutum et praeceptum Dei, quanquam certissima traditione nobis a Domino et apostolis commendatum, in ecclesiis tyrannide Romani Antichristi oppressis semel est reiectum, eaque reiectio aliquot iam saeculis obtinuit, et est binis confirmata conciliabulis antichristianis,[4] tu audes nos iubere quamlibet apertum praeceptum Domini vobiscum reiicere, et prae ipso unico nostro Magistro et Servatore audire et sequi tam indubitatos antichristos, ut ipsi se ex omni sua et vita et muneris ecclesiastici functione manifestos faciunt.

Considera igitur tandem, Latome, et agnosce quo te, et eos qui te audiunt, abducas, quibusque hominum | portentis, quibusque pestibus ecclesiam Dei, quod ad te attinet, addicas, quo denique scripturam Dei, sapientiam vivificam, verbum *vitae aeternae* [cf. Io 6,69] proiicias. <Latomus iubet vocem Christi

---

4 i.e. Constance and Basel.

contemnere, antichristi sequi, Iohannis x [2–5]> Christus Dominus noster oves suas, quas sanguine suo sibi redemit [cf. Act 20,28], iubet vocem suam sequi, alienorum fugere [Io 10,1–18]; tu non simpliciter alienorum, sed acerrimorum hostium Christi vocem sequi illas iubes, voce Christi repudiata, quantumvis clara, si tantum alieni illi, et Christi hostes vocentur episcopi, et sedes occupent episcopales, etiam si id faciant manifesta vi antichristiana, et invaserint eas confessae ambitu simoniae.

<Iohannis v [39]> Dominus iubet: Scrutari scripturas. <Actorum xvii [2,11]> Laudat eos qui etiam apostolorum suorum, et inter hos praestantissimorum Barnabae[5] et Pauli praedicationem ad has excusserunt, et diiudicarunt, <Psalmo i [2]> et *beatum* praedicat, qui in lege sua meditatur *die ac nocte*. <Psalmo cxix [5–6 et *passim*]> Promittit enim nullo lapsu aut errore iri pudefactum, qui respexerit ad omnia praecepta sua. Te autem, si audiemus, Latome, scripturam et legem Dei quanquam perspicuam et certam, tamen non sequemur, et Deum nostrum in illa nobis praecipientem non audiemus, si ii qui vocantur episcopi, et concilia, diversum iubeant, etiamsi isti sunt manifestissimi antichristianismi convicti in vita, in doctrina, et in ecclesiarum non dico administratione, sed manifesta vexatione et eversione.

| Quin igitur abiicimus, Latome, scripturam, et probamus illum antichristi furorem per multas, proh dolor, nationes hodie grassantem, ut capitale faciamus habere et legere sacra biblia. Alcoranum autem aliquem, vel Lovaniensem, vel Parisiensem,[6] ne dicam his importuniorem, amplectamur, et

K2v; 76

---

5 In fact Act 17 refers to Paul and *Silas*. Paul and Barnabas had already parted company. See Act 15,36–41.

6 i.e. the articles of faith promulgated by the Faculties of Theology at Paris and Louvain in 1543 and 1544 respectively. For published versions see University of Paris, *Catalogus librorum... eiusdem facultatis theologiae Parisiensis articuli xxvi...* (1545) and University of Louvain, *Articuli orthodoxam religionem, sanctamque fidem nostram respicientes* (1545), Schlüter, no. 174. An edition of an earlier and longer version of the 1544 Louvain articles, with 59 articles rather than the 32 eventually printed, can be found in De Jongh, 81*–89*. However it is clear from Bucer's translation of the articles in *Der newe Glaub*, BDS 15, 47–97 that he has the 32 articles in mind.

The index of prohibited books accompanying the Paris articles finished with a vaguely-worded prohibition of French translations of the scriptures (Paris, *Catalogus librorum*, E1r–v). Bucer's *Der newe Glaub*, BDS 15, 49, l. 17–20 also suggests that the Louvain Faculty of Theology wished to prevent the laity from reading Scripture, the Creed, the Lord's Prayer and Ten Commandments. However, this prohibition does not appear in the 1545 Louvain *Articuli*, and the first Louvain index of prohibited books, which prohibited some 'heretical' translations of scripture, was not published until later in 1546. See however, references to a separate Imperial prohibition on vernacular translations in the Low Countries

quaecumque Romani et caeteri antichristi nobis tradiderint. Immo cum nihil illi certi possunt statuere, pro certis Dei oraculis, pro doctrina vitae aeternae, amplectamur quicquid pontifex quolibet tempore, pro libidine sua, cuncta et Dei opera et praecepta evertendi, pro fulcienda et ornanda tyrannide sua excogitare, et ex omnis impietatis pelago, 'scrinio pectoris sui',[7] potuerit evomere. Ista profecto omnia ex tua, Latome, thesi necessario consequuntur, quod utinam in tempore agnoscas.

Haec volui pro confirmatione universitatis in propositione nostra minore,[8] contra tuas falsas reprehensiones afferre. Quae, qui rite considerarit atque expenderit, is haudquaquam dubitabit dispensationem calicis Domini e mensa Christi a Domino Iesu ipso esse institutam, et clare praeceptam, et praeceptam non certis aliquibus, sed omnibus ecclesiis, nec pro aliquo tantum tempore ecclesiae, sed pro omnibus ecclesiae tempo-|ribus, usque ad finem saeculi, donec Dominus redierit gloriosus ad iudicandum vivos et mortuos.

<Conclusio> Cum itaque etiam externa de sacramentis Domini praecepta, quando Dominus eam, quam ipse requirit opportunitatem faciendi ea, praestat, ecclesiae universae Dei, cunctisque Christi fidelibus ita sint observatu necessaria, ut a Domino adulterentur, et eum, ne sit Deus ipsorum, reiiciant, eoque e populo Dei excindi debeant, quicumque ea praetereunt, cum (ut dixi) observare illa iuxta Domini verbum possunt (quae omnia in confirmatione propositionis maioris nostrae demonstrationis evidenter comprobavi[9]) planum omnino factum ac liquido demonstratum est, remotionem et interdictum dispensandi calicis e mensa Domini ecclesiae, ut ecclesiae Dei, ullo pacto ascribi non posse, sed haberi eam omni verae ecclesiae Christi necessario anathemati [cf. Gal 1,8]. Adeoque quod recepta in ecclesiis est haec sacramenti dimidiatio, id omnino ascribi oportere temeritati et superstitioni imperitorum ac irreligiosorum sacerdotum, qui evanescentes *dialogismis* caecae mentis suae [Rm 1,21], cum vellent vel sacramento maiorem parare reverentiam, cavendo ne quid inter communicandum stillaret de vino in terram, vel dignitatem potius augere sacerdotalem, laicis dimidium tantum | sacramentum relinquentes, sacramento suum verum honorem, fidelis ab omni populo

---

in Lenz 2, 305 and Enzinas, *Historia de statu Belgico* 28 & 116, p. 136, l. 3–p. 37, l. 37, p. 178, l. 27–31. For background, see Farge, 208–213; De Bujanda, 387–422; Vogel, 47–48.

For other examples of Bucer's use of *alcoranum* in this context, see *De concilio*, BDS 15, 131, l. 9 and *Der newe Glaub*, BDS 15, 85, l. 6.

7   Ap: Boniface VIII, *Liber sextus decretalium* 1, t. 2, 1, Friedberg 2, 937.
8   See Bucer's syllogism above, p. 77.
9   See Bucer's syllogism above, p. 77 and the scriptural passages adduced in support of the proposition in book 1, ch. 6–8.

sumptionis, abstulerunt, et dignitatem vere sacerdotalem in obsequio Christi positam, prorsus prodiderunt, una cum posteris suis, antichristi sacerdotes, cum Christi esse deberent.

Quod autem haec sacramenti truncatio contra veritatem Christi pridem ministerio sanctissimi viri Ioannis Huss,[10] et hoc saeculo per innumeros prope servos Dei fideles, tam clare, tantaque vi Spiritus sancti revocatam, adhuc defenditur, et haereseos poena sancitur, hoc non posse iure tribui, nisi confessae rebellioni, ac indubitato furori antichristianorum pontificum et episcoporum.

Quo tamen furore teneri non paucos facile credo, quos debeo sperare, consecuturos cum apostolo misericordiam [1Tim 1,13, 16], eo quod hoc furore tenentur et agitantur ignorantes. Hos oro ut Dominus vera verbi sui intelligentia donet quam primum, nec sinat implicari diutius his Satanae laqueis.

Haec satis sint de prima inter nos controversia. Utrum remotio dispensandi calicis e mensa Domini, tribui possit ecclesiae Christi, an tribuenda sit potius primum temeritati et superstitioni imperitorum, et irreligiosorum sacerdotum, deinde vero confessae contra Christum rebellioni manifestorum antichristorum, sancti iudicent an | sententia nostra sit orthodoxa, eiusque demonstratio satis his confirmata et communita, et tua falsa reprehensio dissoluta ac depulsa.

---

10   See BBKL 2, 1194–8 and TRE 15, 712–21.

Secunda controversiae principalis: De causis ob quas Latomus dispensationem calicis a mensa Domini remotam existimat. Caput XXIIII.

Demonstravimus truncationem istam sacramenti ecclesiae Christi tribui non posse. Quod igitur facere illa non potuit, eius nec causas ut faceret, habere ullas potuisse constat. Sed videamus, tamen, quas tu, Latome, causas huius rei adferas, et iustas existimes, quae est altera huius loci controversia. De qua re ita scripsisti E ii:

Latomus
'An [...] illa vero' (de ratione loquitur percipiendi beneficia Dei in sacramentis) 'quae detrimentum patitur {source. pati}, mutationemque accipere potest, ita a Domino instituta est, ut cum negligentia quidem nulla praetermitti, aut temeritate violari debeat, tamen si id tempus vel causa postulet, in ea dari aliquid necessitati, remitti infirmitati sumentium, piaculum caveri, communibusque naturae vitiis occurrere liceat.'[1] <Causae adempti calicis> Et G iiii explicas has causas: effusionem calicis, vini corruptionem. Abstemios | et ex morbo a vino abhorrentes, demum gentes quae usu vini carent.[2]

---

[1] Ap and adv: Latomus, *Defensio*, CCath 8, 42, l. 30–36.
[2] Ap and adv: Latomus, *Defensio*, CCath 8, 53, l. 12–15. The reasons cited by Latomus had frequently been raised in justification of withholding the chalice from the laity since the 13th century. See Constant 1, 4–5.

Confutatio generalis causarum quas Latomus affert pro sublata calicis dispensatione. Caput XXV.

De his causis quid in universum sentire debeas, hinc facile possis, si velis, discere. Dabis indubie sanctos illos maiorem gentium patres, Hilarium, Ambrosium, Augustinum, Basilium, Nazanzenum, Chrysostomum, et huius classis caeteros, veros ecclesiae Dei episcopos fuisse, et tam cautos in excludendis casibus, qui possunt honori sacramenti aliquid detrahere, et tam indulgentes infirmitati fratrum, ne qua causa aliqui sacramento privarentur, quam fuerunt episcopi illi, quorum tempore vestra sacramenti invecta est mutilatio, quos constat absorptos fuisse curis et deliciis mundi, atque adeo nomine tantum episcopos. Iam non negabis sanctissimos illos patres etiam haud paulo plus quam haec vestra episcoporum idola (de illis tantum loquor, quibus non potest per Deum alius titulus dari) novisse, quid sibi de praeceptis Domini in externis huiusmodi ceremoniis liceret mutare. Sed nec illud infitiari poteris, illa vestra pericula effusionis et corruptionis vini, longe magis metuenda fuisse tempore sanctorum patrum, quam postea unquam, cum | eo nimirum tempore sacramenta ad singulas missas administrarentur.

Haec cum ita habeant, dic Latome, si potes, qui factum sit ut illae tuae tam graves causae truncandi caenam Domini ad hoc facinus non promoverint etiam illos religiosissimos et veros episcopos, quibus multo amplius quam ullis eorum posteris cordi fuit, et ne sacramentum inhonoraretur, et ne qui ab eius perceptione impedirentur, quibusque etiam tanto magis quam posteris effusionis periculum impendebat? Hanc tuarum causarum reiectionem tibi et in priore mea responsione obieci.[1] Sed tu ea dissimulata, tuas tantum semel vel auditas, vel etiam animo tuo cogitatas argutias, regessisti, quod non est eius, qui sua velit confirmare, et quae contra ea allata sunt, confutare.

Porro causis istis tuis, cum ex se non potes, pondus affectas afferre ex auctoritate quam plurimorum piorum hominum, qui illas graves iudicarint, ex consuetudine scilicet longissimi temporis, ex iudicio duorum conciliorum.[2] At nos merito multo maiorem deferimus auctoritatem tot sanctissimis patribus, et plebibus Christi, totque sacratissimis synodis, quae per mille ducentos annos hoc praeceptum Domini de dispensando calice, religiose observarunt, ut taceam innumeras | orientis et Aethiopum, ac Graeciae ecclesias, quae illud

---

1 Ap: Bucer, *Scripta duo*, 36–44.
2 Adv: Latomus, *Defensio*, CCath 8, 52, l. 40–p. 53, l. 3. Latomus does not cite any specific sources, and seems to be referring generally to the weight of the church's tradition. See, however, the authorities for these arguments listed by Gabriel Biel, *Canonis expositio* 840, Oberman & Courtenay 4, 90 and Smend, 6–33.

etiam num observant, nihil omnes motae illis vestris tam gravibus causis. Ita iure pluris etiam facimus consuetudinem dispensandi calicis, quae et tanto longiore, ac etiam infinito meliore ecclesiae tempore obtinuit, et nititur verbo, praeceptoque Domini, quam illam vestram, tanto cum minoris, tum etiam deterioris temporis, quaeque praeterea etiam cum verbo Dei pugnat.

Tu scribis te: 'multorum sententiae plus' tribuere, 'quam unius, pacatis, plusquam turbulentis, ecclesiae universae, vel maiori eius parti, quam' tibi 'ipsi, quam' mihi, 'et omnibus qui hodie in hac contentione versantur.'[3] <Auctoritas et plurium et meliorum in ecclesia stat pro nobis> Quare igitur non accedis sententiae et usui Christi, apostolorum, omnium martyrum, et sanctissimorum ecclesiae patrum, omniumque per universum orbem ecclesiarum, et earum ecclesiarum, quae in hac re, ita etiam in caeteris omnibus, inhaeserunt praeceptis Dei, tanta religione, ut quas tu sequeris, illis nulla queant ratione conferri? Certe infitiari non potes ab hac veteri et meliore ecclesia hanc partem tuam vinci incomparabiliter, sicut pietate et scientia Dei, ita etiam numero, auctoritate, et temporis diuturnitate.

---

3   Ap and adv: Latomus, *Defensio*, CCath 8, 53, l. 36–39.

Quanti faciendum periculum effusionis et corruptionis vini. Caput XXVI.

| Iam videamus quid momenti vestrae causae singulae habeant. <Veteribus quotidie communicantibus calicem Domini periculum effusionis magis metuendum> De periculo effusionis, quod vehementer exaggeras, dictum iam est, illud sanctissimis patribus multo magis, quam postquam haec vestra invecta est sacramenti truncatio, fuisse metuendum. Sacramenta enim populis sanctorum patrum temporibus ad omnes missas dispensabantur, ipsisque etiam pueris.[1] Posteaquam autem vestra obtinuit sacramenti mutilatio, dispensari coepit rarissime. Constat autem fuisse sanctos illos patres in cavendis casibus, quicumque imminuere possint honorem sacramenti, multo quam ullos postea religiosiores. Cum igitur sancti patres, illi tanto quam vestri sacrificuli religiosiores, tum etiam rerum ecclesiasticarum dispensandarum adeo peritiores, periculum hoc effusionis, quod ipsis tanto amplius impendebat, tanti non fecerunt, quin nefas putarent, huius periculi avertendi causa, a dispensando calice supersedere, certe horum posteris, tanto illis minus et religiosis et in his rebus peritis, hoc non potuit idonea causa esse periculi, ut dispensationem sanguinis dominici a mensa eius removerent. Canonem tu adfers, qui praecipiat locum in quem aliquid de calice effusum sit, radere, et quod erasum fuerit cremare, etc.[2] Dic autem, Latome, cuius concilii iste canon est, quo ecclesiae tempore, et quibus patribus auctoribus constitutus?[3] Sancti | patres magis de eo laborabant, ne quis indigne manducans et bibens, reum se faceret corporis et sanguinis Domini, ne in manus, os, et ventrem sumeretur irreligiosae mentis. <Superstitio in externis et non veris honoribus sacramenti, neglectus verorum> Cavebant etiam ne quid de sacramentis in terram decideret, at si quid imprudentibus decidisset, dolebat id illis, verum nullum adeo 'nefas' eo, aut 'piaculum,' ut tu nobis ista amplificas,[4] commissum iudicarunt. <i q. i interrogo> Divus Augustinus gravius peccatum facit, et merito, si quis excidere sibi patiatur verbum Dei auditum in ecclesia, ne illud in animo suo religiose

---

1 Cf. canonical and patristic sources in Bucer *Florilegium patristicum*, BOL 3, 35–36. See also, ibid., 26 on sources for children's communion, though in Matthew Parker's hand.
2 Adv: Latomus, *Defensio*, CCath 8, 53, l. 6–7 > *Decretum Gratiani* 3, d. 2, c. 27, Friedberg 1, 1323.
3 Traditionally attributed to Pope Pius I (r. c140–c155), see RPR J 1, 7. See e.g. Thomas Aquinas, *Summa theologiae* 3, q. 83, a. 6, ad 7, Caramello 3, 584–585 and Gabriel Biel, *Canonis expositio* 84O-P, Oberman & Courtenay 4, 90–91.
4 Ap and adv: Latomus, *Defensio*, CCath 8, 53, l. 8.

recondat.⁵ Sed ita solent antichristi, conficto sacramentorum honore, verum illorum honorem commutare, et veris dissimulatis piaculis, exaggerare falsa.

Causam corruptionis vini vitare perquam facile licet, si non asservetur ita ut plerisque ecclesiis veteribus mos et lex fuit.⁶ <Calumniosum crimen Latomi> Idque licet facere citra ullam talem sacramenti contumeliam, qualem tu nostris, Latome, per calumniam tribuis (ita enim credam, donec proferas qui id commiserit quod commemoras) id sciilicet quod esset a communicatione reliquum, alicubi fuisse effusum in angulum aliquem, aut sodali in convivio, de quo modo sublatum fuerit, propinatum.⁷

---

5   Ap: *Decretum Gratiani* 2, c. 1, q. 1, c. 94, Friedberg 1, 391–392 > Ps-Augustine, *Sermo* 300 'qualiter excipiendum Dei verbum', MPL 39, 2319.
6   It is not clear whether Bucer has specific sources in mind here, but see e.g. Jerome, *Epistola* 125, 20, MPL 22, 1085; CSEL 56, 141, l. 5.
7   Ap: Latomus, *Defensio*, CCath 8, 53, l. 24–26.

De vero honore sacramentorum. Caput. XXVII

| Exhibemus et nos sacris signis suum honorem, sed ita ne inhonoremus Dominum ipsum, qui his se nobis signis offert. Tu ad confictum a te, vel a tuis, crimen exclamas horrendum hic in nostros, tamquam constaret, quod tibi odio evangelii Christi mendaciter est suggestum: 'O scelera, non ministrorum ecclesiae, sed audacissimorum ganeonum.'[1] <Quibus contumeliis afficiant sacrificuli Latomiani sacramenta> Haec exclamare debebas in illa vestra probra et propudia, in eos Christi conculcatores, qui et caeteris omnibus sceleribus et flagitiis cooperti, sacramenta praeterea Christi quotidie in missis suis habent quaestui, et ad horribilem prostituunt idololatriam. Cumque his lucrati tantum fuerint ut convivium et compotationem sibi possint comparare, sese statim ab his sacris suis vino ita ingurgitant ut recens sumpta sacramenta in mensam revomant. Quorum nos tibi passim non paucos proferre possumus; tu forsan nobis plures exhibere vales. Nec enim ignoras, quae tui sacrificuli admittere soleant nefanda sane flagitia, cum frequentiores conveniunt in suis dedicationibus et lautioribus parentationibus. <Matthaei xxiii> Vide itaque, Latome, ne incidas in illud Domini dictum: *Vae vobis, Scribae et Pharisaei, hypocritae, qui id quod in poculo et patina externum est purgatis, intus pleni {corr. plena} sunt rapina et immunditia* [Mt 23,35] | <Verus honor sacramentorum> Verus honor sacramentorum est, ut ea tractemus, atque sumamus, ita ut Dominus instituit, cum vera peccatorum nostrorum paenitentia, cum desiderio ita edendi carnem Domini, et bibendi sanguinem eius [cf. Io 6,53], ut crucifixis indies magis, et mortificatis, nostra carne et sanguine, vivamus plenius in ipso, et vivat ipse in nobis [cf. Gal 2,19–20], cumque ea Domini, atque eorum quae Dominus salutis nostrae causa fecit, commemoratione et celebratione, qua fides et fiducia in ipsum auctior facta, sese ad omnia inde bona opera efficacius exerat.

---

1 Ap and adv: Latomus, *Defensio*, CCath 8, 53, l. 26–7.

De abstemiis et a vino abhorrentibus ex morbo, atque vino carentibus. Caput XXVIII.

Sed ad institutum. Reliquas causas, de abstemiis, et ex morbo abhorrentibus, atque gentibus quibus copia vini desit, miror cur commemorare volueris.[1] Quae enim ratio auferre calicem ecclesiis, quibus vinum suppetit, atque in illis, fidelibus innumeris, qui nec abstemii sunt, nec alia de causa vinum minus gratum habent, propterea, quod paucissimi quidam hominum, vinum vel non habent, vel ingrate bibunt, maxime cum dederit Dominus de dispensatione calicis praeceptum adeo manifestum, idque sit iam inde ab apostolis per tot saecula ab ecclesiis in toto orbe tanta religione observatum? Necessitati et in-|firmitati fratrum fiat praeceptorum huius generis, quae decet, remissio, caeteris vero, quos nulla urget necessitas, nulla premit infirmitas, relinquatur integra et praeceptorum Christi observatio, et munerum eius perceptio.

---

1 Adv: Latomus, *Defensio*, CCath 8, 53, l. 12–17.

An credendum pontificibus, facti sui rationem constare, cum nulla appareat. Caput XXIX

<Latomus, etiamsi nullam causam videat adempti calici, tamen credere vult, pontifices optimam habuisse> Vides igitur, Latome, quam prorsus nihil ponderis habeant hae vestrae causae, verum tu, etiamsi nullam cernas idoneam, quam tui sacrifici pro hac sua audacia truncandi sacramenti queant afferre, tamen vis credere, eos: 'Consilii sui rationem' habere 'meliorem quam' te, 'et facti causam multo probatissimam.'[1] Itane, quicquid et quantumvis clare praecipiat Dominus noster Iesus Christus Filius Dei, unicus Magister noster, quicquid et quamlibet sancti tradiderint apostoli, observaritque universa ecclesia Christi, quam late orbis patet et ultra mille ducentos annos, omni scilicet eo tempore quo veros habuit episcopos, tamen si contrarium sua temeritate et superstitione introduxerint manifesti antichristi, et tyrannide sua obtinere aliquamdiu in aliqua orbis parte fecerint, tu non dubitabis hos sequi, misso Christo, missis apostolis, missis omnibus ecclesiis Christi verioribus, missa auctoritate tanti | tamque melioris temporis ecclesiae, et credere eiusmodi antichristis: 'Consilii sui rationem' constare, factique sui habere 'causam probatissimam'?[2] Dominus det tibi ut in tempore agnoscas, quanta sit in ista tua praepostera credulitate, siquidem ita credis, vis antichristianismi.

L4v; 88

---

1 Ap and adv: Latomus, *Defensio*, CCath 8, 53, l. 40–p. 54, l. 4.
2 Ap and adv: Latomus, *Defensio*, CCath 8, 54, l. 3–4.

Quam necessaria sit calicis dominici dispensatio et sumptio.
Caput XXX.

<Latomus contemptius loquitur de sacramento sanguinis Christi> Praeterea, cum vides te destitui iustis causis probandi istam vestram sacramenti vere sacrilegam mutilationem (feras, Latome, quod pro maiestate omnipotentis Dei, rem suo nomine appellamus) confugis eo, ut dispensationem atque sumptionem calicis extenues quantum valeas, sperans te eo ostendere posse, etiamsi nullae queant a vobis causae adempti calicis afferri, nos tamen etiam non habere causas iustas repetiti calicis, ludisque de colore et gustatione vini, et vim fidei amplificas, deinde caenae sacrae propriam utilitatem facis celebrationem mortis dominicae, non manducationem carnis, et potum sanguinis Christi.[1] <Quae causae repetiti calicis> Nobis vero, ut supra diximus,[2] non est haec causa repetiti calicis, quia putemus sine eo nos non posse bibere sanguinem Domini, non posse confirmari nobis novum salutis testamentum [cf. Mt 26,28; Lc 22,20], remitti peccata [cf. Mt 26,28], vivere in | nobis Christum [cf. Gal 2,20]. Pendent enim haec a sola bonitate liberali Dei, et percipiuntur fide, etiam si praeterea nihil a nobis adhibeatur, quod quidem non fides ipsa requirit, et secum trahit necessario. De vi praecepti dominici inter nos quaeritur, an cum plane constet, quid instituerit ac praeceperit nobis Dominus, liceat id omittere et diversum facere propterea, quia id placeat sacrificis, et pontificibus, aut toti etiam mundo, immo mille mundis. Non quaerimus quid sit necessarium per se, aut non necessarium ad hoc, ut vescamur carne Domini et bibamus sanguinem eius. Scimus, ut et antea diximus,[3] Dominum se nobis posse impartire, nullo intercedente sacramento, ac etiam velle, ubi copia sacramenti nobis defuerit, et verum ipsius desiderium adfuerit. Scimus autem et hoc: maledictum esse eum, qui non manserit in omnibus verbis Domini [Dt 27,26; Gal 3,10]. Scimus eos, qui renuunt munera Dei recipere iis rationibus et instrumentis quibus ea Dominus offert, et Dominum et munera eius abnegare et respuere. Hoc igitur quaerimus: utrum liceat praecepta Dei violare, an minus; an fas sit nos homines mutare instrumenta munerum Dei, quae ipse nobis praescripsit, et usurpanda religiose commendavit. Scimus enim omnia verba Domini, etiam quae de externis | nobis rebus tradidit, esse verba salutis nostrae; <Omnia verba Christi, etiam quibus de externis sacramentorum ritibus praecepit spiritus et vita sunt> esse *spiritum et vitam* [Io 6,63], siquidem nos illa fide vera excipiamus; esse occidentem litteram, et mortem

---

1   Ap: Latomus, *Defensio*, CCath 8, 51, l. 19–p. 52, l. 37, esp. 52, l. 29–35.
2   See above, p. 106.
3   See above, p. 106.

[2Cor 3,6], si ea negligamus, cum ipse dat, ut ea observare valeamus. Scimus nos Dominum ipsum abiicere ne sit Deus noster, uti supra demonstravimus,[4] si in sacramentis eius quicquam immutemus. Agnoscis igitur et hic extra causam te illa disputasse, quod possimus solo pane Domini satis excitari ad celebrandam mortem Domini, posse item abunde potari sanguinem Domini, etiam si calicem non gustemus. Potest Dominus suam dare nobis communionem et se cibum vitae aeternae [cf. Io 6,54] etiam sine pane – ergo cum videbitur, eripietis nobis et hoc Christi sacramentum? Nobis non id in hisce disputationibus respiciendum est, Latome, quid possit facere Deus, sed quid nos facere praecipiat Deus, verum de his in superioribus dictum satis est.

<Latomus ipse causas quas affert adempti calicis non fidit> Ex his itaque et id planum fecimus, causas quas praetexitis truncationi sacramenti, omnino nullius esse ponderis apud filios Dei, quod ipsum agnoscens, scribis nec te illis niti,[5] adeoque hanc partem quaestionis velle in medio relinquere, eoque te confers, atque disertus in eo videri vis, ut doceas, etiamsi constet calicem populo Dei nullis de causis, ac ita luculenta cum iniuria esse | ademptum, tamen hanc potius ferendam nobis esse iniuriam, quam ut libeat repetendo nostro hac in re iure unitatem ecclesiae violare, qui tertius locus est, quem tractandum suscepisti.[6]

---

4   See above, p. 82.
5   Ap: Latomus, *Defensio*, CCath 8, 52, l. 35–40.
6   Ap: Latomus, *Defensio*, CCath 8, 54, l. 4–55, l. 42.

Tertia controversia principalis: an ecclesiae unitas scindatur repetendo calicis dispensationem. Caput XXXI.

<Abstinendo a calice unitas ecclesiae scinditur, non repetendo calicem> Nos demonstravimus mutilationem illam sacramenti, de qua disputamus, nullo modo verae ecclesiae Christi attribui posse, ut quae praecepta Domini omnia et observet ipsa religiose, et observanda ab aliis summo studio poscat. Ex eo facile intelligitur et istud: eos, qui obedientiam repetunt praecepti Dei de dispensando calice Domini, se cum ecclesia Christi vera coniungere, non ab ea se separare. Extra causam igitur et illa tu nobis hoc quidem in loco praedicas, de unitate ecclesiae colenda, de necessitate piae confessionis, de caritate mutua. Fatemur et praedicamus ipsi quoque ista omnia. Et utinam intelligeres ista et crederes, quae hic nobis commemoras de horto concluso [cf. Ct 4,12], de unica columba [Ct 6,8], et sponsa Christi [Ct 4,9], de non offendenda aut perturbanda ecclesia, de dilectione inter nos mutua, deque vere pestifera ab ecclesia Christi secessione.[1] Nam si haec perspecta haberes, nobis crimen discessus ab ecclesia ob revocatam calicis dominici dispensationem haudquaquam intenderes, <a pagina cxxii usque in paginam clxiv {*corr.* clxvi}> sed in priore mea responsione abunde explicavi ex divinis literis, et sanctissimis patrum auctoritatibus demonstravi, et quid ecclesia Christi sit, et quibus in rebus sita sit eius unitas atque communio, quique hominum coetus dici ecclesiae Christi, qui antichristi debeant.[2] Haec, si potes, refuta, sed tum id poteris, cum verbum Dei poterit confutari humana ratione, et dogmata Christi reprehendi sophismatis antichristi.

Sed ad rem. Novimus, et gratia Domino certius quam vos, ecclesiam Christi unam esse, et extra hanc servari posse neminem, atque ob id nulla omino de causa, quae humano possit ingenio comprehendi, discedere ab ea licere, multo minus eam perturbare, unitatemque coniunctionis eius tentare. <Latomus multa de eo, de quo nihil controvertitur> De his nihil, Latome, inter nos controvertitur. Istud inter nos quaeritur: an nos repetendo praeceptam a Domino dispensationem calicis Domini, quae non ab ecclesiae, ut Christi ecclesia, sed a temerariis et irreligiosis sacrificulis est intermissa, et a confessis antichristis vetita, discedamus ab ecclesia Christi, consensionem cum piis solvamus, compagem corporis Christi laxemus, ecclesiam Christi perturbemus. Hic tu ais; nos negamus. Videamus ergo primum qua tu ratione id, quod ais, comprobes. Deinde ostendam, quo nitatur nostrum negare; tuum ergo sophisma sic habet, si resolvatur.

---

1 Adv: Latomus, *Defensio*, CCath 8, 54, l. 21–p. 55, l. 15.
2 Ap: Bucer, *Scripta duo*, 122–154.

Latomi paralogismus quo probare conatur, nos unitatem ecclesiae scindere, eo quod dispensationem calicis sine permissione concilii et pontificis Romani apud nos restituimus. Caput XXXII.

Quicumque aliquam ceremoniam usurpant, quam non usurpant: 'Germania, Italia, Gallia, Anglia, Hispania,'[1] etiam si eam ceremoniam Dominus ipse instituerit, et usurpare praeceperit, usurpaveritque eam omnis vetus et melior ecclesia Christi, et quidem universa, illi a communione discedunt ecclesiae, eamque maximo dissidio perturbant. Omnes qui gustant calicem (ita verbo elevas, et rides sacramentum sanguinis Domini nostri Iesu Christi) usurpant ceremoniam, quam pridem usurpare desierunt: 'Germania, Italia, Gallia, Anglia, Hispania.'[2] Ergo hi omnes discedunt ab ecclesia, solvunt unionem ecclesiae, et sunt schismatici et haeretici.

<Latomus Christianum nomen concludit, Germania, Italia, Gallia, Anglia, Hispania> Ad probandam vero tuam maiorem propositionem, quam non ignorasti nos non recipere, nihil affers argumenti. Affirmas tantum neminem esse qui | ignoret has ipsas reliquas in Europa Christiano nomini nationes: 'Maiorem [...] partem esse orbis Christi {source. Christiani}, vel potius totum fere nomen Christianum.'[3]

---

1 Ap and adv: Latomus, *Defensio*, CCath 8, 57, l. 4.
2 Ap and adv: Latomus, *Defensio*, CCath 8, 57, l. 4.
3 Ap and adv: Latomus, *Defensio*, CCath 8, 57, l. 5–6.

Praemissi paralogismi refutatio. Caput XXXIII.

Quid ita Latome? Sub quo igitur pones nomine tot ecclesias Graeciae, et orientis, atque Aethiopum? Paulo ante hoc tuum dictum scripsisti: 'Non unius gentis, aut sectae unquam,' fuisse catholicam ecclesiam, 'sed omnium locorum, personarum, ac temporum. Agnoscis enim,' inquis, 'vim verbi, quid sit "catholicum" esse?'[1] Quid ergo nunc tantam adhuc ecclesiae amplitudinem, his conaris includere angustiis, tam paucis nationibus reliquae nobis Europae? Itane tu et caeteri Romanae tyrannidis propugnatores, caelestem ecclesiae dignitatem, et pertinentem in omnia, cum saecula, tum loca, amplitudinem, addicetis totam huic vestro antichristo, ut qui hunc adorant, et ut eiusmodi Christi vicarium audiunt, quo iubente abiicienda sint quae praecepit Christus, et suscipienda quae vetuit Christus, eos omnes in vestram arcam Noe [cf. 1 Pt 3,20], in *hortum* vestrum *conclusum* [Ct 4,12],[2] in cubiculum sponsi vestri [cf. Ct 1,3] recipiatis;[3] qui vero Christum ipsum audire, et sequi volunt, ubi ille Christi, sed a vobis, non a Christo consti-|tutus vicarius, diversum requirit, ut fere semper facit, eos arca vestra, horto, et cubiculo eiiciatis, et ut haereticos condemnetis? Sed bene habet, quod Pater Christo Domino, non isti vestro antichristo, nec vobis, *potestatem omnem* tradidit *in caelo et in terra* [Mt 28,18], et quod hic ipse Dominus et Servator noster nobiscum manet quotidie *usque ad consummationem saeculi* [Mt 28,20]

Audes scribere: 'Neque hic recipio ἀχίομα {source. axioma} vestrum, non ex numero multitudinis, sed ex societate piorum communionem spectandam esse,'[4] et addis: 'Temeritatis,' esse paucos aliquos affirmare de se, 'quod soli iusti sint, caeteros omnes condemnare.'[5] Vide, Latome, quo promoveas doctrinam Christi oppugnando. Te ergo auctore, ecclesiam Christi, non iam societate pietatis, sed numero tantum multitudinis, aestimabimus? Et ne temeritatis crimen, te iudice, subeamus, inter eos, qui nomen modo habeant Christianum, et obedientiam Romanorum pontificum profiteantur, discrimen tollemus omne piorum et impiorum, natorum ex Patre Deo [cf. Io 8,42; 1Io 5,1], et ex *Patre Diabolo* [Io 8,42,44], electorum *e mundo* [Io 15,19] et cum mundo pereuntium? Perinde habebimus cultores et blasphematores Dei, *falsos* et veros *prophetas* [cf. eg. Mt 7,15], pastores et fures atque latrones [cf. Io 10,1], *oves et*

---

1 Ap and adv: Latomus, *Defensio*, CCath 8, 57, l. 1–2.
2 Ap and adv: Latomus, *Defensio*, CCath 8, 54, l. 26–27, 29–30.
3 Probably a mocking allusion to the quotation of Ct 6,8 in Latomus, *Defensio*, CCath 8, 54, l. 36–40. See also above, p. 134.
4 Ap and adv: Latomus, *Defensio*, CCath 8, 56, l. 35–37.
5 Ap and adv: Latomus, *Defensio*, CCath 8, 56, l. 37–38.

haedos [cf. eg. Mt 25,32–33], bonas et putres arbores [Mt 7,18], *uvas* et *spinas* [Mt 7,16], *opera carnis* [Gal 5,19] et *Spiritus* [Gal 5,22–23], *lucem* et *tenebras* [2Cor 6,14], *Christum* | et *Belial* [2Cor 6,15] *antichristum* [1Io 2,18,22; 4,3; 2Io 1,7], caelum et *gehennam* [cf. eg. Mt 5,22,29–30; 10,28]? Eodem loco ponemus Cainum et Habelum [Gn 4,1–16], Chamum et fratres eius, Sem et Iaphet [Gn 9,18–27], Iudam [cf. eg. Mt 26,14–16,24–25; Mc 14,10,21; Lc 22,3–6,21–22; Io 6,16; 13,2] et Petrum [cf. eg. Mt 16,17–19; Io 21,15–19], Paulum et Alexandrum [1Tim 1,20]. Vide quales se nobis exhibeant theologos, qui theologiam discere non ex divinis libris, et de ecclesia Christi disputare non instructi cognitione sacrarum scripturarum, volunt. Nam quod praecepit Christus, cavere *falsos prophetas* [Mt 7,15], fugere alienos [Io 10,5], *anathema* [Gal 1,8] habere qui non amant ipsum [Io 14,24] et *aliud evangelium* [2Cor 11,4; Gal 1,6] adferunt, tu ascribis temeritati,[6] falsumque audes facere quod Dominus dixit: Multos esse vocatos, paucos electos [Mt 22,14]; item: *Ego elegi vos de mundo* [Io 15,19]; item: *Confide pusille grex* [Lc 12,32]. Nam non in societate pietatis, sed in numero multitudinis communionem ecclesiae ponis, et multitudinis eius, quae ceremonias, vitaeque disciplinam, quam praecipit pontifex tuus Romanus spectet et retineat. Dominus dignetur te ab his tenebris liberare.

---

6 Adv: Latomus, *Defensio*, CCath 8, 56, l. 37–8.

Quomodo ecclesia et sit paucorum et tamen catholica.
Caput XXXIIII.

<Quorum universorum ecclesia catholica> Catholica ecclesia est, quod tu recte scripsisti, omnium personarum, locorum, et temporum,[1] sed non nisi personarum credentium Christo, et locorum, ac temporum in quibus invocatur vera fide Christus, in quibus obtemperatur verbo eius. Qua de re satis superque | ostendi in indicato loco meae prioris responsionis, quid nos Deus ipse in suis scripturis, quid per veterem suam veram ecclesiam, docuerit.[2] Cum ergo rogas, quomodo dicamus: 'Paucorum communionem esse catholicam {*source*. catholicam esse}, universorum, qui sub illo nomine vere comprehendantur {*source*. comprehenduntur}, non esse,' Rogo invicem, si nihil quam multitudinem et paucitatem spectari velis, quomodo tu communionem paucorum in: 'Germania, Italia, Gallia, Anglia, et {*source* om. et} Hispania'[3] dicas esse ecclesiam catholicam, multitudinem vero universorum hominum per totam reliquam Europam, per universam Africam, et Asiam, dicas non esse? <Ecclesia Christi est et paucorum et universorum> Renatorum et credentium Christo est communio Christi, et ecclesia catholica, etiamsi *duo* tantum *aut tres* [Mt 18,20] hic essent superstites. Universorum non renatorum, et Christo non credentium, quamlibet multi sint numero, non est. Et rursus, quia hi ipsi *duo aut tres* [Mt 18,20] Christo vere credentes, *communionem Christi* [1Cor 1,9] habent cum omnibus qui uspiam et unquam fuerunt, sunt, et erunt christiani, et Deo renati, ideo haec illorum communio non est paucorum, sed universorum, et semel omnium, ac idcirco recte dicitur ecclesia catholica, et communio omnium, at non hominum, sed *filiorum Dei* [Io 1,12; Rm 8,14–17; Gal 4,6; 1Io 3,1–2].

Cum septem tantum millia in Israele essent reliqua, quae | *genua sua Baal non flexerant* [1Rg 19,18; Rm 11,4], <Catholici olim vii tantum millia in Israel, et Athanasius cum paucis episcopis ecclesia Christi> quando Christo Domino *pusillus* discipulorum *grex* [Lc 12,32] adhaerebat, et eum reliqua Iudaeorum et sacerdotum universitas condemnabat [cf. Act 4,1–22; 5,17–40; 6,8–8,2], cum Athanasius cum paucis de Filio Dei recte sentiret,[4] paucorumne tum, an universorum erat vera Dei et Christi communio? Simul sane et paucorum et universorum: paucorum, collatione ad reliquum populum Israel, ad caeteros

---

1 Adv: Latomus, *Defensio*, CCath 8, 57, l. 1–2.
2 Ap: Bucer, *Scripta duo*, 122–154.
3 Ap and adv: Latomus, *Defensio*, CCath 8, 57, l. 4.
4 See *Historia tripartita* 4–6, c. 18 *passim*; MPL 69, 957A–1041A; CSEL 71, 158–329. See also TRE 4, 337–341.

Iudaeos, ad turbam eorum, qui de Christi nomine tum gloriabantur; universorum, quia ii ipsi pauci in mundo, unum erant in Domino, et veram, solidamque communionem Dei retinebant cum sanctis universis, qui unquam fuerant, aut etiam erant futuri.

Itaque, quantumvis pauci simus, qui dispensationem calicis ex praecepto Domini in nostris ecclesiis restituimus, si conferamur cum Turcis, Iudaeis, et iis vocatis christianis, episcopis, pontificibus, qui dispensare calicem Domini contra praeceptum eius intermiserunt, et haereticum hoc, atque schismaticum fecerunt, tamen hac ipsa Christi obedientia, consentimus et communicamus cum universis sanctis, qui Deum unquam rite coluerunt, hodie colunt, et colent posthac. Cum his enim omnibus *unum corpus* Christi *sumus* [Rm 12,5], *uno Spiritu* [1Cor 12,13] *fidei* [2Cor 4,13] vivimus, eandemque religionem | cultumque Dei colimus, etiam si sancti, qui ante Christum revelatum extiterunt, non sacramento calicis sed iis, quas ipsis Dominus praeceperat ceremoniis, glorificarent.

Hinc, si vis, potes clare videre, nihil nos absurdi facere, cum nostram vocamus communionem catholicam, etiam si adhuc multo pauciores essemus, qui ad Christi obedientiam repetita calicis dispensatione reversi sumus. Discessimus fatemur, ut multorum aliorum, ita et huius praecepti Christi restituta observatione, a vobis, pauci a multis, sed id tum demum, cum vos de praeceptis Christi abunde moniti, exigebatis ut vos potius quam Christum audiremus – immo cum nos a vobis, propter obedientiam quam Christo praestare voluimus, depulistis, et hodie ferro et igni depellitis. <Unde discessum sit et quo accessum, repetita calicis dispensatione> Verum discedendo a vobis hoc pacto et hac necessitate, non discessimus ab ecclesia Christi, sed ad eam accessimus *ad montem Zion, et ad civitatem Dei viventis, Ierusalem caelestem* [Hb 12,22] coniunximusque nos cum coetu *innumerabilium angelorum, et ecclesia primogenitorum, qui adscripti sunt in caelis, cum iudice omnium Deo, cum spiritibus perfectis, et Mediatore novi testamenti Iesu* [Hb 12,22–24].|

Cui ecclesiae et quibus ministris ecclesiarum Spiritus sanctus promissus sit. Caput XXXV.

<Latomi probatio maioris: Spiritus sanctus docet ecclesiam omni saeculo, ergo et hoc quo remota est a sacra caena dispensatio calicis, igitur haec remotio Spiritus est opus> Sed ad tuum redeamus sophisma. Inter ea, quae modo confutavimus, admones nos, quomodo populus nobis fuerit docendus (utinam {*corr.* utinum} ipse prius a Domino doctus, et in scripturis, unde docendi sumus, paulo melius institutus): 'Christum ecclesiae suae nunquam defuisse [...] nullorum temporum documenta non suggessisse; praefecisse ministros cum potestate;' horum primam esse auctoritatem; 'his interpretationem verbi, dispensationem sacramentorum creditam, ab eisdem non aliunde petendam; hos, quia homines sint, labi atque errare posse, ecclesiae autem caelitus prospici [...]¹

Ita semper id sumis, Latome, quod probandum tibi est, siquidem velis tuum argumentum subsistere, hoc scilicet falsissimum et impium axioma: quicquid faciant et iubeant Romani pontifices, id factum et iussum habere oportere, et ecclesiae, et Spiritus sancti. Ecclesiae sane, sed Christi, caelitus prospicitur, eique Christus nunquam deest. Adest autem illi, etiam adversus carnis, mundi et Satanae insultus, quibus nemo sanctorum non aliquando concedit. Christus suae ecclesiae sua documenta nunquam non suggerit, at nunquam inter se contraria, nunquam cum scripturis suis dissentanea. Praeficit sponsae | suae [cf. Eph 5,25] ministros, sed qui et ministrent *ad aedificationem non ad destructionem* [2Cor 10,8; 13,10]. <Quatenus Christus ecclesiae suae adest, et audiri vult eius ministros> Praeficitque eos, et et cum potestate, sed non summa. Magnam illis confert auctoritatem, sed non primam. Hanc enim sibi uni reservat. His verbi sui credit interpretationem, sed non moderationem, multo minus corruptionem, et abrogationem; sacramentorum dispensationem, non mutilationem. Verum quantacumque sint, quae Christus suis ministris confert, quid horum pertineat ad eos, qui ministrant, non Christo, sed antichristo, qui, quae Christi sunt omnia destruunt, eaque tradunt et tuentur, quibus suam ipsorum tyrannidem fulciant, et augeant; regnum vero Christi dissipent, et profligent, in quo tuos episcopos et pontifices esse, et persistere, totus orbis deplorat, et detestatur.

---

1 Ap and adv: Latomus, *Defensio*, CCath 8, 55, l. 30–36. The final ellipse requires 'huic fidendum esse' (ibid. l. 37) to complete it grammatically.

<Vetus Israel easdem quas ecclesia habuit promissiones de praesentia et doctrina Dei, tamen saepe doctores et prophetas habuit fugiendos> Habuit et veteris Israelis ecclesia suas praeclaras promissiones de praesentia, doctrina, et ductu Dei. Nihilominus, cum deserto verbo Dei, suis se dedebat cupiditatibus, dum traditas divinitus ceremonias, aut superstitionibus subiectis ab impiis hominibus permutabat, aut sine vera peccatorum paenitentia, ac fide in Deum peragebat, Deus permisit in eo populo sicut potestatem regiam impiis regibus, ita et sacerdotium falsis sacerdotibus et pseudoprophetis auctoritatem | prophetarum, eratque in his efficax *spiritus erroris* [1Io 4,6] et mendacii, etiam usque ad portenta et miracula, et plurium seductionem. Suis autem Deus, quos in populo reliquos habebat, praecepit et sacerdotes, et prophetas illos perversos cavere et fugere, et, quod ad religionem attinet, a reliqua multitudine, a regibus, a sacerdotibus, et prophetis discedere.

<Nulli genti promissum a Deo est suos episcopos errare non posse> Profer tu nunc si habes, ubi promissum sit: 'Germaniae, Italiae, Galliae, Angliae, Hispaniae,'[2] ut quomodocumque vivant in his nationibus homines, et Deum quamvis impiis cultibus offendant, tamen quicumque in his nationibus episcoporum et summorum pontificum titulum et dignitatem semel invaserint, quacumque id simonia, quibusve sint consecuti sacrilegiis, hos tamen nihil posse in ecclesiis usurpare publice, nihil instituere, nisi quod suggesserit Spiritus sanctus in salutem ecclesiae suae, quodque sit piis omnibus illico amplectendum, et quidem citra omnem inquisitionem, et diiudicationem. Nisi autem hoc demonstraris (quod facies nunquam) ipse cernis cuncta tua sophismata esse eversa, nec quicquam illis probabilitatis esse relictum.

<Cui ecclesiae Spiritus sanctus promissus, et qui ministri, et quatenus audiendi> Ecclesiae quidem, sed suae, Christus, et a suo pendenti verbo, suum promisit Spiritum, [Io 14,26; 15,26; 16,12–13] eique suos ministros ut semetipsum audire praecepit [Lc 10,16], verum ne hos quidem | ultra, quam ii verbum ipsius administraverint, a quo quia etiam boni et fideles ministri possunt aberrare, voluit Dominus etiam verorum prophetarum, nedum aperte falsorum, prophetias diiudicari a sedentibus, i Corinthiorum xiiii [29–32]; a sedentibus, inquam, in ecclesia, et *Spiritu Dei* [1 Cor 2,11,14] afflatis. Quem ut multi falso iactent, tamen *novit Dominus suos* [2Tim 2,19], et cognoscendi diiudicandique spiritus facultatem his sic benigne largitur, ut quicquid iactent qui de Spiritu eius mendaciter gloriantur, tamen maneant ecclesiae verae Christi, verisque membris Christi, certa et indubitata salutis dogmata.

---

2 Ap and adv: Latomus, *Defensio*, CCath 8, 57, l. 4.

<Per malos Dominus aliquando loquitur. Nobis tamen praecepit ab eis cavere> Loquitur quidem interdum Spiritus Dei bonus, suaque administrat dona etiam per impios pontifices ac ministros, verum id facit perraro, tamen iussit nihilominus a talibus cavere [cf. Mt 7,15; 16,6]. Quare non minus faciunt impie, qui, quae Christi sunt, petunt a manifestis antichristis, propterea, quia loca hi teneant ministrorum Christi, et quoniam Dominus aliquando etiam per malos veritatem suam protulit, quam facerent insane, qui ab asinis vellent petere oracula Dei, propterea, quod per asinam Dominus semel prophetam corripuit [Nm 22,22–34] vel iudicium regis petere a simiis et catellis,[3] eo quod in solio sederent regio. Caiphae, quod pontifex esset, dedit Dominus sermonem eloqui propheticum [Io 18,14], sed qui eum | sermonem ad ipsius pontificis intellectum sequebantur, ii condemnabant Christum ad crucem. <a pagina cxc usque paginam cxcviiii> Verum de his dictum est abunde in priore mea responsione,[4] in confutatione argumenti vestri quarti {*corr.* tertii}.[5]

Ex his ergo facile conspicitur, quam nihil prorsus queas vel verisimilitudinis comparare maiori tui sophismatis propositioni, qua audes affirmare eos a communione ecclesiae Christi discedere, qui audeant ceremoniam usurpare, quam reiecerint: 'Germania, Italia, Gallia, Anglia, Hispania,'[6] etiamsi Christus eam praeceperit.

---

3 If this is a proverbial or folkloric reference, I have not been able to locate its source.
4 Ap: Bucer, *Scripta duo*, 190–198.
5 The reference in the base edition to 'argumenti tertii' is probably a misreading of 'argumenti iiij' in the original ms. There is no subdivision of the argument in Latomus' discussion of *communio sub una*, and, although Latomus does discuss the authority of the church and its ministry there (*Defensio*, CCath 8, 54, l. 9–p, 57, l. 10) he returns to the theme in greater detail chap. 4, ibid., 101, l. 31–p. 160, l. 8. Bucer, *Scripta duo*, 169 makes it clear that ibid., 190–8 is addressed to Latomus' chapter 4.
6 Ap and adv: Latomus, *Defensio*, CCath 8, 57, l. 4.

Latomus eos, qui praecepta Dei repudiant, ecclesiam facit, qui ea student observare, haereticos et ab ecclesia recedentes. Caput XXXVI.

<Furor est, eos facere ab ecclesia Christi alienos, qui praecepta Christi faciunt, quae repudiarint Romani antichristi> Ecquae pia mens non exhorreat, te virum literis non vulgariter instructum, et ausum scribere de religione, potuisse admittere opinionem tam manifeste impiam et sacrilegam, ut putes, et tam audacter etiam contendas, eos deficere ab ipsa Christi ecclesia, qui adeo manifestum Christi praeceptum, ut est quod nobis de calice e mensa sua dispensando tradidit, revocant, et extra hanc unam quae in his nationibus vestro servit Romano antichristo, non esse ecclesiam, nec esse aliam uspiam posse?[1] Habet quidem Dominus indubie et in his nationibus suos electos, sed tam abest ut quae ecclesiae Christi sunt, illi habeant et administrent, qui ecclesiastica in illis munera ad Romani antichristi placita gerunt, ut nunquam fuerint in orbe sub nomine Christiano, qui, quae ecclesiae sunt propria, et iura et munera, horribilius everterint, et extinxerint, et contraria omnia invexerint. Et hos scilicet si non audiamus, non solum prae Christo, sed etiam contra Christum, iudice Latomo, deserimus ecclesiam Christi, et Christum ipsum, sumus haeretici, et hostes ecclesiae Dei? Hic qualis furor sit, det Dominus agnoscere tibi, antequam veniat tibi iudex iustus.

Tu hoc loco, ut semel instituisti, pergis de sacramento sanguinis Christi contemptim loqui. Scribis enim: 'Hanccine causam idoneam quisquam esse putat, ut quia non gustat calicem in eucharistia, idcirco sacrilegos faciat pontifices, dicat {source om. dicat errasse concilia, populos source. populum} fraudari sacramentis clamet, secessionem faciat.'[2] Non quia non gustamus calicem, sed quia usum calicis, ut pleraque alia quae Dominus praecepit, tui pontifices vi prohibeant sacrilega, et propter obedientiam Christo praestitam, homines interficiant, ideo sacrilegos dicimus, esse pontifices, et Christo Domino tua illa duo concilia contradixisse affirmamus. |

---

1 Ap: Latomus, *Defensio*, CCath 8, 54, l. 9–p, 57, l. 10.
2 Ap: Latomus, *Defensio*, CCath 8, 55, l. 13–15.

Quare pii homines tyrannidem papae fere omnes primum declinent, repetendo usum calicis dominici. Caput XXXVII.

<Quare initium fiat deficiendi a tyrannide Romani pontificis, repetendo calicem Domini> Nec mirum est, Latome, si *filii Dei* [Io 1,12; Rm 8,14–17] a repetito calice Domini incipiant anathemata tuorum pontificum fugere. Primum enim praeceptum hoc Domini omnino clarum et apertum est. Deinde constat illud quam religiosissime per omnes Christi ecclesias esse observatum, dum veris illae episcopis procurabantur, tumque demum reiectum, cum eiusmodi pontificum idola tyrannidem in ecclesias invaserunt, quibus nihil possit esse rerum divinarum et ignorantius, et negligentius, immo etiam aversantius. Denique nulla potest causa alia excogitari, cur pontifices tui tam repugnent obstinate, ne huic praecepto Christi tam clare rursum ecclesiae praedicato pareant, quam haec una: quod contendunt, quicquid ipsis in rebus Christi abusus, quicquid perversitatis, vel imprudentibus obrepserit, nec tantillum quidem vel commodi eis adferat, vel inferat incommodi, tamen quia id semel admiserunt, plus valere in ecclesiis debere, quam omnia Dei praecepta, quamlibet certa et indubitata. Ex hoc itaque proprio antichristiano furore, eoque tam manifesto, et importuno, quid mirum si Christiani antichristos esse Romanos pontifices primum solide | agnoscant, et ab illorum se tyrannide statim ad Christi regnum et obedientiam conferant.

<Conclusio: non secedi ab ecclesia repetendo calicis dispensationem> Sed ad rem: pridem planum factum est abunde, tuum sophisma, quo voluisti ostendere, a communione ecclesiae Dei illos discedere, qui dispensationem calicis restituunt, quam vos, qui tyranno servitis Romano, reiecistis, et capitali poena prohibuistis, nihil prorsus habere verisimilitudinis. Itaque et tertium caput nostrae disputationis absolutum est, et demonstratum: spoliationem calicis non esse Christianis ferendam, ut tu contendis, ne videantur a reliqua ecclesia secedere, cum constet, hanc sacramenti mutilationem, sicut contra apertum Domini praeceptum admissam; ita nullam etiam Christi ecclesiam eam spoliationem comprobare. Manifestum siquidem est, sicut nulla ecclesia, ut Christi ecclesia, ullius potest praecepti Christi reiectionem a quoquam petere, ita neminem etiam ab ullius praecepti Christi obedientia, ab ulla se Christi ecclesia posse separare.

De fructibus qui ad ecclesiam pervenissent, si nos nihil in pontificibus et sacrificulis reprehendissemus. Caput XXXVIII.

<Latomus format contionatores> Sumpsisti tibi praeterea hoc loco praecipere nobis contionatoribus, quomodo populum docere debuerimus,[1] et est summa praeceptorum tuorum: populum sic a nobis insti-|tuendum fuisse, <Summa praeceptionis Latomianae: vitia clericorum dissimulanda, doctrinam sequendam> ut omnia clericorum et praelatorum scelera et flagitia putaret sibi esse dissimulanda, doctrinam autem citra inquisitionem in omnibus sequendam. His tuis praeceptis statim subiecisti: 'Haec si fierent hodie, Bucere, aut si ante xx annos a novis contionatoribus facta fuissent, quantos videret ecclesia fructus, quanto plus pacis et concordiae Germania, quanto simultatum {corr. simulatum; source. simultatum} minus haberet.'[2]

Quos vero fructus, dic quaeso, Latome, videret hodie ecclesia, si ea nos nostros populos, quae tu hic nobis praescribis, docuissemus? Qui de rebus istis scienter iudicant, hi non dubitant, si omnes contionatores, ita ut tu praecipis, non tam novus quam perniciosus contionatorum formator, populos instituissent, ecclesiam hos fructus fuisse percepturam.

<Ereptio scriptorum et Dei et patrum, extinctio linguarum> Primum hunc: abolita esset pridem lectio omnis, et tractatio, non sacrarum modo scripturarum, sed omnium etiam scriptorum, quae nobis a sanctis patribus relicta sunt, cum omni vera trium linguarum peritia.[3] Haec enim iam omnia e scholis theologorum, et sacris contionibus erant eiecta, atque vel metaphysicis subtilitatibus, vel commentis quaestuosis, ut ethnico divorum cultu, poeticis poenis purgatorii, infinita missarum et indulgentiarum nundinatione commutata.

| Et quicumque tum (quando divini sanctorum patrum libri, cum studio linguarum, ministerio Erasmi, et aliorum eruditorum hominum caput extulissent) sapere pro vestra ecclesia credebantur, atque ad conservandam tranquillitatem illius recte consulere, hi eripere pro virili studuerunt, et student hodie, e manibus omnium omnia, tam sanctorum patrum scripta, quam divina biblia, simulque studium omne linguarum extinguere. Clamitant enim ex his fontibus nihil quam haereses feri, hoc est, excitari cognitionem et studium praeceptorum Dei, cum quibus consistere tyrannis antichristi non potest.[4] Quid?

---

1 Adv: Latomus, *Defensio*, CCath 8, 55, l. 21–39.
2 Ap and adv: Latomus, *Defensio*, CCath 8, 55, l. 39–42.
3 The remarks here appeal to Latomus' sympathies as a former *lecteur royal* and opponent of the Faculty of Theology at the University of Paris. See above, p. 3.
4 On conservative opposition to the humanist biblical scholarship of Erasmus and others, see Farge, 170–180, 186–197.

Etiam ipsum apostolicum symbolum quod vocant, decalogus praeceptorum Dei, et oratio dominica, erepta laicis fuisset, coactis haec latina tantum lingua demurmurare, quam non intelligunt.⁵ Hoc enim in aliis nationibus pridem obtinuit, et nunc per Lovanienses, Parisienses, et alios similes religionis vestrae magistros, praecipue urgetur.⁶

<Pro doctrina populi, mutae ceremoniae, et pompae ethnicae> Alter fructus, qui ad ecclesias pervenisset, si ex tuo praescripto populum in ecclesiis docuissemus, fuisset, ut tandem omnis divinae legis explicatio cessisset, non intellectis missis et cantionibus templorum, ostentationibus et gestationibus panis, idolorum et ossium, maxime vero nundinatione {*corr.* nundinationi} de animabus vestro | mancipatis purgatorio, quo scilicet res pridem pervenit in aliis nationibus. Itaque omnis honor Dei, et Christi, translatus fuisset ad divos, eorumque ossa et statuas, et omnis fiducia salutis traducta in merita divorum, et in quaestuosas vestris sacrificis ceremonias.

<Per indulgentias metus omnis Dei profligatio> Tertius fructus, qui huic ecclesiae extitisset, fuisset, quod pontifices tui, per indulgentias suas, quas iam et defunctis in purgatorio, et pro futuris peccatis vendere coeperant, vendita etiam necessitate peccata confitendi, homines tandem omni Dei metu solvissent. Atque ut precium harum indulgentiarum suarum auxissent, interdixissent tandem vulgo etiam vini usum, et usum uxorum certis diebus, nam et haec in paenitentialibus suis praeceptis habent, quae alioqui paenitentiaria eorum in retia pecuniarum omnia convertit.⁷

Quartus fructus fuisset, ut sicut pridem in aliis nationibus receptum est et usitatum, pontifex tuus, et primi principes, omnes episcopatus, praelaturas, atque pinguiores praebendas omnis generis, nullis quam {*corr.* nullisquam} potentium et gratiosorum hominum liberis, et his etiam pueris, vendidissent, et vendidissent cuique quam multa, qui scilicet potuisset redimere, omni canonica electione, et legitima praebendarum collatione in usum scilicet populi Christi, prorsus extincta. |

Quintus fructus fuisset, ut pro tutanda ista sua licentia, corroborassent et plane firmassent dogma illud suum, pontificis sententiam potiorem esse sen-

---

5 Cf. Bucer, *Der newe Glaub*, BDS 15, 49, l. 17–20.
6 On this prohibition, see above, p. 121, n. 6.
7 This seems to be a reference to the anthology of penitential canons drawn from earlier mediaeval sources by Astesanus d'Asti (d. 1330) and Andrés de Escobar ('Andreas Hispanus,' d. c1427), and then extensively cited or published in late mediaeval manuals for confessors. See Tentler, 321–340. For the cases cited by Bucer, see e.g. Escobar, *Modus confitendi*, c. 18, 24, 73 in Wasserschleben, *Bussordnungen*, 690, 691, 695. Regarding the commutation of such penances through indulgences, see ibid., c. 147 in Wasserschleben, *Bussordnungen*, 704.

tentia non solum omnium reliquorum Christianorum, sed ipsorum etiam conciliorum.⁸ Atque adeo nullam causam esse, ut concilia celebrentur, cum pontificis oraculo omnis erroris experte, definiri omnia religionis certo et compendio possint. Id quod Pighius in hac tanta veritatis luce, non solum coepit dogmatizare, verum ausus etiam fuit polliceri Paulo III se hoc dogma concilio, eique in Germania celebrando, approbaturum.⁹

<Ut quae docent et iubent pontifices vera et recta, ita quaecumque fecissent, oportuisset iusta haberi et sancta> Hunc fructum consecutus fuisset sextus, ut sicut papa Romanus et eius sacerdotes fecissent se primae et infallibilis auctoritatis in praecipiendo et docendo,¹⁰ quod dogma et tu, Latome, audes tueri.¹¹ Ita fecissent se etiam immunes ab omni peccato in vita, ut, quemadmodum tu vis nos remota omni inquisitione ea omnia et credenda et facienda nobis statuere quaecumque illi nobis praeceperint, <Dominium Christi in homines et res pontifices sibi sumpserunt> ita coegissent nos credere etiam recte factum, et sanctum esse, quicquid fecissent, debitum quoque ipsis et dandum, quicquid a nobis exegissent, non res modo et pecuniam, sed etiam corpora, cum nostra, tum filiorum et filiarum nostrarum, ita ut si quis uxorem, aut filiam, aut filium eorum negasset inexhaustae libidini, incidisset in | canonem 'Si quis suadente diabolo.'¹² Iam enim Sylvester Prierias in suo contra Lutherum pro indulgentiis libro, hanc regulam dederat: ecclesiam Romanam sicut non dicto, ita nec facto errare posse, idque nec in fide nec in moribus.¹³

O4v; 112

Et quo haec omnia tui pontifices et sacrificuli tenuissent semper tutius, dedissent nobis hunc septimum fructum. Adegissent eo omnes et reges et populos, ut se et cuncta sua regna, et ditiones ipsis, ut item Pighius docuit eos debere facere,¹⁴ ultro addixissent, et tamen illa loca gratuitorum beneficiorum ab eis rursus recepissent, atque vectigalia ipsis fecissent, uti Anglus,

---

8   See e.g. Pighius, *Hierarchiae assertio* 6, c. 8, 228v–231v.
9   Adv: Pighius, *Hierarchiae assertio* 6, c. 12–13, 244r–254r, esp. 246v, where, in light of Paul III's convocation of a general council, Pighius attacks the 'free council' demanded by Protestants, and asserts that the catholic church recognises no council except one whose decisions have been ratified by the higher authority of the Holy See.
10 Cf. e.g. Pighius, *Hierarchiae assertio, passim*, especially liber 3.
11 Again, a misrepresentation of Latomus' conciliarism. See above, p. 112, n. 2 and p. 115, n. 1.
12 Ap: *Decretum Gratiani* 2, c. 17, q. 4, c. 29, Friedberg 1, 822 > Lateran Council II (1139), c. 15, Mansi 21, 530. The canon excommunicates those who lay violent hands any cleric or monk.
13 Adv: Silvestro Mazzolini ('Prierias'), *Dialogus de potestate papae* (1518), CCath 41, 52–107, esp. 53–56.
14 Adv: Pighius, *Hierarchiae assertio* 5, 155r–209r, esp. c. 11–16, 190r–209r; *Controversiarum explicatio* 16, II4r–KK1v [folio numbering ceases at fol. 125].

et alii quidam reges fecerunt.¹⁵ Itaque sua regna et ditiones reges et principes possedissent, non communi feudorum iure et libertate,¹⁶ sed ea potius lege et conditione, ut quotiescumque his terrenis diis, Romanis pontificibus, libuisset, eripere ea ipsis veris possessoribus et tradere potuissent nepotibus suis, aut cui visum esset, nulla ratione reddita, nullo praemisso iudicio. Quid? Illud verum ditionum, atque regnorum omnium dominium, quod Christi Domini proprium est, pontifices, ut Pighius¹⁷ et alii quidam adulatores deberi eis dogmatizare audent, usurpare coepissent. Hoc est: rebus omnibus pro sua libidine tamquam propriis abuti, nec veris possessoribus plus | in illis iuris reliquissent, quam infinitae ipsorum cupiditati fuisset reliquum. Quid? Effecissent, quo et in eo Christo se parificassent, ut omnes se et sua omnino abnegare, et pro ipsorum libidine perdere oportuisset, res, corpora et animas.

Hi fructus illi sunt, quos pontifices Romani cum suis adulatoribus nobis tulissent, si non Dominus misertus populi sui, luxuriem istam nimiam horum *caedrorum libani* [Ps 29,5] ad flatum evangelii sui repressisset, et tyrannidem hanc sese iam *supra omne quod Deus dicitur* et *colitur* [2Th 2,4] in immensum efferentem, *virga regni sui* [Ps 45,6; Hb 1,8], verbo omnipotenti suo, coercuisset. Verum revertemur nunc ad institutum nostrum.

---

15   'Anglus' refers to the English kings. Adv: Pighius, *Hierarchiae assertio* 5, 201r–v.
16   i.e. despite treating secular rulers as feudal vassals, the popes do not even observe common feudal law when making demands on their titles and property.
17   See above, n. 14.

Quarta controversia principalis: de auctoritatibus canonis Gelasii 'comperimus,' D. Chrysostomi, et Cypriani: an faciant contra sacramenti calicis sacrilegium, nec ne.

Superest iam quartus locus inter nos controversus. Ad refutandum tuorum pontificum sacrilegium, quod admittunt prohibendo dispensationem calicis, adduxeram canonem 'Comperimus,' auctoritatem item Chrysostomi, et Cypriani.[1] Tu vero contendis nec canonem istum, nec has sanctorum patrum auctoritates nostram sententiam adiuvare. Cypriani sententia putas eam etiam premi.[2] De his igitur | videamus quam verisimiliter ea afferas, et primum, de canone Gelasii.

Canonem hunc scribis, primum pertinere tantum ad sacerdotes, non etiam ad laicos, et si ad laicos quoque pertineret, tamen non probari per eum quicquam pro hoc tempore,[3] sicut nec per auctoritatem Chrysostomi, vel Cypriani.[4] Tametsi enim horum patrum temporibus consuetudo dispensandi calicis in ecclesiis obtinuerit, tamen in ecclesiis occidentalibus eam ante multa saecula mutatam esse.[5] Primum itaque de canone, mox de auctoritate Chrysostomi, postremo de auctoritate Cypriani respondebo.

---

1 Ap: Bucer, *Scripta duo*, 39, 42–44, 218. Cf. also *Was in Namen des heiligen Euangeli*, BDS 11.1, 49, l. 4–12; *Bestendige Verantwortung*, BDS 11.3, 362, l. 12–24.
2 Adv: Latomus, *Defensio*, CCath 8, 45, l. 14–p. 47, l. 6.
3 Adv: Latomus, *Defensio*, CCath 8, 45, l. 17–19.
4 Adv: Latomus, *Defensio*, CCath 8, 45, l. 25–p. 46, l. 2.
5 Adv: Latomus, *Defensio*, CCath 8, 47, l. 1–3.

Quid valeat canon Gelasii, 'Comperimus' de consecratione, distinctio I. Caput XXXIX

Canonem ergo rogo te ut consideres (repressa scilicet nonnihil cupiditate vincendi) quibus verbis praescriptus sit. Sic enim habent: 'Comperimus autem, quod quidam sumpta tantummodo corporis sacri portione, a calice sacrati cruoris abstineant, qui proculdubio (quoniam nescio qua superstitione docentur adstringi) aut integra sacramenta percipiant, aut ab integris arceantur, quia divisio unius eiusdem mysterii sine grandi sacrilegio non potest pervenire.'[1]

Vides de percipientibus sacramenta, et iis, qui a sacramentis arceri debeant, canonem loqui, quibus | scilicet verbis loqui tum solebant, de iis quibus sacramenta dispensabantur, non de sacrificantibus, aut missas facientibus, vel celebrantibus, aut ab hoc munere abstinendis, quibus verbis sancti patres utebantur, cum verba facerent de sacerdotibus sacramenta administrantibus. Divisio igitur huius unius eiusdem mysterii, etiam quae admittitur dispensando sacramenta laicis grande sacrilegium est auctore Gelasio pontifice Romano,[2] et qui eo tempore ecclesiam Romanam administravit, quo traditiones apostolicae adhuc vigebant.

<Gelasius divisionem sacramenti quolibet ecclesiae tempore sacrilegam iudicavit> Et cum hic canon non violationem consuetudinis eo tempore obtinentis, sed divisionem 'unius eiusdemque mysterii' sacrilegio damnet, et divisionem quae committitur cum sumpta portione 'sacrati corporis,' 'a calice sacrati cruoris' abstinetur, certum est sensisse auctorem huius canonis, hanc ipsam unius et eiusdem sacramenti divisionem per se esse sacrilegam, eoque nullo tempore non 'grandi' cum 'sacrilegio' admitti.[3] Etenim si a consuetudine tantum dispensatio sumpti calicis penderet, ut tu contendis,[4] Latome, consuetudinis transgressio damnari sacrilegio non potuisset. Atque ille non ecclesiae hac in re auctoritatem violari, sed in ipsum sacramentum committi sacrilegium quaeritur?

Haec ergo qui rite consideraverit, is nunquam dubitabit | primum, Gelasium hoc canone eorum nominatim superstitionem condemnasse, quibus cum utraque sacramenta administrabantur a sacerdotibus, ipsi portione 'sacrati corporis sumpta,' a 'calice sacrati cruoris' abstinebant. Deinde, hanc ipsam

---

1 Ap: *Decretum Gratiani* 3, d. 2, c. 12, Friedberg 1, 1318 adv: Latomus, *Defensio*, CCath 8, 45, l. 17–19. Cf. Bucer, *Scripta duo*, 39.
2 i.e. Gelasius I (r492–496)
3 Ap: *Decretum Gratiani* 3, d. 2, c. 12, Friedberg 1, 1318.
4 Adv: Latomus, *Defensio*, CCath 8, 52, l. 35–p. 54, l. 8.

superstitionem adeo per se esse sacrilegam iudicasse, ut quae nullo ecclesiae tempore absque 'grandi sacrilegio' admitti possit.⁵ Grandius igitur admittunt sacrilegium tui pontifices, qui hanc abstinentiam etiam praecipiunt, et poenis gravissime exigunt.

---

5 Ap: *Decretum Gratiani* 3, d. 2, c. 12, Friedberg 1, 1318.

De sententia Chrysostomi. Caput XL.

<Divi Chrysostomi sententia> Idem et divi Chrysostomi auctoritate confirmatur, qui ita scripsit: 'Est ubi nihil differt sacerdos a subdito, ut quando fruendum est horrendis mysteriis, similiter enim omnes ut illa percipiamus, digni habemur. Non sicut in veteri lege, partem quidem sacerdos comedebat, partem autem populus, et non licebat populo participem esse eorum, quorum particeps erat sacerdos, sed nunc non sic, verum omnibus unum corpus proponitur, et poculum unum. <Offerre preces> Quin et in precibus viderit quis populum multum simul offerre.'[1]

Animadverte hic illa: 'Non sicut in veteri lege.' Item: 'Sed nunc non sic, verum omnibus unum corpus pro-|ponitur et unum poculum.' Haec quicumque rite perpenderit, is non poterit infitiari ius istud commune laicis cum sacerdotibus sumendi {*corr.* summendi} una idem corpus et idem poculum comemorari a divo Chrysostomo tamquam propriam conditionem novi testamenti, atque huius sacramenti, quam ideo retineri a fidelibus Christi sit necesse tamdiu, quamdiu durabit ipsum testamentum novum huiusque sacramenti usus. Ex quo liquet, quod hanc conditionem mutare episcopis, qui ministri sunt Christi et ecclesiarum, nullis nec temporibus, nec locis licere potuit, ceu consuetudinem certi temporis, aut certarum ecclesiarum, arbitrio praelatorum mutabilem. Testamento enim hominis nihil licet hominibus adiicere, nihil detrahere. Quantum igitur nefas id audere in sacramentum et *testamentum* [Mt 26,28; Lc 22,20] Christi?

Perstat igitur et perstabit apud omnes Deo vere credentes, id quod nos Spiritus sanctus docuit per apostolum Paulum, ut ii omnes, qui sunt *unus panis*, et *unum corpus* [1Cor 10,17] Domini, *communionem Christi* [1Cor 10,16] sumere debeant, pariter unoque sacramento, idque omnibus et temporibus et locis, in quibus nomen Christi vere invocatur, usque ad finem mundi, *donec* Dominus ipse *veniat* [1Cor 11,26], et hunc suum ritum, sicut et caetera

---

[1] Ap: John Chrysostom, *In 2 Epistolam ad Corinthios homiliae* 18, 3, MPG 61, 527. No other modern source edition. The translation is from *D. Ioannis Chrysostomi archiepiscopi Constantinopolitani opera*, ed and transl. Desiderius Erasmus et al., 5 vols. (Basel: Froben, 1530) 1, 384. However, relevant extracts from this translation were reproduced by Johannes Hoffmeister in *Missa Chrysostomi*, L4r–M3v. A copy of this (Corpus Christi College, Cambridge, SP 118) is extensively underlined, probably by Bucer. See BOL 3, 206–207. Cf. Bucer, *Scripta duo*, 39, 44, 218; Latomus, *Defensio*, CCath 8, 45, l. 15–16, 25–31.

aenigmata et *specula* [1Cor 13,12] omnia verborum et sacramentorum suorum, in | quibus scilicet *nunc ex parte* [1Cor 13,12] tantum eum videmus, eoque fruimur, ipse commutet, clara sui visione, et perfecta fruitione, qua *eum videbimus*, et complectemur *sicuti est* [1Io 3,2]. Tum enim demum *quod perfectum est abolebit id, quod ex parte est*, i Corinthiorum xiii [10].

Expensa auctoritas Cypriani. Caput XLI.

Auctoritate divi Cypriani, quam adduxi,[1] putas, Latome, veritatem doctrinae nostrae de dispensando calice nihil adiuvari, alia autem in parte, qua scilicet vestrarum sacrificia missarum damnamus, clare etiam illam refutari.[2] In quo tu te prodis nimium securo, ne dicam supino animo, legisse Cypriani epistolam. Ostendam igitur tibi ex ipsis divi Cypriani verbis, quam solide et evidenter adductus per me Cypriani locus, nostrae veritati adstipuletur.[3] Prius vero de dispensatione calicis, deinde etiam de sacrificio.

Ut ostenderes Cyprianum nobis dispensationem calicis repetentibus non patrocinari, confugis primum ad nimium tritum tibi argumentum temporariae consuetudinis, et conservandae tranquillitatis ecclesiasticae.[4] Nam quocumque detorquere verba Cypriani coneris, tamen fateri cogeris dispensationem calicis, pro qua nos certamus, observatam fuisse, ut in ecclesia Cypriani, ita in omnibus ecclesiis primis illis et vetustissimis.[5] |

Deinde fingis divum martyrem, quae de calice Domini scripsit, scripsisse de calice offerendo in sacrificio, non de calice populis dispensando in administratione sacramenti, eoque illum nobis, qui negamus oblationem fieri in sacra caena, adversari, non vobis.[6] Denique contendis contra eam sacramenti huius violationem illum scripsisse, quam quidam eius tempore admittebant, offerendo aquam in calice pro vino, non contra vos, qui ne aquae quidem calicem administratis.[7]

---

1 Ap: Bucer, *Was in Namen des heiligen Euangeli*, BDS 11.1, 46, l. 10–13; *Einfaltigs Bedencken*, BDS 11.1, 324, l. 11–29; *Bestendige Verantwortung*, BDS 11.3, 363, l. 3–17; *Scripta duo*, 42–44. All of these cite Cyprian, *Epistola* 63 in support of Bucer's contention that Christ's institution of the Supper should not be altered. This is why the passage assumes such importance in the debate between Bucer and Latomus.
2 Adv: Latomus, *Defensio*, CCath 8, 46, l. 2–21.
3 See below, p. 173.
4 Adv: Latomus, *Defensio*, CCath 8, 45, l. 31–p. 46, l. 2.
5 Adv: Latomus, *Defensio*, CCath 8, 47, l. 1–2.
6 Adv: Latomus, *Defensio*, CCath 8, 46, l. 2–28.
7 Adv: Latomus, *Defensio*, CCath 8, 46, l. 28–40.

Quibus mala praesentis schismatis imputanda, et an aliquod Christi praeceptum propterea sit praetermittendum. Caput XLII.

Scribis igitur de hoc Domini martyre: 'Cum singularis osor novorum dogmatum semper fuerit, unitatemque ecclesiae, et doctrinae consensum tanti fecerit, ut extra eundem neque nomen Christianum, neque sacramentorum vim ullam esse iudicaverit, non possum persuadere mihi, quin si viveret hodie, quibusque de rebus quantum mali excitaretur, animadverteret, omnia ferret, probaretque potius, quae vos reprehenditis, quam perturbari ecclesiam tanto {source *om.*} periculo, novisque doctrinis scindi, atque labefactari videret.'[1] Haec verba tua.

Animadverte autem tu quaeso, quo te abripiat ardor propugnandi, quae qualia sunt, nondum perspexisti. | <An divus Cyprianus pacis causa probaturus fuerit quae nos reprehendimus> Omnino enim necesse est, te vel perparum in hoc scriptore legisse, aut quae legisti minime considerasse, si hoc tibi vere persuaseris, hunc testem Christi, si hodie viveret, laturum, ac etiam probaturum esse potius, quae nos reprehendimus, quam eam admissurum ecclesiarum perturbationem, quam vos hodie excitatis evangelii impatientia, non nos evangelii revocatione. Ergo ne tu putas hunc severissimum episcopum probaturum fuisse vestrorum simonias, et sacrilegum ambitum in invadendis episcopatibus, aliisque praelaturis, illam episcopalis muneris non modo abiectionem, sed etiam conculcationem, doctrinae et disciplinae Christi tam importunam contaminationem, tam portentosam, tam infinitam idololatriam, et abominandas Deo pompas, quas vestri de sacramentis, et aliis suis ceremoniis, de statuis, de ossibus mortuorum excitarunt, et quotidie auxerunt? Haec enim nos reprehendimus, et pro his decoris pontifices dimicant, tantasque turbas cient.

P4v; 120

Si animadverteret, inquis, quibus 'de rebus quantum mali excitaretur.'[2] Quibus obsecro de rebus, et quantum mali? Nos nullis de rebus contendimus, quam ut ea doctrina, ea sacramentorum dispensatio, eaque disciplina in ecclesiis restituatur, quam Dominus ipse tradidit | et instituit. <Ob res Christi quanta mala Latomi colluvies excitet> Has ob res vos terram caelo miscetis, condemnatis nos haereseos, ferro et igni in nos desaevitis, adeo ut legati vestri Romani pontificis, Colonienses coniurati[3] et alii huius furoris non pauci scribere et consulere palam ausint summis regibus totique populo Christiani

Q1r; 121

---

1 Ap and adv: Latomus, *Defensio*, CCath 8, 45, l. 31–p. 46, l. 2.
2 Ap and adv: Latomus, *Defensio*, CCath 8, 45, l. 35–6.
3 For Bucer's account of the attempts by the papacy and its legates to prevent a religious settlement between 1539 and 1545, see *Von den einigen rechten wegen*, BDS 11.2, 278–88. While this is probably a general reference, it may refer specifically to the sentence of suspension against

nominis, Turcarum iugum suscipiendum esse potius quam ut nostrae doctrinae, quam constat Christi esse, locus detur. Eoque suadent a Turcis indutias et eas quavis indignitate citius esse redimendas, ut interim nos conficiamur, quam ferendum, ut evangelium purum Christi, ita ut facit, progrediatur.[4]

Haec sane magna mala sunt, et per vos ideo concitantur, quia nos praecepta Domini restituere elaboramus. Praeterea, cum Satanae nihil sit intolerabilius quam Christi doctrinam proferri, excitat ipse et per haereticos, sanae doctrinae vitiatores, mala multo nocentiora, quorum furoribus ille abutitur, non solum ad illaqueandas et perdendas innumeras animas, sed etiam ad infamandam cum professionem scripturarum, quam et isti eius ministri, quanquam falso, eandem tamen nobiscum iactant, tum et reiectionem tyrannidis antichristi Romani, quam item ut nos, sed alio quam nos animo, illi abiiciunt.[5] Haec certe tanta mala omnino de rebus excitantur, quas nos in vobis reprehendimus, quasque ex | praeceptis Domini restituere in ecclesiis molimur, <Quibus ascribi debeant rerum perturbatio et haereses quae existunt, quotiescumque per pios viros de restituenda vera religione agitur> sed excitantur non per nos, sed per Satanam, et eius satellites, ita ut eadem mala per eundem Satanam, et eiusdem administros suos excitabantur, cum prophetae [cf. Ier 5,30–31; 14,14–15; Ezec 13,1–16], cum Christus ipse [cf. Mt 7,15–20; 24,11,24; Mc 13,22; Io 8,44], cum apostoli [cf. Act 20,29; 2Th 2,9–12; 1Tim 4,1–2; 2Pt 2; 1Io 2,18–19; 4,1; 2Io 7], et eorum veri successores[6] idem negotium restituendae religionis moliebantur, et agebant.

Porro propter haec vestra, non nostra, mala, tam non licet nos aliquid remittere, nec de reprehensione eorum, quae apud vos contra Christi praecepta invecta sunt, nec de studio restituendi, quae tradita nobis sunt a Christo Domino, quam nihil de utroque hoc studio remiserunt Christus Dominus, apostoli, horumque veri successores, sanctissimi patres, propterea, quod Satan, eius mancipia et ipsorum temporibus, eisdem de rebus, quod mundum scilicet reprehenderent, de peccato, iustitia, et iudicio, eadem mala, cum corporalis persecutionis ac saevitiae contra sanctos Dei, tum etiam spiritualis furoris per innumeras et portentosissimas haereses, concitarunt.

Hermann von Wied delivered by the papal legate Girolamo Verallo (1497–1555) on 8 January 1546. See Varrentrapp, 263.

4   A reference to the Truce of Adrianople (modern Edirne) initiated between Ferdinand I and the Ottoman Empire in 1545 and formalised in 1547. See TRE 34, 182; Tracy, 207.

5   Cf. the similar repudiation of the Reformation's radicals in Bucer, *Wie leicht vnnd füglich*, BDS 11.2, 403–9.

6   Cf. Bucer, *Wie leicht vnnd füglich*, BDS 11.2, 403, l. 24–p. 404, l. 1, 19.

<Non sunt omittenda praecepta Domini ne concitentur furores antichristianorum> Mala facere, Latome, et bona quae facere debeas non facere, perinde habetur apud Deum. Mala autem ut inde bona eveniant facienda non sunt [cf. Rm 3,8], igitur nec bona omittenda, quae facere debeas, ut evitentur mala. Restituere quoque praecepta Christi, *arguere mundum de peccato* [Io 16,8], revocare obedientiam Christi, ita bona| sunt ut ea ex se nihil quam bona adferant, utcumque Satan semper soleat, cum haec bona extant et urgentur, praedicta mala excitare omnia. Id autem ipsi et eius mancipiis attribuendum est, non nobis, non doctrinae sanae, non ei sacramentorum administrationi, quam Dominus ipse nobis instituit.

En, quo te obsecro periculo perturbari ecclesiam Dei, quibus novis doctrinis scindi, aut labefactari eam, hinc metuas, quod antiquum nos non novum, et tam feliciter tot saeculis observatum institutum Domini in celebranda caena eius restituimus? Non omnibus, dices, probatur ista restitutio, praecipue cum synodus generalis eam nondum comprobarit. Cum itaque vos institutum hoc Domini recipitis,[7] alii reiiciunt, nascitur quaedam in ecclesia rituum dissimilitudo, et deformitas, indeque excitantur schismata, labefactatur communis disciplina, ostium aperitur quibuslibet factionibus et sectis contra ecclesiae consensionem. Verum haec accidunt incommoda, et excitantur contra ecclesiam Christi per Satanam omnia, et excitantur ab eo occasione nostrae obedientiae, quam Christo Domino praestamus, et praestandam docemus.[8] Sed quid vis ut nos contra faciamus? Qua placet ratione haec nos incommoda avertere, ut praecepta Christi vobiscum contemnamus, | dum parere illis vestrae synodi admittant et comprobent? At fas non est nos auctoritatem Christi, tyrannidi postponere antichristianorum. Morti aeternae et *gehennae* [Mt 10,28] ipsi nos addicimus, si quae scimus nobis praecepta a Domino negligamus, ne offendamus nationem istam pravam et adulteram tyrannorum ecclesiasticorum, aut etiam universi orbis. Confitendus enim est nobis Christus, et semper et coram omnibus, *Dominum* esse *omnium* [Act 10,36], non ore [cf. Rm 10,9] tantum, sed etiam omni vita nostra ad eius obsequium comparata, aut ille nos quoque abnegabit coram Patre suo et angelis [cf. Mc 8,38; Lc 9,26] eius, sanctisque omnibus. Illud igitur perpetuo et tenacissime nobis tenendum: transeant caelum et terra, et maneat verbum Domini [cf. Mt 24,35].

---

7 i.e. the Evangelicals addressed in this paraphrase of Latomus' argument.
8 Adv: Latomus, *Defensio*, CCath 8, 53, l. 36–p. 57, l. 10

'Pereat mundus, et fiat iustitia',⁹ id est quod iubet Dominus.¹⁰ <Quae pax et concordia piis, et quatenus quaerenda> Pacem quaerere et colere summo studio cum omnibus hominibus debemus, sed quam dat Christus, non quam mundus [Io 14,27]. <Romanorum xv [2]; Galatorum i [10]> Curandum nobis est, ut placeamus omnibus, *sed ad bonum et aedificationem* [Rm 15,2], aliter qui placere student hominibus servi Christi esse non possunt [Gal 1,10]. In confessione ecclesiae perstandum est, sed Christi, non antichristi, idque nos contra omnia ea *offendicula* [Rm 16,17] quae per Satanam, et eius mancipia, propter nostram obedientiam, quam Domino constanter praestamus, consolari debet, quod ea non nobis | qui commodum et salutare omnibus *iugum* [Mt 11,29-30] Christi in nos rursus recepimus, et alios ut idem in se admittant hortamur, sed vobis, qui iugum hoc tam pertinaciter reiicitis, et ut nos quoque ab eo retrahatis, nihil malorum non tentatis, molimini, commovetis, imputari debent.

---

9 According to Lautenbach, *Latein–Deutsch Zitaten-Lexikon*, 384, 'fiat iusitita et pereat mundus' was the the motto of Ferdinand I. However, Luther's use of it (see eg. WA 37, 400, l. 1; WA Tr 1, 186, l. 30 [no. 431]) suggests that the phrase was also used as a proverb.
10 Possibly a reference to Mt 6,33.

Quid divus Cyprianus tribuerit longinquae consuetudini contra verbum Dei in administratione caenae dominicae. Caput XLIII.

Sed ad auctoritatem divi Cypriani. Fuit ille omnino: 'Singularis osor novorum dogmatum,'[1] consensionisque ecclesiasticae vindex acerrimus, atque eo ipso, si hodie viveret, nostrum institutum approbaret, vestrum reprobaret. Constat enim nos sequi dogma et institutum Christi vetus, eoque cum Christo ipso, apostolis, totaque ecclesia veterum consentire. Vos autem novum persequi hominum commentum, eoque ut a Christo Domino et apostolis, ita ab omni vera ecclesia, ut ecclesia Christi, quae fuit unquam aut hodie est, dissentire. Sed putas divum Cyprianum tributurum aliquid esse si hodie viveret, iudicio tanti temporis, et consuetudini longissimae. Audi ergo ipsum, quid de temporis longi iudicio, et diuturna consuetudine iudicarit, cum constat diversum institutum ac iussum a Domino esse. | In ea ipsa epistola, quam contra Aquarios[2] scripsit, eos, qui quadam sobrietatis superstitione aquam in calice Domini pro vino ministrabant: <Quid divus Cyprianus de longi temporis consuetudine sentiat, contra clara Christi praecepta> 'Quod si a Domino praecipitur, et ab apostolo eius hoc idem confirmatur et traditur, ut quotiescumque biberimus, in commemorationem Domini hoc faciamus [1Cor 11,26], quod fecit et Dominus, invenimur non observare quod nobis mandatum est, nisi eadem quae Dominus fecit, nos quoque faciamus, et calicem pari ratione miscentes a divino magisterio non recedamus. Ab evangelicis autem praeceptis omnino recedendum non esse, et eadem quae Magister docuit, et fecit, discipulos quoque observare et facere debere, constantius et fortius, alio in loco beatus apostolus docet, dicens: *Miror quod sic tam cito demutamini ab eo qui vos vocavit in gratiam, ad aliud evangelium, quod non est aliud, nisi sunt aliqui qui vos turbant, et volunt convertere evangelium Christi. Sed licet nos, aut angelus de caelo, aliter annuntiet, praeterquam quod annuntiavimus vobis, anathema sit. Sicut praediximus, et nunc iterum dico, si quis vobis annuntiaverit praeterquam quod accepistis, anathema sit* [Gal 1, 6–9].'[3]

Q3v; 126

Et post quaedam: 'Non est ergo frater carissime, quod aliquis existimet sequendam esse quorundam consuetudinem, si | qui in praeteritum in calice dominico aquam solam offerendam putaverunt. Quaerendum est enim ipsi quem sint secuti. Nam si in sacrificio quod Christus est, non nisi Christus sequendus est, utique id nos obaudire et facere oportet, quod Christus fecit,

Q4r; 127

---

1 Ap and adv: Latomus, *Defensio*, CCath 8, 45, l. 32.
2 Ap: Cyprian, *Epistola* 63, MPL 4, 372A–389A; CCL 3C, 389–417. For the *Aquarii*, see DThC 1, 1724–1725.
3 Ap: Cyprian, *Epistola* 63, 10, MPL 4, 381A–382A; CCL 3C, 402–403, l. 171–186.

et quod faciendum esse mandavit, cum ipse in evangelio suo dicat: <Iohannis xv [14–15]> *Si feceritis quod mando vobis, iam non dico vos servos, sed amicos.* Et quod Christus solus debeat audiri, Pater etiam de caelo contestatur, dicens: <Matthaei xvii> *Hic est filius meus dilectissimus in quo bene sensi, ipsum audite* [Mt 17,5] Quare si solus Christus audiendus est, non debemus attendere quid aliquis ante nos faciendum putaverit, sed quid, qui ante omnes est, Christus prior fecerit. <Non hominis consuetudo, sed Dei veritas sequenda> Neque enim hominis consuetudinem sequi oportet, sed Dei veritatem, cum per Esaiam prophetam Deus loquatur, et dicat: <Esaie xxix [13; cf. Mt 5,19; Mc 7,6–7]> *Sine causa autem colunt me, mandata et doctrinas hominum docentes.* Et iterum Dominus in evangelio hoc idem repetat, dicens: <Matthaei xv [9]>[4] *Reiicitis mandatum Dei, ut traditionem vestram statuatis* [Mc 7,8]; Sed et alio in loco ponit, et dicit: *Qui solverit unum ex mandatis istis minimis, et sic docuerit homines, minimus vocabitur in regno caelorum* [Mt 5,19]. <Praecepta de sacramentis magna et grandia> Quod si nec minima de mandatis dominicis licet solvere, quanto magis tam magna, tam grandia, tam | ad ipsum dominicae passionis, et nostrae redemptionis sacramentum pertinentia, fas non est infringere, aut in aliud, quam quod divinitus institutum sit, humana traditione mutare? Nam si Iesus Christus Dominus, et Deus noster ipse est *summus sacerdos* [Hb 2,17 *et passim*] Dei Patris, et sacrificium Deo Patri ipse primus obtulit, et hoc fieri in sui commemorationem praecepit, utique ille sacerdos vice Christi vere fungitur, qui id quod Christus fecit, imitatur, et sacrificium verum et plenum tunc offert in ecclesia Deo Patri, si sic incipiat offerre, secundum quod ipsum Christum videat obtulisse. Caeterum omnis religionis et veritatis disciplina subvertitur, nisi id quod spiritualiter praecipitur, fideliter servetur.'[5]

Et rursus: 'Et quia passionis eius mentionem in sacrificiis omnibus facimus (passio est enim Domini sacrificium quod offerimus) nihil aliud, quam quod ille facit, facere debemus. Scriptura enim dicit: *Quotiescumque enim ederitis panem istum, et calicem istum biberitis, mortem Domini annuntiabitis, quoadusque veniat* [1Cor 11,26]. Quotiescumque ergo calicem in commemorationem Domini et passionis eius offerimus, id quod constat Dominum fecisse, faciamus. Et ideo, frater carissime, si quis de antecessoribus nostris, vel ignoranter vel simpliciter non hoc observavit, et tenuit | quod nos Dominus facere exemplo et magisterio suo docuit, potest simplicitati eius de indulgentia Domini venia concedi. <Nobis non poterit ignosci> Nobis vero non poterit ignosci, qui

---

4 The position of the marginal note suggests that it refers to: 'Dominus in evangelio...dicens' but the passage quoted is Mc 7,8 rather than Mt 15 [9].
5 Ap: Cyprian, *Epistola* 63, 14–15, MPL 4, 384B–386A; CCL 3C, 409–411, l. 251–284. Cf. Bucer, 'Bericht zum christlichen Leser' in *Ein christlich ongefaehrlich Bedencken*, BDS 13, 350, l. 14.

nunc a Domino admoniti, et instructi sumus, ut calicem dominicum vino mixtum, secundum quod Dominus obtulit, offeramus. Et de hoc quoque ad collegas nostros litteras dirigamus, ut ubique lex evangelica et traditio dominica servetur, ut ab eo quod Christus et docuit et fecit, non recedatur. Quae ultra iam contemnere, et in errore pristino perseverare, quid aliud est quam incurrere in obiurgationem Domini increpantis in Psalmo, et dicentis: *Ad quid exponis iustificationes meas, et assumis testamentum meum per os tuum? Tu autem odisti disciplinam, et abiecisti sermones meos retro. Si videbas furem, concurrebas, et inter moechos particulam tuam ponebas.* [Ps 50,16–18] Exponere enim iustificationes, et testamentum Domini, et non hoc idem facere quod fecit Dominus, quid aliud est, quam sermones eius abiicere, et disciplinam dominicam contemnere, nec terrena, sed spiritualia furta et adulteria committere, dum quis de evangelica veritate furatur Domini nostri verba, et facta, et corrumpit atque adulterat praecepta divina, sicut apud Hieremiam scriptum est: *Quid est, inquit, paleis ad triticum? Propter | hoc ecce ego ad prophetas, dicit Dominus, qui furantur verba mea unusquisque proximo suo, et seducunt populum meum in mendaciis suis, et in erroribus suis.* [Ier 23, 28, 30, 32] Item apud eundem alio loco: *Et moechata est*, inquit, *lignum, et lapidem et in his omnibus non est reversa ad me.* [Ier 3, 9–10] Quod furtum et adulterium ne in nos etiam cadat, cavere sollicite et timide, ac religiose observare debemus. Nam si sacerdotes Dei et Christi sumus, non invenio quem magis sequi, quam Deum et Christum debeamus, cum ipse in evangelio maxime dicat: *Ego sum lumen mundi, qui me sequutus fuerit, non ambulabit in tenebris, sed habebit lumen vitae* <Iohannis viii [12]>. Ne ergo in tenebris ambulemus, Christum sequi, et praecepta eius observare debemus, quia et ipse alio in loco mittens apostolos dixit: *Data est mihi omnis potestas in caelo et in terra. Ite ergo docete gentes omnes, tingentes eos in nomine Patris, et Filii et Spiritus sancti. Docete eos observare omnia quaecumque praecepi vobis.* [Mt 28, 18–20] Quare si in lumine Christi ambulare volumus, a praeceptis eius et monitis non recedamus, agentes gratias, quod dum instruit in futurum quid facere debeamus, de praeterito ignoscit quod simpliciter erravimus. Et quia iam secundus adventus nobis appropinquat, magis ac magis benigna | eius et larga dignatio corda nostra luce veritatis illuminat. Religioni igitur nostrae congruit et timori, et ipsi loco atque officio sacerdotii nostri, frater charissime, in dominico calice miscendo, et offerendo custodire traditionis dominicae veritatem, et quod prius apud quosdam videtur erratum, domino monente corrigere, ut cum in claritate sua et maiestate caelesti venire coeperit, inveniat nos tenere quod monuit, observare quod docuit, facere quod fecit.'6 Haec Cyprianus.

R1v; 130

R2r; 131

---

6 Ap: Cyprian, *Epistola* 63, 17–19, 387A–389A; CCL 3C, 413–417, l. 308–364.

In his verbis observa, quae divus martyr proponat disputationis suae axiomata, ex quibus tamquam in ecclesiis Christi apud omnes pios receptis et confessis, id docere et concludere voluit, quod instituerat.

<In sacra caena solus Christus et sequendus et audiendus; nemo hominum> Primum est: in hoc sacrae caenae sacrificio non nisi Christum sequendum esse, et id audiendum, atque faciendum, quod Christus fecit, et faciendum mandavit. Et qui non Deum et Christum in his ante omnes sequatur, eum nec Dei et Christi esse sacerdotem, stare quoque eum et ambulare in tenebris.

<Attendendum quid Dominus fecit, non quid homines> Alterum: ita solum Christum in his nobis esse audiendum, ut non attendamus quid aliquis ante nos faciendum putaverit, sed quid, qui ante omnes est, Christus prior fecerit. Neque enim hominis consuetu-|dinem sequi oportere, sed Dei veritatem.

Tertium: nisi ita faciamus, nos Deum: frustra colere mandatis et doctrinis hominum [Isa 29,13; Mt 15,9], et reiicere mandatum Domini ut traditionem humanam statuamus [Mc 7,8]. <Praecepta eucharistiae qui non sequitur, furtum spirituale et adulterium committit> Exponere enim iustificationes et testamentum Domini, et non hoc idem facere, quod fecit Dominus, nihil aliud esse, quam sermones eius abiicere, et disciplinam dominicam contemnere, nec terrena, sed spiritualia furta, et adulteria committere [cf. Ps 50,16–18], de evangelica scilicet veritate furari, Domini nostri Iesu Christi verba et facta, et corrumpere, et adulterare praecepta divina.

<Praeceptum calicis non dispensandi magnum et grande> Quartum: haec de externis rebus in sacramentis esse mandata non minima, sed praecipue magna et grandia, utpote ad ipsum dominicae passionis, et nostrae redemptionis sacramentum pertinentia, quae infringere, aut in aliud, quam quod divinitus institutum sit, humana traditione mutare, magnum nefas sit, quo omnis religionis et veritatis disciplina subvertitur.

<Syllogismus Cypriani> Vides, Latome, divum Cyprianum in his pronuntiatis suis, quae ex divinis scripturis collecta, tamquam omni tum ecclesiae indubitata, suae conclusioni principia proposuit, affirmare, praeceptum esse a Domino, ut sacerdotes Dei et Christi in eucharistiae {*corr.* eucharistia} administratione omnino hoc idem faciant, et imitentur, quod fecit ipse | et faciendum praecepit, non attento, quid secus observarint maiores, aut quid observet etiamnum hominum consuetudo, et qui aliud facere, quodque divinitus institutum est, humana ratione ausint mutare, eos nec sequi Christum, nec Christi summi sacerdotis vice fungi, non praestare se sacerdotes Dei et Christi, ambulare in tenebris, reiicere, furari, corrumpere, et adulterare Dei magna et grandia praecepta, ad ipsum adeo dominicae passionis et nostrae redemptionis sacramentum, tantopere pertinentia. Atqui constat Christum Dominum sanguinem

suum discipulis distribuisse, sacramento calicis, atque hoc ipsum quod ipse fecit, facere discipulis suis mandasse.

Qui ergo hoc, cum sacram Domini caenam instituunt celebrare non observant, et calicem praesentibus non distribuunt, quamcumque maiorum auctoritatem, quamlibet diuturnam hominum in eo consuetudinem sequantur, ii tamen, sicut aperte hoc idem quod fecit Dominus, et faciendum esse mandavit, non faciunt, ita auctoritate tam Cypriani, quam ecclesiae catholicae, quae fuit Cypriani temporibus, nec sunt sacerdotes Dei et Christi, nec Christi vice funguntur, Christum non sequuntur, in tenebris ambulant, praecepta Dei (et ea non levia, ut tu existimas) sed magna et grandia, ad | ipsum scilicet dominicae passionis, et nostrae redemptionis sacramentum magnopere pertinentia, infringunt, humana traditione mutant, reiiciunt, furantur, corrumpunt, et adulterant. Haec tribuit ecclesiae Dei, qui eandem Christi et antichristi ecclesiam potest credere.

R3v; 134

En habes, Latome, quid Cyprianus tribuat longissimi temporis iudicio, diuturnae consuetudini, quid auctoritati maiorum ubi constat diversum esse institutum et praeceptum divinitus, quid paci atque unitati ecclesiasticae quae hominum traditionibus, non praeceptis divinis, innititur.

<In Epistola ad Pompeium contra epistolam Stephani> Eandem de humana auctoritate et consuetudine discedente a praeceptis Domini sententiam, non minus ecclesiae Dei catholicae, quam suam idem Cyprianus, fidelis ecclesiae minister, etiam aliis in locis praeclare adserit, testatus, consuetudinem sine veritate, vetustatem esse erroris:[7] <Quoties recessum fuerit ab institutis Domini, ad ipsam Domini et apostolicam traditionem recurrendum> 'Et si in aliquo mutaverit, et vacillaverit veritas, ad originem dominicam, et evangelicam et apostolicam traditionem esse revertendum, ut inde surgat actus nostri ratio, unde et ordo et origo surrexit.'[8] Quemadmodum: Si canalis aquae deficiat, 'ad fontem pergitur, ut illic defectionis ratio noscatur.'[9]

Hinc cernis ergo refutatum illud tuum commentum | divum Cyprianum dispensasse quidem e sacra caena calicem Domini, sed id fecisse ideo, quod sic tulerit sui temporis consuetudo, eoque nunc 'si viveret,' etiam diversae hominum consuetudini, abiecta Dei veritate, acquieturum esse propter iudicium scilicet longi temporis, auctoritatemque maiorum, et propter pacem atque unitatem cum illis conservandam, qui reiecerunt mandatum Domini, ut suam statuerent traditionem.[10]

R4r; 135

---

7   Ap: Cyprian, *Epistola* 74, 9, MPL 3, 1134A; CCL 3C, 575, l. 181–182.
8   Ap: Cyprian, *Epistola* 74, 10, MPL 3, 1135C–1136A; CCL 3C, 578, l. 218–221.
9   Ap: Cyprian, *Epistola* 74, 10, MPL 3, 1135B; CCL 3C, 577, l. 209–210.
10   Ap and adv: Latomus, *Defensio*, CCath 8, 45, l. 31–p. 46, l. 2. See above, p. 155.

Nemo enim non videt ex his ipsis divi Cypriani verbis, quae adscripsimus, hunc virum et martyrem Christi hoc sensisse, atque docuisse, et in eo sententiam ecclesiae catholicae tenuisse, atque adseruisse nobis, sicut in omnibus rebus aliis, ita in sacramentis longe maxime, nullam hominum consuetudinem, sed ipsa Domini et verba et facta esse requirenda, et sequenda. Et qui secus faciant, eos non esse sacerdotes Christi, nec eius fungi sacerdotio, sed spirituale admittere furtum et adulterium, furari scilicet, corrumpere et adulterare verba et facta Christi.

Sententia divi Cypriani scripta in eos, qui in calice Domini aquam administrabant pro vino, gravius damnari eos, qui calicem Domini omnino non dispensant. Caput XLIIII.

<Effugium Latomi miserum> Sed dicis, divum Christi martyrem haec scripsisse in eos qui in sacrificio aquam pro vino offerebant, non in | eos, qui calicem e mensa Domini non dispensabant.¹ Recte, nec enim erant tum, qui tantum ausi sacrilegium fuissent, ut omnem calicis dispensationem ecclesiis, plebi Christi, eriperent, tantum stulta quadam sobrietatis superstitione inducti, et putantes tecum, Latome, levia esse Domini praecepta de externis rebus in sacramentis, atque aquae symbolo, idem quod vini repraesentari posse, aquam pro vino in calice Domini administrabant, verba interim Domini ad calicem dicta, in quibus vis sacramenti maxima continetur, ecclesiis fideliter exhibentes, quae ipsa quoque tui sacrificuli suo spirituali adulterio et furto ecclesiis subtraxerunt.

<Ob humanam auctoritatem vel consuetudinem recedere a verbis et factis Domini in re qualibet, impium> Haec sane te ausum esse scribere, dicta Cypriani contra Aquarios,² non multo magis contra vos valere,³ qui totum sacramentum calicis ecclesiis abstulistis, cum illi tantum materiam sacramenti mutarunt, vinum, aqua, miror admodum, cogitans te aliquando artem logicam publice esse professum, nisi scirem, in quem sensum tradat Dominus eos, qui suam audent doctrinam oppugnare [cf. Rm 1,21]. Divus Cyprianus, cum vellet demonstrare quam graviter peccarent isti Aquarii, medio et argumento uti voluit universali,⁴ eo scilicet, recessu et declinatione a facto et iussu Christi, cum in caeteris re-|bus omnibus, tum praeceptis, et nominatim in hoc ipso sacramento, propter humanam auctoritatem et consuetudinem ipsos peccare, et huic recessui, et declinationi a verbis et factis Domini, huic instituti Christi mutationi propter humanam traditionem, probavit per scripturas inesse illa omnia: tam horrendam reiectionem mandati Christi, spirituale furtum et adulterium, eoque et reiectionem sacerdotii Christi. Haec ergo, si non insunt in qualibet mutatione instituti dominici, et circa hoc ipsum, et circa quodlibet aliud sacramentum nobis a Domino ipso commendatum, et in unaquaque deflectione ab eo quod Dominus et fecit et nos facere iussit (quae quidem

---

1 Adv: Latomus, *Defensio*, CCath 8, 46, l. 11–12.
2 For Aquarii, see above, p. 159.
3 Adv: Latomus, *Defensio*, CCath 8, 46, l. 5–9, 19–21.
4 Another reference to Bucer's syllogism. See above, p. 77. Latomus denies that its middle term or 'medium argumentum' (see Aristotle, *Analytica posteriora* 1, 6, Opera 1, 75a) is universal, while Bucer asserts it is. In other words, Latomus claims that the church is not required to follow Christ's institution in every detail, while Bucer, citing Cyprian, claims that it is.

deflectio propter humanam fiat auctoritatem et consuetudinem) deest profecto conclusioni divi Cypriani propositio universalis, atque adeo conclusio illa non est. Id vero nemo, nisi artis logicae plane imperitus, aut omnino impudens tanti martyris Christi contemptor, dicet, siquidem quae divus Christi martyr hic scripsit aliqua cum attentione legerit.

<Plus violat sacramentum qui nullum omnino, quam qui aquae tantum poculum in eucharistia administrat> Sed quid opus verbis? Quis est omnino hominum, qui istis de rebus possit statuere, qui non agnoscat ipse, multo gravius admitti sacrilegium ab iis, qui omnino nullum poculum e mensa Domini administrant, quam admiserant olim ii, qui aquae poculum pro vino | administrabant, cum in aqua tamen[5] aliqua symboli bibendi sanguinis Christi ratio sit, quae nulla reliqua fit, cum plane nihil potus exhibetur, ac, quod deterrimum et nocentissimum est, ipsa praeterea Domini verba, verba plena summae consolationis, et salutaris doctrinae prorsus tolluntur?

---

5 The typography here is ambiguous and the abbreviation may also stand for *tantum*.

Singularis Latomi negligentia negantis divum Cyprianum de dispensatione calicis scripsisse, sed tantum de eius oblatione. Caput XLV.

At vero superest tibi, Latome, adhuc aliud effugium: divum Cyprianum, ais, hoc scripto suo reprehendisse mutatam calicis, non dispensationem, sed oblationem.[1] Nam dispensationem sacramentorum vos ab oblatione, et sacrificio eorum seiungitis, et oblationem sacratiorem dispensatione facitis. Vis igitur quae scripta sunt a divo Cypriano in mutatum calicem, ad oblationem tantum eius, non etiam pertinere ad eius dispensationem. Ita voluit Dominus ut tuam audaciam et inconsiderantiam proderes. Sic enim scripsisti:

Latomus
'Quanquam illud mirum est, tanto studio te summi illius viri auctoritatem mihi opponere voluisse, nec vidisse interim locum illum, non solum nihil facere contra me, sed obiter etiam incurrere in aliud dogma, vinum de calice Dominico offerendo.'[2]

| <Latomus epistolam Cypriani, ex qua pugnat, aut non legit ab initio, aut legit sine mente> Illud magis mirum est, Latome, iis duntaxat, qui te doctum et bonum virum iudicabant, quod cum institueris nobiscum decertare de sententia, non tam divi Cypriani, quam ecclesiae universae, et tamen non induxeris in animum tuum, ut vel unam hanc Cypriani epistolam, ex qua versus tam multos adscripseram, totam perlegeris, aut si perlegeris, non animadverteris quod dispensatio sacramentorum a sacrificio et oblatione sacrae caenae, tempore illo sicut et diutissime postea in universa ecclesia, seiuncta non fuit, ut qua oblatio et sacrificium perficiebatur, de quo mox plura dicemus.

Deinde illud in te non admiratione tantum, sed gravi etiam reprehensione dignum est, quod cum volueris exclamare de magna 'plaga' quam acceperim[3] ex hac Cypriani epistola, ex eo, quod illa non de calice laicis praebendo (ut tu eam falso interpretaris) sed miscendo in sacrificio et a sacerdotibus offerendo disputet, nec saltem initium huius epistolae legere, vel attente legere, sustinueris. His enim verbis divus martyr ab initio epistolae proposuit, qua de re voluerit disputare: 'Quanquam sciam, frater carissime, episcopos plurimos ecclesiis dominicis in toto mundo divina dignatione propositos evangelicae veritatis ac dominicae traditionis tenere rationem, nec ab eo quod Christus Magister et

S2r; 139

---
1 Adv: Latomus, *Defensio*, CCath 8, 46, l. 24–28.
2 Ap and adv: Latomus, *Defensio*, CCath 8, 46, l. 2–6.
3 Ap and adv: Latomus, *Defensio*, CCath 8, 46, l. 9.

S2v; 140   praecepit et gessit, humana et novella | institutione decedere, tamen quoniam quidam vel ignoranter, vel simpliciter in calice dominico sanctificando, <et plebi ministrando> et plebi ministrando, non hoc faciunt, quod Iesus Christus, Dominus et Deus noster, sacrificii huius auctor et doctor, fecit et docuit, religiosum pariter ac necessarium duxi, de hoc ad te litteras facere, ut si quis in isto errore adhuc tenebatur, veritatis luce perspecta ad radicem atque originem traditionis dominicae revertatur.'[4] <Nota: radix et origo omnium in ecclesiae agendorum est Domini traditio>

Hic vides divus Christi martyrem non minus de calice dominico plebi dispensando, quam sanctificando, adeoque offerendo, disputare voluisse. Et tu ausus es scribere hunc virum Dei non disputare hoc loco de calice laicis praebendo. Quid igitur? Plebs tum non erant laici?

<Primi libri epitome> Haec modo satis sint hac de re, namque omnibus qui animos habent doctrinae et veritatis Christi capaces (utinam et tibi) per haec, qualiacumque sunt, quae hucusque attulimus, vos sacrilegio truncatae eucharistiae omnino condemnari, abunde demonstravimus, sicut claris et evidentibus verbis Domini, omnisque veteris ecclesiae testimoniis et praeiudiciis, ita etiam his, quas adduxeram auctoritatibus, Gelasii, Chrysostomi, et

S3r; 141   Cypriani. Adeoque planum fecimus, te nostram or-|thodoxam et catholicam ecclesiae Christi sententiam, eiusque demonstrationem ex necessariis et evidentibus principiis religionis nostrae conclusam, te quidem confutare et reprehendere esse conatum, sed nihil minus quam hoc praestitisse, perstareque, et perstitura in omnium animis, qui verbis Dei firmam possunt fidem habere, ea omnia, quae contra te, et alios revocati evangelii Domini nostri Iesu oppugnatores defendenda suscepi.

Primum remotionem dispensandi calicis e mensa Domini omnibus fidelibus Christi, ecclesiae Dei nullo modo, sed introductionem huius truncationis eucharistiae, necessario esse tribuendam temeritati et superstitioni imperitorum et irreligiosorum sacrificulorum, et pontificum, confirmationem vero eius, et defensionem, rebellioni contra Christum, et furori plane antichristiano, eorum pontificum, qui se iam sub nomine vicariorum Christi palam supra Christum, et omne quod ut Deus colitur, extulerunt [cf. 2Th 2,4].

Deinde, ecclesiam Christi, cum a nullis Dei sui praeceptis, tum a praeceptis ceremoniarum et sacramentorum omnium minime recedere, immo id, et omnes quicumque id docent, aut suadent, habere anathema.

---

4   Ap: Cyprian, *Epistola* 63, 1, MPL 4, 373A–374A; CCL 3C, 389–390, l. 1–14.

Praeterea praeceptum dispensandi calicis ita esse nobis |⁵ a Domino nostro Iesu Christo traditum, ut illud non certo tantum tempore, sed ad finem usque mundi summa religione observare debeamus.

Deinde causas quas tu subindicas, cur convenerit dispensationem calicis a mensa Domini tollere, indignas esse, quae a Christiano homine memorentur, unde nec ipse illis fidere ausus es.

Tum non nos, repetendo hoc Domini praeceptum de calice e mensa eius distribuendo, sed vestros pontifices, obsistendo ne Domino in hoc et aliis praeceptis eius pareamus, causam dedisse et dare praesentis schismatis, omniumque eorum malorum, quae ex eo schismate non ad Germaniam modo sed universam rempublicam praevenerunt et perveniunt. Nec ullius etiam humanae consensionis aut utilitatis causa, ab ullis Domini praeceptis ullatenus esse deflectendum.

Denique, sicut auctoritatem eorum sanctorum patrum, quorum adduxi testimonia, ita omnium stare omnino a nobis contra vos.

In quibus et hoc manifestum fecimus, te in omni tua disputatione et rhetoricatione nulla prorsus niti, nec auctoritate idonea, nec ratione verisimili. Omnia enim quae contra nos attulisti, hoc uno, non tam absurdo, quam impio argumento innituntur. | <Fundamentum totius theologiae Latomianae> Quicquid, qua temeritate, qua impietate, semel in publicum fuerit usum sacrificulorum receptum per Italiam, Hispaniam, Galliam, Germaniam, et a Romanis pontificibus, eiusque conciliis confirmatum, quantumvis hi manifesti sint antichristi, cum sacrificuli tum pontifices, id tamen oportere haberi Christianis omnibus institutum et iussum ecclesiae Christi, eoque et ab ipso Spiritu sancto profectum. A quo quicumque, quantumvis aperto Dei praecepto adactus, deflexerit, eum recedere ab unitate et communione ecclesiae, facere schisma, fieri haereticum, et non esse in vivis tolerandum.

Ista hoc priore libro, iuvante Domino nostro Iesu Christo, Magistro unico nostro caelesti, eius auspicio, ductuque Spiritus eius (ipsi sit aeterna gloria) clare ostendimus, et auctoritate cum Dei, tum omnis veteris ecclesiae, denique et evidentissimis rationibus, evicimus, et demonstravimus, quae convellere tu tunc poteris, cum verbum Dei aeternum, cum veritas Christi vincens omnia, cedere poterit paralogismis et dolis antichristi. Hic igitur esto primi libri finis.

---

5 The running header for p. 42–43 is 'Epitome libri primi.'

Liber Secundus

Praefatio

Insultandum putasti mihi, Latome, et satis confidenter, quasi immanem ipse mihi – immo, non tam mihi quam ecclesiis nostris – 'plagam'[1] inflixerim, citata divi Cypriani epistola, in qua ille praedicat, in administratione caenae sacrificium offerri Deo Patri, cum nos negemus: 'In divino sacrificio panem et calicem pro peccatis nostris offerendum esse.'[2] Visum igitur est alterum librum hic subiicere de veteris ecclesiae et sanctorum patrum sacrificiis, quae ad caenam Domini offerre solebant, veris, et de falsis vestrae ecclesiae vestrorumque sacrificulorum, quae offerre sese Deo mentiuntur in missis suis.

Quem maxime laborem eo suscepi, quod fere omnes vos, qui redeunti regno Christi conatus ingeniorum vestrorum obiicitis, iactare singulari confidentia, ne dicam impudentia, soletis, sanctorum patrum auctoritatem, quod ad sacrificium missarum vestrarum attinet, stare omnino a vobis contra nos. Quam falsam gloriationem prae aliis adornare conati sunt mei Colonienses sophistae, in eo libro,[3] quo piam veri episcopi Coloniensis reformationem[4] suis cum impudentissimis, tum virulentissimis sophismatis et calumniis conspuerunt, et arroserunt.[5]

In quo certe eo suis sophismatis, et adserendi audacia (nolo enim eos fraudare laude sua) profecerunt (apud illos duntaxat, qui se, ob reiectam dilectionem veritatis, dignos fecerunt, quibus Dominus mittat, non dilutam tantum sophisticam, sed etiam vim erroris efficacem, ut credant mendacio) ut multi magni inter hos, spem nonnullam conceperint, missas vestras retineri posse. Cum itaque non desint boni alioqui, sed minus instituti adhuc in mysteriis Christi, quos ista vestra gloriandi de auctoritate veteris ecclesiae audacia, nonnihil tamen perturbat, depravataeque per vos quaedam veterum sententiae aliquantulum impediunt, his operam hanc navare institui, ut ostenderem, idque ex ipsis sanctorum patrum libris:

<Tractanda hoc secundo libro> Primum, quaenam sacrificia vetus ecclesia et sancti patres ad altare Domini in eucharistiae administratione obtulerunt.

---

1 Adv and ap: Latomus, *Defensio*, CCath 8, 46, l. 9.
2 Adv and ap: Latomus, *Defensio*, CCath 8, 46, l. 6–7.
3 i.e. Gropper, *Gegenberichtung*. See above, p. 14.
4 i.e. Hermann von Wied, *Einfaltigs Bendenken* and *Simplex ac pia deliberatio*, Seebass, *Bibliographie*, no. 126, 138–141 and BDS 11.1.
5 Adv: Gropper, *Gegenberichtung*, 78v–94r.

Deinde, quid intellexerint sancti patres, aut esse putarint, suum illud offerre, et sacrificare singula illa sacrificia, quae in administratione caenae dominicae offerre et sacrificare solebant. Praeterea, pro quibus, et quid per illam commodare voluerint, sive vivis, sive defunctis. Atque huius loci occasione explicare studebo, quid | vetus ecclesia pro defunctis orarit et sacrificarit, quidve his precibus et oblationibus suis pro illis voluerit efficere. Tum, de purgatorio, quale inventum sit, et quantum mali huius praetextu invectum sit in ecclesiam Dei. Postremo, demonstrabo haec ipsa veteris ecclesiae et sanctorum patrum sacrificia, nos, cum in administratione eucharistiae, tum in aliis ecclesiasticis actionibus in quibus scilicet id ad fidei aedificationem plus confert, vere offerre, et sacrificare, vestros vero sacrificulos illa cuncta a missis suis omnique sua administratione, aut prorsus removisse, aut certe ita pervertisse, ut auctoritatibus omnibus sanctorum patrum extremae impietatis convincantur et condemnentur. Eoque patefaciam utri, nos an vos, plagam accipiamus ab auctoritatibus vel divi Cypriani[6] vel aliorum sanctorum patrum, quibus caenae dominicae sacrificium praedicant.

Dominus det omnibus, qui sunt eius, inter quos et te opto esse, ut omnes malint cum vetere ecclesia et sanctis patribus, missis vestris missis,[7] vera grataque Deo sacrificia religiose maiestati ipsius offerre, quam cum tanta Dei et Christi nostri contumelia, illa per abominandas missas vestras cum antichristis falso iactare.

T1v; 146

---

6   See above, p. 167 & 170.
7   Probably a play on the original meaning of *missa:* i.e. 'your masses dismissed.' See Bucer, *Bestendige Verantwortung*, BDS 11.3, 413, l. 13–27 on *missio* as the origin of *missa* adv: Gropper, *Gegenberichtung*, 81r–'81'[i.e. 82]r.

Quae et quot genera oblationum et sacrificiorum habuerit vetus ecclesia. Caput I. |

Primum igitur videamus, quae et quot genera oblationum et sacrificiorum vetus ecclesia afferre consueverit. Dum vero sanctorum patrum et vetustissimorum quidem monumenta evolvimus, ipsasque etiam preces, quae in administratione caenae dominicae receptae a maioribus, tam apud Latinos quam apud Graecos, adhuc supersunt, excutimus, quinque genera oblationum et sacrificiorum commemorari deprehendimus. <Quinque genera oblationum et sacrificiorum in caena Domini>[1] Primum sacrificium Christi ipsius, et passionis eius, hoc est, corporis et sanguinis eius, cum pro nobis immolati, tum in cibum et potum vitae aeternae, symbolis pane et vino a nobis sumendi. Alterum panis et vini, in usum sacramenti, quo nobis corpus et sanguis Domini exhibetur, sanctificati. Tertium, precum, gratiarum actionis, et laudum Dei, adeoque ipsius administrationis totius caenae dominicae. Quartum, nostri ipsorum, et populi fidelis. Quintum, munerum quae a fidelibus conferuntur. De his igitur oblationibus et sacrificiis aliqua sanctorum patrum, et veterum precum testimonia consideremus.

---

1 For the division of the Mass into four offerings, see *Worms Book*, BDS 9.1, 461, l. 1–3; ADRG 3.1, 364, l. 10–12; Gropper, *Gegenberichtung*, '78' [i.e. 88]v–103v; Bucer, *Bestendige Verantwortung*, BDS 11.3, 415, l. 26–p. 462, l. 31; Here Bucer attempts to bring clarity to the debate by adding *sacrificium alterum panis et vini* as a fifth sacrifice.

Quid de sacrificiis ecclesiae commemoret divus Cyprianus. Caput II.

| De Christo ipso scripsit divus Cyprianus in epistola tertia libri secundi, in qua totam prope religionem sacrae caenae explicuit.¹

Divus Cyprianus

<Sacrificium Christus ipse> 'Nam, si in sacrificio, quod Christus est, non nisi Christus sequendus est.'² <Sacrificium passio Domini> De passione eius: 'Passio est Domini sacrificium quod offerimus.'³

<Sacrificium panis et vinum, corpus et sanguis Domini> De pane et vino, atque corpore et sanguine Domini, his symbolis praebendis et sumendis: 'Nam quis magis sacerdos Dei summi, quam Dominus noster Iesus Christus, qui sacrificium Deo Patri obtulit? Et obtulit hoc idem, quod Melchisedec obtulerat, id est, panem et vinum [Gn 14,18–20], suum scilicet corpus et sanguinem {*corr.* sauguinem}.'⁴

De muneribus fidelium scribit in Sermone de eleemosyna ad divitem matronam: 'Locuples,' inquit, 'et dives, dominicum celebrare te credis, quae corbonam omnino non respicis, quae in dominicum sine sacrificio venis, quae partem de sacrificio, quod pauper obtulit, sumis.'⁵

<Sacrificium oblatum a fidelibus ad altare> Vide, hic martyr Christi, et Christum ipsum, et passionem eius, tum etiam corpus et sanguinem Domini, quae in pane et vino (utar verbis Cypriani) intelliguntur, et ostenduntur (addimus nos, idque ex verbo Domini) exhibentur, panem denique etiam et vinum, ac | caetera quae in usum pauperum ad mensam Domini a fidelibus offeruntur.

Perspiciamus nunc quid hoc episcopo et martyre Christi Cypriano antiquior episcopus et martyr Christi Irenaeus de sacrificio caenae dominicae scripserit.

---

1 Ap: Cyprian, *Epistola* 63, MPL 4, 372A–389A; CCL 3C, 389–417.
2 Ap: Cyprian, *Epistola* 63, 14, MPL 4, 385A; CCL 3C, 409, l. 254–255.
3 Ap: Cyprian, *Epistola* 63, 17, MPL 4, 387A; CCL 3C, 413, l. 309.
4 Ap: Cyprian, *Epistola* 63, 4, MPL 4, 376A; CCL 3C, 393, l. 50–53.
5 Ap: Cyprian, *Liber de opere et eleemosynis* 15, MPL 4, 612; CCL 3A, 47.

Quid de sacrificiis ecclesiae scripserit divus Irenaeus. Caput III.

<Oblationes fidelium collatae ad mensam Domini ex creaturis eius> Hic libro quarto Contra haereses, ista de sacrificio eucharistiae scripta reliquit: 'Sed et suis discipulis dans consilium, primitias Deo offerre ex suis creaturis, sed ut ipsi, nec infructuosi, nec ingrati sint, cum {*corr.* eum} qui ex creatura panis est, accepit et *gratias egit* [Lc 22,19] dicens: *Hoc est meum corpus* [Mt 26,26; Mc 14,22; Lc 22,19; 1Cor 11,22] <Vera oblatio: panis et vinum> Et calicem similiter, qui est ex ea creatura, quae est secundum nos, suum sanguinem confessus est, et *novi testamenti* [Mt 26,28; Mc 14,24; Lc 22,20; 1Cor 11,24] novam docuit oblationem, quam ecclesia ab apostolis accipiens in universo mundo offert Deo, ei qui alimenta nobis praestat, <Primitias munerum Dei, id est alimentorum, panis et vinum> primitias suorum munerum in novo testamento, de quo in xii prophetis Malachias sic praesignificavit: *Non est mihi voluntas in vobis, dicit Dominus omnipotens, et sacrificium non accipiam de manibus vestris. Quoniam ab ortu solis, usque ad occasum nomen meum glorificatur inter gentes et in omni loco incensum offertur no-|mini meo, et sacrificium purum, quoniam magnum est nomen meum in gentibus, dicit Dominus omnipotens* [Mal 1,10–11] manifestissime significans per haec, quoniam prior quidem populus cessabit offerre Deo, omni autem loco sacrificium offertur ei, et hoc purum, nomen autem eius glorificatur in gentibus.'¹

De quo puro sacrificio subiicit capite xxxiiii:² 'Igitur ecclesiae oblatio, quam Dominus docuit offerri in universo mundo, *purum sacrificium* [Mal 1,11] reputatum est apud Deum, et acceptum est ei, non quod indigeat a nobis sacrificium, <Vnde oblatio cultus Dei. Puritas sacrificii nostri ex simplicitate et innocentia offerentium> sed quoniam is qui offert, glorificatur ipse, in eo quod offert, si acceptetur munus eius. Per munus enim erga regem, et honos et affectio ostenditur, quod in omni simplicitate, et innocentia Dominus volens nos offerre praedicavit, dicens: <Vide oblationes esse fidelium munera ad altare collata> *Cum igitur offers munus tuum ad altare, et recordatus fueris, quoniam frater tuus habet aliquid adversum te, dimitte munus tuum ante altare, et vade primum reconciliari fratri tuo, et tunc reversus offer munus tuum* [Mt 5,23–24] Offerre igitur oportet Deo primitias eius creaturae sicut et Moyses ait: *Non apparebis vacuus ante conspectum Domini Dei tui* [Ex 23,15; 34,20; Dt 16,16; Sir 35,6] ut in quibus gratus extitit homo, in his gratus ei deputatus, eum qui est ab eo percipias honorem. Et non {*suppl.*} genus oblationum reprobatum est,

---

1 Ap: Irenaeus, *Contra haereses* 4, 17, 5, MPG 7, 1023–1024; SC 100, 590–593. Adv: Gropper, *Gegenberichtung*, 78v.

2 Numeration used in the Froben edition of Irenaeus.

oblationes enim et illic, oblationes autem et hic, sacrificia in | populo, sacrificia et in ecclesia. <Nota: species tantum mutatas sacrificiorum, non res> Sed species immutata est tantum, quippe cum iam non a servis, sed a liberis offeratur. Unus enim et idem Dominus, proprium autem character servilis oblationis [...] ostendatur iudicium libertatis. Nihil enim otiosum, nec sine signo, sive argumento apud eum. Et propter hoc illi quidem decimas suorum habebant consecratas. Qui autem perceperunt libertatem, omnia quae sunt ipsorum ad dominicos decernunt usus, hilariter et libere dantes ea, non quae sunt minora, utpote maiorem spem habentes, vidua illa et paupera, hic totum victum suum mittente in gazophylacium Dei [Mc 12,41–44; Lc 21,1–4]. Ab initio enim respexit Deus ad munera Abel, quoniam cum simplicitate et iustitia offerebat. Super sacrificium autem Cain non respexit, quoniam cum zelo et malitia, quae erat adversus fratrem, divisionem habebat in corde [Gn 4,3–8].'[3]

Hic martyr Christi subiiciens de eo, undenam veniat ut sint Deo grata quae offerimus, tractat locum scripturae [Gn 4,3–8] de Abel, ad cuius munera Deus respexit: 'quoniam cum simplicitate et iustitia offerebat,' et Cain, super cuius sacrificia 'non respexit, quoniam' offerebat 'cum zelo et malitia,'[4] eumque tractatum his concludit verbis: 'Igitur non sacrificia sanctificant hominem, non enim | indiget sacrificio Deus <Unde sacrificantium sanctificatio> sed conscientia eius qui offert sanctificat sacrificium, pura existens, et praestat acceptare Deum, quasi ab amico. Peccatori autem inquit: *Qui occidit mihi vitulum, quasi occidat canem* [Isa 66,3] <Vide unde sacrificium ecclesiae purum> Quoniam enim cum simplicitate ecclesia offert, iuste munus eius purum sacrificium apud Deum deputatum est. Quemadmodum et Paulus Philippensibus ait: *Repletus sum acceptis ab Epaphrodito, quae a vobis missa sunt, odorem suavitatis, hostiam acceptabilem, placentem Deo* [Phil 4,18]. Oportet enim nos oblationem Deo facere, et in omnibus gratos inveniri Fabricatori Deo, in sententia pura et fide sine hypocrisi, in spe firma, in dilectione ferventi, primitias eorum, quae sunt eius creaturarum offerentes, et hanc oblationem ecclesia sola puram offert Fabricatori, offerens ei cum gratiarum actione, ex creatura eius.'[5]

<Eucharistia rursus confirmat sententiam nostram> Et postquam ostendit nec Iudaeos, nec haereticorum synagogas offerre,[6] subiicit: 'Nostra autem consonans est sententia eucharistiae'[7] (intelligit sententiam qua creduntur omnia etiam visibilia huius mundi esse condita ab uno et vero Deo, Patre Domini

---

3   Ap: Irenaeus, *Contra haereses* 4, 18, 1–3, MPG 7, 1024–1025; SC 100, 596–600.
4   Ap: Irenaeus, *Contra haereses* 4, 18, 3, MPG 7, 1025; SC 100, 600–607.
5   Ap: Irenaeus, *Contra haereses* 4, 18, 3–4, MPG 7, 1026–1027; SC 100, 606–607.
6   Ap: Irenaeus, *Contra haereses* 4, 18, 4; MPG 7, 1027; SC 100, 606–611.
7   Ap: Irenaeus, *Contra haereses* 4, 18, 5, MPG 7, 1028; SC 100, 610–611.

nostri Iesu, non ab alio malo Deo, ut confinxerant haeretici, contra quos vir Dei pugnat, quaque creditur vera corporum nostrorum resurrectio, quam haeretici illi negabant). 'Offerimus | enim ei, <Quid offerre> quae sunt eius, congruenter communicationem, et unitatem praedicantes carnis et spiritus. Quemadmodum enim qui est a terra panis percipiens vocationem Dei, iam non communis panis est, sed eucharistia ex duabus rebus constans, terrena et caelesti. Sic et corpora nostra percipientia eucharistiam, iam non sunt corruptibilia spem resurrectionis habentia. <Quid offerre> Offerimus autem ei, non quasi indigenti, sed gratias agentes donationi eius, et sanctificantes {*corr.* sanctificantis} creaturam. Quemadmodum enim Deus non indiget eorum quae a nobis sunt, sic nos indigemus offerre aliquid Deo, sicut Salomon ait: <Vide quid id sit quod offertur> *Qui miseretur pauperi, foeneratur Deo.* [Prv 19,17] Qui enim nullius indigens est Deus in se, assumit bonas operationes nostras, ad hoc ut praestet nobis retributionem bonorum suorum. Sicut Dominus noster ait: *Venite, benedicti Patris mei, percipite preparatum vobis regnum.* <Vide veras oblationes> *Esurivi enim, et dedistis mihi manducare, sitivi, et potastis me, hospes sui et collegistis me, nudus et cooperuistis me, infirmus et visitastis me, in carcere, et venistis ad me* [Mt 25,34–36]. Sicut igitur non his indigens, attamen a nobis propter nos fieri, ne simus infructuosi. Ita ad ipsum verbum dedit populo praeceptum faciendarum oblationum, quamvis non indigeret eis, ut disceret Deo servire. Sic et ideo nos quoque offerre vult | munus ad altare frequenter sine intermissione. Est ergo altare in caelis, illuc enim preces nostrae, et oblationes nostrae diriguntur, et templum, quemadmodum Ioannes in Apocalypsi ait: *et apertum est templum Dei* [Apc 11,19] *et tabernaculum. Ecce enim*, inquit, *tabernaculum Dei, in quo habitabit cum hominibus.* [Apc 21,3][8]

In his, Latome, clare descriptum vides, et quae sint sacrificia ecclesiae Dei in eucharistia, et quid sit illa offerre Deo Patri, et quae sit causa ea offerendi, ac unde quoque sit, ut grata Deo, et pura ista ecclesiae sacrificia habeantur. Primum cernis hunc martyrem Christi, non Christum, non corpus et sanguinem eius, agnovisse esse oblationes, et sacrificia ecclesiae, sed munera illa fidelium, quae ad mensam Domini in eucharistia offerebant, ex creaturis Dei, pane et vino, et caeteris rebus, quibus Christus in suis minimis esuriens et sitiens ali a nobis potari, et tecto recipi, nudus tegi, infirmus, et incarceratus invisi et foveri debet, [Mt 25,34–36] munera scilicet, quae Dominus et a veteri populo requisivit, cum ei *ne vacuus in conspectum* suum veniret, [Ex 23,15; 34,20; Dt 16,16; Sir 35,6] praecepit, quibusque commodando pauperibus foeneratur Deo. [Prv 19,17] Haec enim scripturae loca divus martyr adduxit, unde merito ista ecclesiae sacrificia, eadem agnovit esse substantia cum sacrificiis

---

8   Ap: Irenaeus, *Contra haereses* 4, 18, 5–6, MPG 7, 1028–1029; SC 100, 610–615.

populi veteris | specie tantum ab eis differre, et specie cum maioris copiae, tum promptioris liberalitatis.

<Quid offerre et sacrificare> Vides etiam hic, Latome, et quid vocet hic martyr Dei ipsum sacrificare, et offerre haec nostra sacrificia nihil sane aliud, quam dominicis ea decernere usibus, et gratias super his agere, et praedicare ad ea, Dei et Christi in nos beneficia. <Causa offerendi> Causam quoque offerendi Deo, et sacrificandi aperte explicat, cum ait: nulla re illum a nobis indigere, sed ideo tantum nostra sacrificia requirere et oblationes, ut grati simus et fructuosi: grati nimirum ipsi; fructuosi in pauperes. Denique causam ob quam grata Deus habeat et pura nostra sacrificia, ostendit esse fidem et conscientiam offerentium. Diserte enim ait: sacrificia ecclesiae non sanctificare hominem, sed conscientia offerentis sanctificari. Ideoque purum hoc ecclesiae sacrificium Meleachi [Mal 1,10–11], haberi, quia offeratur Fabricatori Deo ab ecclesia cum simplicitate, offeratur sententia pura, et fide, sine hypocrisi, in spe firma, in dilectione ferventi, cum gratiarum actione.

Habes iam igitur, et quae Irenaeus, et Irenaei tempore tota Christi ecclesia sacrificia ad eucharistiam facienda agnoverit. Habes simul etiam, et quid illa intellexerit per suum offerre et sacrificare, quid etiam | Deo et hominibus voluerit offerendo atque sacrificando praestare, denique quo putarit sua sacrificia esse Deo grata et accepta.

Quid de sacrificiis in caena Domini testentur preces vulgatae missarum Latinarum. Caput IIII.

In eadem vero sententia de sacrificiis caenae dominicae fuisse ecclesiam etiam posterioribus temporibus, pleraeque testantur preces, quas vestri sacrificuli hodie in missis suis recitant. In oratione enim quam secretam vocant, quae praescripta est sacro, dominica a festo Trinitatis v sic legitur:

De oblatione munerum
'Propitiare, Domine supplicationibus nostris, et has oblationes famulorum, famularumque tuarum benignus assume, <En singuli offerebant> ut quod singuli obtulerunt ob honorem nominis tui, cunctis proficiat ad salutem'[1]

In ea vero quae deputata est dominicae vii sic legitur: <Iterum singuli> 'Deus qui legalium differentiam hostiarum, unius sacrificii perfectione sanxisti, accipe sacrificium a devotis tibi famulis, et pari benedictione, sicut munera Abel sanctifica, ut quod singuli obtulerunt ad maiestatis tuae honorem, cunctis proficiat ad salutem.'[2]

Hic vides oblationes et sacrificium aperte vocari, quae famuli et famulae, totus scilicet Christi populus, | ad mensam Domini conferre, eoque Domino, offerre solebant, quorum oblationem sacerdos gratiarum actione super illas et prece perficiebat et sanctificabat.

De his ipsis oblationibus habetis et in canone vestro: 'Te igitur, clementissime Pater, per Dominum nostrum Iesum Christum Filium tuum supplices rogamus et petimus, uti accepta habeas, et benedicas haec dona, haec munera, haec sancta sacrificia illibata.'[3] Ubi vero nunc in vestris aris ista dona, munera, data?

Item: 'Memento, Domine, famulorum famularumque tuarum et omnium circumstantium, quorum tibi fides cognita est, et nota devotio, qui tibi offerunt hoc sacrificium laudis'[4] etc. Ubi nunc hi famuli et famulae, qui hoc sacrificium laudis offerunt? Sed in recentioribus libris est iniectum: 'Pro quibus tibi

---

1 Ap: *Missa*, Dominica V post Pentecosten, oratio super oblata, CCL 160F, 183, no. 4683; Bruylants 1, 58, no. 125; 2, 256, no. 901. Adv: Gropper, *Gegenberichtung*, 84v. Cf. Bucer, *Scripta duo*, 243.
2 Ap: *Missa*, Dominica VII post Pentecosten, oratio super oblata, CCL 160B, 31, no. 1776a; Bruylants 1, 58, no. 127; 2, 104, no. 383. Adv: Gropper, *Gegenberichtung*, 85r.
3 Ap: *Canon missae*, CCL 160I, 3, no. 6122; Botte & Mohrmann, 74.
4 Ap: *Canon missae*, CCL 160I, 5, no. 6123; Botte & Mohrmann, 76. Cf. Bucer, *Bestendige Verantwortung*, BDS 11.3, 481, l. 9–24.

offerimus.'⁵ Sublato enim ritu offerendi, de quo verba canonis scripta sunt, et falsa de sacrificio missae opinione obtrusa, putavit aliquis imperitus sacrificulus sic locum istum canonis esse, non corrigendum, sed corrumpendum. Verum ni exemplaribus vetustis est sincera lectio.⁶

Et rursus: 'Hanc igitur oblationem servitutis nostrae, sed et cunctae familiae tuae, quaesumus, Domine, placatus suscipias.'⁷ Ubi nunc cuncta familia? Item: | 'Quam oblationem tu, Deus, in omnibus quaesumus {*suppl.*} benedictam, adscriptam, ratam, rationabilem, acceptabilemque facere digneris, ut nobis corpus et sanguis fiat dilectissimi Filii tui Domini nostri Iesu Christi.'⁸ Ex praesentibus enim et a fidelibus collatis panibus et vino, materia eucharistiae, desumebatur, unde Cyprianus ad locupletem, et nihil ad mensam Domini offerentem, offerentibus pauperibus, dicebat: 'Corbonam enim omnino non respicis; in dominicum sine sacrificio venis; quae partem de sacrificio, quod pauper obtulit, sumis.'⁹

V3v; 158

Cernis itaque clare, et eo tempore quo canon ille vester compositus et intelligenter usurpatus est, munera et sacrificia atque oblationem de quibus loquitur, haudquaquam fuisse pusillum illum panem et pauxillum vini, quod tui modo sacrifici in suis aris tantum habent repositum, sed eleemosynas a famulis et famulabus, Domini totaque sancta plebe, in mensam Domini comportatas, ex quibus in egentes postea dispensandis portio certa ad sacramenti usum desumebatur.

De oblatione corporis et sanguinis Christi

In eodem vestro canone, post recitata verba Domini subiicitur: 'Unde et memores, Domine, nos tui servi, sed et plebs tua sancta, Domini nostri Iesu Christi passionis, nec non ab inferis mirabilis resurrectio-|nis, sed et in caelos gloriosissimae ascensionis, offerimus praeclarae maiestati tuae, de tuis donis ac datis, hostiam puram, hostiam sanctam, hostiam immaculatam,

V4r; 159

---

5   Ap: *Canon missae*, CCL 160I, 5, n. 3; Botte & Mohrmann, 76.
6   According to Botte & Mohrmann, 24 & 76, n. g, *Pro quibus tibi offerimus vel* appears in Alcuin's corrections to a copy of the Gregorian Sacramentary. It does not, however, appear in the other major families of variants.
7   Ap: *Canon missae*, CCL 160I, 17, no. 6139, l. 1–2; Botte & Mohrmann, 78. Cf. Bucer, *Bestendige Verantwortung*, BDS 11.3, 481, l. 25–31.
8   Ap: *Canon missae*, CCL 160I, 77, no. 6262, l. 1–4; Botte & Mohrmann, 78. Cf. Bucer, *Bestendige Verantwortung*, BDS 11.3, 481, l. 31–35.
9   Ap: Cyprian, *Liber de opere et eleemosynis* 15, MPL 4, 612; CCL 3A, 47. Cf. Bucer, *Scripta duo*, 243. See above, p. 173.

hunc panem sanctum vitae aeternae, et calicem salutis perpetuae.'[10] <Sic habet exemplar pervetustum quod est collegii divi Thomae, Argentorati>[11] Ubi nunc servi Domini, ubi plebs sancta, quae hanc memoriam celebret?

Hic iam duo vides genera oblationum memorari: dona et data Dei, munera scilicet, quae ex Dei benignitate sancti ad altare deferebant; et ex his ipsis donis desumptam et sanctificatam hostiam panis et calicis Domini.

Et de illis donis et datis Dei allatis a fidelibus, subiicitur: 'Supra quae propitio et sereno vultu respicere digneris, et accepta habere, sicut accepta habere dignatus es munera pueri tui iusti Abel [Gn 4,3–4], et sacrificium patriarchae nostri Abrahae [Gn 22,1–18], et quod tibi obtulit summus sacerdos tuus Melchisedech [Gn 14,18–20], sanctum sacrificium, immaculatam hostiam.'[12]

Item: 'Supplices te rogamus, omnipotens Deus, iube haec perferri per manus sancti angeli tui in sublime altare tuum, in conspectu divinae maiestatis tuae.'[13] De oblatione autem, 'panis vitae aeternae' et, 'calicis salutis perpetuae' – id est corporis et sanguinis Domini – est illud quod subiicitur: 'Ut quotquot ex hac altaris participatione sacrosanctum Filii tui corpus et sanguinem | sumpserimus omni benedictione caelesti et gratia repleamur.'[14]

Ubi autem sunt nunc, Latome, isti apud missas vestras ex plebe sancta, qui ex altaris (non altarium) participatione et dispensatione sacerdotis sumant una sacrosanctum Filii Dei corpus et sanguinem? Nota: 'et sanguinem.'

Habes iam itaque et earum precum, quae in vestris missis etiam hodie recitantur, testimonium de sacrificiis ecclesiae, quae ad mensam Domini, cum haec sacra rite adhuc administrabantur, offerri et sacrificari solebant. Item, de oblatione Christi ipsius, cuius tamen uno tantum in loco preces istae mentionem faciunt.

---

10 Ap: *Canon missae*, CCL 160I, 82–83, no. 6267b, l. 1–7; Botte & Mohrmann, 80–82. Cf. Bucer, *Bestendige Verantwortung*, BDS 11.3, 482, l. 21–28.

11 I have not been able to identify this missal.

12 Ap: *Canon missae*, CCL 160I, 83, no. 6268, l. 1–5; Botte & Mohrmann, 82. Cf. Bucer, *Bestendige Verantwortung*, BDS 11.3, 484, l. 13–p. 486, l. 10.

13 Ap: *Canon missae*, CCL 160I, 84, no. 6269, l. 1–3; Botte & Mohrmann, 82. Cf. Bucer, *Bestendige Verantwortung*, BDS 11.3, 486, l. 11–13.

14 Ap: *Canon missae*, CCL 160I, 84, no. 6269, l. 3–5; Botte & Mohrmann, 82.

Quid preces Graecorum testentur de sacrificiis caenae dominicae. Caput V.

Nunc et Graecorum canonicas preces, quae dici apud eos ad mensam Domini solent, consideremus, et videamus quorum illae sacrificiorum mentionem faciant. Primum igitur de collatis a fidelibus donis, sic illi precantur: <Graecorum preces> 'Deus, Deus noster, qui caelestem panem, cibum totius mundi, Dominum {*corr.* Dominnm} nostrum et Deum Iesum Christum misisti Salvatorem et Redemptorem et Benefactorem [...] et sanctificantem nos, tu benedic oblationem | istam, et suscipe ipsam ad supercaeleste tuum sacrarium. Memento, ut bonus et clemens, offerentium et pro quibus obtulerunt.'[1] <Nota: offerentes non offerens> Item: 'Tua ex tuis tibi offerimus secundum omnia {source. in omnibus} et per omnia. Te glorificamus, te benedicimus, tibi gratias agimus, te deprecamur.'[2] <Vide quid offerre sacerdotis> Et rursus, exhortatio diaconi: 'Pro oblatis et sanctificatis praeciosis donis deprecemur Dominum.'[3] Responsio populi: 'Domine miserere.'[4] Precatio diaconi: 'Ut clementissimus Dominus noster, qui accipit ipsa in sanctum et supercaeleste, ac intellectuale suum altare, in odorem suavitatis spiritualis, remittant vicissim vobis divinam gratiam, et donum sanctissimi Spiritus, Dominum deprecemur.'[5]

XIr; 161

De oblatione hymni et glorificationis
'Qui dignatus es nos humiles et indignos famulos tuos, etiam hac hora astare in conspectu gloriae tuae, sancti altaris tui, et offerre tibi debitam adorationem et glorificationem. {*source. et debitam tibi venerationem et glorificationem proferre*}'[6] Idem: 'Domine, suscipe ex ore nostro peccatore {source. ex ore nostro qui peccatores sumus}, ter sanctum hymnum, et respice nos in bonitate tua'[7] etc.

---

1 Ap: Liturgy of John Chrysostom, Brightman, 360, l. 31–p. 361, l. 1. Bucer's Latin translation here and below is largley taken from Ἡ θεία λειτουργία τοῦ ἁγίου Ἰωάννου τοῦ Χρυσοστόμου: *Divina missa sancti Ioannis Chrysostomi* (1528), C2r. Bucer, *Bestendige Verantwortung*, BDS 11.3, 332, l. 27 also cites the 12th century Latin translation by Leo Tuscus, which was edited and printed by Johannes Hoffmeister as *Missa D. Ioannis Chrysostomi* (1540). However, its Latin translation is different from the one used here.
2 Ap: Liturgy of John Chrysostom, Brightman, 386, l. 19–20; *Divina missa*, H2r.
3 Ap: Liturgy of John Chrysostom, Brightman, 390, l. 23–25; *Divina missa*, I1r.
4 Ap: Liturgy of John Chrysostom, Brightman, 390, l. 22; *Divina missa*, I1r.
5 Ap: Liturgy of John Chrysostom, Brightman, 390, l. 26–p. 391, l. 3; *Divina missa*, I1r, I2r.
6 Ap: Liturgy of John Chrysostom, Brightman, 369, l. 35–39; *Divina missa*, E1r.
7 Ap: Liturgy of John Chrysostom, Brightman, 370, l. 1–3; *Divina missa*, E1r.

De oblatione vero precum

'Gratias agimus tibi, Domine Deus virtutum, qui dignos fecisti nos assistere nunc quoque sancto tuo altari, et supplices esse miserationibus tuis pro nostris | reatibus, et populi ignorantia. Suscipe, Deus preces nostras. Fac nos dignos fieri, ut offeramus tibi supplicationes et deprecationes et sacrificia incruenta pro cuncto populo tuo.'[8]

<Sacrificium laudis> Item in alia prece: 'Domine Deus omnipotens, solus sanctus, qui suscipis sacrificium laudis ab invocantibus te in toto corde, suscipe etiam nostras peccatorum preces, et admoveas sancto tuo altari, et idoneos facias nos ad offerendum tibi munera ac sacrificia spiritualia pro peccatis nostris et populi ignorantia, et dignos facias nos invenire gratiam in conspectu tuo, ut fiat acceptum sacrificium nostrum, et inhabitet Spiritus gratiae tuae optimus super nos <Super munera> et super apposita munera ista, et super omnem populum tuum.'[9] Ubi nunc munera ista? Ubi maxime in vestris missis privatis omnis populus?

De oblatione totius sacri ministerii, quod sacerdos ad mensam Domini exhibet.

'Offerimus praeterea tibi hoc rationale et incruentum {*corr.* incrementum} ministerium' – id est, λατρίαν – 'et rogamus et precamur et supplicamus, mitte Spiritum sanctum super nos et haec proposita dona.'[10] Ubi proposita dona?

---

8   Ap: Liturgy of John Chrysostom, Brightman, 375, l. 15–27; *Divina missa*, F1r.
9   Ap: Liturgy of John Chrysostom, Brightman, 380, l. 29–p. 381, l. 10; *Divina missa*, G1r, G2r.
10 Ap: Liturgy of John Chrysostom, Brightman, 386, l. 24–27. The Latin does not correspond exactly with translations of the Liturgy of John Chrysostom consulted (see bibliography of primary sources) and the insertion of the Greek here suggests that the translation is Bucer's own.

De oblatione nostri ipsorum in caena Domini. Caput VI.

De hac scripsit divus Augustinus, De civitate Dei, libro | decimo, capite vi: 'Hoc est,' inquit, ' sacrificium Christianorum, *multi unum corpus sumus in Christo* [Rm 12,12], quod etiam sacramento altaris fidelibus noto frequentat ecclesia, ubi ei demonstratur, quod in ea oblatione, quam offert, ipsa {*corr.* ipse} offeratur.'[1] Quod totum caput lege, Latome, et videbis, quae ecclesiae Dei agnoscant vera sacrificia.

Porro de offerendis et sacrificandis hominibus Deo per sacrum evangelii ministerium, quod in vera caenae dominicae administratione summa religione praedicatur cum verbis, cum sacris[2] symbolis, disce a praeclaro illo talis sacrificii sacerdote, Paulo scribente haec Romanis <Romanorum xv [15–16]>: *Admonui vos per gratiam quae data est mihi a Deo, ad id, ut essem minister* – λειτουργός, id est – *Iesu Christi ad gentes*, et administrarem eis ceu sacerdos rem sacram et sacrificium, evangelion – ἱερουργῶν τὸ εὐαγγέλιον τοῦ θεοῦ – *ut esset oblatio* – id est, προσφορά – *gentium accepta et sanctificata per Spiritum sanctum*. Omnis enim et verborum et sacramentorum Christi administratio in hoc unum instituta est et exhiberi debet: ut quam plurimi abstracti sibi, abstracti mundo, erepti potestate Satanae, consecrentur et addicantur Domino, quo mortui sibi et mundo ipsi Domino vivant, ad salutem gloriae ipsius, et iam ipsi se ipsos Deo consecrent *hostiam vivam, acceptam et gratam Deo*. Romanorum xii [1]. |

---

1 Ap: Augustine, *De civitate Dei* 20, 6, MPL 41, 284; CCL 47, 279, l. 52–54.
2 or 'sanctis.' The original abbreviation .s. can stand for either.

De sacrificio totius sacri ministerii in administratione caenae dominicae. Caput VII.

Hoc ministerium sancti patres plerumque omnes, sacrificium vocarunt et oblationem, propterea quod iam memorata oblationum et sacrificiorum genera omnia in legitima administratione caenae dominicae concurrunt, simulque exhibentur, atque offeruntur Deo Patri, Filio, et Spiritui sancto. Sacrificium enim quasi sacrum factum interpretati sunt, ut testatur Gregorius, quidam q. Multi {*corr.* Mihi}.[1]

<Sanctorum patrum alii celebrationem sacrae caenae sacrificium vocant, propter fidelium oblationes> In hac vero appellatione, alii sanctorum patrum praecipue eo spectarunt, quod ad hanc eucharistiae celebrationem fideles, praeter sacrificia precum et laudum, oblationes etiam rerum sollemniter adferebant, et Domino consecrabant. Inter hos Irenaeus fuit, qui propter has ipsas oblationes scripsit celebrationem caenae dominicae esse purum illud ecclesiae sacrificium, quod Domino omni in loco offerendum praedixit Maleachi i [11].[2]

<Alii propter commemorationem et exhibitionem sacrificii Christi> Alii autem patrum respexerunt in usu huius vocis maxime ad sacrificium et oblationem Christi ipsius factam in cruce, quae in sacra scilicet caena celebrari et exhiberi debet, et verbis et sacramentis.

---

[1] Ap: *Decretum Gratiani* 2, c. 1, q. 1, c. 84, Friedberg 1, 388. In fact from Isidore of Seville, *Etymologiae* 6 'de libris et officiis ecclesiasticis' 19, MPL 82, 255B.

[2] See above, p. 174.

Nova genera oblationum Graecorum. Caput VIII.

| Offerunt praeterea Graeci etiam incensum, de quo ita precantur: 'Incensum tibi offerimus, Christe Deus, in odorem suavitatis spiritualis, quam suscipe, Domine, in sanctum et supercaeleste {source. ac super celeste}, ac intellectuale tuum altare, et repende nobis opes misericordiae tuae, et miserationes tuas.'[1]

Recentiores Graeci quandam etiam symbolicam sacrificandi rationem suae liturgiae coeperunt praemittere ut sacerdos in pane lanceola signum crucis infigat, et deinde in quatuor partes pro signata cruce scindat, et quaedam ex liii [7] Iesaiae dicat, ut: *Tanquam ovis ad occisionem ductus est.* Et: *ut agnus mansuetus coram tondente se obmutescens, sic non aperiet os suum*' etc.[2]

Ex his itaque locis canonis Graeci, Latome, genera rerum oblatarum quinque numerari: munera fidelium ad mensam Domini collata, laudes Dei, preces, totumque ministerium administratae caenae, et incensum. Ultimum, quaedam symbolica mortis Christi in pane representatio est instituta humanitus et ignorata veteribus. Oblati a sacerdote Christi, vel corporis ac sanguinis eius nulla usquam fit mentio. Id quidem orat apud Graecos sacerdos, ut Dominus idoneum se faciat adstare sanctae mensae suae, καὶ ἱερουργῆσαι,[3] id est, consecrare, | vel sacra operatione exhibere corpus et sanguinem Domini. De offerendo autem eo, nullum verbum fit. In ea ipsa prece sacerdos etiam orat ut Dominus dignari se velit, offerre, sed non corpus et sanguinem Domini, quae nondum consecrata sunt, sed dona a fidelibus collata. Ait enim: 'Haec dona.'[4] Subiicit quidem ibi, et de oblatione Christi ipsius, sed huius offerentem confitetur sacerdos esse Christum ipsum, non se. Ait enim: 'Tu enim, o Christe, Deus noster es offerens, et is qui offertur, et qui suscipitur, et qui distribuitur, et tibi gloriam damus cum Patre'[5] etc. <Dionysius> Ita nec Dionysius in sua descriptione sacrae caenae,[6] et administrandae eucharistiae uspiam meminit Christum offerri a sacerdote. Tribuit autem sacerdoti ὑμνεῖν, id est, celebrare

---

1 Ap: Liturgy of John Chrysostom, Brightman, 359, l. 34–6; *Divina missa*, C1r.
2 Ap: Liturgy of John Chrysostom, Brightman, 356, l. 33–6; *Divina missa*, B3r.
3 Ap: Liturgy of John Chrysostom, Brightman, 377, l. 37; *Divina missa*, F2v.
4 Ap: Liturgy of John Chrysostom, Brightman, 378, l. 5; *Divina missa*, F3r.
5 Ap: Liturgy of John Chrysostom, Brightman, 378, l. 5–10. Here the Latin does not correspond exactly with any of the translations of the Liturgy of John Chrysostom consulted (see bibliography of primary sources).
6 Ap: Ps-Dionysius, *De hierarchia ecclesiastica* 3, MPG 3, 423B–472B; *Dionysiaca* 2, 1169–1258.

Dei laudibus beneficia Christi, et ἱερουργεῖν, id est, sacro ministerio corpus et sanguinem Domini exhibere.⁷

Ex his potest quivis Christianorum cognoscere, quae et quot genera oblationum et sacrificiorum ecclesia iam inde ab initio agnoverit, offerreque et sacrificare studuerit: Christum nimirum ipsum, eius passionem, corpus et sanguinem eius, preces, gratiarum actiones, et laudes Dei, ipsam caenae dominicae administrationem, populum Christi, et munera eius, quibus sublevabantur egeni et sustentabantur, sacra ecclesiae ministeria, ministeriorumque instrumenta. Nunc ostendendum est, et quid sanctis patribus | significarit haec ipsa sacrificia et has oblationes offerre et sacrificare, quanquam istud fere et ex iis sanctorum patrum sententiis, quas iam tractavimus, bona ex parte explicatum sit.

---

7   Ap: Ps-Dionysius, *De hierarchia ecclesiastica* 3, 1, 7–3, 1, 12, MPG 3, 433B–444B; *Dionysiaca* 2, 1215–1252. See esp. ibid. 3, 1, 7, MPG 3, 436C; *Dionysiaca* 2, 1215–1216 & ibid. 3, 1, 12, MPG 3, 441CD; *Dionysiaca* 2, 1241–1243.

Quid sancti patres per offerre et sacrificare intellexerunt. Caput IX.

<Quid offerre in genere> Offerre in caena Domini, et sacrificare, significabat sanctis patribus, in genere quidem, ea quae offerebant, quasi in conspectum Dei et ecclesiae, ad gloriam Dei et ecclesiae aedificationem per Christum Dominum, proferre, gratias Deo de illis agere, salutarem eorum usum orare, in eumque usum deputare, et pie usurpare. Id vero quod dico, ceu in conspectu Dei oblata proferri, intelligendum est, quantum attinet ad ipsos offerentes, et praesentem ecclesiam. Deo enim per se omnia, ut in manu, ita et in oculis semper sunt. Verum, cum offerent sancti suas oblationes, iam eas esse dona Dei, et esse quoque in manu et in conspectu Dei, religiosius considerabant, de eisque gratias Deo per Christum Dominum agebant religiosius, eaque iam velut e manu Dei suscipiebant, et sua quoque professione gloriae Dei, divinisque usibus (ut Irenaei verbo utar)[1] decernebant, denique in hunc usum sanctificari ea sibi precabantur, ac etiam usurpabant, seseque iuxta Deo in omne obsequium sistebant et consecrabant. |

Haec omnia in oblatione pia donorum Dei contineri, cum ex multis aliis divinae scripturae locis, tum ex eo, quod praeceptum legimus veteri populo de offerendis primitiis et decimis, Deuteronomii xxvi [1–19] admodum clare licet agnoscere. <Confessio et commemoratio beneficiorum Dei inter offerendum facienda> Eo enim loco legimus Dominum praecepisse primitias et decimas in locum religionibus consecratum deferre, et sacerdoti contradere, coramque illo commemorare Dei beneficia in populum Israel universum collata, maxime vero redemptionem a servitute Aegyptiaca, et introductionem in terram promissam, hoc est, liberationem ab omni superstitione, et impietate, et consequentibus haec malis omnibus, cooptationemque in populum Dei per traditam legem Dei, et praedicationem promissi Christi, quam cooptationem necessario semper consectatur omnis benedictio Domini, tam in temporalibus rebus, quam in spiritualibus. <Gratiarum actio> Tum adorare ibi, hoc est, gratias agere Deo pro his beneficiis, et usum illorum salutarem, ac omnis vitae precari. <Communicatio oblationum: oblationes distribuendae doctoribus populi et egentibus> Denique frui illis coram Domino, et communicare ea levitis ministris sanctae doctrinae, peregrinis, pupillis, viduis, atque adeo omnibus ista benignitate egentibus. His itaque actionibus constabat vera et grata Deo offerendi religio in populo veteri, nec nunc potest ei probari alia. Idem, enim, Deus est, nec mutatur ut nos. |

<Ratio hostiarum quae mactabantur> In sacrificiis mactatarum hostiarum fuit praeterea repraesentatio, et communicatio mortis Christi [cf. Hb 10,1], sicut

X4v; 168

Y1r; 169

---

[1] See above, p. 175.

et in nostra eucharistia, quanquam in hac ea tantum verbis, non etiam symbolis, praedicetur. <In veterum sacrificiis mors Christi quam fruitio per symbola apertius significabatur, in nostris contra> Symbola enim panis et vini, id est, cibi et potus, id magis admonent, quod Dominus est nobis cibus et potus vitae aeternae [cf. Io 6,56,59], quo alimur scilicet et corroboramur in vita Dei, sicut in veterum hostiis mors Christi repraesentabatur apertius mactatione pecudum [cf. Hb 10,1], et effusione sanguinis illarum circa altare, quam cibatio et fruitio eius. In holocaustis enim nihil de sacrificatis carnibus inter vel sacerdotes, vel offerentes laicos distribuebatur [cf. Ex 29,18; Lv 1,9] quod tamen fiebat in sacrificiis pacificis [cf. Lv 7,7–10, 14–15; Dt 12,17–19]. Visum enim Domino fuit, ut persoluto pretio salutis nostrae, id nobis in sacramentis nostris per symbola plenius exprimeretur, quod nobis morte Christi perfectum et impetratum est, ut Christi scilicet *caro* nobis sit *vere cibus* et *sanguis* eius *vere potus* [Io 6,56].

Eandem vero offerendi et sacrificandi, vel etiam consecrandi res aliquas Deo, religionem videmus exhibitam a rege Salomone, cum Domino templum quod aedificaverat, consecravit i Regum viii [12–53] et ii Paralipomenon vi [1–39]. Nam primum hic rex in ea dedicatione celebravit Dominum, qui populo quietem, et se dedisset pa-|tri suo successorem, atque omnia quae illi promiserat de templo aedificando tam magnifice praestitisset, hoc est, laudavit Dominum, qui populo utramque politiam et religionis et vitae civilis, iuxta promissa sua per Messiam suum tam praeclare constituisset, et ornasset. Adeoque gratias egit potius Deo, quod ille templum suum ipsi et populo per ipsius ministerium donasset, quam templum obtulit Deo. Deinde confessus, quod nec caeli caelorum Deum capere possint, id est, quod maiestas infinita Dei, nulli omnino queat loco ita addici et concludi, ut non ubique sese exhibeat colique velit, oravit ut Dominus praesentiam misericordiae suae in eo templo ita vellet exhibere populo, ut eam populus cognitam et exoratam, et ibi et ubique, coleret vera et perpetua pietate. Eamque oravit numinis et miserationis divinae praesentiam, ut esset primum in populo metus divini iudicii et ultionis contra peccata, tum fiducia certa, et veniam peccatorum exorandi, et opem Dei contra omnia mala propulsanda, et benignitatem eius in bonis omnibus sibi conferendis, impetrandi. Denique doctrina efficax, qua cor populi ad Deum potenter inclinaretur, ita ut liberet ei ambulare in omnibus viis Domini. |

Hac vero oratione, quid Salomon fecit aliud, quam sanctificari templum a Deo oravit ad usum salutarem verae religionis? Tum adhortatus est populum, ut vellet cor habere perfectum cum Domino Deo suo ad observandum ceremonias eius, et custodiendum praecepta eius [1Rg 8,56–61], denique sacrificia fieri maxima curavit, quo templum ad divinum usum iam initiabat et usurpabat, exhibens scilicet in eo, cum precibus, doctrinam et sacrificia [1Rg 8,62–66; 2Par 7,1–10].

Haec qui recte omnia expendat, videbit Salomonem, offerendo et dedicando templum Domino, nihil aliud egisse, quam celebrasse Dominum ob beneficia sua, et templum magis a Deo datum ipsi et populo, quam ab ipso oblatum Deo agnovisse, tum salutarem templi usum orasse, docuisse et incepisse, simulque sese et populum Deo obtulisse et consecrasse, in omnem obedientiam verbi eius.

Vel ex his itaque duobus scripturae locis (ut caetera, quae plurima sunt, praeteream) abunde cognoscitur, quid illud offerre et sacrificare fuerit, quod Deus ipse populum suum docuit, et ab eo gratum habuit. Iam certum est, sanctae ecclesiae patres, quicquid oblationum et sacrificiorum, vel verbis, vel rebus, in usum ecclesiae traduxerunt, id omne mutatos esse ab eo offerendi | et sacrificandi ratione et religione, quae tradita a Deo fuit populo Israelitico, et est ab eo pie observata et praestita. Haud potest igitur esse dubium, sanctos ecclesiae patres, quibus de sacrificiis et oblationibus praedicant, eandem omnino offerendi et sacrificandi rationem atque religionem (sicut nec aliam approbari Deo posse sciebant) eis, verbis suis et oblationibus tradere et exhibere voluisse.

Quae Christi sacrificandi ratio in sacra caena. Caput X.

Id vero et ex eo evidenter concluditur, quod cum divo Cypriano, caeteri etiam patres agnoverunt, sacrificium scilicet caenae dominicae, tunc 'verum et plenum' offerri in ecclesia Deo Patri, si sic offeratur, secundum quod ipsum Christum videmus obtulisse.[1] Quid autem fecit Dominus, cum ipse *summus sacerdos* [Hb 2,17 *et passim*] Dei Patris sacrificium Deo Patri in sua sacra caena primus ipse obtulit, pane et vino, donis Dei, in manus sumptis, ac ita ceu in conspectu Dei, et eius suae ecclesiae, quam tum collectam apud se habebat, prolatis, *egit gratias* [cf. Mt 26,27; Mc 14,23; Lc 22,19; 1Cor 11,24] Patri. Et in salutarem usum sacramenti ea, quo vivificam sui et meriti sui communicationem discipulis exhiberet, et beatam sui commemorationem excitaret [cf. Lc 22,19; 1Cor 11,25–26] et sanciret, sanctificavit et distribuit, ad-|iuncta doctrina, precibus et hymnis [Mt 27,30; Mc 14,26–28].

Hinc Irenaeus de sacrificio caenae recte scripsit: 'Offerimus enim ei, quae sunt eius, congruenter communicationem et unitatem praedicantes carnis et spiritus.'[2] Item: 'Offerimus autem ei, non quasi indigenti, sed gratias agentes donationi eius, et sanctificantes {*corr.* sanctificantis} creaturam.'[3]

Omnis itaque quarumlibet rerum pia oblatio et sacrificium in eo consistit ut donis Dei, ceu in conspectu Dei et ecclesiae prolatis et oblatis, gratias de eis sacerdos pro fidelibus agat, celebret Dei benignitatem in Christo Domino, et oret illis cum incremento fidei, salutarem rerum omnium usum, in eumque ea dona statim usurpet. In conspectum, inquam, Dei oblatis et prolatis quod ad nos attinet. Ipsi enim Deo in conspectu sunt omnia. Id autem, cum nos non semper consideremus in oblatione donorum eius, huius nos ipsos peculiariter admonemus et profitemur, quod ea nobis Dei benignitate sint donata; sint et maneant dona Domini proposita semper conspectui eius, quibus nos uti nunquam deceat, nisi cum et ipsi Domino nos sistimus, et coram ipso in omni via quam ipse mandavit, ambulamus eique servimus, et ad hoc solum dominio eius utimur, ut hanc piam considerationem et professionem Dominus in populo suo veteri excitaret | instituit ei symbola תרומה ותנופה id est, elevationis donorum, et ventilationis in quatuor partes mundi.[4] [cf. e.g. Ex 25,21; 29,8; Lv 7,30; 8,27; 23,11]

---

1 Ap: Cyprian, *Epistola* 63, 14–15, MPL 4, 386A; CCL 3C, 411, l. 280. See above, p. 160.
2 Ap: Irenaeus, *Contra haereses* 4, 18, 5; MPG 7, 1028A; SC 100, 610–611.
3 Ap: Irenaeus, *Contra haereses* 4, 18, 6; MPG 7, 1029A; SC 100, 612–613.
4 Ap: Münster, *Dictionarium hebraicum* (1539), I2r–v, ee1v; Cf. Bucer, *Bestendige Verantwortung*, BDS 11.3, 395, l. 3, 6.

Quid fuerit sanctis patribus offerre in singulis oblationum generibus. Caput XI.

Porro, quia varia sunt, quae veteres offerebant et sacrificabant, certius videri potest, quid illi intellexerint pro 'offerre' et 'sacrificare,' cum id consideratur in singulis generibus rerum oblatarum. Quid autem ipsis significarit 'offerre' et 'sacrificare,' quintum genus oblatarum rerum, dona scilicet et munera fidelium, dictum iam satis est.

<Quid offerre populum> Nec potest obscurum esse, vel ex loco Pauli supra adducto,[1] quid illis fuerit offerre quartum genus oblationum, populum scilicet fidelem: nimirum doctrina et exhortatione verbi Dei, precibus et gratiarum actione, denique et sacramentorum dispensatione, populum Christo Domino in omne obsequium pietatis consecrare et addicere.

Ita satis etiam explicatum est, quid sancti patres intellexerint per offerre tertium genus oblatarum rerum: id est, gratiarum actionis et laudum Dei, precum et ipsius denique sacri ministerii totius, quod in exhibenda caena Domini praestatur; <Quid sacrificare preces, laudes Dei, et ipsam caenae celebrationem> celebrare scilicet coram ecclesia laudes | Dei et gratias Deo pro beneficiis eius agere, veniamque peccatorum, incrementum fidei et benedictionem Domini in rebus omnibus populo Dei orare; denique ipsam caenae dominicae celebrationem et dispensationem ad gloriam Dei et salutem ecclesiae iuxta institutum Domini pie exhibere et administrare.

<Quid efferre et sacrificare panem et vinum> Ita nec de secundo genere oblationum et sacrificiorum – de sacrificio et oblatione panis et vini in usum sacramenti – potest esse dubium, quin sancti patres per illud intellexerint, ad haec sacra symbola gratias agere Domino, et sanctificare ea verbis Domini in sacramenta corporis et sanguinis Domini, iuxtaque mandatum Domini fidelibus ad commemorationem Domini faciendam et ad communicationem Christi plenius percipiendam, dispensare.

---

1 i.e. Rm 15,15–16. See above, p. 183.

Quid sacrificare et offerre Christum. Caput XII.

<Quid offerre Christum> Primum vero genus sacrificii et oblationis, quid sanctis patribus fuerit, sacrificium scilicet Christi ipsius et passionis eius, id est, corporis et sanguinis eius, pluribus forsan explicandum est. Consideretur ergo primum quod divus Augustinus de hoc sacrificio scripsit Contra Faustum libro xx, capite xviii: 'Hebraei autem in victimis pecorum, quas offerebant Deo, multis et variis modis, sicut re tanta {*corr.* tm} dignum erat |, prophetiam celebrant futurae victimae, quam Christus obtulit. <Nota: 'quam Christus obtulit'> Unde iam Christiani peracti eiusdem sacrificii memoriam celebrant, sacrosancta oblatione et participatione corporis et sanguinis Christi.'[1] <Nota: iungi oblationem et participationem corporis et sanguinis Christi> 'Huius sacrificii caro et sanguis ante adventum Christi per victimarum similitudinem promittebatur, in passione Christi per ipsam veritatem reddebatur, post ascensum Christi per sacramentum memoriae celebratur,' et ibidem capite xxi.[2]

Hic vides offerre hoc sacrificium Christi atque Christum ipsum Augustino idem esse, atque celebrare, hoc est, verbis et sacramentis praedicare atque exhibere memoriam Christi et mortis eius. <Libro de doctrina christiana iii, capite ix> Unde alibi sacramentum hoc vocat: 'celebrationem corporis et sanguinis Domini.'[3]

Idem scripsit in Psalmum lxxv {*corr.* lxxviii}: 'Etenim, fratres mei, ecce innovavit nos Christus. Donavit nobis omnia peccata, et conversi sumus. <Cui Christus offertur> Si obliviscamur quid nobis donatum est, et a quo donatum est, obliviscimur munus Salvatoris {*corr.* salutaris}. Cum autem non obliviscimur munus Salvatoris {*corr.* salutaris}, nonne quotidie nobis Christus immolatur? Et semel pro nobis Christus immolatus est, cum credidimus; tunc nobis fuit cogitatio, modo autem reliquiae cogitationis sunt, qua meminimus, quis ad nos venerit, et quid nobis dona-|verit, ex ipsis reliquiis cogitationis, id est ex ipsa memoria, quotidie nobis sic immolatur, quasi quotidie nos innovet, qui prima gratia sua nos innovavit.'[4]

Vide, Christum, dicit hic vir Dei, immolari in sacra caena, sed nobis, non Patri, et ex ipsa memoria, hoc est, ut ipse hoc interpretatur, ex eo quod ibi

---

1 Ap: Augustine, *Contra Faustum* 18, MPL 42, 382–383; CSEL 25.1, 559, l. 8–13.
2 Ap: Augustine, *Contra Faustum* 21, MPL 42, 385; CSEL 25.1, 564, l. 11–15. Cf. Bucer, *Florilegium patristicum*, BOL 3, 29–31.
3 Ap: Augustine, *De doctrina christiana* 3, 9, MPL 34, 71; CCL 32, 86, l. 18.
4 Ap: Augustine, *Enarratio* in Ps. 75, 15, MPL 36, 966; CCL 39, 1047, l. 1–11.

LIBER SECUNDUS 193

commemoratur quis ad nos venerit, et quid nobis donaverit, non ex intentione et facto sacerdotis.⁵

Verum in libro ii Quaestionum evangelicarum, capite xxxiii adscripto Augustino, ubi tractatur parabola de filio prodigo, scribuntur haec verba: 'Et istae epulae atque festivitas nunc celebrantur per orbem terrarum ecclesia dilatata atque diffusa. Vitulus enim ille in corpore et sanguine dominico offertur Patri, et pascit totam domum.'⁶ Hic praedicatur sacrificium corporis et sanguinis dominici offerri Patri ad gratulationem de Filio perdito et iam restituto, unde tota Dei domus, ecclesia, reficitur.

Eadem ratio sacrificandi Christi pulchre explicatur, capite xviiii {*corr.* xviii} libri qui fertur divi Augustini De fide ad Petrum: 'Firmissime,' inquit, 'tene, et nullatenus dubites, ipsum unigenitum Deum, Verbum carnem factum [cf. Io 1,14] se | *pro nobis obtulisse sacrificium, et hostiam Deo in odorem suavitatis* [Eph 5,2], <Vide: Christo Domino in caena offertur, non Christus ipse> cui cum Patre, et Spiritu sancto a patriarchis, prophetis, et sacerdotibus tempore veteris testamenti {*corr.* sacramenti} animalia sacrificabantur, et cui nunc, id est, tempore novi testamenti, cum Patre et Spiritu sancto, cum quibus illi est una divinitas, sacrificium panis est vini, in fide et caritate, sancta ecclesia catholica per universum orbem terrae offerre non cessat. In illis enim carnalibus victimis figuratio fuit carnis Christi, quam pro peccatis nostris, ipse sine peccato fuerat oblaturus, et sanguinis quem erat effusurus in remissionem peccatorum nostrorum; in isto autem sacrificio, gratiarum actio, atque commemoratio est carnis Christi, quam pro nobis obtulit, et sanguinis quem pro nobis idem Deus effudit.'⁷

Z1v; 178

In hac confessione vides, sicut et in prius adductis locis Augustini, unam esse hostiam, qua Pater et nobis et veteribus sanctis est placatus, ipsam Christi carnem, sed per ipsummet Filium Dei in cruce *semel* [1Pt 3,18; Hb 9,28; 10,10] pro electis omnibus immolatam, qua *perficit sanctificatos iugiter* [Hb 10,14], eamque repraesentatam esse et celebratam suo modo in sacrificiis veterum, exhiberi quoque et praedicari in nostro sacrificio caenae dominicae, in quo Christo ipsi 'cum Patre et Spiritu sancto' sacrificium | panis et vini offerimus 'in fide et caritate,' sicut 'tempore veteris testamenti' et patriarchae, prophetae, et sacerdotes sacrificarunt sua animalia. Tamen, pro hoc tanto beneficio, quod Filium

Z2r; 179

---

5 Adv: Gropper, *Gegenberichtung*, 78r. Cf. Thomas Aquinas, *Summa Theologiae*, 3, q. 64, a. 8 & 10, Caramello 3, 398–400, 401–402; 3, q. 83, a. 4, ad 7–9, Caramello 3, 579.
6 Ap: Augustine, *Quaestiones evangeliorum* 2, 33, MPL 35, 1346; CCL 44B, 78, l. 102–105. Cf. Bucer, 'Bericht zum christlichen Leser' in *Ein christlich ongefaehrlich Bedencken*, BDS 13, 350, l. 18–19.
7 Ap: Ps-Augustine (i.e. Fulgentius of Ruspe), *De fide ad Petrum* 19 (CCL '*regula* 62') MPL 65, 699A–B; CCL 91A, 750, l. 1148–1162.

suum Deus (et cum eo omnia) donavit, quod etiam Filius nos ab aeterna morte in vitam aeternam morte sua voluit tam libenter restituere, gratias Patri et Filio agimus, tantam eius in nos misericordiam et caritatem celebrantes, quemadmodum et veteres gratias agebant Deo pro promisso Christo, et hanc tantam eius in humanum genus caritatem praedicabant, <Offerre carnem Christi est commemorare immolatam pro nobis, et donatam in cibum vitae aeternae [cf. Io 6,54], et gratias de eo beneficio agere> Recte itaque et clare admodum docet ista confessio, quid sit offerre Christum, vel carnem eius et sanguinem, in sacra caena, cum ait: 'In isto,' inquit, 'sacrificio,' caenae dominicae, 'gratiarum actio atque commemoratio est carnis Christi, quam pro nobis obtulit, et sanguinis {*corr.* sanguis} quem pro nobis idem Deus effudit.'[8]

Idem et caeteri sancti patres intellexerunt, si quando Christum ipsum offerri et sacrificari in sacra caena scripserunt, cuius rei multa possunt adferri testimonia, sed ne nimium immoremur in probanda re, quae per se satis nota est iis qui libros sanctorum patrum legerunt, uno duntaxat testimonio Cyrilli adducto, transibo ad ea, quae ad hanc disputationem restant. Cyrillus itaque in epistola quadam contra Nestorium sic scripsit: | 'Annuntiantes enim eam, quae secundum carnem mortem unigeniti Filii Dei, hoc est, Iesu Christi, et ex mortuis resurrectionem, inque caelos assumptionem confitentes, incruentum in ecclesiis perficimus cultum, accedimusque ad mysticas benedictiones, et sanctificamur, efficimurque participes sanctae carnis et pretiosi sanguinis nostri omnium Servatoris Christi.'[9]

Hic perspicue vides sacrificium vel cultum caenae dominicae, sive sacrificium Christi, quod in caena eius perfici debet, ecclesiae Christi tempore Cyrilli nihil fuisse aliud, quam annuntiare et confiteri mortem, resurrectionem, et in caelos ascensionem Domini, ac mysticas adire benedictiones, et participes fieri sanctae carnis et pretiosi sanguinis nostri omnium Servatoris Iesu Christi. Vel ex his ergo locis, quis non videat sanctis patribus offerre in coena Domini carnem et sanguinem Christi, adeoque Christum ipsum, nihil fuisse aliud, quam gratiarum actionem et commemorationem carnis et sanguinis Christi, ita ut Dominus instituit, exhibere sollemniter in ecclesia, cum salutari eiusdem corporis et sanguinis Domini communicatione? Celebrare scilicet verbis, atque exhibere sacris symbolis ipsum, ut unicum et Redemptorem et Servatorem

---

8   Ap: Ps-Augustine (i.e. Fulgentius of Ruspe), *De fide ad Petrum* 19 (CCL '*regula* 62') MPL 65, 699B; CCL 91A, 750, l. 1148–1162.

9   Ap: Cyril of Alexandria, *Epistola* 17 (*olim* 15) 'ad Nestorium de excommunicatione,' MPG 77, 113C; ACO 1.1.1, 37, l. 22–26; 1.2, 30, l. 33–31, l. 2. Cf. BOL 4, 95 & n. 9 > Oecolampadius, *Quid de eucharistia veteres...senserint*, h1v, which is the only source I have been able to locate that uses this translation.

nostrum, propter peccata nostra mortuum | et redivivum ac regnantem in caelis *propter iustitiam nostram* [Rm 4,25], praedicare et distribuere carnem eius et sanguinem, cum ut hostiam expiantem peccata nostra, et confirmantem foedus gratiae ac testamentum adoptionis, tum ut vere cibum, vereque potum vitae aeternae.

Ecquid possit, vel aliud, vel amplius facere de Christo Domino offerendo sacerdos? <Prestigium Coloniensium> 'Sistere' eum Patri hostiam salutis pro nobis, quod Colonienses perperam arripuerunt?[10] At ille ad dexteram patris exaltatus et sedens perpetuo sistit et exhibet nos Patri. Rogare Patrem ut sacrificium Filii factum habeat gratum? At propter hoc ipsum sacrificium, quia gratissimum habet Pater, gratos nos facit in dilecto Filio suo. <Quid sic offerre Christum Patri> Quid igitur comminisci omnino potestis, quod sacrifici vestri offerendo et sacrificando Christum et eius passionem facere queant, aliud quam ea quae Christus Dominus factus est, fecit, et tulit pro nostra salute, facturumque se promisit, cum verbis, tum sacramentis in gloriam Patris religiose celebrare, et exhibere fidelibus.

Hactenus de eo, quid sanctis patribus significarit, et fuerit offerre in sacra caena et sacrificare, sive Christum Dominum ipsum et eius passionem, id est, corpus et sanguinem eius, cum pro nobis in cruce immolata, tum in caena in salutem fidelium in cibum potumque vitae | aeternae communicanda et sumenda, sive panem et vinum in sacramenta communicationis Christi sanctificanda et populo fideli distribuenda, sive gratiarum actiones, laudes Dei, et preces, sive ipsum totum ministerium in sacra caena administranda, sive populum electorum Dei, sive denique munera et dona fidelium.

---

10   Adv: Gropper, *Gegenberichtung*, 91r–v, which uses 'vorstellen'.

Sacrificium caenae dominicae offerri, et Deo, et ecclesiae.
Caput XIII.

Hic vero nec illud forsan praetereundum est, quo sanctorum patrum sermones de sacrificiis plenius intelligantur, quod illi sacrificium caenae dominicae dixerunt offerri, non solum Deo Patri (immo ipsi etiam Filio et Spiritui sancto) tum etiam ecclesiae, atque iis fidelibus, quibus sacra caena administratur. Cum vero dicunt se obtulisse et sacrificasse hoc sacrificium Deo Patri, vel etiam Patri, Filio et Spiritui sancto, nihil intelligunt aliud quam id se obtulisse et sacrificasse ad laudem et gloriam Dei, ad celebrandam misericordiam et bonitatem Dei exhibitam nobis in Christo Domino nostro. In confesso enim est, et sancti patres id passim praedicant, ut et ex dictis divi Irenaei de sacrificiis, quae supra adscripsimus,[1] liquet, Deo dari a nobis nihil posse, unde Psalmo [116,12–14]: *Quid rependam Domino, pro omnibus, quae mihi retribuit? Calicem salutarem ac-|cipiam, et nomen Domini invocabo. Vota mea Domino reddam coram omni populo eius* – ut eum, scilicet toti populo, pro virili mea celebrem et praedicem. Unde probe in illa confessione, quae est ex libris De fide ad Petrum supra adscripta,[2] ponitur, quod Sancta ecclesia: 'sacrificium panis et vini in fide et caritate' ipsi unigenito Filio 'cum Patre et Spiritu sancto,' offerre 'per universum orbem non cessat'.[3] Celebratur enim in hac ceremonia tota Trinitas, Pater, Filius et Spiritus sanctus.

At cum sancti patres scribant sacrificium caenae dominicae etiam offerri ecclesiae per ministros suos, vel ex illo divi Augustini dicto in Psalmo septuagesimo quinto, quod item superius est adscriptum,[4] satis intelligitur. Scribit enim Christum in sacra caena ex memoria immolari nobis. Quo sensu et divus Cyprianus dixit in Sermone de lapsis, ubi, sollemnibus impletis, calicem diaconus offerre praesentibus coepit.[5] Deinceps illud quoque expendendum est, quid sancti patres intellexerint, cum dixerunt se, sive sacram caenam, sive alia sacrificiorum genera offerre et sacrificare pro vivis et defunctis, et quid his oblationibus et sacrificiis commodare utrisque voluerint. |

---

1 See above, p. 176.
2 See above, p. 193.
3 Ap: Fulgentius of Ruspe, *De fide ad Petrum* 19 ('regula 62' in CCL) MPL 65, 699A–B; CCL 91A, 750, l. 1154–1156.
4 See above, p. 192.
5 Ap: Cyprian, *De lapsis* 25, MPL 4, 485A–B; CCL 3, 235, l. 488–496.

Quid sancti patres intellexerint et efficere voluerint, cum dixerunt se offerre et sacrificare pro vivis et mortuis. Caput XIIII.

Quo autem haec ex ipsis sanctorum patrum dictis exactius cognoscantur, et illud observandum est: offerre pro aliquo ita simpliciter dictum, aliquando sanctis patribus aliud significare, quam celebrare pro aliquo sacrificium. Hoc enim fere de tota caenae administratione dixerunt, illud etiam de collatis a fidelibus oblationibus. At quia hae nunquam offerebantur religiosius et benignius, quam tempore sacrae eucharistiae, et ad altare Domini, non raro pro eodem apud sanctos patres utraque locutio usurpatur. Haec cognoscere licet ex iis, quae divus Cyprianus Epistola ix, libri i scripsit ad presbyteros, diaconos, et plebem, quae erat Furnis: 'Quod episcopi,' inquit, 'antecessores nostri religiose considerantes, et salubriter providentes, censuerunt, ne quis frater excedens, ad tutelam vel curam, clericum nominaret. <Offerri pro aliquo et nominari eum in oblatione idem> Ac si quis hoc fecisset, non offerretur pro eo, nec sacrificium pro dormitione eius celebraretur. Neque enim ad altare Dei meretur nominari in sacerdotum prece, qui ab altari sacerdotes et ministros suos levitas avocare voluit.'[1]

Hic tria consideranda sunt. Primum illud: 'Non | offeretur pro eo.' Id enim dictum est de communibus fidelibus oblationibus, quae conferebantur saepe ad funera, etiam sine caena Domini. Sicut canone quodam postea constitutum est, siquando funus duceretur a prandio, ne sacra caena celebraretur, sed simpliciter fierent oblationes.[2] Alterum hic observandum est: 'Nec sacrificium pro dormitione eius celebraretur.' Hoc enim proprie de caenae dominicae celebratione dictum est. Tertium hic animadvertendum est: 'Neque enim ad altare Dei meretur nominari in sacerdotum prece.' <Offerre pro aliquo est nomen recitare in sollemni prece> Offerre enim, vel sacrificium sacrae caenae pro aliquo offerre et sacrificare, sive is vivus sive defunctus esset, erat sanctis patribus nomen eiusmodi vivi vel defuncti recitare in sancta prece, quae ad oblationes et in administratione caenae dominicae fiebant, ac ita nominatim pro eo Dominum rogare et gratias agere.

A1r; 185

Quod divus Cyprianus alicubi vocat: 'Offerre talium nomina.' Epistola enim xiiii, libri iii scriptum reliquit: <Vide rationem paenitentiae ac absolutionis veterum> 'Nam cum in minoribus peccatis agant peccatores paenitentiam

---

1 Ap: Cyprian, *Epistola* 66, 2 ('1' in CCL) MPL 4, 399A; CCL 3B, 3–4, l. 34–40. Bucer's numbering is from Erasmus's edition. See also *Decretum Gratiani* 2, c. 21, q. 3, c. 4, Friedberg 1, 856, though Bucer is not quoting from that version of the text.
2 Probably ap: *Decretum Gratiani* 3, d. 1, c. 29, Friedberg 1, 1301, though this forbids Christians to take meals to the tombs of the dead and sacrifice to them.

a1r; 186   iusto tempore, et secundum disciplinae ordinem ad exomologesim veniant, et per manus impositionem episcopi et cleri ius communicationis accipiant, nunc crudo tempore, persecutione adhuc perseverante, nondum restituta ecclesiae ipsius pace | ad communicationem admittuntur, <offerre nomen alicuius> et offertur nomen eorum, et nondum paenitentia facta, nondum exomologesi finita, nondum manu eius ab episcopo, aut clero imposita, eucharistia illis datur.'[3]

Quod divus martyr in hac oratione vocavit 'offerre nomen' eorum, idem in Epistola xvi, eiusdem libri dixit, offerre pro illis: 'Audio,' inquit, 'quosdam tamen de presbyteris, nec evangelii memores, nec quid ad nos martyres scripserint cogitantes, nec episcopo honorem sacerdotii sui et cathedrae servantes, iam cum lapsis communicari coepisse, offerre pro illis, et eucharistiam dare.'[4]

---

[3] Ap: Cyprian, *Epistola* 9, 2 ('16, 2' in CCL) MPL 4, 251B–252A; CCL 3B, 92–93, l. 34–42. Bucer's numbering is from Erasmus's edition.

[4] Ap: Cyprian, *Epistola* 11, 2 ('17, 2' in CCL) MPL 4, 257A; CCL 3B, 97, l. 20–24. Bucer's numbering is from Erasmus's edition.

Quid offerre pro vivis. Caput XV.

Nunc videamus, quid fuerit sanctis patribus offerre, et sacrificium celebrare pro aliquibus, et primum, ut dixi, pro vivis. Id vero nihil aliud illis fuit, quam rogare Dominum pro illis, et gratias Deo pro eis agere ad oblationes ecclesiae, et in sacra caenae celebratione. Id clare cognosci a quolibet potest, vel ex ipsis divi Cypriani verbis, quae in epistola prima, libri tertii, scripsit ad Lucium papam Romanum, ab exilio cum comitibus suis reversum ad ecclesiam suam: 'Vicarias vero,' inquit, 'pro nobis, ego et collegae, et fraternitas omnis has ad vos litteras mittimus, frater | carissime, <Ita scribebatur ad veros papas Romanos> et repraesentantes vobis per epistolam gaudium nostrum, fida obsequia caritatis exprimimus, his quoque in sacrificiis, atque in orationibus nostris non cessantes Deo Patri et Christo Filio eius Domino nostro gratias agere, et orare pariter et petere, ut qui perfectus est, atque perficiens, custodiat, et perficiat in vobis confessionis vestrae gloriosam coronam. Qui et ad hoc vos fortasse revocavit, ne gloria esset occulta, si foris essent confessionis vestrae consummata martyria. Nam victima quae fraternitati praebet exemplum virtutis et fidei, praesentibus debet fratribus immolari.'[1] <Nota: victima ipsi confessores>

<Vide: immolari pro praedicari> Hic cernis clare, quid divo Cypriano fuerit offerre pro vivis. Obtulerat ille cum suis Deo Patri, et Filio, et fecerat sacrificia pro Lucio papa Romano[2] et eius comitibus, dum ob confessionem Christi essent in exilio. Primum gratias egerunt Deo Patri et Christo Filio pro dono tam praeclaro confessionis, quod eis Dominus contulerat. Deinde oraverunt atque petierunt a Patre per Christum Dominum, ut ipse Dominus, qui perfectus est et perficiens gloriam confessionis qua dignatus illos erat, eis custodiret, et perficeret.

Ita, quando pro iis qui perfecta exomologesi sua ecclesiae de paenitentia satisfecerant sacrificabant | vel offerebant – id est, eorum offerebant vel recitabant in sacra prece nomina – nihil aliud faciebant quam gratias agebant in sacra caena pro talium conversione et vera paenitentia, tum perfici hanc in illis orabant.

<Offerre et sacrificare pro vivis, quid> Planum igitur factum est, offerre pro vivis, et sacrificium caenae celebrare, sanctis patribus omnino idem fuisse atque in hac sacra actione agere nominatim gratias Deo pro illis, ac a Domino eis implorare misericordiam Dei, et rogare beneficia eius.

---

1 Ap: Cyprian, *Epistola unica ad Lucium papam* 4 (*Epistola* 61 in CCL), MPL 3, 975A–976A; CCL 3C, 383, l. 63–384, l. 74.
2 Lucius I (r. 253–c254). See RPR J 1, 19–20.

Quid fuerit sanctis patribus offerre et sacrificare pro defunctis, qui decesserunt cum singulari laude sanctitatis. Caput XVI.

Ita fuit sanctis patribus offerre vel sacrificare pro defunctis hac vita, nihil aliud quam agere pro eis gratias Domino, et orare pro eis, ut autem hinc discedunt, alii cum admodum clara fidei laude et testificatione, alii cum obscuriore et infirmiore. Ita etiam non eadem ratione pro defunctis quibuslibet sacrificatum {*corr.* sacrificium} et oblatum est a veteribus. Pro martyribus enim et qui luculentiore pietatis testimonio ad Deum hinc migraverant, in agendis pro eorum gloria gratiis, maiore utebantur celebritate. Pro aliis qui infirmiuscula fide et obscuriore laude pietatis discesserant, plus verborum faciebant in confitendis peccatis eorum et oranda venia. |

Primum itaque videamus de sacrificiis et oblationibus pro martyribus, quid scripserit divus Cyprianus in Epistola ad presbyteros et diaconos suae ecclesiae. Ait enim ad hunc modum: <Offerre et sacrificare, celebrare pro martyribus> 'Denique et dies eorum,' – de confessoribus Domini scribit, qui in carcere expectabant sua martyria – 'quibus excedunt annotate, ut commemorationes eorum inter memorias martyrum celebrare possimus. Quanquam Tertullus, fidelissimus et devotissimus frater noster, inter caeteram sollicitudinem et curam suam quam fratribus in omni obsequio operationis impartit, qui nec illic circa curam corporum deest, scripserit, ac scribat, ac significet mihi dies, quibus in carcere beati fratres nostri ad immortalitatem gloriosae mortis exitu transeunt, quo celebrentur hic a nobis oblationes et sacrificia ob commemorationes eorum, quae cito vobiscum Domino prosperante celebrabimus.'[1]

Item in Epistola v, libro iiii de Avia, patruo et avunculo confessoris Celerini martyrio coronatis: 'Sacrificia pro eis semper, ut meministis, offerimus, quoties martyrum passiones et dies anniversaria commemoratione celebramus.'[2]

Hic vides, cum ecclesia per sacerdotes suos pro martyribus offerebat, vel oblationes et sacrificia ob com-|memorationes eorum celebrabat, nihil fecisse aliud, quam passiones eorum et dies, quibus morte testimonium Deo tulerant et Deum glorificarant, honorifica commemoratione celebrasse, interque aliorum martyrum memorias, hos novos quoque martyres nominasse, vel nomen eorum obtulisse: hoc est, nomen eorum cum laude, ceu in Dei et ecclesiae celebriore auditu protulisse et extulisse; id quod semper faciebant cum singulari gratiarum actione ad Deum pro tanta martyrum gloria, adeoque salu-

---

1 Ap: Cyprian, *Epistola* 37, 2 ('12, 2' in CCL) MPL 4, 328B–329B; CCL 3B, 69–70, l. 31–40. Cf. Bucer, *Florilegium patristicum*, BOL 3, 146; *Bestendige Verantwortung*, BDS 11.3, 424, l. 19–20.
2 Ap: Cyprian, *Epistola* 34, 3 ('39, 3' in CCL) MPL 4, 323A; CCL 3B, 189, l. 49–51. Cf. Bucer, *Florilegium patristicum*, BOL 3, 146; *Bestendige Verantwortung*, BDS 11.3, 424, l. 19–20.

taribus ecclesiae ornamentis atque exemplis, nec non oratione pro ecclesia praesente, ut Dominus illi daret, fidem tam praeclaram martyrum fortiter imitari. Offerre itaque et sacrificium facere pro defunctis sanctitate et fide illustribus erat magnifice et praecipua quadam sollemnitate gratias agere Deo, qui illos tam praeclaris donis suis ornasset, et orare eum, ut ecclesiae suae daret talibus exemplis in omni pietate proficere, id quod in antiquioribus collectis orari solet.[3]

Ex quo more Graeci hodie in administratione sacrae caenae inter caetera haec quoque dicunt: 'Item offerimus tibi rationale {*source.* rationabile} hoc obsequium, pro his qui in Christo requiescunt, pro {*source* om.} propatribus, patribus, patriarchis, prophetis, apostolis, [...] evangelistis, martyribus, confessoribus, continentibus, et omni spiritu | in fide discedente {*source.* decedente}, praesertim sanctissima, et intemerata, plusquam benedicta, gloriosa regina nostra, deipara et semper virgine Maria.'[4] {*source.* praesertim sanctissimae, et intemeratae, plusquam benedictae, gloriosae reginae nostrae, deiparae et semper virginis Mariae}

---

3 Cf. Bucer, *Florilegium patristicum*, BOL 3, 144–145; *Bestendige Verantwortung*, BDS 11.3, 236, l. 12–14 where Bucer cites the collects of particular saints.
4 Ap: Liturgy of John Chrysostom, Brightman, 387–388; *Divina missa*, H3r.

Quid offerre et sacrificare pro fidelibus vulgaribus. Caput XVII.

Nunc igitur videndum, quid fuerit sanctis patribus offerre et sacrificium facere pro defunctis, qui ut debiliore, ita et iam minus testificata fide, hinc migrarunt. <De defunctis non martyribus> Id vero indubie aliud non fuit, quam nomina huiusmodi defunctorum recitare in sollemni prece ad oblationes ecclesiae, vel sacrificium caenae dominicae, cum gratiarum actione pro eis, atque oratione, qua quietem illis precabantur beatam in Christo et felicem resurrectionem celebrare. Hoc primum certo cognosci potest, et ex canone illo, quem supra ex epistola divi Cypriani nona libri primi,[1] adscripsimus, tum ex omnibus funebribus orationibus et epitaphiis[2] divi Ambrosii,[3] Basilii,[4] Gregorii {om.,} Nazanzeni,[5] Hieronymi,[6] sicut et ex descriptione ceremoniae funebris quae est apud Dionysium in Ecclesiastica hierarchia, capite ultimo.[7]

Etenim canon ille, cum rationem subiiceret, cur vetaret offerre pro eo, qui clericum suorum fecisset vel curatorem vel tutorem, aut sacrificium pro dormitione eius-|modi celebrare, his verbis usus est: 'Neque enim ad altare Dei meretur nominari, qui ab altari sacerdotes et ministros suos avocare voluit.'[8] Hic vides hos patres idem dixisse, nominare aliquem ad altare Dei, et offerre pro aliquo, et sacrificium pro alicuius dormitione celebrare.

Porro, quia ex depravato intellectu huius ritus veteris, quod ecclesia defunctis in Domino in sollemnibus suis precibus precata est veniam peccatorum et beatam cum Christo requiem, purgatorium vestrum primum excogitatum

---

1 See above, p. 197.
2 Cf. the same list in Bucer, *Bestendige Verantwortung*, BDS 11.3, 427, l. 6, 429, l. 26–27.
3 See below, p. 204–206.
4 It is not clear which works Bucer has in mind here. Possibilities are: *Homilia* 17 'εἰς Βαρλαάμ μάρτυρα,' MPG 31, 484–489; *Homilia* 18 'εἰς Γόρδιον μάρτυρα,' MPG 31, 490–508; Homilia 19 'εἰς τοὺς τεσσαράκοντα μάρτυρας,' MPG 31, 508–525; *Homilia* 23 'εἰς τὸν ἅγιον μάρτυρα Μάμαντα,' MPG 31, 589–599. However, these do not refer to the *fideles vulgares* dealt with in this chapter. There are no other modern editions for these homilies.
5 It is not clear which works Bucer has in mind here. Possibilities are: *Oratio* 7 'εἰς Καισάριον τὸν ἑαυτοῦ ἀδελφὸν ἐπιτάφιος,' MPG 35, 756–788, SC 405, 180–245 (Cf. Gropper, Gegenberichtung, 96r); *Oratio* 8 'εἰς τὴν ἀδελφὴν ἑαυτοῦ Γοργονίαν ἐπιτάφιος,' MPG 35, 789–817, SC 405, 246–298; *Oratio* 18 'ἐπιτάφιος εἰς τον πατέρα,' MPG 35, 987–1044 (there is no other modern edition); *Oratio* 21 'εἰς τὸν μέγαν Ἀθανάσιον,' MPG 35, 1081–1128, SC 270, 86–193; *Oratio* 43 'εἰς τὸν μέγαν Βασίλειον ἐπιτάφιος,' MPG 36, 493–605, SC 384, 116–307.
6 See below, p. 206.
7 Ap: Ps-Dionysius, *De hierarchia ecclesiastica* 7, MPG 3, 552D–584D; *Dionysiaca* 2, 1409–1465. See also below, p. 206.
8 See above, p. 197.

atque succensum est, tractavi hic {*corr.* huic} de sacrificiis veterum pro vivis et defunctis. Convenit subiicere et de eo aliquid: quo sensu vetus ecclesia defunctis in Domino, quos tamen non dubitabat iam, accepta plena peccatorum venia, esse consortes gaudiorum caelestium, oraverit illis peccatorum veniam et caelestia gaudia; deinde, quo paralogismo ex eo orandi schemate purgatorium primum sit excogitatum, et quibus deinde depravationibus confirmatum, ac quid ecclesiae incommodarit. | b1r; 193

Sanctos patres, cum defunctis precantur remissionem peccatorum et caelestem quietem, non voluisse illis haec primum impetrare, sed testari ea iam illis esse percepta. Caput XVIII.

Constat vero ecclesiam Christi, tempore etiam vetustissimorum patrum, precatam esse et sacrificasse pro defunctis, eisque et veniam peccatorum et quietem Christi orasse. Verum id non eo fecerunt, quod dubitarent illos remissionem peccatorum iam esse consecutos, et beatam illam quietem iam obtinere, felicemque vitam cum Christo agere (nam in eisdem precibus gratias Deo pro illis agebant) qui eos iam in caelorum quietem et vitam beatam recepisset. Ecclesiaeque eos hoc nomine commendabant, et lugentes ob discessum illorum per hoc ipsum consolabantur.

Hinc in oratione funebri de obitu Valentiniani iunioris dixit divus Ambrosius: <At hic catechumenus et multa infirmitate vitae ex hac vita raptus erat> 'Nec nos quidem dubitemus de meritis Valentiniani, sed iam credamus vel testimoniis angelorum quod, detersa labe peccati, ablutus ascendit, quem sua fides lavit, et petitio consecravit <Baptismi scilicet> Credamus, quia *ascendit a deserto* [Ct 8,5], hoc est, ex hoc arido et inculto loco ad illas florulentas delectationes, ubi cum fratre coniunctus aeternae vitae fruitur voluptate <En, fruitur iam cum fratre Gratiano aeternae vitae voluptate>. Beati ambo, si quid meae orationes valebunt, nulla dies vos silentio praeteribit, nulla inhonoratos vos mea transibit oratio, nulla nox non donatos aliqua precum mearum contextione transcurret. Omnibus vos oblationibus | frequentabo. Quis prohibebit innoxios nominare? Quis vetabit commendationis prosecutionem complecti?'[1]

Animadverte hic, quid sanctus antistes memoriae Valentiniani et Gratiani polliceatur: 'Nulla inquit dies vos silentio praeteribit, nulla nox non donatos aliqua precum mearum contextione transcurrat, omnibus vos oblationibus frequentabo.' At qua de causa, optime pater, ut ereptos purgatorio in caelum tuis precibus illos transferas? 'Credamus,' inquit, 'ante pollicitationem istam precum suarum, quia ascendit' – de Valentiniano loquitur – 'ex hoc arido et inculto loco, ad illas florulentas delectationes, ubi cum fratre coniunctus aeternae vitae fruitur voluptate.' At si divus hic episcopus aeternae vitae voluptate frui iam hos pios imperatores et credebat ipse, et fidem huius facere toti ecclesiae suae volebat, et defuncti sorores eo maxime consolari, ad quid opus erat illos donare precibus suis diurnis et nocturnis? Quid prosequi eos conveniebat omnibus oblationibus? Pertinebat hoc, cum ad ipsorum honorem, tum ad aedificationem piorum. <Nota: nominare innoxios idem erat quod nomina

---

1 Ap: Ambrose, *De obitu Valentiniani* 77–78, MPL 16, 1381A–1382A; CSEL 73, 365, l. 5–7. Cf. Bucer, *Bestendige Verantwortung*, BDS 11.3, 432, l. 4–8.

eorum in sollemni prece ecclesiae recitare> Unde et illud addidit: 'Nulla inhonoratos vos mea transibit oratio,' et: 'Quis prohibebit innoxios nominare? Quis vetabit commendationis prosecutione complecti?'

| Idem videas in oratione huius antistitis habita de obitu imperatoris Theodosii. Ita enim praedicat de eo: 'Manet ergo in lumine Theodosius, et sanctorum coetibus gloriatur. Illic nunc complectitur Gratianum iam sua vulnera non moerentem, quia invenit ultorem. Qui licet indigna morte praeventus ac praereptus sit, requiem animae suae possidet. Ille bonus uterque et pietatis interpres largius misericordiae suae consortio delectatur.'[2]

Item: 'Nunc se augustae memoriae Theodosius regnare cognoscit, quando in regno Domini nostri Iesu Christi, et considerat templum eius. Nunc sibi rex est, quando recipit etiam filium Gratianum, et pulchra iam dulcissima sibi pignora, quae hic amiserat, quando eius Flacilla {*corr.* fraccilla} adhaeret, fidelis anima Deo, quando Constantino adhaeret.'[3]

Et tamen in eadem oratione, et ista dixit: 'Conteror corde, quia ereptus est vir, quem vix possumus invenire. Sed tamen tu solus, Domine, invocandus es, tu rogandus, ut eum in filiis repraesentes. Tu, Domine, custodies etiam parvulos in hac humilitate, salvos facito sperantes in te. Da requiem perfecto servo tuo Theodosio, requiem quam prae-|parasti sanctis tuis. Illo convertatur anima eius, unde descendit, ubi mortis aculeum sentire non possit, ubi cognoscat mortem hanc non hominis finem esse, sed culpae.[4] Quod enim mortuus est, peccato mortuus est [Rm 6,10] ut iam peccato locus esse non possit. Resurget autem, ut perfectior renovato munere, vita reparetur. Dilexi, et ideo prosequor eum usque ad regionem vivorum, nec deseram, donec fletu et precibus inducam virum, quo sua merita vocant, in montem Domini sanctum, ubi perennis vita, ubi corruptelae nulla contagio, nullus gemitus, nullus dolor, nulla consortia mortuorum, vera regio viventium, ubi *mortale hoc induat immortalitatem, et corruptibile hoc induat incorruptionem* [1Cor 15,53].'[5]

Vide, sanctus episcopus orat Deum, ut Theodosio det requiem illam, quam gloriatur illum iam possidere. Orat, ut eum in filiis repraesentet, ut eo convertatur anima eius, unde descendit. Prosecuturum se dicit eum fletu et precibus, donec introducat quo eum vocant sua merita, in montem Domini sanctum, ubi

---

2 Ap: Ambrose, *De obitu Theodosii* 39, MPL 16, 39, 1398BC; CSEL 73, 391, l. 13–p. 392, l. 6. Cf. Bucer, *Bestendige Verantwortung*, BDS 11.3, 431, l. 34–35.
3 Ap: Ambrose, *De obitu Theodosii* 40, MPL 16, 1399A; CSEL 73, 392, l. 13–7. Cf. Bucer, *Bestendige Verantwortung*, BDS 11.3, 431, l. 35–p. 432, l. 1.
4 Cf. Gropper, *Gegenberichtung*, 98r. Latin text in Gropper, *Antididagma*, 68v.
5 Ap: Ambrose, *De obitu Theodosii* 36–37, MPL16, 1397A–C; CSEL 73, 389, l. 5–p. 390, l. 7. Cf. Bucer, *Bestendige Verantwortung*, BDS 11.3, 431, l. 16–30.

perennis vita, etc. Et testatur tamen eum iam manere in lumine, et sanctorum coetibus gloriari, iam cum Christo regnare. Ad quid igitur dari Theodosio orabat, quod datum ei praedicabat? Cur volebat suo eum fletu, et precibus eo de-|ducere, ubi regnare eum iam cum Christo testabatur?

Hanc erga defunctos precandi figuram et rationem, divus Dionysius explicat in ultimo capite Ecclesiasticae hierarchiae,[6] ubi cum idem sibi obiecisset,[7] ista tradit: <Causae cur vetus ecclesia remissionem peccatorum in caelestem quietem defunctis orabat, quam consecutos eam praedicabat> Ecclesiam velle ita ad postremum suo defungi munere, absolvendi a peccatis; velle se his precibus suis, (quae cum nitantur promissione Dei, irritae esse non possunt)[8] de vita et resurrectione defunctorum facere certiorem; velle denique hac ratione, et maestos de discessu sanctorum et carorum hominum consolari, adeoque in universum etiam fidem et expectationem beatae resurrectionis profiteri, et fidelibus confirmare.[9]

His ergo de causis ecclesiae precabantur defunctis in fide Christi, eam quietem et vitam cum Christo, de qua simul gratias agebant Domino, quod eam illis iam contulisset (quod quidem attinet ad Spiritum) quamque non dubitabant etiam collaturum illorum corporibus per resurrectionem, quae adhuc expectabatur.

Hinc idem Ambrosius ad Faustinum, <Epistola viii, libro ii> cum consolari eum vellet de obitu sororis suae, scripsit: 'Tot igitur semirutarum urbium cadavera, terrarumque, sub eodem conspectu exposita funera, non te admonent unius, sanctae licet et admirabilis feminae, decessionem consolabiliorem habendam, praesertim | cum illa in perpetuum prostrata ac diruta sint, haec autem ad tempus quidem erepta nobis, meliorem illic vitam exigat? Itaque non tam deplorandam, quam prosequendam orationibus reor. Nec maestificandam lachrymis tuis, sed magis oblationibus animam eius Domino commendandam arbitror.'[10]

---

6   Ap: Ps-Dionysius, *De hierarchia ecclesiastica* 7, 3, 4–7, 3, 7, MPG 3, 559A–564D; *Dionysiaca* 2, 1435–1458.

7   Ap: Ps-Dionysius, *De hierarchia ecclesiastica* 7, 3, 6, MPG 3, 559C–560D; *Dionysiaca* 2, 1439–1441.

8   Ap: Ps-Dionysius, *De hierarchia ecclesiastica* 7, 3, 6–7, 3, 7, MPG 3, 559C–564D; *Dionysiaca* 2, 1450–1458 & esp. MPG 3, 561D–564A; *Dionysiaca* 2, 1450–1451.

9   See esp. Ps-Dionysius, *De hierarchia ecclesiastica* 7, 3, 4–7, 3, 5, MPG 3, 556A-C; *Dionysiaca* 2, 1435–1439 & ibid., 7, 3, 7, MPG 3, 561C–564D; *Dionysiaca* 2, 1448–1458. See also ibid., 7, 1, MPG 3, 552D–553B; *Dionysiaca* 2, 1409–1413; ibid. 7, 1, 2–7, 2 MPG 3, 553D–556D; *Dionysiaca* 2, 1416–1425; ibid. 7, 3, 1 MPG 3, 557B; *Dionysiaca* 2, 1429–1430.

10 Ap: Ambrose, *Epistola* 39 (8), 3–4, MPL 16, 1099C–D; CSEL 82.1, 68, l. 28–36.

Ad quid vero anima illa prosequenda erat orationibus? Ad quid commendanda Domino oblationibus, siquidem meliorem iam vitam exigebat cum Christo? Ut Dominus hanc quidem ipsam meliorem vitam, quam iam exigebat, per resurrectionem corporis {*corr.* corpori} eius perficeret, sed non ob hoc solum, verum etiam ut hoc illi dilectionis officium ultimum frater praestaret, indeque se de eius discessu magis consolaretur, firmata scilicet spe, spiritu sororem in ea beata vita brevi conveniendi et complectendi, et in optata resurrectione illam etiam corpore recipiendi. Necesse enim est, ut verum sit quod dixit Dominus: Habere vitam aeternam, et non venire in iudicium, sed de morte ad vitam transivisse, quicumque sermonem eius audierit, et crediderit ei, qui eum nobis misit, Patri [cf. Io 5,24]. Epistolam hanc divi Ambrosii perlegant totam, qui nosse volunt, quam certa vetus ecclesia fuerit, de felicitate eorum qui in fide Christi moriuntur, utque hanc fiduciam in | nullis posuit meritis defunctorum, sed totam fixam habuerint in merito Domini nostri Iesu Christi.

His similia legis in orationibus funebribus divi Basilii[11] et Nazanzeni,[12] item in epitaphiis divi Hieronymi,[13] quae qui attente legerit, is non dubitabit, veteres sanctos in precibus pro defunctis suis, quibus illis vel privatim vel publice in ecclesia remissionem peccatorum et beatam quietem apud Christum precabantur, non hoc egisse, ut peccatis illos suis precibus liberarent et in beatam Christi quietem transferrent (palam enim praedicabant hoc ipsum Dei beneficium illos iam fuisse adeptos, et agebant Patri caelesti de eo gratias per Christum Dominum) sed fecisse eas preces, atque habuisse, ceu obsignationes et confirmationes huius beneficii iam percepti, unde et superstites consolabantur, et ad progrediendum in nova vita, quaerendumque ea quae in supernis sunt, exhortabantur.

<Etiam vivis interdum oramus remissionem peccatorum, quos tamen percepisse iam eam non dubitamus> Qua precandi ratione et figura ecclesia etiam utitur in illis precibus, quibus precatur gratiam Dei et remissionem peccatorum adultis baptizandis aut peccatis absolvendis, qui iam, cum vera peccatorum paenitentia Christo Domino ex toto corde credunt, | eoque iam remissionem peccatorum suorum habent et vitam aeternam, iuxta illud: *Qui credit in me habet vitam* [Io 6,47]. Placet enim Domino ut eius beneficia ita, qua possumus ratione, nostris precibus, et ad hoc institutis ab ipso sacris ministeriis,

---

11   See above, p. 202, n. 4.
12   See above, p. 202, n. 5.
13   See e.g. Jerome *Epistola* 60, 7, MPL 22, 593; CSEL 54, 555, l. 15–p. 556, l. 16; *Epistola* 75, 1–2, MPL 22, 685–687; CSEL 55, 29, l. 10–p. 32, l. 4; *Epistola* 77, 12, MPL 22, 698; CSEL 55, 48, l. 23–p. 49, l. 7; *Epistola* 108, 21 ('22' in CSEL) MPL 22, 898–899; CSEL 55, 338, l. 15–p. 339, l. 19.

prosequamur, et fratribus atque adeo toti ecclesiae confirmemus. Hinc fuit et illud, quod Ananias Paulo, quanquam credenti iam et in gratiam Dei recepto, dicebat iussu Domini: *Surge, frater ut baptizeris, et abluaris peccatis tuis* [Act 22,16]. Qua sane ablutione, Ananias opus Dei quod in Paulo iam praecesserat, suo ministerio est prosecutus, absolutionemque a peccatis eam, quam ille iam a Domino ipso praeceperat simul atque ei credidit et dixit: *Domine, quid me vis facere?* [Act 9,6] sacramento baptismatis obsignavit et confirmavit, ita ut et circumcisio Abrahae iam ante credenti et iustificatio fidei praeeuntis et iustificantis σφραγίς fuit et obsignatio, Romanorum iiii [11].

<Quare ceremoniae funebres dictae sint oblationes> Porro, quia has pro defunctis preces et gratiarum actiones ecclesia veterum fecit adiunctis fere oblationibus in usum pauperum, et ad augendum ornandumque sacrum ministerium, vocatae sunt actiones et ceremoniae eiusmodi funebres: 'oblationes' et 'sacrificia,' quanquam sanctis patribus ipsae quoque preces et gratiarum actiones per se oblationes aliquando dictae sunt, etiam | ubi nulla fidelium munera simul offerebantur. Unde divus Chrysostomus illud scripsit: <Preces vocatae oblationes> 'Quin et in precibus viderit quis populum multum simul offerre, cum pro energumenis, tum pro paenitentibus. Communes enim preces, et a sacerdote, et ab illis fiunt, et omnes unam dicunt orationem, orationem misericordia plenam.'[14] Ecce preces populi et sacerdotis pro energumenis atque paenitentibus, atque ipsa praesente ecclesia, oblationes vocat.

Porro, quia sancti veteres in omnibus gravioribus precibus pro natura fidei sequentis illud: *Ne appareas vacuus in conspectu meo* [Ex 23,15; 34,20; Dt 16,16; Sir 35,6] proque studio vero supplicandi Deo, oblationes Deo offerebant, id in funebribus precibus peculiari faciebant benignitate, luctu scilicet ob mortem fratrum humiliati, et praedicatione Christi graviore ad quaerenda caelestia magis inflammati. <Oblationes ceu reales preces sunt et gratiarum actiones> Sunt enim eiusmodi oblationes ceu reales quaedam fidei professiones, et ad Deum supplicationes, et {*suppl.*} gratiarum actiones. Unde scilicet est, ut qui terrenis principibus volunt studiosius vel agere pro acceptis beneficiis gratias, vel orare ab illis singularia beneficia, aut veniam rogare graviorum peccatorum, aliquam adhibeant sui commendationem per munera, non qui-|bus principibus se tanto ditioribus aliquid conferant, sed quibus testentur gratam erga illos et supplicem suam ipsorum voluntatem.

Oblationes itaque apud veteres in funebribus precibus, praesertim publicis, rarissime deerant. Sacrificium vero caenae dominicae in aliis ecclesiis adiun-

---

14   Ap: John Chrysostom, *In 2 Epistolam ad Corinthios homiliae* 18, 3, MPG 61, 527. There is no other modern source edition. Cf. BOL 3, 206; Bucer, *Scripta duo*, 39, 44, 218; Latomus, *Defensio*, CCath 8, 45, l. 15–16, 25–31.

gebatur, in aliis minus. In Augustini ecclesia adhiberi solebat. Unde de funere matris suae ita scripsit libro Confessionum suarum x, capite xii: 'Cum ecce corpus elatum est, imus et redimus sine lachrymis. Nam neque in eis precibus quas tibi fudimus, cum offeretur pro ea sacrificium pretii nostri, iam iuxta sepulchrum posito cadavere, [...] sicut illic fieri solet [...].'[15] Sicut illic, inquit, fieri consuevit; is ergo mos non ubique observabatur. 'Sacrificium pretii nostri,' vocat caenam Domini, quia pretium nostrum in ea verbis et sacramentis celebrari debet, atque exhiberi.

In ecclesia Dionysii caena Domini ceremoniae funebri non adiungebatur, quod satis cognoscitur ex descriptione huius ceremoniae, quam hic vir Dei prodidit memoria in Ecclesiastica hierarchia sua, capite ultimo.[16] Nam, cum omnia quae in sepelitione fratrum tum fieri consueverant recensuerit, caenae dominicae non meminit. Describit autem ceremoniam eam ad hunc modum: |

Ceremonia funebris descripta a divo Dionysio
Episcopum solitum fuisse sacrum cogere coetum, et funus in conspectum proponere ante altare (si ex clero mortuus fuisset) vel ante stationem sacerdotalem (siquidem fuisset ex monachis aut ex plebe). <Nota: primum gratias agi solitas pro salute defuncti> Tum precem facere cum gratiarum actione, in qua scilicet gratias Deo pro misericordia Dei facta defuncto ageret. Inde ministros recitare consuevisse lectiones scripturarum et psalmos cantare, in quibus promissiones resurrectionis commemorantur.[17] Mox primum inter ministros solitum fuisse, his lectionibus et psalmis finitis, dimittere catechumenos, et recitare ac praedicare sanctos defunctos, et cum his etiam eum cuius propositum funus erat, atque hortari omnes praesentes, ut beatam in Christo consummationem expeterent.[18] Post haec episcopum precem sacratissimam super defuncto facere, in qua prece, ut ipse Dionysius explicat, precabatur defuncto a divina clementia, ut ei peccata, quae admisisset per humanam infirmitatem, remitteret, et eum collocaret in lumine et regione viventium in sinibus Abrahae [Lc 16,22] Isaac et Iacob, in loco a quo abscedit dolor et aegritudo et gemitus.[19]

---

15   Ap: Augustine, *Confessiones* 9, 12, MPL 32, 777; CCL 27, 151, l. 42–45. Cf. Gropper, *Gegenberichtung*, 98v.

16   Ap: Ps-Dionysius, *De hierarchia ecclesiastica* 7, MPG 3, 552D–584D; *Dionysiaca* 2, 1409–1465. See also above, p. 206. Cf. Bucer, *Bestendige Verantwortung*, BDS 11.3: 425, l. 27–p. 426, l. 1 adv: Gropper, *Gegenberichtung*, 96v.

17   Ap: Ps-Dionysius, *De hierarchia ecclesiastica* 7, 2, MPG 3, 556C–D; *Dionysiaca* 2, 1422–1425. Cf. Bucer, *Bestendige Verantwortung*, BDS 11.3: 426, l. 23–29.

18   Ap: Ps-Dionysius, *De hierarchia ecclesiastica* 7, 3, 2–7, 3, 3, MPG 3, 557B–560A; *Dionysiaca* 2, 1430–1435.

19   Ap: Ps-Dionysius, *De hierarchia ecclesiastica* 7, 3, 4, MPG 3, 560A-B; *Dionysiaca* 2, 1435–1436.

c2v; 204 Finita hac oratione episcopum solitum fuisse salutare defunctum, et post eum praesentes omnes. Quo facto, infudisse episcopum defuncto oleum, factaque prece pro omnibus, deposuisse | corpus defuncti in honesto sepulchro et cum caeteris sanctis corporibus.[20]

His actionibus et rebus constabat ceremonia funerum, quam descripsit Dionysius, quas cum sit executus tam diligenter omnes et quidem minutissimas, dubium non est de caena dominica haudquaquam fuisse taciturum, siquidem et illa tum et in ipsius ecclesia funeribus consuevisset adhiberi. <Quare caena Domini adhibita sit a veteribus ceremoniae funebri> In multis tamen illa ecclesiis, ac maxime occidentalibus, adhiberi funeribus et commemorationibus defunctorum solita fuit; non omnibus quidem in sollemnioribus tamen, idque de causa: quod spem resurrectionis in hac per praedicationem mortis Christi et communicationem corporis et sanguinis Christi maxime confirmatur, studiumque novae vitae praecipue excitatur, ad quae homines in funeribus et commemorationibus defunctorum hoc magis idonei sunt, quod ex praesentis funeris vel mortuorum commemoratione, de vi peccati, quo mors invecta est, et iudicii divini severitate, quae propter sola peccata metuenda est, gravius et efficacius admonentur.

Quae praecipue in funebribus ceremoniis agebantur

c3r; 205 Tria enim haec, vetus ecclesia in ceremoniis funeralibus atque defunctorum commemorationibus religiose | curabat. Primum, ut praesentes diligenter docerentur et monerentur de peccati atrocitate, et iudicii divini severitate, quo peccatorum paenitentia in eis excitaretur. Tum, ut mors Christi et resurrectio, qua peccata nostra expiata sunt, et beatae resurrectionis communicatio nobis impetrata, pro consolatione lugentium magnifice praedicaretur.[21] Denique exhortatio ad praesentes fieret, ut studerent *peccato* iugiter *mori* [Rm 6,2,11], *mundo crucifigi* [Gal 6,14; Rm 6,6], terrena omnia abnegare [cf. Tit 2:12], et *vivere iustitiae* [1Pt 2,24], vivere Christo Domino [cf. Rm 6,11], quaerere et sectari quae sunt Dei et Christi, speque omnes fixas habere in caelis [cf. Col 3,1].

His autem admonitionibus homines ad digne et salutariter peragendam caenam dominicam, et percipiendam communionem corporis et sanguinis Domini, maxime idonei reddebantur. Ea igitur de causa plerique sanctorum patrum coeperunt et caenam Domini in funerum ceremoniis atque sollemnioribus defunctorum commemorationibus simul adhibere. Non sane ut mortuis eo aliquid conferrent, aut eos ex purgatorio liberarent, nam ut dictum, gratias

---

20 Ap: Ps-Dionysius, *De hierarchia ecclesiastica* 7, 3, 8–7, 3, 9, MPG 3, 564D–565B; *Dionysiaca* 2, 1458–1461.

21 'Mors Christi et resurrectio' are treated as a singular subject.

pro ipsis agebant iam in caelum receptis, sed ut vivos ad paenitentiam peccatorum commotos instaurarent in fide et vita Christi. |

c3v; 206

Haec ideo tam multis volui hoc loco exequi. Primum, ut ne quid viderer tibi in sanctorum patrum auctoritatibus dissimulare, unde tu nobis infligi plagam putas.[22] Deinde ut bonis mentibus certius ostenderem, cum quas sancti patres oblationes et quae sacrificia pro vivis et defunctis fecerunt, tum quid etiam per illa praestare voluerunt, sive Deo, sive hominibus, et his, sive hic superstitibus, sive hinc sublatis, et sublatis hinc, sive cum sanctitate probe testata et celebri, sive cum obscura et dubia.

---

22   See above, p. 167, 170.

Quo paralogismo ex veteri illo schemate orandi pro defunctis illatum purgatorium sit. Caput XIX.

Haec ita se habere dubitare nemo poterit, qui pie et religiose perpenderit, et quas ex sanctis patribus sententias adscripsi, et caetera eorum scripta. Sed superest, quod ad mortuos attinet, scrupulus ex divi Augustini dictis, quem praeterire non debeo. Rescripsit enim ille Dulcitio ad alteram eius quaestionem, quod et in libro De cura pro mortuis agenda repetiit: 'Tempus autem,' inquit, 'quod inter hominis mortem et ultimam resurrectionem positum est, <Abdidta receptacula et aerumna, ergo purgatorium aliquod et punitorium> animas abditis receptaculis continet, sicut unaquaeque digna est, vel requie vel aerumna, pro eo quod sortita est in carne dum viveret. Neque negandum est defunctorum ani-|mas pietate suorum viventium relevari, cum pro illis sacrificium Mediatoris offertur, vel eleemosynae in ecclesia fiunt. Sed eis haec prosunt qui cum viverent, ut haec sibi postea possent prodesse, meruerunt. Est enim quidam vivendi modus, nec tam bonus, ut non requirant ista post mortem, nec tam malus, ut ei non prosint ista post mortem. Est vero talis in bono, ut haec non requirat, est et rursus talis in malo, ut nec his valeat, cum haec vita transierit adiuvari.'[1]

Hoc loco vir Dei diserte genus quoddam hominum ponit, quorum animae cum in aerumna sint, pietate viventium releventur, et indubie eadem, qua detinentur, aerumna. Inde in eadem responsione ita scripsit: <Ad quid prosint defunctis sacrificia vivorum> 'Cum ergo sacrificia sive altaris, sive quarumcumque eleemosynarum, pro baptizatis defunctis omnibus offeruntur, pro valde bonis gratiarum actiones sunt, pro non valde malis propitiationes sunt, pro valde malis, etiam si nulla sunt adiumenta mortuorum, qualescumque vivorum consolationes sunt. Quibus autem prosunt, aut ad hoc prosunt, ut sit plena remissio, aut certe ut tolerabilior fiat ipsa damnatio.'[2]

Haec iam perpende, Latome, et cum caeteris sanctorum patrum atque ipsius Augustini orthodoxis dictis, confer. 'Quibus autem prosunt,' inquit, 'aut ad hoc prosunt, ut | sit plena remissio, aut certe ut tolerabilior fiat ipsa

---

[1] Ap: Augustine, *De octo dulcitii quaestionibus* 2, MPL 40, 158; CCL 44A, 273, l. 57–68 quoting his own *Enchiridion* 109–110 ('29' in CCL), MPL 40, 283; CCL 46, 108, l. 1–14. See also *Decretum Gratiani* 2, c. 13, q. 2, c. 23, Friedberg 1, 728 adv: Gropper, *Gegenberichtung*, 99r. Cf. Bucer, *Florilegium patristicum*, BOL 3, 157; *Bestendige Verantwortung*, BDS 11.3, l. 10.

[2] Ap: Augustine, *De octo dulcitii quaestionibus* 2, MPL 40, 158; CCL 44A, 274, l. 79–86 quoting his own *Enchiridion* 109–110 ('29' in CCL), MPL 40, 283; CCL 46, 108–109, l. 24–31. See also *Decretum Gratiani* 2, c. 13, q. 2, c. 23, Friedberg 1, 728 adv: Gropper, *Gegenberichtung*, 99r. Cf. Bucer, *Florilegium patristicum*, BOL 3, 157; *Bestendige Verantwortung*, BDS 11.3, l. 10.

damnatio.' Posterius negat recentior theologorum schola, prius negat concors sanctorum patrum sententia. Scholastici, enim, sacrificiis ecclesiae nihil pervenire censent ad eos, qui ad gehennam condemnati sunt, nec etiam gehennae condemnationem mitigari posse, aut tolerabiliorem fieri.[3] Apud sanctos patres vero hoc dogma catholicum est: omnem remissionem peccatorum hic fieri, et illam plenam, nec quicquam eius in aliud saeculum differri.[4]

<Cyprianus tractatu primo Contra Demetrianum> 'Quando istinc,' scribit Cyprianus, 'excessum fuerit, nullus iam locus paenitentiae est, nullus satisfactionis effectus. Hic vita aut amittitur aut tenetur, hic saluti aeternae cultu Dei et fructu fidei providetur. Nec quisquam aut peccatis retardetur, aut annis, quo minus veniat ad consequendam salutem. In isto adhuc mundo manenti, paenitentia nulla sera est. Patet ad indulgentiam aditus, et quaerentibus atque intelligentibus veritatem facilis accessus est. Tu sub ipso licet exitu, et vitae temporalis occasu pro delictis roges Deum, qui unus et verus est, confessionem et fidem eius agnitionis implores, venia confitenti datur, et credenti indulgentia salutaris de divina pietate conceditur, et ad immortalitatem sub ipsa morte transitur. <Nota: ad immortalitatem sub ipsa morte transiri> Hanc gratiam Christus impartit, hoc munus mise-|ricordiae suae tribuit, subigendo mortem tropaeo crucis, redimendo credentem pretio sanguinis sui, reconciliando hominem Deo Patri, vivificando mortalem regeneratione caelesti.'[5]

d1r; 209

Et Ambrosius De bono mortis libro i, capite ii: 'Denique festinabat etiam sanctus David de hoc loco peregrinationis exire, dicens: *Advena ego sum apud te in terra, et peregrinus sicut omnes patres mei* [Ps 39, 12]. <Et David remissione peccatorum iustificari quaesivit> Et ideo tamquam peregrinus ad illam sanctorum communem omnium patriam festinabat, petens pro huius commemorationis inquinamento remitti sibi peccata, priusquam discederet de vita. <Qui hic non acceperit remissionem peccatorum, illic non accipiet> Qui enim hic non acceperit remissionem peccatorum, illic non erit. Non erit autem, qui {*corr.* quia} ad vitam aeternam non potuerit pervenire, quia vita aeterna

---

3 Ap: e.g. Thomas Aquinas, *Scriptum super Sententiis* 4, d. 45, q. 2, a. 2, qc. 1, *Opera omnia* 1, 655. See also Gabriel Biel, *Canonis expositio* 56P–U, Oberman & Courtenay, 381–389, which discusses and dismisses earlier scholastic support for Augustine's *tolerabilior damnatio*.

4 The *sententiae* from Cyprian and Ambrose which follow are presumably intended as exemplars of Bucer's 'concors patrum sententia.'

5 Ap: Cyprian, *Liber ad Demetrianum* 25–6, MPL 4, 563A–564A; CCL 3A, 50–51, l. 502–18. Cf. Bucer, *Florilegium patristicum*, BOL 3, 157; *Bestendige Verantwortung*, BDS 11.3, 432, l. 29–30.

remissio peccatorum est. Ideoque dicit: *Remitte mihi ut refrigerer, priusquam eam et amplius non ero.* [Ps 39, 13]'⁶

Idem omnes sancti patres, qui ante divum Augustinum scripserunt, confitentur et praedicant, huius vitae esse percipere remissionem peccatorum et vitam aeternam atque totam, frui autem illa, et ea perfecta, esse vitae futurae.⁷ Inde ex Apocalypsi recte cecinerunt in commemorationibus defunctorum: | *Beati mortui qui in Domino moriuntur.* [Apc 14, 13]⁸ In Domino autem moriuntur, quicumque hinc discedunt fide Domini. Hi vero si beati etiam sunt, statim transeant de morte ad vitam, et eam quidem beatam, atque aeternam, necesse est.

Inconsiderate igitur istud a divo Augustino, et cum orthodoxa doctrina dissentaneum, scriptum est, sacrificia et preces ecclesiae prodesse certo defunctorum generi, vel ut plena eis contingat peccatorum remissio, vel tolerabilior sit eorum poena.⁹ Qui enim condemnati sunt, de horum poenis nihil remittetur, nec pertinent ad ecclesiam, ut ullo ecclesiae iuventur officio. Si vero remissionem perceperunt peccatorum, sicut eam acceperunt Christi, non suo ipsorum, merito, acceperunt plenam, non in purgatorio perficiendam. Nec enim est ullus, ut divus Cyprianus ex orthodoxa et catholica fide testatur, in futura vita, vel paenitentiae locus, vel satisfactionis effectus.¹⁰ Quae omnia nituntur eo Domini dicto: *Qui audit sermonem meum, et credit ei, qui me misit, is habet vitam aeternam, et in iudicium non venit, sed transivit de morte ad vitam.* [Io 5, 24]

Nec vero tantum cum aliis sanctis patribus haec divi Augustini coniectatio de ratione et modo relevationis | quia quosdam defunctorum officiis putat relevari viventium, dissentit, verumetiam cum eo, quod ipsemet scriptum alias reliquit. Nam in compendio illo sententiarum catholicae doctrinae ita scripsit: <Ad Laurentium, capite lxix, et Ad quaestionem i ad Dulcitium> 'Tale aliquid etiam post hanc vitam fieri incredibile non est, et utrum ita sit, quaeri potest, et aut inveniri, aut latere, nonnullos fideles per ignem quendam purgatorium, quanto magis minusve bona pereuntia dilexerunt, tanto tardius, citiusque sal-

---

6   Ap: Ambrose, *De bono mortis* 2, 5, MPL 14, 542; CSEL 32/1, fasc. 2, 706, l. 14–p. 707, l. 24. Cf. Bucer, *Bestendige Verantwortung*, BDS 11.3, 432, l. 14.
7   Cf. Bucer, *Bestendige Verantwortung*, BDS 11.3, 426, l. 20–21.
8   Ap: *Officium mortuorum*, ad vesperas, ad laudes, CAO 3, no. 1528. See also below, p. 223.
9   See above, p. 212.
10   See above, p. 213.

vari, non tamen tales, de quibus dictum est, quod regnum Dei non possidebunt, nisi convenienter paenitentibus eadem crimina remittantur.'[11]

Hic cernis divum Augustinum nihil amplius de purgatorio igni affirmare, quam hoc: purgari post hanc vitam animas non esse incredibile, et quaeri posse, possequeque inveniri, posse etiam latere. <Opinio de purgatorio adhuc Augustini tempore incerta. Ergo semper incerta, et docenda in ecclesia numquam> Incerta igitur tunc in ecclesia haec fuit de purgatorio opinatio, nec affirmari a quoquam certo potuit, quo circa nec tradita fuit ab apostolis, nec pertinere hodie potest, aut unquam potuit ad doctrinam Christi. Hanc enim apostoli ecclesiis cum sanguine suo totam profuderunt, et indubitatam, quam cum vere amplexi sumus, credimus, nihil esse ultra, quod credere debemus, ut Tertullianus pie testatus est.[12] <Tertullianus De praescriptionibus>

| <Apostoli totam Christi doctrinam ecclesiis tradiderunt. Ad hanc ergo non pertinet, quod illi non tradiderunt> Si itaque incertum est, esse purgatorium, atque adeo in ecclesia nequaquam docendum, ut in qua ea tantum doceri debent, quae nobis a Domino et apostolis eius certo sunt tradita, incertum et illud est, nec in ecclesia affirmandum, esse animas, quae postquam hinc decesserunt, pietate viventium releventur, ut vel plenam percipiant peccatorum remissionem, vel tolerabiliorem sustineant damnationem.

Illud videtur viro huic, alioqui attentissimo, imposuisse, quod non animadvertit, quid vetus ecclesia precibus pro defunctis efficere voluerit, et quae propria illi causa huius rei fuerit. Existimavit enim ecclesiam nulla alia de causa orare et sacrificare pro defunctis, quam ut illis, quam nondum haberent peccatorum remissionem et beatam cum Christo quietem, impetraret. Nisi igitur vel aliquibus defunctis hoc ipsum beneficium a Domino exoraret, consequi putabat, ecclesiam temere has pro defunctis preces facere et haec sacrificia. Id vero iudicabat omnino absurdum, cum ecclesia regatur a Spiritu sancto, qui certo omnia fine instituit et perficit.

Cum itaque dubitare non posset Augustinus, esse in defunctis {corr. indefunctis}, qui plene fruerentur iam statim a discessu ipsarum animarum a corporibus suis plena gratia et | quiete Domini, esse etiam tam deploratos impietate, qui nullis possint ecclesiae precibus atque sacrificiis iuvari, excogitavit itaque tertium quoddam genus defunctorum, nec tam bonum, ut ista ecclesiae officia non requirat, nec rursus tam malum, ut ea illi non prosint. Et huic defunctorum generi censuit illas ecclesiae preces pro defunctis et sacrificia prodesse,

---

11 Ap: Augustine, *De octo Dulcitii quaestionibus* 1, MPL 40, 156; CCL 44A, 268, l. 338–344. See also Augustine, *Enchiridion* 69 ('18' in CCL), MPL 40, 265; CCL 46, 87, l. 74–80. Adv: Gropper, *Gegenberichtung*, 99r.
12 See above, p. 173.

et ea, quae verba precum sonant, impetrare, hoc est, aut plenam peccatorum remissionem aut tolerabiliorem condemnationem. Ubi vero fierent pro valde bonis, esse gratiarum actiones, ubi pro valde malis, qualescuncque vivorum consolationes.[13]

At si haec conclusio certa erat, ut sane tamquam certa proponi ab Augustino videtur, et in Responsione ad Dulcitium[14] et in libro De cura agenda pro mortuis,[15] non debebat in Enchiridio[16] scribere, quaeri posse, et posse inveniri, posse etiam latere, an quaedam defunctorum animae per ignem aliquem purgatorium salventur. Etenim si de purgatorio ipso, hoc est, de statu animarum, in quo illae nondum habeant plenam peccatorum remissionem et beatam apud Dominum quietem, potest adhuc quaeri, ac etiam frustra quaeri (nam addit posse id inveniri, posse etiam latere) quaeri certe etiam potest, et latere. De animarum liberatione ex hoc statu | quae perfici debeat precibus ecclesiae et oblationibus, qui enim certum sit, quonam modo aliqui ex carcere liberentur, cum dubium sit, an sit omnino aliquis in carcere?

Planum igitur est, cum illud fuerit, et sit hodie in doctrina ecclesiae catholicae controversum, quod divus Augustinus in Enchiridio suo scripsit, quaeri posse, ac etiam latere, cum quaeritur, purgenturne aliquae animae post hanc vitam, omnino fatendum esse, etiam quaeri et latere posse, si quae ab hac purgatione animae per preces et sacrificia vivorum liberentur.[17] Haud igitur potest esse dogma ecclesiae catholicum, quod attulit Augustinus de medio illo genere animarum, quibus per preces atque sacrificia ecclesiae impetretur, vel peccatorum remissio plena vel mitigatio poenarum. Cumque Augustinus hanc ipsam suam opinionem, tamquam certam adfert, dissentit plane, et non solum ab his sanctis patribus, qui ecclesiam ante ipsum suis scriptis illustrarunt, verum etiam a seipso proferente, ex doctrina ecclesiae certa et catholica, id incertum esse et dubium. Quod iam tamen imaginari quidem coeperant: 'Nonnullos' scilicet 'fideles per ignem quendam purgatorium, quanto magis minusve bona pereuntia dilexissent, tanto tardius, citiusque salvari.'[18]

---

13 See above, p. 212.
14 See above, p. 214.
15 Ap: Augustine, *De cura pro mortuis gerenda* 1, 2, MPL 40, 593; CSEL 41, 622, l. 14–p. 623, l. 14.
16 See above, p. 214.
17 See above, p. 212.
18 Ap: Augustine, *De octo Dulcitii quaestionibus* 1, MPL 40, 156; CCL 44A, 268, l. 339–342. See also Augustine, *Enchiridion* 69 ('18' in CCL), MPL 40, 265; CCL 46, 87, l. 76–78. See above, p. 214.

LIBER SECUNDUS 217

| Paralogismus vero, quo isti purgatorii opinatores[19] implicabantur, et in hanc imaginationem deducebantur, est a non causa,[20] sic enim colligebant: <Paralogismus qui incendit purgatorium> Nisi precibus et sacrificiis ecclesiae, saltem aliqui defunctorum iuventur, ut vel peccatis plenius liberentur, vel ut poenas dent pro illis mitiores, ecclesia frustra pro defunctis preces et sacrificia facit. Id autem dicere absurdum est. Regitur enim ecclesia a Spiritu sancto, qui nihil suggerit temere. Fatendum igitur est iuvari defunctos istis ecclesiae officiis, ut vel peccatorum pleniorem accipiant remissionem, vel poenarum, quas pro peccatis persolvunt, aliquam mitigationem.

Ad hunc paralogismum {*corr.* parologismus} responderi debet: ecclesiam preces et sacrificia pro defunctis non fecisse initio ob hanc causam, ut peccatis illos (aut peccatorum poenis nondum absolutos penitus) absolvi plenius impetraret, <Ob quas causas ecclesia vetus pro defunctis preces et sacrificia fecit> verum his de causis, ut hoc ipsum Dei beneficium plenae remissionis peccatorum et perfectae ab omni condemnatione liberationis, (praeterquam quod corporis adhuc resurrectio expectatur) quo posset officio, cum sacri ministerii, tum communis dilectionis, prosequeretur. Atque hoc ipsum superstitibus ceu obsignaret, indeque eos consolaretur de discessu defunctorum, et in fide ac studio resurrectionis vitaeque caelestis corroboraret et proveheret. |

Proinde, nihil temere, nihil absque gravi causa in eo fecit ecclesia, quod pro defunctis preces et sacrificia fecit (etiamsi adeo non quaesierit defunctis per eas suas preces et sacrificia plenam primum impetrare peccatorum remissionem aut poenarum mitigationem) ut gratias Domino confidentissime, et plenissimas agere de eo pro defunctis suis consueverit, quod illos, iam omnibus peccatis et poenis absolutos, beata apud se quiete donasset.

Sed nec Augustinus ipse absurdum istud, ecclesiam facere aliquid temere, agnoscit consequi ex eo, quod dicitur, iis defunctis veniam orare peccatorum et quietem caelestem, qui eam iam acceperunt. Nam scribit preces illas et sacrificia, quas ecclesia facit pro valde bonis, qui scilicet iam regnant cum Domino, et possident id, quod eis ecclesia orat, tamen non esse frustraneas, esse enim gratiarum actiones.[21] Omnino ergo sensit orationes ecclesiae pro defunctis propterea non esse frustraneas, quod defunctis id precantur, quod illi iam acceperant. Consequi enim ecclesiam alium in precibus illis et sacrificiis finem, quam impetrationem veniae peccatorum et quietis caelestis pro defunctis suis: nimirum, gratiarum actiones et laudem Dei pro his beneficiis

---

19 Probably a general allusion to defenders of Purgatory, but cf. Gropper, *Gegenberichtung*, 99r.
20 i.e. the 'fallacy of the mistaken cause.' See Aristotle, *De sophisticis elenchis* 5, Opera 1, 167b.
21 See above, p. 212.

illis iam collatis. Nec itaque ex eo quod | nos cum universa ecclesia, ea, quae ante divum Augustinum fuit, dicimus, orationes ecclesiae et sacrificia, quaecumque illa pro defunctis in Domino, etiam quibusvis obtulit, fuisse gratiarum actiones pro illis, ac praeterea etiam superstitum admonitiones et consolationes, consequi potest, nec etiam iuxta divi Augustini sententiam, ecclesiam propterea aliquid admisisse in huiusmodi precibus frustraneum. Permagnum enim id est quod ecclesia eo suo officio consecuta est, quo scilicet et Deum glorificavit, et fideles eius in pietate aedificavit, ea scilicet ratione, quam supra explicavimus.

Infertur igitur omino absurdum istud – ecclesiam temere et frustra orare, et sacrificare pro defunctis, si non vel aliquibus hoc officio suo impetret ut peccatis et peccatorum poenis plene liberentur – a non causa.[22] Non enim istam ob causam pro illis orat, et sacrificat ecclesia, sed ut Dionysius docet, has ob causas: ut hanc Dei gratiam iam perfectam suo, ut potest, prosequatur officio, agat gratias, et obsignet eam superstitibus, hosque in pietate ac studio novae vitae instauret.[23]

Porro quam absurdum illud sit in universum, aliquid ab ecclesia fieri non iustis de causis dictum supra est. Divus Augustinus certe ipse queritur suo iam tempore multa fuisse in ecclesia admissa, quorum ratio idonea | nec tum quidem ulla reddi potuit.[24]

Quod igitur ad Augustini auctoritatem attinet, in eo quod scripsit – quasdam hinc discedentes animas per ecclesiae preces et sacrificia, percipere primum plenam peccatorum remissionem aut poenarum aliquam mitigationem[25] – eo nobis iure utendum est, quod ipse nobis et omnibus fidelibus confirmavit: ut scilicet non recipiamus, quod attulit de hac defunctorum relevatione per preces et sacrificia ecclesiae, ideo quia ipse id affirmavit, quantalibet polluerit et doctrina et sanctitate, dum id ipsum non etiam persuasit, vel per auctores canonicos, vel per probabiles rationes.[26]

---

22   See above, p. 217, n. 20.
23   Ap: Ps-Dionysius, *De hierarchia ecclesiastica* 7, 3, 7, MPG 3, 561C–564A; *Dionysiaca* 2, 1448–1451.
24   Ap: Augustine, *Epistola* 55 'ad inquisitiones Ianuarii, liber 2', 19 ('35' in CCL), MPL 33, 221–222; CCL 31, 263, l. 736–761 and perhaps also Augustine, *Epistola* 54 'ad inquisitiones Ianuarii 1' 2, MPL 33, 201; CCL 31, 228, l. 52–61.
25   See above, p. 212.
26   See below, p. 234–235.

Quis fuerit error Aerii de precibus pro defunctis ab Epiphanio confutatus. Caput XX.

Sed Aerii forsan haeretici obiicies condemnationem, qui ob id condemnatus est, quod negarit orandum esse pro defunctis.[1] Atqui Epiphanius memorat hunc Aerium damnasse recitari in sollemni ecclesia nomina mortuorum, et id ex eodem fecisse paralogismo, quod putarit, ideo orare ecclesiam pro defunctis, ut eis quam hic respuissent vivi, iam mortuis exoraret peccatorum remissionem.[2] Nam volens afferre rationem, cur ecclesia frustra sanctos et malo exemplo nominaret in suis precibus, afferebat et obiici-|ebat illud tamquam certum ecclesiae dogma: mortuos precibus superstitum non iuvari. Proinde cum hunc haereticum Epiphanius confutat, non affert id, quod divus Augustinus scripsit, non esse negandum defunctos pietate viventium relevari,[3] sed ostendit alias et veras causas huius officii erga defunctos. Et primum, quod ex eo officio fides confirmabatur de existentia et vita defunctorum, et ea vita, qua vivunt apud Dominum. Alteram, quod eo et spes corroboratur superstitibus, quod essent sanctos, qui praecessissent, rursus conventuri. Postremam, quod simul confessio fiebat humanae infirmitatis et pravitatis, eoque Domino Christo suus honor deferebatur, quod solus is sit, qui vixit absque peccato, et a peccatis nos liberavit.[4]

De purgatorio certe, aut ratione liberandi a purgatorio, nullum ille verbum adfert. Sed subiiciam eius verba, et primum ea, quibus commemorat, calumniam, quam ecclesiae Aerius haereticus faciebat de eo, quod nomina mortuorum in prece sollemni recitabat: <Quae Aerius obiecit contra preces defunctorum> 'Deinde, qua ratione' (verba sunt Aerii) 'nominatis post mortem nomina mortuorum? Quod enim orat vivus, aut dispensationem facit (administrationem caenae dominicae vocat οἰκονομίαν) quid hoc | prosit mortuo? Si autem oratio eorum, qui hic supersunt, eos iuvet, qui illic sunt, nemo studeat religioni, nemo benefaciat, sed comparet quisque sibi amicos aliquos, quo velit modo, sive hoc eis pecunia persuadeat, sive precibus ea ab ipsis in fine vitae

---

1 Adv: Gropper, *Gegenberichtung*, 96r–v.
2 Ap: Epiphanius, *Panarion*, heresy 75, 3, MPG 42, 507A; GCS *Epiphanius* 3, 335, l. 4–9. On Aerius, see also DThC 1, 515–6. Cf. Bucer, *Bestendige Verantwortung*, BDS 11.3, 436, l. 30ff.
3 See above, p. 212.
4 Ap: Epiphanius, *Panarion*, heresy 75, 7 ('75, 8' in MPG), MPG 42, 514B–C; GCS *Epiphanius* 3, 338, l. 27–339, l. 12. Cf. Bucer, *Bestendige Verantwortung*, BDS 11.3, 437, l. 8–11.

suae impetret, et hi orent, ne quid illi illic patiantur, neve requirantur ab eis peccata, quae immedicabilia admiserunt.'[5]

<Aerius nihil de purgatorio> Haec erant, quae Epiphanius memorat Aerium, ecclesiae Dei hac in causa obiecisse, in quibus tria haec observes. Primum, nihil illum meminisse de purgatorio, sed reprehendisse tantum nominationem mortuorum in sacra ecclesiae prece et caena Domini, atque orationem, quae pro eis fiebat. Deinde, Aerium hoc tamquam confessum in ecclesia sumpsisse: defunctos vivorum precibus et sacrificiis non iuvari. Unde interrogatione illud extulit: 'τί ὠφεληθήσεται ὁ τεθνεώς',[6] quid hinc iuvetur is, qui est mortuus? Atque hoc sumptum Epiphanius minime reiicit. <Lemma ecclesiasticum: defunctos officiis vivorum non iuvari> Postremo, haereticum hunc ex ista mortuorum nominatione calumniam ecclesiae struxisse, quasi ex ea inferri possit, non esse opus studio pie vivendi et benefaciendi, sed posse amicos parari, qui precibus suis impetrent defunctis, ut iudicium Dei hinc discedentes effugiant, nec mali aliquid pro peccatis suis patiantur. |

Animadverte igitur iam, Latome, quibus verbis divus Epiphanius hanc Aerii calumniam refutet: 'Postea de eo,' inquit, 'quod recitantur defunctorum nomina, quid possit fieri magis utile, magis opportunum ac etiam admirabilius, quam credere superstites de iis, qui hinc discedunt, quod vivunt et non desierunt esse, sed sunt et vivunt apud Dominum.'[7] <Nota: παρὰ δεσπότῃ, apud Dominum; non igitur in purgatorio> Haec ergo prima causa est ecclesiae orandi atque sacrificandi pro defunctis, ut eo scilicet fideles profiteantur, ac ita sibi fidem confirment, de vita defunctorum et vita beata, qua illi scilicet vivunt apud Dominum.

Sequitur in Epiphanio: 'Et ut gravissima praedicatio exponatur, et orationibus pro defunctis spes sit de fratribus, tamquam de iis qui peregre sunt.'[8] Haec altera causa est precum atque sacrificiorum, quae faciebat ecclesia pro defunctis. Ex sacris enim et gravissimis scripturarum lectionibus, spes illa fratribus confirmabatur, fore ut relicti in hac miseria defunctos apud Dominum

---

5 Ap: Epiphanius, *Panarion*, heresy 75, 3, MPG 42, 507A; GCS *Epiphanius* 3, 335, l. 4–9. The Latin translation here and in the following quotations appears to be Bucer's own, corresponding only occasionally with that in Epiphanius, *D. Epiphanii ... Contra octoaginta haereses*, (1543), 438, 440, which is used by *Antididagma*, 67v–68r.
6 Ap: Epiphanius, *Panarion*, heresy 75, 3, MPG 42, 507A; GCS *Epiphanius* 3, 335, l. 6.
7 Ap: Epiphanius, *Panarion*, heresy 75, 7 ('75, 8' in MPG), MPG 42, 514B; GCS *Epiphanius* 3, 338, l. 29–30.
8 Ap: Epiphanius, *Panarion*, heresy 75, 7 ('75, 8' in MPG), MPG 42, 514B; GCS *Epiphanius* 3, 338, l. 30–339, l. 1.

iam a corpore feliciter peregrinantes iterum convenirent, qui nunc ceu peregre sunt a nobis.

Sequitur causa tertia: 'Prodest vero oratio pro defunctis facta ideo (etiam si non omnem culpam abscindat, praesertim cum existentes | in hoc mundo labamur subinde, cum inviti, tum sponte) ut significetur id quod perfectius est. <Veteres precabantur et offerebant etiam pro patriarchis, prophetis, apostolis, martyribus, etc.> Etenim non solum peccatorum, sed etiam iustorum facimus mentionem: peccatorum, implorantes misericordiam Dei; iustorum vero, et patrum, et patriarcharum, prophetarum, et apostolorum, et evangelistarum, et martyrum, et confessorum, episcoporum, atque in secessu degentium,[9] et totius ordinis, ut scilicet Dominum Iesum Christum separemus ab ordine caeterorum hominum in eo, quod ipsi hunc honorem et cultum tribuimus, cogitantes, quod Dominus conferri non possit ulli hominum, etiamsi is in iustitia ultra modum inter homines excellat, etc.'[10]

Esse confessionem humanae infirmitatis, ac inde et gloriae Christi, vir Dei tertiam huius officii causam facit. Nam non solum peccatorum inquit, sed etiam quorumlibet sanctorum, atque inter iustos maxime excellentium mentionem facimus, ut significetur, scilicet id, quod est perfectius, Christus Dominus, cuius merito omnes, quamlibet sanctimonia et iustitia praestantes, remissionem peccatorum et vitae aeternae consortium, perceperunt, ac percipiunt.

Adversarii nostri Colonienses acceperunt illud: 'Prodest vero oratio, pro ipsis scilicet defunctis, etiam si totam culpam non abscindat'[11] – ὅλα τῶν αἰτιαμάτων[12] – indeque | inferre conantur, ergo partem aliquam culparum abscindi his ecclesiae officiis.[13] Verum nec Epiphanius subiicit, nec scholastici hoc recipiunt. Nam et hi culpam omnem vivis remitti agnoscunt, etiamsi figmentum illud de expiatione poenarum in purgatorio amplexi sint.[14] Praeterea nec subiicit aliquid de impetranda defunctis ulla sive remissione, sive mitigatione, vel culpae, vel poenae. Sed dicit clare orationem pro defunctis ad id prodesse,

---

9   i.e. monastics.
10 Ap: Epiphanius, *Panarion*, heresy 75, 7 [MPG 75, 8], MPG 42, 514B–C; GCS *Epiphanius* 3, 339, l. 1–12. Cf. Gropper, *Gegenberichtung*, 96r–v; *Antididagma*, 67v.
11 Adv: Gropper, *Antididagma*, 67v using the Latin translation from *D. Epiphanii ... Contra octoaginta haereses*, transl. Ianus Cornarius (Basel: Robert Winter, 1543), 440.
12 Ap: Epiphanius, *Panarion*, heresy 75, 7 [MPG 75, 8], MPG 42, 514B; GCS *Epiphanius* 3, 339, l. 2.
13 In fact Gropper, *Antididagma*, 67v simply quotes this passage without further comment.
14 See e.g. Thomas Aquinas, *Scriptum super Sententiis* 4, d. 21, q. 1, a. 3, qc. 1, co, *Opera omnia* 1, 559. See, however, ibid., ad. 2, '... sed remissio culpae venialis est ex gratia informante, quae in purgatorio erit in anima separata ...'

ut significetur quod perfectius est. Cumque hoc ipsum vult probare, subiicit, quod etiam iustorum mentionem ecclesiae faciebant, non peccatorum tantum. Horum quidem ut misericordiam Dei implorantes, illorum, ut Dominum Iesum separemus a caeterorum conditione hominum, quamlibet iustorum, ut qui Deus sit, et in caelo, cum sancti omnes etiamnum in terris sint, quod quidem attinet ad reliquias corporum, quas in terris adhuc omnes habent, demptis iis modo, qui cum Domino resurrexerunt.

Sunt quidem verba huius loci, ut multorum aliorum in hoc scriptore, nonnihil obscura, et est forsan oratio alicubi mutila, ut pleraque in hoc auctore describentium vitio depravata apparent. <Ecclesia orabat et sacrificabat pro defunctis, non ut illis culpae abscissionem quaerere, sed ut testaretur eos vivere apud Dominum> Id tamen abunde certum ex verbis eius percipitur, quod nequaquam sensit defunctis per preces et sacrificia ecclesiae impetrari remissionem, vel culpae, vel poenae, sive totius, sive | partis eius. Primam enim causam huius officii facit, confessionem et confirmationem fidei de defunctis, quod illi non desierint esse, sed sint et vivant apud Dominum, apud quem qui vivunt, vivunt beati, liberi et a peccatis et a poenis peccatorum.[15] Deinde haereticus Aerius (quem voluit Epiphanius confutare eo argumento) recitationem nominum defunctorum in precibus ecclesiae reiiciebat, quod defunctis preces ecclesiae nihil prodessent, et si illas prodesse defunctis quis diceret, ex eo consecutum iri, ut homines dum hic viverent, pietatem et iustitiam negligerent, et compararent sibi, qua possent ratione, amicos, qui illis iam mortuis, suis precibus et sacrificiis succurrerent.[16] Haec igitur cum Aerius obiiceret, si sensisset Epiphanius mortuos precibus vivorum relevari, ut id putavit divus Augustinus, oportuisset eum etiam idem respondere, quod divus Augustinus respondit: nimirum preces et sacrificia ecclesiae defunctis quidem prodesse, sed iis tantum: 'Qui cum viverent, ut haec sibi postea possent prodesse, meruissent,'[17] eoque non consequi, ut pietatem quisque propterea desereret, et studium benefaciendi abiiceret, confisus precibus, quae pro se mortuo vivi essent facturi, quandoquidem diserte praedicaretur, his modo defunctis vivorum preces prodesse, qui id pietate sua, et bene-|faciendi studio hic meruissent. Sed nihil horum respondet Epiphanius, neque enim hanc esse causam harum precum pro defunctis agnovit, ut illis defuncti relevarentur, verum, ut et Dionysius

---

15 See above, p. 220.
16 See above, p. 219.
17 Ap: Augustine, *De octo Dulcitii quaestionibus* 2, MPL 40, 158; CCL 44A, 273, l. 63–64. See also Augustine, *Enchiridion* 110 ('29' in CCL), MPL 40, 283; CCL 46, 108, l. 8–9 and above, p. 212.

fecit,[18] ostendit alias et veras causas huius officii: confessionem, et confirmationem fidei de defunctis in Domino, quod sint et vivant apud Dominum, adeoque nostris officiis opus non habeant; item, spei iterum eos conveniendi in resurrectione, qui nunc ita apud Dominum sunt, ut tamen nobis peregre sint, et a nobis absint; denique, glorificationem Christi, et confessionem nostrae infirmitatis, quod omnes quamlibet sancti per ipsius sacrificium habemus necesse salvari.[19]

Illud igitur: 'Et si non omnem culpam abscindat,'[20] aut de vivis scripsisse virum Dei oportet, ut quo voluerit respondere ad id, quod Aerius obiecerat (si iuvari quirent defuncti vivorum precibus, fore, ut homines abiecta hic pietate, in fine sibi comparent deprecatores poenarum) aut certe, si de defunctorum peccatis hoc dixerit, idem necesse est ut polleat, atque si simpliciter dixisset: 'Etiam si culpas non abscindat'. Nam omnino ex his ipsius Epiphanii verbis clarum est, eum non sensisse vel partem culparum, vel totas culpas defunctis, quos vivere apud Dominum confitetur, abscindi | per preces et sacrificia ecclesiae. Sed est, ut diximus, locus hic de mendo suspectus.

Porro quicquid de hoc dicto sit, id iam ex sententiis sanctorum patrum, divi Epiphanii, Augustini, Cypriani, Ambrosii, Dionysii, certo omnino cognoscitur: veterem ecclesiam, quae ante tempora Augustini fuit, non dubitasse, omnes qui in Domino moriuntur (ita ut et hodie canitur): 'Beatos esse' [Apc 14,13],[21] statimque a morte plenam accipere remissionem peccatorum et optatam in caelis quietem, merito scilicet et beneficio Domini nostri Iesu Christi; nec quicquam de ullo medio et purgatorio statu suspicatam esse, ex quo precibus et sacrificiis, vel ipsius ecclesiae, vel privatorum sanctorum defuncti, liberarentur. Et Augustinum ipsum, quanquam de tertio suo defunctorum genere diserte responderit, eos vivorum pietate relevari, atque explicuerit etiam, in quo relevari eos existimarit, ut scilicet aut plenam perciperent peccatorum remissionem, aut certe tolerabiliorem condemnationem, tamen hoc ipsum, an sit aliquis medius defunctorum status, in quo defunctorum animae adhuc purgentur, reliquisse cum caetera ecclesia, in dubio.

fiv; 226

---

18   See above, p. 206 & 209.
19   See above, p. 220–221.
20   See above, p. 221.
21   Ap: *Officium mortuorum*, ad vesperas, ad laudes CAO 3, no. 1528.

Quid ex secundo Machabeorum de cura pro mortuis proditum sit. Caput XXI.

Obiiciunt vestri, pro defensione huius vestri fig-|menti, etiam id quod in libro secundo Machabeorum, de precibus et oblationibus faciendis pro defunctis legitur [2Mcc 12,43–45].[1] Ad id autem nos respondemus: primum, auctoritatem huius libri non esse canonicam; deinde, etiam si canonica esset, nihil tamen ex ea amplius concludi pro illo vestro dogmate, liberari purgatorio animas precibus et sacrificiis vivorum, quam concludi pro eo dogmate possit ex dictis sanctorum patrum, quae iam tractavimus.

Quod vero liber hic secundus Machabeorum non sit auctoritatis canonicae, nemo Christianorum dubitat, qui et veterem teneat ecclesiae traditionem de canone sacrorum bibliorum, et paulo diligentius considerarit ea, quae hoc libro sunt tradita, et cum iis, quae sunt prodita in primo Machabeorum, tum etiam quae in caetera nobis sacra historia commendata sunt, contulerit. <Canones apostolorum> In Canonibus certe 'apostolorum',[2] qui vocantur, <Ultimo Laodicensis Concilii ultimo et Africani xxiiii> in canonibus Concilii Laodicensis[3] et Africani,[4] tum etiam apud plerosque sanctorum patrum[5] habetur descriptus catalogus sacrorum librorum, in nullo autem eorum locus aliquis datus est Machabeorum libris. <Historia ecclesiastica Eusebii libro vi, capite xviii> Adhaec testatur Origenes diserte eos extra canonem esse.[6]

Divus Augustinus vero, libro secundo De doctrina christiana, capite viii {*corr.* xviii}, cum libros vellet recensere omnes | qui ullis in ecclesiis tum legebantur, commemorat quidem etiam duos libros Machabeorum, sicut etiam librum

---

1 Adv: Gropper, *Gegenberichtung*, 98v.
2 In fact *Canones apostolorum* 84, Mansi 1, 47–48; Crabbe 1, 12rC includes 1–3 Mcc in its canon. See also Haloander, Νεαρῶν Ἰουστινιανοῦ βασιλέως... βιβλίον, 263. The version of the *Canones apostolorum* in Cochlaeus, *Canones*, 1–6 contains no canon of scripture. Cf. Mansi 1, 49–57.
3 Ap: Concilium Laodicense (or 'Laodicenum') 59, Mansi 2, 573 (there 'c. 55'); Crabbe 1, 227rC.
4 In fact 'Concilium Carthaginense Africae III' [meeting in Hippo] (397) includes 1–2 Mcc among canonical scripturas. See CCL 149, xxi, 43, 108, 125–126, 141–142. The canon is variously numbered 24, 29, 36. Bucer's use of '24' suggests that his source is *Canones apostolorum veterum conciliorum* (1525), L4v, which reads, 'Item placuit, ut praeter scripturas canonicas, nihil in ecclesia legatur sub nomine diuinarum scripturarum. Sunt autem canonicae scripturae, id est, Genesis... Machabaeorum libri duo...' Merlin, 1, 85v and Crabbe 1, 252vD–E number the canon 'c.47' but likewise include 1–2 Mcc.
5 It is not clear which other patristic canons Bucer has in mind, though see *Florilegium patristicum*, BOL 3, 149–151.
6 Ap: Eusebius, *Historia ecclesiastica* 6, 25 (or '6, 18'), MPG 5, 581A; GCS 9.2, l. 576, l. 1–2.

Sapientiae, et Iesu Syrach. <An liber ii Machabeorum sit in canone> Verum simul fatetur, eodem capite, quosdam ex his libris, quos recensuit, non recipi ab omnibus ecclesiis, et hos aliis, qui recepti sunt ab omnibus, lectione et auctoritatis pondere, esse postponendos.[7]

<Augustinus> Atque idem Augustinus scribit in libro secundo Contra epistolam Gaudentii, capite xxiii,[8] scripturam Machabeorum receptam esse: 'Ab ecclesia non inutiliter, si sobrie legatur, vel audiatur, maxime propter illos Machabeos, qui pro lege Dei sicut veri martyres a persecutoribus tam indigna atque horrenda perpessi sunt.'[9] At sobrie legendos et audiendos non dixisset, nisi inesse illis agnovisset, quae ipsi visa essent cum doctrina reliquae scripturae non satis congruere, et posse in alienum aliquod a fide Christi dogma inducere, sicut ibidem merito reiicit exemplum Rasiae, quod hic liber videtur laudare.[10] Non potestis igitur nec huius libri auctoritate aliquid contra nos concludere.

Sed fac librum istum secundum Machabeorum esse canonicum, tamen auctor clare admodum ipse hoc exposuit, nec se preces et sacrificia pro mortuis alia de causa laudasse, quam propter confessionem resurrecti-|onis, et quod defunctorum peccatum Iudas etiam ad se et totum exercitum pertinere pie existimarit, eoque et veniam eius omnes orare a Domino fecerit [2Mcc 12,44–45]. Sicuti et sancti veteres reges et prophetae in gravioribus et sollemnioribus precibus suis patrum suorum peccata confiteri, veniamque eorum peccatorum orare consueverunt.

f3r; 229

Etenim cum hic scriptor memorasset de xii milibus drachmarum per Iudam missis Hierosolymam, ut fierent sacrificia pro mortuis illis, qui se donariis idolorum contaminaverant, ac ideo iusto Dei iudicio in proelio contra idololatras ceciderant, subiecit: *Bene et commode fecit Iudas cogitans de resurrectione* (*nisi enim expectasset ut ii qui ceciderant, resurgerent, superfluum erat, et delirantis, orare pro mortuis*). *Postea id intuens, quod iis, qui cum pietate dormierint repositum sit pulcherrimum donum*, id est, κάλλιστον χαριστήριον [2Mcc 12,43–45].

<Iudas agnovit repositam esse pie defunctis beatam resurrectionem; nihil purgatorii> Vide quas causas afferat hic scriptor, cur dixerit Iudam, quod sacrificium curavit fieri pro peccatis caesorum, benefecisse. Eam certe non adfert causam, quod cogitarit caesos illos sacrificio liberare a poenis purgatorii, sed

---

7 Ap: Augustine, *De doctrina christiana* 2, 8, MPL 34, 40–41; CCL 32, 39, l. 12–15, 31–32.
8 Numbering in t. 6 of the Amerbach edition and t. 7 of the Froben edition.
9 Ap: Augustine, *Contra Gaudentium* 1, 31 (38), MPL 43, 729; CSEL 53, 237, l. 16–19.
10 Ap: Augustine, *Contra Gaudentium* 1, 28 (32) & 31 (36–40), MPL 43, 725, 728–731; CSEL 53, 230, l. 3–11, 235, l. 1–p. 240, l. 10. Gaudentius had praised the account of Razis' suicide in 2Mcc 14, 37–46.

quod cogitarit de resurrectione mortuorum, et quod intuitus sit, repositum esse pie mortuis pulcherrimum donum, donum sane beatae quietis, et optatae resurrectionis. |

Quapropter id quod sequitur in hoc scripto, scilicet sancta et pia cogitatio, unde propitiationem peccatorum fecit pro mortuis *ut a peccatis absolverentur* [2 Mcc 12,45] (sic enim habetur hic locus in Graeco) intelligendum est de absolutione quae fit apud ecclesiam, ut Dionysius scripsit,[11] non de ea, quam putarit ille fieri in purgatorio, de quo nullam hic scriptor fecit mentionem, cuiusque contrarium posuit, repositam scilicet gratiam pulcherrimam iis, qui cum pietate dormierunt.

Nec igitur huius auctoritate libri, etiamsi canonicus esset, quicquam concludi possit pro eo vestro figmento, quod vivorum officiis relevari queant mortui. Deinde nullus omnino in cunctis sacris bibliis locus est, quo idem confirmaretur. Atqui Deus et Pater noster caelestis, quae vel credenda, vel facienda nobis sunt, adeo tradidit, et explicuit omnia nobis in libris iis, quos canonicos agnovit ecclesia, iam ab initio, idque adeo benigne et copiose, adeo perspicue et certo, ut dubitare de illis nemo possit, nisi cui alias desit animus credendi, et obsequendi Deo.

---

11 Ap: Ps-Dionysius, *De hierarchia ecclesiastica* 7, 3, 7, MPG 3, 564B–D; *Dionysiaca* 2, 1454–1458. See also above, p. 209.

Etiam vulgatae cantiones et lectiones pro defunctis testantur ecclesiam veterem nihil sensisse de purgatorio. Caput XXII.

Et hinc certe factum est, ut in illis quoque lectionibus | et cantionibus, quas tui, Latome, vocant 'vigilias defunctorum',[1] eo, quod olim noctu, cum ad funera vigilabatur, recitari et decantari solebant, nullum insit verbum de purgatorio vestro, sed omnia moneant de noxa peccatorum, de vera paenitentia, de metu et horrore iudicii divini, de morte et resurrectione Christi, quibus credentibus Christo peccata, mors, et condemnatio sublata sunt.

Canunt enim: *'Putas ne mortuus homo rursum vivat. Cunctis diebus quibus nunc milito, expecto, donec veniat immutatio mea* [Iob 14,14]. *Ecce in pulvere sedeo, et in pulvere dormio, et si mane me quaesieris, non subsistam* [Iob 7,21].'[2]

Item: *'Manus tuae, Domine, fecerunt me, et plasmaverunt me totum* [Iob 10,8] *Ego autem, homo natus de muliere, brevi vivens tempore* [Iob 14,1], *peccavi. Iniquitatem feci in conspectu tuo* [Ps 51,4]. Dum veneris iudicare, noli me condemnare, *ne gaudeat inimicus meus super me* [Ps 41,11].'[3]

Rursus: *'Redemptor meus vivit, et in novissimo resurgam* [Iob 19,25] *et renovabuntur denuo ossa mea, et in carne mea videbo Dominum meum* [Iob 19,26]. *Lauda anima mea Dominum. Laudabo Dominum in vita mea. Psallam Deo meo quamdiu ero* [Ps 146,1].'[4]

Iterum: 'Libera me, Domine, de morte aeterna in die illa tremenda, quando caeli movendi sunt et terra. Dies illa, dies irae, dies calamitatis et miseriae, dies magna, et amara valde.'[5] |

---

1 Before the publication of the *Breviarium Romanum* (1568) there was no standard text for the offices of the dead (including the so-called 'vigils' of Vespers and Matins). Thus, even if one of the above response appears across a range of variant texts, it may not occur in the same position in each of them. Where one of the above citations appears in Ottosen or the *Corpus antiphonalium officii* (CAO) its number is given below. The position of each responsein *Vigiliae mortuorum secundum usum Augustensem* (1491) is also noted. This was the only one of the consulted contemporary versions of the *Vigiliae* (see bibliography of primary sources under Vigiliae) that included all of the responses and prayers cited by Bucer. Some of the responses cited above are also cited in Bucer, *Die ander Verteydigung*, BDS 11.2, 223, l. 13–14 and *Der newe Glaub*, BDS 15, 94, l. 16–17.
2 Ap: *Vigiliae*, Vr, Vigiliae maiores, nocturn 1, lectio 1; Ottosen, R70, V82. Not in CAO.
3 Ap: *Vigiliae*, VIr–v, Vigiliae maiores, nocturn 2, lectio 2; Ottosen, R44, V80, CAO 4, 282, no. 7127.
4 Ap: *Vigiliae*, VIv, Vigiliae maiores, nocturn 1, lectio 3; Ottosen, R79, V125; CAO 3, 439, no. 4588.
5 Ap: *Vigiliae*, XXVIv, Aliud officium mortuorum; Ottosen, R38, V55; CAO 4, 271, 273, no. 7091. Cf. Bucer, *Die ander Verteydigung*, BDS 11.2, 223, l. 11–12; *Der newe Glaub*, BDS 15, 94, l. 16–17.

Aliud: 'Absolve, Domine, animas eorum ab omni vinculo delictorum, ut in resurrectionis gloria inter sanctos tuos resuscitati respirent.[6] Requiem aeternam dona eis, Domine, et lux perpetua luceat eis.'[7]

His respondent et quae leguntur et psalluntur ex libro Iob, et evangelio, atque Psalmis. Sed tui, Latome, sacrifici sicut quaestus tantum causa ista demurmurant. Ita nihil eorum perpendunt, quae vel dicant vel agant, <Nocturnas enim vigilias vocant, quas media die peragunt> aut etiam quo nomine suas actiones vocent.

---

6 Ap: *Vigiliae*, XXIIIr, Officium mortuorum; Ottosen, R138, V198; CAO 3, 24, no. 1211.
7 Ap: *Vigiliae, passim;* Ottosen, V198; CAO 3, 442, no. 4617.

Excussio eorum locorum, quos posterior Augustini aetas pro astruendo purgatorio adduxit. Caput XXIII.

Sed videbitur forsan tibi, posse aliquid pro purgatorio vestro, indeque etiam pro liberatione ex illo, concludi ex illis scripturae locis, quae posteriores Augustini scriptores pro adserendo illo, adduxerunt. Paucis itaque et de his dicendum est, ne quid tibi sciens praeterire videar, quo vestra queant commenta aliqua commendari verisimilitudine. Solent vero tria a vestris[1] pro hoc de purgatorio figmento testimonia adferri.

<i Corinthiorum iii [11–15]> Primum, id quod divus Paulus scripsit ad Corinthios, de igni per quem probati salvantur. <Matthaei xii [31–32]> Alterum, quod Dominus dixit: convitium in Spiritum sanctum non | remitti hominibus: *Neque in hoc saeculo, nec in futuro.* <Matthaei v [26] et xviii [34]> Tertium, quod Dominus dixit de debitore non exituro carcerem *donec extremum* persolvisset *quadrantem* [Mt 5,26], aut *omne debitum* [Mt 18,34].

<Ignis de quo i Corinthiorum iii [11–15] est, qui cuiusque opus, etiam aurum, superaedificantis probat> Primum enim affirmat divus Paulus diserte revelatorium illum et probatorium ignem, de quo Corinthiis {*corr.* Chorinthiis] scripsit, esse eiusmodi ignem, quo utrorumque opus quale sit, reveletur et probetur, tam eorum, qui super fundamento Christo, quod apostolus ante posuerat, aurum, argentum, et gemmas aedificaverint, doctrinam scilicet et opera Domino digna, quam eorum, qui super hoc fundamento aedificaverint ligna, foenum, et stipulam, id est, doctrinam et opera Christo indigna [1Cor 3,11–15]: *Uniuscuiusque opus*, inquit, *quale sit, ignis probabit* [1Cor 3,13] At vos non dicetis in vestrum ignem purgatorium venire, qui fundamento Christo nihil lignorum, nihil foeni, et stipulae superaedificaverint, id est, nihil alienae a Christo vel doctrinae vel actionis, aut docuerint, aut receperint et fecerint, sed tantum aurum, argentum et gemmas, dogmata scilicet et officia, quae cum fide Christi per omnia congruant.[2]

Et quis locum hunc Pauli legens aliqua cum attentione non ipse videat, apostolum hoc loco verba facere de iis, qui Corinthios post ipsum in Christo

---

[1] These passages are not mentioned in Gropper, *Gegenberichtung*, 96r–99r, which does, however, briefly defend the doctrine of Purgatory (99r). See, however, e.g. Eck, *Enchiridion* 25, CCath 34, 260–261 and 'De Purgatorio' in *Secunda pars operum* (1531), 42r–48r for the prominent deployment of these proof-texts. For a defence of Purgatory more closely related to the debates surrounding the reformation at Cologne, but one in which these texts are less prominent, see Alfonso de Castro, *Adversus haereses* (1544), 189r–191r.

[2] i.e. those, like Eck, 'De Purgatorio' in *Secunda pars operum* (1531), 45v, who appeal to this passage, refer Purgatory only to the wood and straw, but not to the 'good works' of gold, silver and precious stones built on the foundation of Christ. Yet, according to 1Cor 3,11–15, all are tested by fire. Thus the fire must be something other than Purgatory.

| susceperant docendos, quorum alii consentanea cum fundamento evangelii, quod ipse recte posuerat, alii dissentanea tradiderunt, eoque illos monuisse. Utrorumque doctrinam revelandam et probandam esse, indubie non minus in iis, qui eam doctrinam recepissent, quam qui illam tradidissent, et revelandam atque probandam igni, divinae scilicet probationis et iudicii, cum iudicii, quod in hac vita Dominus immissis adversis rebus varie exercet, tum etiam illius, quod agitat cum morituris. Tum etiam hanc voluisse subiicere consolationem iis, qui in fide Christi vera persistunt, ut quamvis dissentanea cum fundamento Christo, sive tradita ab ipsis sint, sive recepta ab aliis dogmata, aut praecepta vel facta officia et opera, nihilominus salvos fore quicumque fundamentum Christum retinuerint, hoc est, in ea fide persisterint, ut per unum Dominum Iesum Christum Patrem invocent, et remissionem peccatorum orent, confidantque sese eam etiam exorare, salvos autem fore, sic, ut per ignem, id est, non sine acri aliqua divini iudicii probatione, qua scilicet Dominus oculos talibus aperire solet, ut quam inania sint, quae ipsi non sane pro nihilo duxerant, pervideant. Tum certe omnis huiusmodi vel dogmatum vel operum, qui Christo fundamento indigna sunt fiducia et existimatio, id est, ligna | ista, foenum, et stipula, igni huiusmodi iudicii absumuntur, et damnum aliquod patitur inanis operae et molestiae, quicumque vel docuit, vel fecit, quae cum fundamento Christo non congruunt.

Hanc esse genuinam huius loci explicationem nemo dubitabit, qui apostoli verba rite expenderit, eamque etiam cum sanctorum patrum consentire explicatione cognoscet, <Ambrosius[3] et Chrysostomus[4] in hunc locum> qui illorum monumenta legere voluerit. Quanquam alii sanctorum patrum per superaedificata fundamento Christo intelligant doctrinam adiectam iis, quae tradiderat Paulus (quae certe interpretatio cum Paulinis verbis magis consentit) alii opera adiecta fidei, inter quos est et Augustinus De spiritu et littera, capite xv.[5] Divus Hieronymus[6] et Chrysostomus[7] per lignum, foenum, et sti-

---

3   Ap: Ambrosiaster, *Commentaria in 1 Epistolam ad Corinthios* 3, MPL 17, 199D–200A; CSEL 81.2, 36, l. 7–p. 38, l. 11.
4   Ap: John Chrysostom, *In 1 Epistolam ad Corinthios homiliae* 9, 2–3, MPG 61, 78–79. No other modern edition.
5   Augustine does not discuss 1 Cor 3, 11–15 in *De spiritu et litera*. Bucer probably intends Augustine, *De fide et operibus* 15, MPL 40, 212–215; CSEL 41, 64, l. 19–p. 65, l. 12. See also *De octo Dulicitii quaestionibus* 1, MPL 40, 149–157; CCL 44A, 253–270; *Enchiridion* 1, 68 (CCL '18'), MPL 40, 264–265; CCL 46, 86–87, l. 31–74; *De civitate Dei* 21, 21 & 26, MPL 41, 734, 743–745; CCL 48, 786, 797–799.
6   Ap: Jerome, *Commentarius in 1 Epistolam ad Corinthios* 3, MPL 30, 725C–726C. In fact Jerome interprets the wood, hay and stubble as unsound doctrine rather than as bad works.
7   Ap: John Chrysostom, *In 1 Epistolam ad Corinthios homiliae* 9, 2–3, MPG 61, 78–79; No modern edition.

pulam intellexerunt ea mala opera, quae sunt pabulum ignis aeterni. Et quod Paulus scripsit, salvum fore qui haec superaedificavit, sed *sicut per ignem* [1 Cor 3,15], intelligunt servari tales ad tormenta sempiterna.

Verum utro sensu locum istum intelligas, tamen argumentum istud divi Augustini clare evincit locum istum ad ignem vestrum purgatorium detorqueri nullo modo posse, propterea, quod vos eos tantum dicitis in illud vestrum purgatorium venire, qui opera fecerunt, quae lignis, foeno et stipulae adsimulantur | non etiam illos qui opera fecerunt, quae auro, argento, et gemmis comparantur.[8] Paulus [1 Cor 3,13] autem clare affirmat ignem de quo ipse loquitur probare cuiusque opus, quale sit, etiam eius, qui super fundamento struxit aurum, argentum gemmas. g2v; 236

Vides itaque, Latome, ex isto loco nihil posse accipere confirmationis dogma hoc vestrum de purgatorio, nec si Pauli ipsius verba consideres, nec etiam si auctoritatem respicias interpretum veterum, quantumcumque hoc loco sint confisi, qui purgatorium tempore divi Augustini adhuc dubium, postea conati sunt facere certum. Quod et Concilium Florentinum fecit, in quo haec quaestio tractata est cum Graecis, qui tandem spe auxiliorum contra Turcas, quae a Latinis petebant, esse aliquod purgatorium, tenuiter sane, ut acta testantur, admiserunt, sicut et de primatu papae supra omnes ecclesias.[9] Verum qui in Graecia permanserant episcopi et sancti viri iudicarunt Constantinopolim propter hanc consensionem in manus venisse Turcarum.[10]

---

8   See above, n. 2.
9   Ap: Council of Florence, Session 25, Crabbe 2, 807vE–808vD, esp. Crabbe 2, 807vF, 'Nos... nullam ad haec respondendi facultatem habemus, tamen ex nobis ipsis [i.e. the Greek spokesmen] proferimus iustorum animas perfectam laureolam, in coelo iam consecutas esse, ac impiorum perpetuas poenas luere, medias vero in purgatorio esse, quod quidem sive ignis, sive obscuritas, sive turbo, sive id genus aliud sit, non referre. Summum vero pontificem privilegia sua merito habere debere, quam ante nostrum dissidium habuisset.' Cf. Mansi 31, 1003–1004.
10   I have not been able to identify Bucer's source for this claim.

Perinde vero probatur istud vestrum purgatorium dicto Domini de blasphemia in Spiritu sancto quam Dominus dixit nec hic, nec in futuro remitti. [Mt 12,32] Nam quod vestri hinc volunt colligere, esse quaedam peccata, quae | hic, et esse quaedam quae in futuro remittantur, consistere non potest.[1] Nihil enim hoc dicto Domini pronuntiatum est amplius, quam blasphemiam in Spiritum sanctum *non habere remissionem in aeternum* [3,29], quibus verbis Marcus hoc dictum Domini commemoravit. <Quid convicium in Spiritum sanctum, et quare irremissibile> Etenim hoc loco Dominus nihil aliud docere instituit, quam esse peccatum istud ad mortem et irremissibile, cum homines blasphemant Spiritum sanctum, id est, cum eo impietatis evaserint, ut doctrinam salutis (convicti iam de ea manifesta Spiritus sancti virtute, sive per miracula, quibus illi convicti erant Iudaei ad quos Dominus tum verba faciebat, sive evidenti mentis illustratione, sicut permulti quotidie de evangelio Christi convincuntur) tamen contumeliose reiiciunt, ascribunt diabolo, itaque oppugnant, ut ii Iudaei faciebant, qui miracula Domini videntes omnino per Spiritum sanctum edi, ad doctrinae salutaris confirmationem, tamen illa contra conscientiam suam, et obstinato quodam odio Dei, Beelzebub attribuebant [Mc 3,22]. Quos enim Dominus eo vesaniae praecipitare sinit [Mc 3,21], ii ad paenitentiam salutarem revocari non possunt. Caetera autem peccata, ac etiam convicium dictum in se ipsum Filium hominis, dixit, remitti posse [Lc 12,10; Mc 3,28], quia haec ignorantia adhuc aliqua aut infirmitate non prorsus obstinato odio cogniti iam | satis Dei, admittuntur, quo circa qui talia admittunt, renovari adhuc possunt ad paenitentiam salutarem, quam Christus ipse largitur. Haec, inquam, docere Dominus hoc loco voluit, non autem esse aliquod peccatorum genus cuius remissio in futuro saeculo fieri possit.

Habet quidem illud nonnihil phantasiae, cum Dominus comparat peccatum illud ad mortem cum caeteris peccatis in eo, quod haec omnia remittuntur, illud autem non remittitur, et adiecit, neque hic, neque in futuro [Mt 12,32], quasi per adiectionem hanc significaret, esse forsan quaedam peccata, quae hic, et quaedam quae in futuro remittantur. <*De civitate Dei*, libro xxi, capite xxiiii> Sed haec phantasia fallax est, utcumque et a divo Augustino videatur admissa.[2] Nec enim ista consecutio verbis Dei nititur. Blasphemia in Spiritum sanctum non remittitur neque in hoc, neque in futuro saeculo [Mt 12,32], ergo aliorum peccatorum, quaedam in hoc saeculo, quaedam in futuro remittuntur. De aliis enim peccatis Dominus nihil amplius affirmavit, quam ea remitti, non adiecit ubi. De blasphemia autem in Spiritum sanctum pronuntiavit, nullam

---

1 See e.g. Eck, *Enchiridion* 25, CCath 34, 261 and 'De Purgatorio' in *Secunda pars operum* (1531), 97v–98r.
2 Ap: Augustine, *De civitate Dei* 21, 24, 2, MPL 41, 738; CCL 48, 790, l. 55–58.

omnino expectandam esse remissionem, et quo id plenius diceret, et terribilius, adiecit, nec in futuro, <Marci iii [29]> id est (ut verba Domini a Marco relata sunt): *Non habet remissionem in aeternum* [Mc 3,29].

Ita si dicat aliquis, detentus peccato adulterii: *Non | habet partem in regno Dei* [1Cor 6,9] nec in praesenti, nec in futura vita, nemo tamen ex eo inferre queat, alia peccata et flagitia eiusmodi esse, ut contaminati illis homines partem tamen habere possint in regno Dei vel hic, vel in futuro. Et rursus, si quis dicat: 'Temperantia pretio non comparatur'[3] vel hic, vel in futuro, quis velit ex eo inferre, ergo quaedam aliae virtutes eiusmodi sunt, ut possint comparari pretio, sive in hac, sive in futura vita?

Sed quid opus verbis? Dominus de aliis peccatis simpliciter dixit, ea hominibus remitti, nec addidit vel hic vel in futuro, nec ergo fas est, ut nos de eo aliquid ex nostris inanibus διαλογισμοῖς [Rm 1,21] adiiciamus.

Quanquam, et si demus aliquorum peccatorum et in futuro saeculo remissionem obtineri posse, ex eo tamen nihil quicquam concludi possit, vel pro vestro purgatorio, vel pro rationibus illis, quibus vestri confinxerunt animas ex illo suo purgatorio liberari. Qui enim latroni una secum crucifixo iam iam morituro consortium regni sui addixit [Lc 23,43], idem possit etiam: *Spiritibus* [1Pt 3,19], cum peccatis suis corpus suum deserentibus, peccatorum donare remissionem, sive statim, sive post aliquod tempus, citra omnes purgatorii vestri cruciatus. Praeterea, et si etiam hoc vobis detur, aliquas animas in futuro saeculo aliquo purgationis igni purificari, quo tamen | vel praecepto, vel exemplo, in libris plane canonicis prodito, evincetis, nostrum esse, tales animas ex eiusmodi purgatorio liberare, et eas quas vestri hoc nomine tam magno vendunt missas aliquid ad hanc rem conferre, quin potius, ut peregrinum, et a vobis quaestus gratia excogitatum cultum, Deo omnino abominationi esse? Nec enim ulla etiam apostolica et catholica traditio quicquam huius docet, ut superius ex clarissimis maiorum patrum divi Cypriani, Ambrosii, Dionysii, Epiphanii auctoritatibus evici.

---

3 If this is a proverb, its source could not be located.

<Matthaei v [26] et xviii [34] de carcere e quo debitor non abit, nisi omni debito persoluto> Tertius locus, quem pro vestro adducunt purgatorio, de carcere, quo debitori non conceditur ut exeat, nisi ultimo quadrante, adeoque omni debito persoluto, multo minus habet verisimilitudinis.[1] Nam in eo, Dominus parabola proposuit, similitudine mutuata a severitate iudiciorum humanorum, voluitque ea nos hortari, ut ipsi nobis invicem offensas libenter remittamus, illis enim peccata sua a Deo nunquam remitti, qui non et fratribus delicta in se ex corde remiserint.

<Donec, quibus valeat> Deinde, illud 'donec' servit tantum negationi de futura liberatione, ante persolutum debitum, nec infert affirmationem, nec de solutione aliquando perficienda, nec de liberatione a carcere solutione perfecta. Sicut nec ex illo 'donec': *Ioseph non cognovit* Mariam | *donec peperit filium suum illum primogenitum*, [Mt 1,25][2] inferri potest, matrem Domini plures filios peperisse. Aut ex illo Syrach: *Impii non iustificabuntur, donec venerint in infernum* [Sir 9,17], illos iustificari in inferno.

<Quae auctoritas patrum qui purgatorium incenderunt> Ad auctoritates patrum, qui post divum Augustinum scripserunt, et purgatorii flammas succenderunt, liberandique ex his animas, rationes tradiderunt, ut Gregorii,[3] Damasceni,[4] et aliorum, sive etiam ipsius Augustini (quanquam hoc dogma de purgatorio, ut ostendimus, in Enchiridio suo,[5] eo libro, quo, ceu catechismum tradidit, et quae credenda sunt omnibus, voluit certissima auctoritate explicare, dubium reliquit) id respondemus, quod ipse nos Augustinus respondere docuit: <Liber iii. De Trinitate;[6] Ad Hieronymum;[7] De unico baptismate;[8] Liber

---

1 Adv: e.g. Eck, *Enchiridion* 25, CCath 34, 260 and 'De Purgatorio' in *Secunda pars operum* (1531), 96v–97v.
2 Cf. Augustine, *De octo Dulcitii quaestionibus* 1, 1, 11 & 14, MPL 40, 149, 155–156; CCL 44A, 255, 268–70, l. 6–8, 352–83. Cf. also Latomus, *Defensio*, CCath 8, 50, l. 14–18 on the use of *donec* in this verse.
3 Ap: Gregory I, *Dialogi* 4, esp. 39–40, 55–58, MPL 77, 317C–430A, 393D–398C, 415D–428A; SC 265, 138–146, 180–196. Cf. Bucer, *Bestendige Verantwortung*, BDS 11.3, 439, l. 24
4 Possibly adv: Gropper, *Gegenberichtung*, 98r; *Antididagma*, 68r which quote (or in the case of the *Gegenberichtung* translate) from Oecolampadius, *Quantum defunctis prosint viventium bona opera* (1520), A4r, a translation of Ps-John Damascene, *De his qui in fide dormierunt* 3, PG 95, 250. Cf. Bucer, *Bestendige Verantwortung*, BDS 11.3, 438, l. 12. & p. 442, l. 1–24.
5 See above, p. 212, 214.
6 Augustine, *De Trinitate* 3, proemium 2, MPL 42, 869; CCL 50, 128, l. 38–42.
7 Augustine, *Epistola* 82, 1, MPL 33, 277; CCL 31A, 98–99, l. 50–57.
8 Augustine, *De unico baptismo contra Petilianum* 11, MPL 43, 604–605; CSEL 53, 18, l. 19–p. 20, l. 17.

ii in Epistola ad Fortunatum[9]> [13]Non debere eos firmum tenere, nec verum putare, in libris sanctorum patrum, [10]quotquot 'post confirmatum canonem' scripserunt,[10] [11]'quantalibet sanctitate,' quantave doctrina illi polleant, si non id quod tradunt verum intellexerimus, hoc est, comprobatum per scripturas canonicas, aut probabiles rationes,[11] immo etiam licere nobis, [12]'salva honorificentia quae' tantis 'debetur hominibus, aliquid in' scripturis eorum 'improbare, atque respuere si forte inveniamus,' 'divino adiutorio,' 'quod aliter senserint quam veritas habet, vel ab aliis intellecta, vel a nobis.'[12] [13] |

Nec etiam ex istiusmodi patrum lapsibus, cum in fide Christi illi perstiterunt, evincitur, vel ipsos vel ecclesias ipsorum a Christo propterea fuisse alienatas. *Mysterium iniquitatis* [2Th 2,7] antichristianae exercere se, et operari, iam Pauli tempore coepit, et posterioribus temporibus magis, magisque sese extulit [cf. 2Th 2,4], adeo ut non pauci electorum eo implicati fuerint, qui tamen eo quod Christum fundamentum [cf. 1Cor 3,11] retinuerunt, omnes nihilominus salvi facti sunt *per ignem* [1Cor 3,15] divini iudicii, quo absumpta sunt ista *ligna, foenum et stipulae* [cf. 1Cor 3,12].

Ex his itaque omnibus planum factum est, dogma istud vestrum, et de purgatorio, et de liberatione ex illo, nulla nec divinae scripturae, nec veteris ecclesiae auctoritate posse comprobari, ut quod nec Augustini adhuc tempore in ecclesia Dei receptum fuit, ante id tempus ecclesiis plane ignoratum. Quare, quantumvis postea per ecclesias latinas (Graecae enim illud nunquam plane receperunt) obtinuerit, catholicum tamen haberi nullo modo potest, quia non est traditum in ecclesia semper, non acceptum ab apostolis.

Consistamus igitur in eo, quod pronuntiavit Dominus Iesus: eos omnes qui in fide certa evangelii, hinc discedunt, non venire *in iudicium* [Io 5,24], sed transisse *a morte in vitam* [Io 5,24] sempiternam; qui vero sine hac fide | hinc migrant, eos iam esse condemnatos [cf. Mc 16,16; Io 3,18], et iram Dei manere super illos [cf. Io 3,36]. Hic remitti peccata paenitentibus et credentibus, Dominus nobis per omnem scripturam copiosissime testatur, nec quicquam amplius vetus ecclesia ab apostolis recepit. Id ergo fide retinere solida, et hanc ipsam peccatorum remissionem in hoc ipso tempore clementiae vera

---

9   Augustine, *Epistola* 148, 4 (15), MPL 33, 628–629; CSEL 44, 344, l. 21–p. 345, l. 4.
10 Augustine, *De unico baptismo contra Petilianum* 11, MPL 43, 604–605; CSEL 53, 18, l. 19–p. 20, l. 17.
11 Augustine, *Epistola* 82, 1, MPL 33, 277; CCL 31A, 98–99, l. 50–57.
12 Augustine, *Epistola* 148, 4 (15), MPL 33, 628–629; CSEL 44, 344, l. 21–p. 345, l. 4.
13 The numbering of the 'Epistola ad Fortunatum' (i.e. 'liber ii' rather than 'iv') suggests that the immediate source of these citations from Augustine may be *Decretum Gratiani* 1, d. 9, c. 3, 5, 8 & 10, Friedberg 1, 18.

paenitentia et fide quaeramus et excipiamus, idemque alios doceamus, nec nostris διαλογισμοῖς [Rm 1,21] eo evanescamus, ut statuere nobis permittamus aliquid de remissione peccatorum expectanda in saeculo futuro, cum id ex nullo omnino Domini dicto, ex nulla prorsus vere canonica scriptura, ex nulla denique catholica traditione possit certa consecutione concludi. Ea enim temeritas et audacia nullam aliam mercedem referre potest, quam ut qui ista audent, tamen maxime stulti evadant, cum praecipue sapere sese existimant, atque eo tandem furoris prorumpant, ut Dominum extrema afficiant contumelia iis ipsis inventis suis, quae ad singularem Dei cultum excogitasse, videri volunt.

Quae mala in ecclesiam invexerit opinio de purgatorio
<Nundinatio purgatorii extinxit paenitentiam et fidem vivorum> Id quod certe et vestri purgatorii adsertoribus usu venit, vanissimis enim horum διαλογισμοῖς [Rm 1,21] de remissione et expiatione peccatorum in purgatorio expectanda | et officiis caritatis, quibus animae ex purgatorio isto liberentur, eo insaniae evasum est, ut tot hominum myriades, de expiatione et remissione peccatorum nostrorum per sanguinem Christi solida et paenitentia et fide hic excipienda, nihil solliciti, nihil etiam cogitantes de cunctis illis verae dilectionis officiis, quae praestanda sunt Christo Domino, hic in minimis suis esurienti, sitienti, extorri, nudo, infirmo, et vincto [cf. Mt 25,35–40]. Sperant interim, ubi hic per omnem vitam, omnibus flagitiis et sceleribus <Hebraeorum x [29]> Filium Dei usque conculcarint, et: *Sanguinem testamenti* [Hb 10,29], quo in baptismate sanctificati sunt, profanum duxerint [cf. Hb 10,29], posse tamen se ad caelos deduci ex purgatorio, vestris missis et aliis sacrificiis.

<Ministerium ecclesiasticum papistarum totum a vivis reversum est ad mortuos> Ex qua impia persuasione cunctae prope orbis opes ad sacrificulos vestros delatae sunt, cultusque et ceremoniae illorum omnes a vivis aversae, quibus pridem ex his nihil in templis, ut intelligerent, et eo aedificarentur, administratur, ad mortuos conversae sunt, populusque eo seductus est, ut nulla putet se vel Deo gratiora, vel proximis utiliora praestare officia, quam quae existimat se mortuis impendere. Eo enim usque vestri verbis cruciatus purgatorii inflammarunt, ut praestare homines censeant succurrere animabus, quae scilicet tam indicibilibus cruciatibus in purgatorio torquentur | et in illorum liberationem impendere omnia (nihil enim suorum confictorum officiorum sacrificuli vestri non magno vendunt) <Impendenda Christo in vivis, impenduntur impuris sacrificulis praetextu mortuorum> quam quicquam praestare officii Christo Domino hic egenti et laboranti in minimis suis

[cf. Mt 25,40]. Sed quid dico in minimis, plerumque ne in coniunctissimis quidem, in liberis, in cognatis, beneque meritis amicis, nam hos plerique graviter despoliant, ac saepe in vitae huius discrimine deserunt, ut parent sibi et aliis vestrorum 'suffragia,' quae vocant,[1] in purgatorium. Unde et indulgentiae vestrae magis iam mortuis et vendi coeperant et redimi, quam vivis. Sed satis tandem de his vestris abominationibus, sunt enim infinitae.

---

1 Ap: e.g. Thomas Aquinas, *Scriptum super Sententiis* 4, d. 45, q. 2, *Opera omnia* 1, 653–655.

Apud quos sacrificia veteris ecclesiae restituta, vel sublata et perversa sint, et qui ex sanctorum patrum auctoritatibus de sacrificiis ecclesiae plagam, vel laudem, accipiant. Caput XXIIII.

<Epilogus> Sed revertamur tandem e purgatorio vestro et a mortuis, ad institutum nostrum de sacrificiis ecclesiae. Explicatum iam est, quae et quot genera oblationum et sacrificiorum vetus ecclesia agnoverit, offerreque et sacrificare consueverit. Ostensum etiam est, quid vetus ecclesia intellexerit per haec verba, 'offerre' et 'sacrificare,' quidve offerendo et sacrificando facere voluerit. Denique declaratum est pro quibus | vetus ecclesia oblationes atque sacrificia sua obtulerit et sacrificarit, ac quid illis, sive vivis, sive defunctis, et his sive celebriore, sive obscuriore fide commendatis, voluerit suis oblationibus et sacrificiis commodare.

<Quae deinceps tractanda> Nunc superest, ut demonstremus ab utris, a nobis an a vestris sacrificulis, sacrificia ecclesiae veteris et oblationes repraesententur, et vere exhibeantur, vel sublata sint, aut perversa. Ex quo scilicet patefiet utri vestri missifices an nos, qui sicut verum caenae dominicae usum, ita etiam caeteras ecclesiae ceremonias restituere studemus, 'plagam' accipiamus a divi Cypriani[1] aut aliorum sanctorum patrum auctoritatibus, quibus illi sacrificia praedicant et oblationes ecclesiae veteris.

Primum igitur planum faciam in nostris ecclesiis restituta esse, cum genera omnia sacrificiorum et oblationum, quae offerre vetus ecclesia solita est, tum etiam revocatam esse veram, quam vetus ecclesia observavit, offerendi atque sacrificandi religionem. Deinde ostendam ecclesiae veteris sacrificia et oblationes per vestros sacrificos, aut esse omnino sublata, aut penitus perversa. Quo demonstrato liquebit abunde, non nos, sed tuos, Latome, sacrificulos plagam accipere a sanctorum patrum auctoritatibus, quibus illi de sacrificiis ecclesiae docent, et plagam insanabilem, donec Dominus | et illis eam, quam nobis dedit, {suppl.} dederit instituere et moliri reformationem, sicut caenae dominicae, ita et totius reliquae administrationis ecclesiarum.

Apud eos, qui Lutherani vocantur, restitui genera omnia sacrificiorum atque oblationum ecclesiae veteris

<Restituta apud Lutheranos oblatio munerum> Ut vero ab ultimo genere sacrificiorum et oblationum incipiamus, munerum scilicet, quae fideles conferre Domino debent, hoc ita in ecclesiis nostris restitutum est, gratia Domino. Primum, populum ministri diligenter hortantur, ne velint ingrati Deo: 'Nec

---

1 See above, p. 167, 170.

infructuosi' ecclesiae, ut divi Irenaei verbis utar,² et caeteris hominibus.³ Neque has exhortationes frustra faciunt. Conferunt enim fideles in sacris conventibus sua sacrificia et oblationes ad ecclesiae gazophylacium, et si non cumulant aras panibus et vino, quod nec vestri omni loco faciunt.⁴ Deinde haec fidelium munera impenduntur fideliter Christo Domino, in minimis suis, pascendo, potando, excipiendo hospitio, vestiendo, et in vinculis, morbisque curando, tum etiam veris, gratisque ipsi religionibus colendo.⁵

Restituti enim sunt huic ministerio sui archidiaconi, diaconi et subdiaconi, viri religiosi, graves et probati quales ad hoc opus designare iubet Spiritus sanctus Actorum vi [1–6] i Corinthiorum xvi [1–4] i Timothaei iii [8–13].⁶ Hi, quae a | fidelibus oblata fuerint, bona fide servant, et inter egentes, quorum habent conscripta nomina et exploratas necessitates, distribuunt.⁷ Idque praestare ea ratione student, ut unumquemque egentium ad eas adhibeant operas, vel domi suae, vel ubi his locus sit idoneus, quas praestare quisque, qui per aetatem et valetudinem potest, nec sinunt eos otiari et vagari, ut apud vos fit, quoad caveri id potest.⁸

h4v; 248

<Restitutum apud Lutheranos quartum genus oblationum> Iam quod ad quartum oblationum genus attinet⁹ – populum electum Dei – manifestum quoque est, quanto apud nos studio, et ad sacram caenam, et in omnibus sacris conventibus evangelion Christi praedicetur, precesque et: *Gratiarum actiones pro omnibus hominibus* [1Tim 2,1] fiant.¹⁰ Quae una ratio est, electos Dei, Deo sacrificandi, in oblationem gratam et acceptam, id est, efficiendi, ut et ipsi sese consecrent et sistant Domino: *Hostiam, vivam, sanctam, et Deo acceptam*, ut supra ex divo Paulo ostendimus,¹¹ Romanorum xv [15–16] et xii [1]. Et huic sacrificio nostro benedicit Dominus, ut quanquam et apud nos, non omne

---

2   Ap: Irenaeus, *Contra haereses* 4, 17, 5, MPG 7, 1023; SC 100, 590.
3   Ap: *Einfaltigs Bedencken*, BDS 11.1, 348, l. 26–31. Irenaeus is not cited there.
4   Ap: *Einfaltigs Bedencken*, BDS 11.1, 349, l. 1–3.
5   Ap: *Einfaltigs Bedencken*, BDS 11.1, 285, l. 3–p. 289, l. 28.
6   i.e. the office of the *Almusen pfleger* ap: *Einfaltigs Bedencken*, BDS 11.1, 396, l. 28–p. 397, l. 5. See also *Simplex ac pia deliberatio*, [120]v.
7   Ap: *Einfaltigs Bedencken*, BDS 11.1, 397, l. 28–32.
8   Ap: *Einfaltigs Bedencken*, BDS 11.1, 397, l. 33–p. 398, l. 8.
9   i.e. the church's offering of itself to God, as Christ's mystical body, through Christ's sacrifice, listed as the 'fourth offering' of the Mass ap: Gropper, *Gegenberichtung*, 100v–101r, 112r–v; Bucer, *Bestendige Verantwortung*, BDS 11.3, 454, l. 28–p. 455, l. 8. Cf. *Worms Book*, BDS 9.1, 463, l. 7–29; ADRG 3.1, 366, l. 12–18, where it is listed as the second offering.
10 i.e. in the bidding prayers between the sermon and creed in *Einfaltigs Bedencken*, BDS 11.1, 344, l. 29–p. 348, l. 22.
11 See above, p. 183.

iir; 249

semen verbi Dei in: *Bonam terram* [Mt 13,8] cadat, multi tamen, evangelio vere recepto, accepta et grata Domino oblatio fiant, seseque Domino ad omne obsequium consecrent. Constat igitur, et hoc genus oblationis et sacrificii apud nos esse revocatum, et non | vulgari studio, offerri atque sacrificari.

<Restitutum apud Lutheranos sacrificium laudis, precum et sacrae caenae> Idem et de tertio genere[12] gloriari in Domino [cf. 1Cor 1,31; 2Cor 10,17–18] possumus, gratiarum enim actiones et Dei laudes, magno studio celebrantur,[13] et preces pro omnibus fiunt [cf. 1Tim 2,1].[14] Denique tota sacrae caenae administratio in ecclesiis nostris exhibetur iuxta institutum, et praeceptum Domini, ad gloriam Dei Patris, per unum Mediatorem [cf. 1Tim 2,5] et summum sacerdotem [cf. Hb 8,1–6] nostrum Iesum Christum. Atque hoc fit graviter et sancte, ut intelligere populus omnia possit,[15] et ad agendum Deo gratias, precandum excitetur, indeque in omni pietate aedificetur.

<Restituta oblatio apud Lutheranos panis et vini> Ita habet, et de secundo sacrificiorum genere,[16] nam apud nos, ad panem et vinum[17] gratiae aguntur Deo secundum verbum eius, sanctificanturque ea in sacramenta Domini, et distribuuntur ita, ut Dominus praecipit, in commemorationem eius, et ad augendam communionem eius in fidelibus.[18]

Nec in offerendo et sacrificando primum sacrificiorum genus, id est Christum ipsum et eius passionem, vel corpus eius et sanguinem, cum immolata pro nobis in cruce, tum sumenda in sacra caena, quicquam quod in veteri ecclesia factum {*corr.* veteri factum ecclesia} est, praeterimus.[19] Praedicatur enim singulari studio praesenti ecclesiae Christus et passio eius, explicatur diligenter

iiv; 250

mysterium huius sacra-|menti, celebratur caro et sanguis Christi, et immolata

---

12   Adv: Gropper, *Gegenberichtung*, 86r–90v, 112r–v. Cf. Bucer, *Bestendige Verantwortung*, BDS 11.3, 420, l. 30–p. 421, l. 3 > *Worms Book*, BDS 9.1 465, l. 1–14; ADRG 3.1, 368, l. 10–22.
13   Ap: *Einfaltigs Bedencken*, BDS 11.1, 349, l. 31–p. 350, l. 22, p. 351, l. 30–p. 352, l. 15.
14   Ap: *Einfaltigs Bedencken*, BDS 11.1, 344, l. 29–p. 348, l. 22.
15   See *Simplex ac pia deliberatio*, 91v, '... confessionem dicet nomine totius ecclesiae, eamque in lingua Germanica, quam omnes intelligant in hunc modum' *et passim*.
16   Adv: Gropper, *Gegenberichtung*, 84r–85v, 112r–v. Cf. Bucer, *Bestendige Verantwortung* BDS 11.3, 416, l. 1–420, l. 29 > *Worms Book*, BDS 9.1, 465, l. 15–21; ADRG 3.1, 370, l. 1–7.
17   *Einfaltigs Bedencken*, BDS 11.1, 349, l. 31–p. 350, l. 22. Bucer, *Bestendige Verantwortung*, BDS 11.3, 420, l. 7–29 offers a concise account of how his understanding of *ad panem et vinum* differs Gropper's.
18   *Einfaltigs Bedencken*, BDS 11.1, 351, l. 1–p. 352, l. 15.
19   Adv: Gropper, *Gegenberichtung*, 90v–96r, 112v. Cf. Bucer, *Bestendige Verantwortung* BDS 11.3, 451, l. 12–p. 454, l. 27 > *Worms Book*, BDS 9.1, 461, l. 4–p. 463, l. 6; ADRG 3.1, 364, l. 12–p. 366, l. 11.

pro nobis, et in cibum, potumque vitae aeternae sumenda. Denique sacris symbolis pane et vino fidelibus etiam distribuuntur, atque ab illis sumuntur.[20]

Atque haec omnia sacrificiorum genera apud nos, ut iuxta mandatum et institutum Domini, ita etiam summa exhibentur religione in gloriam Dei Patris, Christi Servatoris nostri, et Spiritus sancti atque ad instaurandam fidem electorum. Quare non modo eaedem res, quas vetus ecclesia, eademque sacrificiorum genera apud nos offeruntur, et cum sacra caena peragitur, et alias, verum etiam offeruntur hac eadem offerendi religione, qua et vetus ecclesia illa obtulit, et quam sacrae litterae docent. <In quibus consistit vera sacrificandi religio> Primum, enim, nihil apud nos his sacrificiis admiscetur, quod verbo Dei et certo Domini mandato non nitatur. Deinde offeruntur haec sacrificia per probatos ministros, et graviter. Postremo adhibetur praedicatio iusta evangelii in omnium mysteriorum Christi omnique populo intelligibilis explicatio, ut gloria Dei illustretur, ut electi Dei in fide Christi omnique vita Dei instaurentur. Offeruntur quoque haec sacrificia et pro vivis et pro defunctis: pro vivis, quia pro omnibus hominibus hic degentibus oramus, et gratias Deo agimus, cum in sacra caena, tum in aliis ecclesiae conventibus, et actionibus | ut in 1 Timothaei ii [1] Spiritus Domini per Paulum praecipit; pro defunctis in Domino etiam gratias Deo agimus, et verbis et oblationibus, mortemque Christi et resurrectionem ad funera nostra praedicamus, quo scilicet loco, id maxime convenit, et fideles aedificat.[21]

---

20 Here Bucer is referring to the whole celebration of the Lord's Supper, including the preaching that accompanies it. See e.g. the model sermon in *Einfaltigs Bedencken*, BDS 11.1, 338, l. 3–p. 342, l. 4.
21 See following chapter.

Quare Lutherani non utantur schemate orandi pro defunctis quo usi sunt veteres. Caput XXV.

Quod enim nec nostris funeralibus ceremoniis sacram Domini caenam adiungimus, nec alias in caena Domini defunctorum mentionem nominatim facimus, neque etiam in ullis funebribus precibus eisdem quibus veteres usi sunt, verbis et precandi formis, utimur, ut diceremus scilicet: 'Remitte eis, Domine peccatis, suscipe eos in caelum,' in causa est quod horum verborum usurpatio ecclesiis nostris nihil commodaret fidei autem electorum atque piae tranquillitati officeret, propter horribilem scilicet impietatem, quae apud vos abusu huius moris est invecta.¹

Et cum haec, ut et sacram caenam ad funera adhibeamus, et pro defunctis in omni caena dominica mentionem nominatim faciamus, ac denique remissionem peccatorum illis et gaudia caelestia, oremus, Dominus ut faceremus nusquam docuit, aut praecepit, vel per se ipsum, vel per prophetam aliquem, aut apostolum, nec ipse etiam ista | fecit, ea profecto nec a nobis exigi ullo iure possunt, aut quicquam amplius eo, quod ultro facimus. Vestri autem sacrifici pridem omittere coeperunt, quod scilicet ad funera nostra et in defunctorum nostrorum commemorationibus operam damus, praesentes excitare ad paenitentiam, et confirmare in fide, ac spe resurrectionis, accendereque studio novae et caelestis vitae meditandae, et provehendae.²

Sed nec Aerium veteres iudicarunt haereticum, quod non recitaret ipse nomina defunctorum, in sollemnibus precibus, nec oraret pro eis, sed quod recitationem defunctorum quam sancti patres pie faciebant, calumniaretur, atque ad aliam, quam qua illam ipsi faciebant causam, detorqueret, ac praeterea aliis quoque impiis dogmatis ecclesiam Dei oppugnaret, erat etiam Arrianus.³

Verum urgebis hic, ecclesiam tamen Dei, et universam quidem, cum orientalem, tum occidentalem⁴ iam inde a Tertulliani⁵ et Cypriani⁶ temporibus, hanc ceremoniam diligenter observasse, ut sacerdotes in celebratione caenae

---

1 This passage does not refer to specific criticisms in Gropper, *Gegenberichtung*, which simply notes, 113v, that *Einfaltigs Bedencken* includes no memorial for the faithful departed.
2 See 'Von der Begrebnus' in *Einfaltigs Bedencken*, BDS 11.1, 379–390.
3 See above, p. 190.
4 Probably adv: Gropper, *Gegenberichtung*, 96r.
5 No sources cited in Gropper, *Gegenberichtung* or by Latomus, but see e.g. Tertullian, *De corona militis* 3, MPL 2, 79B; CCL 2, 1043, l. 22–23; *De exhortatione castitatis* 11, MPL 2, 926C; CCL 2, 1031, l. 5–8; *De monogamia* 10, MPL 2, 942; CCL 2, 1243, l. 23–29. For the last of these cf. Bucer, *Florilegium patristicum*, BOL 3, 46.
6 See above, p. 200.

dominicae nominatim et offerent et precarentur pro defunctis, quacumque id causa et quovis verborum sensu fecerint, debere igitur et nos eandem observare ceremoniam, vel illa ipsa de causa, qua observatam agnoscimus a sanctis patribus, et eo ipso ver-|borum sensu, quo dicimus illos eiusmodi verbis esse usos.

<Papistae exigunt a nobis traditiones sanctorum patrum, cum ipsi nec has ipsas nec divinas servent> Respondeo, primum, vos, te Latome et sacrificulos tuos, summa a nobis poscere iniquitate, ut et eas sanctorum patrum traditiones atque ceremonias observemus,[7] quae nec traditae sunt in divinis literis, nec cum illis plane consentiunt, nec etiam observari nunc possunt, absque periculo fidei, et offendiculo caritatis et piae tranquillitatis, cum nec istam ipsam sanctorum patrum ceremoniam et traditionem, nec ullam aliam, tui sacrificuli, sive in administratione huius sacramenti, sive in aliis rebus, observent, immo nec eas quidem traditiones, quae nobis non tam auctoritate sanctorum patrum, quam ipsorum apostolorum, ac Christi ipsius, commendatae sunt, quid dico, observent, dicere debui, quam non abiecerint, et conculcarint. Id tibi paulo post, quod ad caenam Domini attinet, clare ob oculos ponam.[8]

Deinde, et hoc responsi do ad vestram obiectionem: non esse omnes sanctorum patrum traditiones eodem habendas numero; quae enim nituntur divinis scripturis longe esse praeferendas his, quae isto fundamento non nituntur. <Quae sanctorum patrum traditiones nobis quoque observanda sunt> Ita offere ad caenam dominicam eleemosynas pro subsidio pauperum, non est quidem hoc ullo nobis vel praecepto, vel exemplo Domini nostri Iesu | Christi proprio traditum, tamen certum est, id illo verbo Domini niti: *Nec compareas in conspectu meo vacuus* [Ex 23,15; 34,20; Dt 16,16; Sir 35,6]. Tum fert id ingenium ipsum fidei, ut cum audimus et perpendimus Christum sese obtulisse pro nobis, donasseque nobis in mortem, quo per eum aeternum viveremus, ut gratos nos tanto beneficio declaremus, idque religiosa nostri ipsorum in omne obsequium Domini consecratione, hancque nostri consecrationem oblationibus in usus pauperum testemur.[9] <Offerre ad caenam Domini et omnem graviorem supplicationem fert ipsa natura fidei> Traditionem igitur hanc, ut offeramus munera pro pauperibus, cum caenam Domini celebramus, restituimus in nostris ecclesiis.[10] Recitationem autem nominum defunctorum et precationem pro eis veram non restituimus, nec tu certe aut quisquam alius

---

7 Adv: Latomus, *Defensio*, CCath 8, 103, l. 40–p. 104, l. 8; Gropper, *Gegenberichtung*, 1r–4v. Cf. Bucer, *Bestendige verantwortung*, BDS 11.3, 76–99.
8 i.e. the discussion beginning at book 2, chapter 27 below.
9 Ap: *Einfaltigs Bendencken*, BDS 11.1, 339, l. 10–15.
10 Ap: *Einfaltigs Bedencken*, BDS 11.1, 349, l. 1–3.

verbum Dei ullum potestis proferre, cum quo ita congrueret haec ceremonia, ut cum multis scripturae oraculis congruit, offerre Christo munera pro pauperibus. Nec ostendes illam ceremoniam nominandi in sacra caena defunctos, ita consentaneam esse ingenio fidei, ut ex eo ultro promanant, facere in caenae dominicae celebratione, oblationes pro egenis Christi.

Postremo, si id quod hac in re verum est, possis et velis videre, facile agnosceres, nos id quod sancti patres facere, et ecclesiae exhibere voluerunt, cum in funeribus atque defunctorum commemorationibus caenam | Domini adhibuerunt, et in omni caenae dominicae celebratione munera et preces pro defunctis obtulerunt. Id ipsum et nos ecclesiis exhibere, et ea omnino ratione, quam sanctissimi patres maxime probant, etiam si nec caenam Domini ad funera nostra et defunctorum commemorationes nos adhibemus, nec etiam dum caenam Domini celebramus defunctorum mentionem facimus, aut etiam in ullis defunctorum memoriis, pro ipsis orando, iis verborum formis utimur, quibus sancti patres sunt usi. Quicquid enim in hisce ceremoniis et defunctorum memoriis ac precibus sancti patres exhibuerunt, id totum in hoc unum exhibuerunt, ut homines peccatorum suorum paenitentia compunctos et metu iudicii divini perculsos, fide in Christum Dominum et spe resurrectionis in vitam aeternam confirmarent, studioque vitae novae et Deo per omnia sanctificatae inflammarent. Quo si quis non omnia in defunctorum memoriis referret, eum frustra ipsorum verba, vel ritus observare ipsi iudicarunt.

<Quid praestent in funeribus et memoriis defunctorum Lutherani> Nos vero, ut dictum, ad funera, et in omnibus contionibus ex vivo verbo Dei, ex certissimis divinarum scripturarum lectionibus, clarissima, et quam possumus efficaci praedicatione legis Domini, et admonitione iudicii Dei, a morte, et omnibus divinis animadversionibus | contra nostra peccata ad paenitentiam peccatorum populum excitamus, tum annuntiatione evangelii et redemptionis nostrae factae per Christum, qui sua morte et resurrectione nostra peccata et mortem sustulit, fidem in Christum et spem vitae caelestis confirmamus, indeque et studium bonorum operum, et novae caelestisque vitae meditationem incendimus et provehimus.[11]

Dic nunc, Latome, si potes, quid nos non praestemus ecclesiis, eorum, quae sancti patres in suis memoriis defunctorum et precibus pro eis, atque sacrificiis, et praestare voluerunt ipsi, et praestari probant a nobis. Tropos certe verborum, quibus ista dicantur et praedicentur, aut locum et tempus in quibus ea dicantur et praedicentur, ut sive in sollemni caenae dominicae prece exhibeantur, sive in contione, quae sane pars est praecipua legitimae celebrationis

---

11   Ap: *Einfaltigs Bedencken*, BDS 11.1, 379–390, l. 7.

eucharistiae, nec sancti patres unquam morati sunt, nec morari possunt, qui sunt vere Christiani.

<Si patrum tropis et ritibus in memoriis mortuorum hodie uteremur, non id quod patres praestiterunt, praestare possemus> Quid? Ut nunc ceremoniae omnes et commemorationes defunctorum per sacrificulos vestros sunt depravatae, quemadmodum non possemus illam instaurationem paenitentiae, fidei, ac spei, zelique novae vitae peraeque efficere, si eisdem verborum formis et ritibus, quibus | sancti patres usi sunt, uteremur, eam vero efficimus, ea precandi et agendi ratione qua nos utimur, ita si patrum orationibus et ritibus potius quam nostris uteremur, iam non praestaremus id quod sancti patres his actionibus et orationibus praestare, cum ipsi voluerunt, tum praestari probant a nobis, sicut nec pharisaei praestiterunt, id quod Dominus praeceperat praecepto sabbathi [cf. Mt 12,1–8; Mc 2,23–28; Lc 6,1–5, 13,10–17], ieiuniorum [cf. Mt 9,14–15, Mc 2,18–20; Lc 5,33–35; et purificationum corporalium [cf. Mt 15,10–20; Mc 7,1–23; Lc 11,37–41] cum se sabbatho, et ieiuniorum diebus, atque in abstinentia rerum communium, continebant a benefaciendo proximis, et discipulos Domini et Dominum ipsum interim condemnabant, quod haec omnia ad procurandam proximorum salutem convertebant, ac dispensabant. Christus autem et apostoli, praeceptum illud rite impleverunt, cum tamen in externis illis rebus quaedam videbantur remittere.

kır; 257

Cura pro mortuis, unde orta sit, et in ecclesiam introducta.
Caput XXVI.

Verum enimvero, quantumcumque feceritis hunc sanctorum patrum ritum, quod sacram caenam funeralibus ceremoniis adiunxerunt, et in omni eucharistiae celebratione mortuorum nomina recitarunt, denique, cum in his ad mensam Domini, tum in aliis defunctorum memoriis defunctis, precati sunt plenam pec-|catorum remissionem et perfectam vitae caelestis quietem, atque gaudium, quae tamen omnia illis iam collata in eisdem precibus praedicabant, gratiasque de eo Domino agebant, nemo tamen infitiari potest hanc agendi memoriam mortuorum rationem, nullo omnino canonicae scripturae vel praecepto vel exemplo esse receptam, <Ortus moris orandi pro defunctis> sed ex humana quadam affectatione, pietatis tamen studio adiuncta, esse exortam, et in ecclesiam introductam.

Etenim quicumque a Deo pendent homines, sicut in omni alia, ita maxime in illa animi consternatione, quae existit ex morte et discessu carorum hominum, ut in qua ira Dei in peccata nostra et terror divini iudicii praecipue sentitur, confugere ad Deum toto corde solent, gratiamque eius singulari studio ambire, opem eius implorare, atque ex verbo et sacramentis eius consolationem quaerere, denique et seipsos et caros omnes, adeoque etiam eos qui iam hinc migrarunt, quorumque felicitatem nondum cernunt, divinae commendare misericordiae.

Quanquam igitur, sancti patres non dubitarent a Domino in suam quietem statim recipi, quicumque in eius fide moriuntur, tum etiam de fide suorum defunctorum bene sperarent, ut ex ipsis sanctorum patrum sententiis superius | clare ostendimus,[1] tamen ex morte illorum consternati, ac ita ad perpendendam peccatorum suorum atrocitatem et divini iudicii severitatem commoti, coeperunt etiam in sacrum coetum quasi ad Dominum confugere, ibique misericordiam eius singulari religione implorare, et ex verbo atque sacramentis eius consolationem quaerere. Cumque eam, in quam defuncti transiissent felicitatem, nondum cernerent, eis autem ob oculos versarentur peccata illorum et institutis eorum inopia, incitabantur et ad illud solatii de mortuis suis quaerendum, ut eos divinae misericordiae commendarent precibus, videbantur enim sese eo pacto certiores quodammodo de felicitate illorum reddere. Verum ne ex eo dubitare viderentur, vel de suorum fideli discessu, aut de promissis Domini, qui promisit suos ministros futuros ubi ipse esset [cf. Io 12,28], in eisdem precibus gratias Deo disertis et claris verbis agebant pro defunctis suis, quibus Deus iam praestitisset id, quod eum, ut praestaret eis, precabantur.

---

1 See above, book 2, chapters 14–20.

Admirabilis sane perturbatio est animi pii, sensu iudicii divini exagitati, unde mirifica, nec satis sibi consentanea eiusmodi animus et dicit, et facit, ut Psalmi multi et preces sanctorum clare testantur. Inde certe fit, ut etiam pro nostris ipsorum et aliorum | hic etiamnum viventium peccatis saepius oremus Dominum, eisque utamur verbis, quasi preces nostras pro eorum peccatorum venia priores esse exauditas minime crederemus, cum tamen ubi in promissa Dei mentem attollimus, nihil dubitamus, nos peccatorum omnium, sive nostrorum, sive aliorum, veniam etiam primis precibus exorasse.   k2v; 260

Itaque cuidam animi perturbationi, piae quidem, perturbationi tamen et humanam in tolerando vultu Dei irato imbecillitatem clare referenti, acceptas feramus oportet tam multas et tam anxias defunctorum causa institutas ceremonias, et eas maxime orandi pro eis formas, quibus sancti patres eis peccatorum remissionem et beatam apud Christum quietem orabant, de qua tamen iam eis collata agebant Domino gratias.

Hanc originem, hanc significationem, hanc denique vim, et usum habuisse sanctis patribus illas defunctorum ceremonias, precandique pro eis formas, quibus sancti patres usi sunt, nemo dubitabit, qui patrum scripta bona fide et fide Christi legerit, excusseritque. Cui veritati, Latome, sive tu tuique consortes Romanae perversitatis defensores accedatis, sive minus, tamen nunquam evincetis, vel ipsos sanctos patres has suas pro defunctis | precandi formas,   k3r; 261 hosque ritus inter ea numerasse, quae censuerunt esse in ecclesiis observatu necessaria, et in quibus imitari se nos postularunt.

Quapropter nec illud unquam evinces, nos aliquam accipere plagam ex sanctorum patrum auctoritatibus, quibus illi sacrificia commendant ecclesiae veteris, sive pro vivis, sive pro defunctis offerri consueta. Nec enim quicquam ostendere potes horum sacrificiorum, quod nos non etiam exhibeamus, et eadem omnino religione qua vetus ecclesia exhibuit.

Sacrificulos papisticos omnia veteris ecclesiae sacrificia in missis suis, aut penitus sustulisse, aut prorsus pervertisse. Caput XXVII.

Panem certe et vinum pro egentibus, aut etiam veris Christi ministris, altari more veterum non imponunt, nec imponendum docent, et pecuniam quam diligenter docent loco panis et vini offerre ad aram, ipsi sibi retinent, nec pauperibus, nec veris Christi ministris suas portiones distribuunt, quod sacrilegium canones gravissime detestantur.[1]

Ita nec ullas laudes Dei, ullas gratiarum actiones aut preces offerunt, quia in aures Domini et piarum mentium illas non clare et religiose in ecclesia proferunt et exhibent. Quae enim in missis suis sibi, immo | plerumque nec sibi, demurmurant aut decantant, <Papistae nec preces, nec laudes Dei afferunt, quia dant sine mente sonum> ea in aliena lingua demurmurant et decantant, quam populus non intelligit, et ipsi saepe perparum. Quam vero id faciant non attente, nec religiose, utinam non tanto cum offendiculo simplicium notum esset omnibus.

<Quibus missifices missas ipsas offerant> Ministerium vero totum caenae dominicae dic, quaeso, Latome ipse, cui offerunt tui sacrifici, Deo an Mammonae [cf. Mt 6,24; Lc 16,13], Christo an ventri [cf. Rm 16,18] et foediori etiam voluptati? Quod enim Deo et Christo Domino id non offerant, clare nimis testatur et sensus illorum in rebus omnibus tam reprobus et vita tam importunis deturpata vitiis. Quod vero ecclesiae id non offerant, ex eo nimium patet, quod nec verba illi, nec sacramenta, ut Dominus instituit, dispensant. Ut autem quaestui hoc suum sacrum habeant, utque foedissime id ad sacrilegam stipem prostituant, utque ea quae missis suis lucrifecerint, non in usus Domini impendant, hoc detestatur et deplorat totus orbis. Gallicorum scilicet missificum adhuc recordaris, tuos habes quotidie ob oculos.[2]

<Missifices populum non Christo, sed sibi, se vero ei cui serviunt, offerunt> De offerendis vero seipsis Domino et populo, quid, quaeso, illi cogitant, cum nec ipsi sensum aliquem vel legis, vel evangelii prae se ferunt, nec quicquam sacrae doctrinae et evangelii populo administrant, quem sibi | quoque falsa fiducia operis sui, quam Christo Domino fiducia mortis illius et resurrectionis,

---

1 It is not clear what canons Bucer has in mind here, though possibly ap: *Decretum Gratiani* 2, c. 1, q. 1, c. 1 & 200, Friedberg 1, 357, 398, both of which deal in general terms with simony in relation to the sacraments. He may also be referring to canons that deal with the illicit use of goods offered to the church, e.g. ap: *Decretum Gratiani* 2, c. 16, q. 1, c. 57, 62, 65–67, Friedberg 1, 779–784.

2 Again, this seems to refer to a private conversation between Bucer and Latomus, since Latomus makes no mention of how Mass was celebrated in France.

addictum cupiunt. Addicti enim solide Christo Domino homines defugiunt alienos, horrent antichristos, et benedictiones sacerdotum – qui Dominum non audiunt, nec solliciti sunt, ut Domino suam gloriam adferant [cf. Ps 29,2] iuxta verbum Domini et canonum praecepta – ceu maledictiones abominantur.

<Nec id quod offerunt missifices Deo et ecclesiae offerunt> Sed nec id panis et vini, quod sollemnibus quidem verbis, verum nec ipsis rite intellectis, et populo expositis, offerre videri volunt, Deo et ecclesiae vere offerunt. Nec enim ista symbola religiosis, et cum populo communicatis precibus, atque gratiarum actionibus per verba Christi in sacramenta eius, consecrant, populoque iuxta Domini praeceptum dispensant. Verbis quidem veterum, quibus illi in administratione eucharistiae precabantur, utuntur, sed mendacibus quod ad ipsos attinet, dum nec, quam verba haec requirunt mentem, nec res oblatas, nec sacramentorum exhibent communicationem.

<Nihil Christi offerunt in missis> Iam de Christo ipso, de morte et resurrectione, de corpore et sanguine eius, quid dico, cum missifices tui Dominum ipsum et passionem eius, atque resurrectionem adeo non praedicent, cum carnem et sanguinem | Domini, nec immolata pro nobis in cruce, nec donata in cibum et potum vitae aeternae, vel celebrent verbis, vel exhibeant sacramentis, ac ita nec Deo suam gloriam offerant, nec ecclesiae communionem Christi? k4v; 264

Haec ita habere vulgo apud tuos ubique gentium sacrificos, Latome, infitiari non potes. <Etiam optimorum missificum, missae perversae> Ut enim invenias in horum turba aliquos minus corruptos vita et moribus, et qui, quae in missis dicunt et agunt, dicant et agant aliqua cum gravitate et religione. Nemo tamen omnium vestrorum missas suas, lectiones scilicet, preces, gratiarum actiones, et sacramenta ita administrat, celebrat, exhibet, ut Dominus ipse instituit et praecepit, verbis scilicet quae populus intelligeret, et sacramentis, quae integra praesentibus dispensarent, ad gloriam Patris et Christi, in salutem fidelium praesentium, et omnium illustrandam, et ad salutem fidelium praesentium, et omnium ad gloriam Dei et Christi instaurandam.

Ex his, quamquam breviter commemoratis, satis vident, qui, quae Christi sunt, possunt videre, sacrificulos vestros sacrificia veteris ecclesiae omnia aut plane sustulisse, aut certe penitus pervertisse, tamen quia nimis alte adhuc ista haeret falsa persuasio de sacrificio illo conficto, quod sacrifici tui missis suis venditant, ut certius cog-|nosci queat quam sit Domino abominabile, tria modo eius vitia, quanta sint, paulo fusius hic explicare studebo. Sunt autem haec. Primum quod sacrificuli tui, quaecumque in Missis suis dicunt et gerunt, per alienam linguam et superstitiosa sibila omnia contegunt, fidelesque praesentes celant. Alterum, quod sacramentorum dispensationem nullam exhibent. Tertium, quod missis suis conscientias hominum in securitate peccandi contra metum divini iudicii obfirmant, falsa fiducia sui operis. l1r; 265

Quantum sit sacrilegium, quod missae sic administrantur, ut populus non intelligat quae in illis dicuntur et geruntur. Caput XXVIII.

Ut primum vitium quantum sit, et quam abominandum Deo plane intelligas, considera quaeso, quae sit illa caenae dominicae administratio, quam instituit Dominus, quamque observavit ecclesia Dei, dum veris illa regeretur episcopis. Ea certe sic habet, ut sacerdotes haec Domini mysteria administrantes debeant piae plebi (catechumeni enim, energumeni, et paenitentes, cum omnibus profanis hominibus, priusquam celebrare haec sacra inciperent templis excludebantur)[1] omnia et verba, et signa quam clarissime et religiosissime exponere, atque communicare. Unde ipsa sacrae | caenae administratio, sicut Graecis σύναξις καὶ κοινωνία ita Latinis dicta est communio, quod scilicet in hac ceremonia, quaecumque dicuntur et geruntur, oporteat sacerdoti cum universo, et clero, et populo, esse communia, eoque administrari, ut in fide et vita Domini nostri Iesu Christi communiter omnes quam efficacissime provehantur. De qua communione expende quae scripserit divus Chrysostomus: 'Quin et in precibus,' inquit, 'viderit quis populum multum simul offerre, cum pro energumenis, tum pro paenitentibus. Communes enim preces, et a sacerdote, et ab illis fiunt, et omnes unam dicunt orationem, orationem misericordia plenam.'[2] Iterum: 'Ubi excluserimus a sacerdotalibus ambitibus eos, qui non possunt esse participes sanctae mensae, alia facienda est oratio, et omnes similiter super terram iacemus, et omnes similiter surgimus. Quando iterum pax communicanda omnes similiter salutamus, in iisdem iterum reverendis mysteriis bene precatur sacerdos populo, et bene precatur populus sacerdoti <Quid: 'et cum spiritu tuo'>. Nam "cum spiritu tuo," nihil aliud est quam hoc: ea quae sunt eucharistiae, communia sint omnia, neque enim ille solus agit gratias, sed etiam omnis populus. <Ordo missae> Prius enim accepta illorum voce, deinde congregatis illis, ut digne et iuste hoc fiat, incipit eucharistiam. Et quid miraris si cum sacerdote | populus loquitur, ubi sane et cum illis Cherubin et supernis potestatibus communiter sanctos illos hymnos personant.'[3] <Quis hodie sacrificulorum sic de populo Christi iudicat?>

---

1 Cf. Bucer, *Bestendige Verantwortung*, BDS 11.3, 383, l. 15–p. 386, l. 24 where Bucer deals with this idea at greater length.

2 Ap: John Chrysostom, *In 2 Epistolam ad Corinthios homiliae* 18, 3, MPG 61, 527. There is no other modern source edition. Cf. Bucer, *Florilegium patristicum*, BOL 3, 206; *Scripta duo*, 39, 44, 218; Latomus, *Defensio*, CCath 8, 45, l. 15–16, 25–31.

3 Ap: John Chrysostom, *In 2 Epistolam ad Corinthios homiliae* 18, 3, MPG 61, 527. There is no other modern source edition. Cf. Bucer, *Bestendige Verantwortung*, BDS 11.3, 355, l. 14, 415, l. 4–9, 491, l. 30–31, 492, l. 1–27 adv: Gropper, *Gegenberichtung*, 78v.

<Epistola lxiii, libro vii>[4] Sic et divus Gregorius Romanus episcopus, Chrysostomo aetate multo posterior, rationem celebrandi caenam dominicam descripsit ad Iohannem Syracusanum episcopum, tam eam, quam ipse instauraverat Romae, quam eam, qua tum utebantur Graeci. In utraque enim commemorat populum et quaedam dicere cum sacerdote, et ad quaedam ei respondere, nimirum iuxta praescriptum Domini i Corinthiorum xiiii [16].[5] Ex hac vero omnino catholica caenae dominicae celebratione, quid, quaeso, in missis vestris reliquum est? Ubi communes fiunt a sacerdote et populo preces, ubi omnes dicunt unam orationem, ubi sit communicatio pacis salutantibus se invicem omnibus qui sacrae caenae adsunt? Ubi bene precatur sacerdos populo, et populus sacerdoti? Ubi agit et populus gratias, et accepta voce populi sacerdos? Omnia haec in missis vestris populo adeo erepta sunt, ut ei nec 'amen' dicere ad sacras preces relictum sit, dum scilicet vestri sacrifici cuncta et loquuntur et peragunt lingua, quam populus non intelligit. Quod sancti patres ad unum omnes, sicut a Spiritu sancto per apostolum docti erant, iudicarunt esse loqui in aerem, nugari pueriliter, avertere populo aedificationem [cf. 1Cor 14,17, 26] fidei, immo esse opus furentium, propriusque | cultus et sacerdotii idololatrici, ac pertinere denique ad eos, qui {corr. eosqui} in id iudicium Domini inciderunt, ut audire sacra debeant, et non intelligere, ne serventur [cf. Isa 6,9–10]. Lege, te obsecro, et expende apostoli i Corinthiorum xiiii [1–40], et sanctorum patrum qui in apostolum scripserunt <Vide Ambrosium in caput hoc i Corinthiorum xiiii>,[6] tonitrua in hanc vestram perversitatem.

Et quid tandem possit magis insanum excogitari, quam id, quod tui hac in re sacrificuli admittunt? Ad missas suas populum in contionibus magno studio invitant, ambitioso campanarum sonitu convocant, et diris etiam praeceptis concurrere ad eas compellunt, <Vide horribilem perversitatem>, easque magnifica pompa publice exhibent, et in ipsis missis populum aliquoties facie ad eum conversa, salutant ad orandum, ad genua flectenda, et levanda, ad tollendum sursum corda, ad agendum gratias, clara voce exhortantur, ac quo melius ab omnibus exaudiantur, suggesta celsa conscendunt, et lingua ad haec omnia utuntur quam populus non intelligit, tum etiam multa adeo submisse efflant

---

4 Bucer's numbering is from the *Registrum Gregorii*, the arrangement of Gregory I's letters in ms. and printed editions of Gregory's works in this period.
5 Ap: Gregory I, *Epistolae* 9, 12 ('9, 26' in CCL) MPL 77, 956B–957A; CCL 140A, 587, l. 22–36; Cf. Bucer, *Florilegium patristicum*, BOL 3, 42–43; *Bestendige Verantwortung*, BDS 11.3, 322, l. 25–28, 499, l. 1–8.
6 Ap: Ambrosiaster, *Commentaria in 1 Epistolam ad Corinthos* 14, 14–17, MPL 17, 255B–D; CSEL 81.2, 153, l. 3–p. 154, l. 9. Bucer, *Bestendige Verantwortung*, 11.3, 415, l. 10 also refers to Chrysostom 'on this passage' i.e. John Chrysostom, *In 1 Epistolam ad Corinthios homiliae* 35, 2–3, MPG 61, 298–300.

susurro magis quam sermone iusto eloquuntur, ut ea nec ii qui latine norunt, et adstant proxime, queant percipere, plerumque neque ipsi missatores. Qua superstitione etiam illa ipsa Domini sanctissima verba, quibus sacramenta efficiuntur, supprimunt, quae oportebat maxime omnium clara et alta | voce pronuntiare, ita, ut vetus ecclesia facere solebat, et huius quoque temporis ecclesia, et apud Graecos, et apud Aethiopas facit.[7]

Quid enim est (dic, Latome, quod verum esse sentis) illudere Deo et ecclesiae eius, si hoc non est? Quis agaso, quis subulcus feret illum suum quamlibet leve negotium obiri tam perverse? Sed antichristi spiritus [cf. 1Io 4,3] non esset, qui istam tam furiosam perversitatem introduxit et sustinet, nisi in omnibus contraria Christo, et eius Spiritui institueret et tueretur. Christus Dominus in hoc misit Spiritum sanctum *a Patre* [Io 15,26], et Pater in nomine Filii sui, ut apostolis et ministris ecclesiae suae daret magnifica sua opera, totum redemptionis nostrae mysterium, sic annuntiare omnibus nationibus et gentibus [cf. Mt 24,14; 28,19] quae *sub caelo* [Act 2,5] sunt, ut ea quisque audiret et intelligeret in *sua lingua* [Act 2,6]. <Christus dedit suis loqui multis linguis, ut cuique gentium sua lingua ipsum praedicarent; papistae discunt unam, ut mysteria Christi omnes gentes celent> *Audiebat unusquisque eos loquentes*, inquit Lucas, *in sua*, non *lingua* tantum, sed et propria loquendi ratione, ἰδίᾳ διαλέκτῳ [Act 2,6] et ipsi qui apostolos audiebant, *audimus eos*, dicebant, *nostris linguis loquentes* magnifica opera *Dei* [Act 2,11]. Recte igitur spiritus sedis Romanae pro suo ingenio id effecit et retinet, ut ministri eius legere saltem latine discant, ut hac lingua beneficia Dei, magnifica opera Christi, ita demurmurare et decantare possint, ne quisquam illa in sua propria | lingua audiat, eoque nec intelligat, nec per ea aedificetur [cf. 1Cor 14,16ff.] et servetur.

Quo etiam abutitur hic spiritus formis loquendi, et variis signorum ceremoniis ac ritibus, quibus sancti patres bene usi sunt, quia ad intellectum et aedificationem [cf. 1Cor 14,16ff.] fidei omnium initiatorum his usi sunt. Ita enim haec sacrificuli tui hodie usurpant, ut mysteria Domini tegantur et celentur, et non vulgus quidem tantum, sed eos quoque, qui latine norunt, adeoque etiam ipsos missatores, inter quos scilicet ne millesimus quidem plane intelligit, quae in canone illorum dicuntur et geruntur. Tum etiam, quod omnium deterrimum est, idem spiritus per has verborum formas et signorum ritus, cum sacerdotes, tum populum in alienam omnino et diversam a mente et pietate patrum, et summe noxiam deduxit opinionem, de novo quodam opere sacrificii, quod ex sola sacerdotum consecratione, intentione, et externa exhibitione, salutare sit, idque etiam vacuis paenitentia, atque fide.

---

7 On the possible sources for Bucer's knowledge of the Ethiopian church, see above, p. 111, n. 4.

Vides regnum tenebrarum, vides potestatem caliginis [cf. Lc 22,53] aeternae, vides vim adversarii summi Domini nostri Iesu Christi, qui unus Dominus et Magister noster caelestis praecepit evangelio suum et verbis et sacramentis praedicari, hoc est, clarissime explicari, et familiarissime commendari, *omni creaturae* [Mc 16,15], infigique in animis omnium electorum suorum, dona-|torum sibi a Patre, ut eis impertiat vitam aeternam [cf. Io 17,2]. Quos nimirum omnes tam laicos, quam clericos fecit in se unum, ac ita unum, sicut ipse et Pater unum sunt, ut sint et maneant in ipso, sicut est et manet ipse in Patre [cf. Io 17,21–22]. Quos amicos omnes non servos vocat, et habet, quia revelat eis quae audivit a Patre omnia [cf. Io 15,15].

l4r; 271

Quantum sit sacrilegium removovisse a missis dispensationem sacramentorum. Caput XXIX.

Non minus pugnat, sicut cum clarissimis Domini institutis et praeceptis, ita etiam cum omni et doctrina, et usu veterum, ipsoque pietatis sensu, omnium saeculorum, denique et cum ipsis missarum vestrarum precibus et cantionibus, quod sacrificuli vestri dispensationem sacramentorum a missis suis pridem removerunt, alteram nimirum substantialem caenae dominicae partem, et eam, cuius gratia caetera sacrae caenae instituta sunt, et administrari debent omnia. Quam ita sane a missis suis sustulerunt, ut in tanta missantium colluvie rarissime sit, qui putet sacramenta in missis dispensari debere, non modo in 'privatis' illis, quae vocantur, missis, quibus omnes angulos templorum, immo etiam privatarum aedium, repleverunt, sed etiam in iis, quas vocatis 'publicas' et 'magnas', quod in summo scilicet altari et maiori sollemnitate celebrantur. | Hinc in Galliis eo res deducta est, ut communicaturi eucharistia, putent sibi ante missam audiendam esse, ac deinde alio in loco eucharistiae communionem percipiendam.[1]

At quis vel tantillum habeat mentis Christo Domino credentis, et eum Magistrum suum caelestem agnoscentis, qui audiat illum, cum in sanctissima sua caena, in qua hoc sacrificium, et ipse primus exhibuit, et nobis celebrandum instituit, panem et vinum in manus accepisse {*corr.* accepisset}, non tantum egisse gratias, atque ea discipulis spectanda exhibuisse, uti nostri faciunt sacrifici, sed dedisse adstantibus {*corr.* ad statim} discipulis, atque dixisse: 'Accipite et manducate ... accipite,[2] et bibite ex eo omnes' [cf. Mt 26,26–27] et id ipsum discipulos quoque ilico fecisse [cf. Lc 22,19; 1Cor 11,24–25], et non intelligat, nihil minus exhiberi quam caenam dominicam, cum sacramenta tantum videnda ostenduntur, et {*suppl.*} non dispensantur etiam sumenda.

Hinc veteres, ubicumque de administratione caenae dominicae, hoc novi testamenti sacrificio, mentionem faciunt paulo pleniorem, illud oblatione, et sacramentorum distributione, atque sumptione definiunt. In vestro certe canone tui sacrifici in omni missa dicere solent: 'Ut quotquot ex hoc altari sacrosanctum corpus et sanguinem Domini nostri Iesu Christi | sumpserimus, <Nota: 'Quotquot sumpserimus'> omni benedictione caelesti, et gratia repleamur.'[3] Modo autem ubi sunt, ad quos referatur illud 'quotquot'?

---

1 On the reception of communion after Mass, see Browe, 303–308, who suggests that the practice was also common in Germany and elsewhere in western Europe. Bucer's location of this practice in France may indicate that he and Latomus had discussed it in person.
2 Ap: *Canon missae* CCL 160I, 77–81, no. 6265a–c; Botte & Mohrmann, 80. 'Accipite' is not used for the cup in the biblical institution narratives.
3 Ap: *Canon missae*, CCL 160I, 84, no. 6269; Botte & Mohrmann, 82.

Et post communionem: 'Quod ore sumpsimus, Domine, mente capiamus, ut de corpore et sanguine Domini nostri Iesu Christi fiat nobis remedium sempiternum.'[4] Non dicit 'sumpsi,' sed 'sumpsimus.' De qua sacramentorum vera communicatione, quam sacerdos cum clero et populo in administratione caenae dominicae facere debet, tot etiam collectae clare testantur,[5] quae ideo post communionem, id est, communem sacerdoti et praesentibus sacramentorum sumptionem dicantur, praescriptae sunt.

<Quantis mendaciis contumeliam Deo faciant in missis papistae sacrificuli> An vero non agnoscis tandem, fieri hic omnino immaniorem, quam verbis possit explicari, Deo contumeliam, cum sacrificuli vestri verbis veterum, quibus illi vere et sancte utebantur, quia in omni sacrificio sacramenta populo religiose distribuebant, abutuntur tam mendaciter, dum nihil scilicet sacramentorum dispensant, ac ita praecipuum, quod Dominus in hac ceremonia et fecit ipse, et fieri praecepit, praetermittunt.

<Homilia iii in Epistolam ad Ephesios> Divus Chrysostomus quaerebatur, frustra haberi oblationem, frustra adstare sacerdotem altari, cum sacramentis pauci participarent,[6] etiamsi tum sacerdotes {*corr.* sacerdos} po-|pulum magno studio ad communicandum sacramentis invitarent, et omnia, caena ita ut Dominus instituit, clarissime et religiosissime, ipsi sancti et inculpati, populo item sancto et probato, exhiberent et explicarent. Nam in hoc maxime caena haec a Domino nobis proposita est, ut iuxta eius verbum: 'Accipite, et manducate, accipite[7] et bibite,' corpus et sanguinem eius [cf. Mt 26,26–27], his ipsis sacramentis pane et vino participamus.

Non ergo frustra tantum, sed ad infandam illusionem Dei et ecclesiae adstant altaribus suis ii sacerdotes, qui sacramenta e missis suis non dispensant, tam non solum laicorum vitio sacramenta non petentium, sed suo ipsorum, cum propter falso iactatum sacrificium, quo se mentiuntur Christum non fideli populo, sed Deo Patri offerre, tum quod de petendis et sumendis sacramentis populum nihil monent, nihil docent, nihil hortantur. Nulla igitur ratione id negare potestis, sacrificos vestros et missatores, horrendum admittere sacrilegium in missis suis, sicut tegendo mysteria beatae communionis per alienam linguam et magicos suos susurros, atque sibila, ita etiam eripiendo populo fideli dispensationem corporis et sanguinis Domini, quam nec verbis,

---

4 Ap: *Missa*, CCL 160F, 309, no. 4931B; Botte & Mohrmann, 90.
5 i.e. the variable postcommunion prayers or 'collects.' See CCL 160 *passim*. See also Jungmann 1, 478–499.
6 Ap: John Chrysostom, *In epistolam ad Ephesios homiliae* 3, 4, MPG 62, 29. There is no other modern edition. Translation ap: *Missa Chrysostomi*, M2r. Cf. Bucer, *Bestendige Verantwortung*, BDS 11.3, 376, l. 13–18; *Wider Vffrichtung der Messen*, BDS 13, 376, l. 24–26.
7 Ap: *Canon missae*, CCL 160I, 77–81, no. 6265a–c; Botte & Mohrmann, 80.

nec re ipsa offerunt, ab eis per vitiosa illa confictae oblationis Christi pro omnibus persuasione. | Nam hac perversitate rapiunt et Christo Domino suum honorem ex fideli eius commemoratione ab omni populo celebranda, et ecclesiae Dei cibum, et potum vitae aeternae.

Dicunt te, Latome, coemisse libros veterum,[8] quod laudo, quamquam dum non divinis scripturis te primum dedideris, et harum luce in sanctorum patrum scriptum dirigaris, fieri non potest, ut non passim periculose impingas. Verum enim salutare praeceptum est, quod sacra discere cupientibus divus Augustinus tradidit, libro De doctrina ii, capite viii, quod sic habet: 'Erit igitur divinarum scripturarum solertissimus indagator, qui primo totas legerit, notasque habuerit, et si nondum intellectu, iam tamen lectione, duntaxat eas, quae appellantur canonicae. Nam caeteras securius leget fide veritatis instructus, ne praeoccupent imbecillem animum, et periculosis mendaciis, atque phantasmatibus eludentes, praeiudicent aliquid contra sanam intelligentiam.'[9]

Verumtamen quoniam veterum monumenta evolvis, observes rogo ea loca, in quibus de caenae dominicae sacrificio illi loquuntur, et videbis apud omnes distributionem et communicationem sacramentorum prorsus ut necessariam habitam esse, et praecipuam huius sacrificii | partem, sine qua celebrari illud nemo unquam cogitasset, et monstrum sane sacrilegum iudicasset.

Sed ne in re adeo manifesta immorer diutius, unus tantum locum iis, quos superius adscripsi, adiiciam ex quo, nisi mentem omni veritati Christi prorsus clauseris, videas facile, quae fuerit veteribus administrandae caenae dominicae catholica ratio, et quod sacramentorum in populum distributionem praecipuum et omnino necessarium in hac ceremonia ministerium habuerunt. Locus unus est divi Augustini ad Paulinum, ubi tractat locum illum Pauli ad Timotheum: *Adhortor primum omnium fieri deprecationes, orationes, intercessiones, et gratiarum actiones etc* [1Tim 2,1]. In hunc locum ita scripsit: 'Multa quippe hinc dici possunt, quae improbanda non sint, sed eligo in his verbis hoc intelligere, quod omnis, vel pene omnis, frequentat ecclesia, <Nota: omnis vel paene omnis ecclesia> ut precationes accipiamus dictas, quas facimus in celebratione sacramentorum, antequam illud quod est in Domini mensa, incipiat benedici; orationes, cum benedicitur, et sanctificatur, <Ad distribuendum> et ad distribuendum comminuitur, <Omnis ecclesia> quam totam petitionem fere omnis ecclesia, dominica oratione concludit.'[10]

---

8 Probably a reference to a private conversation. Latomus does not refer to this in writing.
9 Ap: Augustine, *De doctrina Christiana* 2, 8, MPL 34, 40; CCL 32, 38–39, l. 3–9.
10 Ap: Augustine, *Epistola* 149, 2, MPL 33, 636; CSEL 44, 362, l. 6–14. Cf. Bucer, *Bestendige Verantwortung*, BDS 11.3, 406, l. 25–34.

LIBER SECUNDUS   257

Post haec, ubi quaedam de vocibus εὐχή et προσευχή disputavit, subiicit: 'Voventur autem omnia quae of-|feruntur Deo, maxime sancti altaris oblatio, <Oblatio populi> quo sacramento praedicatur nostrum aliud votum maximum, quo nos novimus in Christo esse mansuros, utique in compage corporis Christi. Cuius rei sacramentum est, quod *unus panis, unum corpus multi sumus* [1Cor 10,17], ideo in huius sanctificatione et distributionis praeparatione, existimo apostolum iussisse proprio fieri προσευχάς, id est, orationes, vel ut nonnulli minus perite interpretati sunt, adorationes. Hoc est enim ad votum quod usitatius in scripturis nuncupatur εὐχή. Interpellationes autem, sive ut vestri codices habent, postulationes, fiunt cum populus benedicitur. <Populus benedictus> Tunc enim antistites velut advocati susceptos suos per manus impositionem misericordissimae offerunt potestati. Quibus peractis et participato tanto sacramento gratiarum actio cuncta concludit.'[11]   m3r; 277

In his verbis divi Augustini observes: primum, populo exhiberi sacram caenam, et in ea omnia illi communicari solitam fuisse. 'Quam petitionem,' inquit, 'fere omnis ecclesia dominica oratione concludit.' Item: 'Cum populus benedicitur'; deinde, animadvertas in sacra Domini caena id quod in mensa Domini erat, non minus distribui consuevisse, quam benedici et sanctificari. 'Cum benedicitur,' inquit, 'et sanctificatur, et ad distri-|buendum comminuitur'; item: 'Quibus peractis, et participato tanto sacramento.'   m3v; 278

Sed evolve quicquid poteris nancisci scriptorum, quae a sanctis patribus ecclesiis relicta sunt, et invenies ab omnibus de vera caenae dominicae administratione haec consentientissime testata. Primum, sacrificium caenae dominicae sanctorum patrum tempore, nunquam nisi certo discipulorum coetui esse administratum, et quoad fieri potuit, probatorum, atque in uno coetu, unum duntaxat sacrificium, sicut unum tantum altare singula templa habebant. Ex quo cum divus Cyprianus unitatem ecclesiae praedicat, ita cuique ecclesiae unum altare tribuit, sicut unum episcopum.[12] Deinde, in hoc sacrificio omnia cuique populo in sua lingua esse exhibita, et clare exposita. Postremo, non magis sacram Domini caenam administrasse sine sacramentorum distributione, quam baptisma sine aliquorum tinctione.

---

11   Ap: Augustine, *Epistola* 149, 2, MPL 33, 637; CSEL 44, 363, l. 1–15. Cf. Bucer, *Bestendige Verantwortung*, BDS 11.3, 406, l. 34–p. 407, l. 34.

12   Ap: Cyprian, *De unitate ecclesiae* [known in some sources as *De simplicate praelatorum*] 5 (on the unity of the episcopate and church) & 17 (on the unity of the altar), MPL 4, 501A, 513B; CCL 3, 252, l. 127, 262, l. 431–439; *Epistola* 40, 5 (CCL '43, 5') MPL 4, 336B; CCL 3B, 205, l. 89–92. Bucer makes a similarly imprecise reference in *Bestendige Verantwortung*, BDS 11.3, 296, l. 8.

De spirituali communicatione sacramentorum, quam missifices praetexunt, nec exhibent tamen. Caput XXX.

Porro illam caenae dominicae, non truncationem, sed omnimodam sublationem ex missis vestris, quam vestri sacrifici, dum missas exhibent, sine sacramentorum dispensatione admittunt, conamini duobus nominibus excusare. Uno, quod per sacrificos non stet | quominus sacramenta ex missis suis distribuant, siquidem enim adessent, qui sacramenta peterent, sacrificulos illos libenter ea esse dispensaturos.[1] Altero, quod satis sit populum ad missas sacramentis spiritualiter communicare, nec opus sit ut id quoque sacramentaliter faciant. Quo commento non parum sibi placent,[2] et confidunt sophistae Colonienses.[3]

Verum ut ad posterius prius respondeam: Quis timens Dei non videat, si laicis satis sit communicare corpore et sanguine Domini sine sacramentis, idem etiam satis esse ipsis missatoribus. Adeoque hinc nullam omnino causam afferri posse, cur caena Domini exhiberi conveniat non cenaturis, quam baptisma nolentibus tingi, aut ut minus absurdum sit, haec sacramenta cibi et potus afferre, nihil de illis gustaturis, quam baptisma renuentibus baptizari.

Norunt enim omnes, qui verbo Dei solide credunt, verum et catholicum esse, quod divus Chrysostomus scripsit, in tractatione horum mysteriorum nihil inter sacerdotem et populum interesse, et omnibus idem proponi corpus Domini, et idem poculum, ut eo pariter utantur, et sacerdos et populus.[4]

Sed ut tolerari posset, ad caenam Domini vocare populum, nec sacramenta ei distribuere, si spiritualis | sacramentorum communicatio ei exhiberetur, tamen nec hanc sacrificuli tui cuique administrant. Mysteria enim Christi in missis suis non solum non explicant populo, sed tegunt etiam, non intellectis, ac bona ex parte ne auditis quidem, verbis, signisque tam peregrinis. Ad quem ergo consensum praebendum sacrificio, ad quam spiritualem Christi communicationem, homines per missificos vestros invitantur, vel docentur, cum nihil aut parum eorum, quae illi vel dicunt, vel gerunt, intelligant? Quod

---

1 Adv: Gropper, *Gegenberichtung*, 71v.
2 This seems to refer to Latomus's argument that the spiritual content of the sacraments is not changed by alterations in the outward rite, ap: *Defensio*, CCath 8, 42, l. 18–36.
3 Adv: Gropper, *Gegenberichtung*, 70v–71r; Billick, *Iudicium deputatorum*, B2v–B3r.
4 Ap: John Chrysostom, *In 2 Epistolam ad Corinthios homiliae* 18, 3, MPG 61, 527. There is no other modern edition. Cf. Bucer, *Scripta duo*, 39, 44, 218; Latomus, *Defensio*, CCath 8, 45, l. 15–16, 25–31.

enim de contionibus dicunt, in quibus ista exponantur populo, manifestum est contiones tales raro haberi, nec in eis explicari, quae dicuntur, et geruntur in missis omnia (nam paucissimi missatores sunt qui ea ipsi omnia intelligant). Denique quam multi sunt in populo, qui ea etiam si omnia, et saepius explicarentur, memoria omnia tenerent?

Papistae pro signis institutis divinitus inanes obtrudunt imaginationes. At pro signis inventis humanitus et in gravem abusum conversis, non patiuntur supponi vivam Christi doctrinam et orationem. Caput XXXI.

Haec sane insignis vestra est perversitas, dum vestri pontifices sacramenta divinae maiestatis nulla ratione, sed plane antichristiana {*corr.* antechristiana} audacia, et ma-|nifesta Dei contumelia, ecclesiae Dei eripiunt, multis depredicatis nobis, fide et spiritu omnia salutis nostrae constare et perfici, levem esse iacturam rerum externarum, quibus Deus virtutem salvandi non alligavit.[1] At dum nos signa aliqua, et ea inventa humanitus, quaeque etiam manifestae superstitioni pridem deserviunt, praetermittimus, idque et necessaria de causa, avertendi scilicet offendicula fidei, et adserendi libertatem Christi, atque dignitatem sacramentorum quae nobis tradidit Deus vindicandi, tum etiam nullo eorum contemptu, qui eiusmodi signis unquam pie usi sunt vel utuntur, statim clamatis nos contemnere auctoritatem maiorum, convellere societatem, et unitatem ecclesiae, laedere maiestatem Spiritus sancti, quo ecclesia regitur, quique talia instituerit.[2] Nec ulla potest esse tanta paenitentia, nulla Spiritus unctio, nulla vitae innocentia, nulla virtutum ornamenta, nulla lux fidei, nulla vis verbi Dei, quibus compensari possint illa vestra signa, salis, aquae benedictae, olei, et chrismatis, missalium vestium, atque ornamentorum, cereorum, et aliorum luminum, sputi, et insufflationum etc.

---

1 Adv: Latomus, *Defensio*, CCath 8, 42, l. 18–36.
2 Adv: e.g. Latomus, *Defensio*, CCath 8, 55, l. 16–24.

Sacramenta dispensari sibi a missis populus non petit, fit culpa missificum. Caput XXXII.

Quod autem dicunt tui sacrificuli, non ipsorum culpa | deesse missis suis sacramentorum dispensationem, sed laicorum, qui sacramenta ab ipsis non petant,[1] hoc responsum aliquid frontis haberet, si populum diligenter docerent hoc esse institutum Domini, ut omni caenae dominicae adsint una cenantes, qui sacramenta a sacerdote percipiant, et ad communicandum sacramentis studiose adhortarentur. At quis audivit eos unquam haec docere, et ad huiusmodi sacramentorum communicationem adhortari? Nec enim dubium est, si sanctae mensae Domini communionem populo ita commendassent, et vel nunc tandem commendarent, ex verbo Domini, ut ei ex suis commentis amplificarunt confictam suam oblationem, panisque spectationem et circulationem, ac etiamnum attollunt, nunquam defuissent, nec hodie deforent, qui sacramenta ab eis petivissent et hodie peterent. Haec de secundo crassiore et perniciosiore missarum vitio. Iam et de tertio.

---

1 This objection is not found in the works of Latomus, in Gropper, *Gegenberichtung*, or in other traditionalist attacks on the Cologne reformation.

De tertio et omnium gravissimo missarum vitio. Caput XXXIII.

Veniamus nunc ad tertium et omnium gravissimum missarum vestrarum vitium, quod exhibentur illae, non ut homines excitentur ad peccatorum suorum paenitentiam, et ut fidei in Christum accipiant incrementum, et confirmationem (in quem unum finem exhiberi ne-|cesse est sacrificia Deo grata omnia) sed ad id magis, ut homines contra metum divini iudicii indurentur, et ad peccandum fiant securiores, falsa illa de sacrificio earum decepti opinione, quasi possit Deus missarum sacrificiis ita placari, ut velit etiam perseverantibus in sua impietate et vitae impuritate bona omnia largiri, et mala cuncta avertere.

Haec enim est cum caeteris vitiis humano ingenio a primo usque parente innata impietas, ut a vero Dei cultu omnes homines natura abhorrent, et falsos cultus quovis cupidissime amplectantur, et retineant pertinacissime. Hinc factum videmus a primis inde genitis hominibus, ut quicumque non ex Deo renati, sed sati erant ex malo, ut Cain [Gen 4,1–15], primum veras et divinitus traditas religiones perverterunt, contrario omnino quam sint institutae divinitus fine eas usurpantes, deinde, ut adulterarint etiam illas irreligiosis hominum inventis, postremo prorsus etiam impiis superstitionibus commutarint. Has omnes depravationes cultus divini et sacrificiorum in missas suas sacrificuli tui contulerunt. Verum, quo id certius possis deprehendere et agnoscere, velis quaeso ante omnia discere, in quo consistat verus Dei cultus, ususque sincerae religionis. Tum, unde | sit quod homines verum Dei cultum et probatas religiones non ferant, sed pervertere eas semper, ac falsis religionibus vitiare, ac denique prorsus permutare soleant. Qua de re paucula hic commemorare volo, ac deinde ostendere missas vestras, hoc maximo et perniciosissimo vitio omnis falsi cultus, cunctas et gentium et Iudaeorum superstitiones et falsas religiones longe antecedere.

Quis verus Dei cultus et quae gratae Deo religiones. Caput XXXIIII.

Deus cum ex immensa sua bonitate condidisset et effecisset hominem ad imaginem suam [cf. Gen 1,26–27], indidissetque ei admirabile consortium naturae suae, voluit, ut ille de sua in ipsum caritate certus, et benignitate eius omnibus bonis effluens, ipsum omni sapientia, sanctitate, et bonitate, cum in convictu et congressionibus sui generis [cf. Gen 2,18–24], tum in gubernatione et usu reliquarum creaturarum [cf. Gen 1,28] referret, atque celebraret. <Esaiae xliii [7]; Ephesiorum i [12]> *Ad gloriam enim laudis* suae hominem creavit.

At postquam per peccatum hanc Dei imaginem [cf. Gen 1,26–27], istamque divinitatis communionem amisimus [cf. Gen 3], et non intellecto, quem Dominus nobis contulerat, honore in bestiarum conditionem praecipitavimus, et similes illis facti sumus, ipse fictor et Deus noster, ex immensa | sua misericordia promisit et donavit nobis Filium suum, qui peccata nostra sua morte expiaret, et credentes sibi ad imaginem [cf. Rm 8,29; 1 Cor 15,29; Col 3,10], et vitae rectae ac beatae communionem regeneraret, Spirituque suo innovaret [cf. Tit 3:5], eamque imaginem suam et vitae suae caelestis communionem in nobis dum hic vivimus, perpetuo instauraret, abolendo imaginem Adae terreni [cf. Rom 5,12–21; 1 Cor 15, 44–45], et sanando tractos a prima origine morbos, ut ita per fidem de ipsius in nos caritate et indulgentia, nostrique perficienda tandem restauratione confisi, inciperemus (in eoque quotidie proficeremus) repressis pravis cupiditatibus, vitam Dei, toto corde meditari, omni caelesti sapientia, sanctitate, et inter nos ipsos caritate, ipsum ubique et in omnibus ut Deum et Patrem nostrum in Filio suo invocantes [cf. Gal 4,6], atque {*corr.* acque} peccatorum, quae quotidie admittimus, veniam orantes, denique pro misericordia sua e cunctis beneficiis suis, eum semper celebrantes et glorificantes.

Haec vero nostri ad imaginem, vitamque Dei reparatio, quia fide tantum in Dominum nostrum Iesum Christum, quae non est nisi vere paenitentia de peccatis suis, et primum percipitur, et deinde augetur. *Fides* autem non nisi *ex auditu* [Rm 10,17] et confirmatione evangelii Christi, cum gignitur, tum incrementa sua accipit. | Dominus ab initio restituti a perditione hominis, hanc rationem religionis, cultusque sui instituit et conservavit <Origo et usus publicarum religionum> ut homines convenientes in ipsius nomine, ex ipsius verbo admonerentur de peccatis suis, vivaque paenitentia commoverentur, tum etiam promissionibus Christi et salutis nostrae per illum perficiendae, ad fidendum Deo, et ad invocandum et celebrandum Dei bonitatem et misericordiam erigerentur, confirmarentur, et incenderentur. Cui praedicationi paenitentiae et remissionis peccatorum in Christo suo, Deus, quo efficacior illa esset, sacramenta sua semper adiecit, certumque usum sacrificiorum.

Itaque constitit semper, et constat hodie verus Dei cultus, veraque religio in eo, ut homines ex verbo Dei compuncti peccatorum suorum paenitentia, veniam peccatorum et vim perseverandi, progrediendique in vita Dei, orent vera fide a Patre per Christum Dominum. Itaque pietate instaurati, gratias agant Deo, et celebrent misericordiam eius in Filio eius, ex toto corde, tota anima, et cunctis viribus [cf. Mc 12,30; Lc 10,27]. Hoc quidem celebrius et ardentius in sacris conventibus, usuque sacrificiorum publicorum,[1] at non in his tantum, verum in his ita, ut confirmata et aucta pietate, istum cultum Deo exhibeant homines in rebus et actio-|nibus omnibus, ubique et omni tempore. Nam requirit Deus a nobis iure suo cultum solidum, et qui ei praestetur perpetuo, omnibus in rebus, ubique, atque ex toto corde, ex tota anima, et ex omnibus viribus [cf. Mc 12,30; Lc 10,27], sicut Deus ubique et semper, in rebus omnibus, est Deus noster, et omnis boni largitor, malorumque omnium depulsor, ubique et semper efficiens *omnia in omnibus* [1Cor 12,7].

<Usus templorum et sacrificiorum> Consecravit quidem et ipse cultui suo res certas et actiones, certa loca et tempora, sed nequaquam eo, quo ista vulgus hominum ab initio mundi pervertit, ut scilicet cum praescriptis illis actionibus et ceremoniis, suis locis et temporibus defuncti sunt, putent se omni religione et cultu Dei defunctos esse. Verum ut his religionis exercitiis et ceremoniis quae suis constitutis, et locis, et temporibus exhibentur et frequentantur, odio et detestatione peccati, curaque et studio pietatis, sanctimoniae, et iustitiae inflammati, Deum inde hoc studiosius, et solidius colerent et glorificent, omnibus omnium virtutum officiis, omnibus in rebus, locis, et temporibus, id quod est ambulare coram Deo, et simplicem esse, atque integrum cultorem Dei, solidamque et gratam praestare Deo servitutem. Ad qualem | cultum sui hortabatur Dominus Abraham, cum ei diceret, scilicet Dominus omnipotens: *Ambula coram me, et esto simplex* vel *integer* [Gn 17,1]. Item psaltes: *Celebrate Dominum omnia opera eius in omnibus locis dominii eius. Benedicat anima mea Dominum* [Ps 103,22]. Et Dei cultum pia mens in alio psalmo profitetur: *Celebrabo Dominum omni tempore, laus eius semper in ore meo* [Ps 34,1].

Haec est natura, hoc ingenium veri, perfectique cultus divini et sincerae grataeque Deo religionis. Iam videamus, et de natura et ingenio falsi cultus, et depravatarum religionum.

---

1 Possibly adv: the account of the sacrifices of the Old Testament in Gropper, *Gegenberichtung*, 78v–79v.

Quae sint et unde oriantur falsi cultus et depravatae religiones.
Caput XXXV.

Homo nondum in Christo Domino renatus habet omnia studia sua contraria Deo. *Sensus* enim *carnis est inimicitia adversus Deum*, Romanorum viii [7]. Uti igitur fecerunt primi nostri parentes, ubi peccavissent, et rebellem Deo, Deique horrentem naturam sibi et suis posteris sua transgressione accersivissent [cf. Gen 3]. Ita omnis homo in Christo non regeneratus, et sibi ipsi relictus, conspectum verum Dei, ac vivam memoriam Dei, semper fugit, et horret. Quia vero nihilominus sentit Deum esse, et poenas aliquando suae im-|pietatis sumpturum, quaerit quibus possit rebus eum sibi placare, <Causa propria omnis falsi cultus> verum ita, ut simul vivere possit sibi, non Deo. Id ergo cum veris religionibus fieri non possit (nam illae hominem, et seipso, et rebus omnibus exutum, consecrant totum Deo, et inferunt Christo) Satan omnibus saeculis obtrudit religiones falsas, specie quidem instrumentorum et ceremoniarum diversas, fine autem, ut et origine atque effectu, easdem, quas homines pro impietate et perversitate veteris hominis cupide arripiunt et retinent pervicaciter. Qua de causa illae in prophetis adulterinis amoribus, quae solent legitimis magis esse vehementes, assimilantur [cf. e.g. Ier 3,8–9, Ezec 6,9, 23,37; Os 3,1]. Causa autem cur ita placeant falsi cultus hominibus, haec maxima est, quod ex his sibi, quantumcumque prave viventibus, et per omnia scelera et flagitia ruentibus, promittunt tamen Dei propitiationem.

Id vero homines, pro tracta a prima origine caecitate et perversitate sinunt et cupiunt sibi persuaderi, etiam contra conscientiam suam et sensum illum iudicii divini, quem Deus in omnium animis conservat. Et primum ipsis adeo ceremoniis {*corr.* ceremonii} huc abutuntur, ut, cum in omni reliqua vita vivant sibi et Satanae, Deum non timeant, non invocent, non gratias agant vero corde, veroque omnis iustitiae studio, tamen ubi sacrae feriae veniunt | aut alias tempus adest aliquod publicarum religionum, conveniunt in templum, sacris publicis communicant, et se admodum religiosos in speciem praebent, cum cor eorum longe sit a Deo, quod eo certe nimis evidenter demonstrant, quod vivunt adeo sine paenitentia, et absque fide operante per dilectionem [cf. Gal 5,6]. Certis enim tantum in locis, certis temporibus, certisque rebus volunt colere Deum, et impetrare a Deo, ut ipsis mala omnia amoliatur, et bona cuncta largiatur, quo caeteris omnibus in locis, temporibus, et rebus, vivant pro sua libidine, ad ignominiam, et contumeliam Dei.

Haec falsi cultus Domini species, ubique in prophetis gravissime accusatur, et damnatur singulari vero copia et vehementia, Isaiae i [11–15] et lviii [3–5], Hieremiae vii [8–34], Amos v [21–24], Maleachi ii [8–12]. Quae loca rogo te, ut legas, et expendas quantae abominationi testetur Deus ipse, esse sibi etiam eas ipsas religiones, quas populo suo ipse tradiderat, dum illis non utebantur ad agendam paenitentiam peccatorum, et ad confirmandam augendamque fidem, quae Deum ubique invocat et colit, cunctisque officiis pietatis celebrat. Sed impietas hominum non consistit in hac sola ceremoniarum, quas Deus ipse instituit perversitate, sed admiscet statim illis etiam | horrenda Satanae inventa, hisque tandem eas religiones quas tradidit Dominus, partim submovet, partim penitus pervertit, eoque proripit se tandem, ut mera ludibria, et apertissimas contumelias Dei, pro religione amplectatur, quod de Aegyptiis, olim sapientissimis hominibus, et multis aliis gentibus, etiam poetae ethnici traducendum sibi existimarunt. Et si vere religiosis oculis intuearis, plerasque vestras ceremonias, maxime vero pompas illas, quae sacramenti nomine exhiberi solent, non infitiaberis et in his extremum istum perversae religionis furorem horrende obtinuisse.

Recordare modo, quem cultum Dei in Coloniensi illa sacramentaria pompa magna videris.[1] Ad hunc vero modum insaniunt et furiunt falsis cultibus omnes homines, donec in Christo renascantur. Quare cunctis saeculis huiusmodi falsae religiones et ceremoniae, externa quidem, ut dixi,[2] specie diversae, sed inventione et usu eaedem, extiterunt, et maximam semper partem hominum obtinuerunt, pro quibus etiam defendendis, tot prophetae, Christus ipse, tot apostoli, et martyres indicibilibus tormentis affecti, et ex hoc mundo sunt profligati, idque ab iis maxime, qui professione verae religionis excellere omnes volebant, et ordinarium sacerdotium tenebant. |

---

1 Again, this seems to refer to a private conversation or lost correspondence between Bucer and Latomus.
2 See above, p. 265.

Missas vulgares esse omnibus falsis cultibus nocentiores in obfirmando conscientias contra metum iudicii divini. Caput XXXVI.

His iam superstitionibus et idolomaniae, cum gentium, tum Iudaeorum, sacrificiis Moloch [cf. Am 5,26; Act 7,43] et aliorum falsorum cultuum, impio denique et perverso abusui ceremoniarum ab ipso Deo traditarum, successerunt et missae vestrae, et in confirmando conscientias hominum contra iudicium Dei, eoque et in faciendo contumeliam Deo, illos falsos cultus omnes superarunt. Neque enim unquam ulla ceremonia divinitus instituta fuit, in qua se Deus in Filio suo praesentiorem exhibuerit, in qua mors et resurrectio, vitaque et regnum Filii Dei fuerint vel celebrata illustrius, vel exhibita efficacius; nulla, ex qua et paenitentia, ac mors peccati potentius excitetur et urgeatur, studiumque pietatis magis accendatur, vitaque Dei plenius instauretur, siquidem illa iuxta institutum Domini celebretur.

Quo ergo haec ceremonia in se, hoc est, ut eam nobis Dominus commendavit, et sanctior est, et ad salutem hominum efficacior, hoc sane potentius valet, cum adeo perverse administratur, ad persuadendum hominibus, hac posse placari Deum quantisvis ipsi in flagitiis et sceleribus perseverent, et sit Deo eius | tam perverso usu contumelia gravior. In hoc enim sacrificio promittunt tui sacrificuli sacrificium Christi Filii Dei, quo solo Deus hominibus vere placatur, omneque illis bonum conciliatur, et malum omne avertitur, cuiusque unius gratia et vi, caetera omnia populi Dei sacrificia salutaria semper fuerunt. Hoc iam salutis nostrae remedium omnium efficacissimum dicunt se exhibere omnibus, quibus missas suas, ut loquuntur, 'applicant.'[1] Eas autem vendunt et applicant, ipsi plerumque aperte flagitiosi, etiam palam sceleratis, et omni paenitentia peccatorum plane vacuis. Quo quid docent, quid praestant, quid testantur aliud, quam opus missarum suarum, siquidem ab ipsis ematur, talibus etiam hominibus ad salutem praesentem et futuram prodesse posse, quales sunt cum ipsi, tum ii, quibus missas vendunt, et peculiariter applicant. Neque enim volunt ipsi videri illis frustra missas suas tam magno vendere, nedum ad perniciem et suam et illorum. Neque eas tanto illi emerent, nisi apud Deum salutares sibi esse persuasum haberent.

Iam ad firmandam istam perversam et exitiosam opinionem, plurimum et eo conferunt, quod quae sacrificuli tui ex verbis Domini in missa recitant, et aliena lingua, et susurris suis obtegunt, et celant. Ita enim | nemo illis, quamquam Dei verba sint, potest ad peccatorum suorum sensum et iudicii divini metum, vel ad suspirandum, ad Servatorem Christum Dominum commoveri.

---

1 i.e. to make the fruits of Christ's sacrifice available to the church, particularly those members of the church intended by the priest. See below, p. 77.

Quare missae vulgo gratiores sint contionibus, et vera caenae dominicae administratione. Caput XXXVII.

Quocirca mirum non est, quod suis adhuc pravis dediti cupiditatibus homines missas istas mutas, neminemque ob peccata reprehendentes, apparatu autem suo oculis et auribus tantopere adblandientes, ac praeterea quae nobis Christus Dominus morte sua impetravit pollicentes omnia, etiam viventibus absque paenitentia, et sine ulla vitae immutatione, malunt spectare, et quamlibet magno emere, quam audire claras verbi Dei contiones, et caenam Domini adire, quae iuxta eius praeceptum administretur, ubi scilicet de peccatis gravissime obiurgarentur. Et quamquam hic quoque praedicari audirent Christum Dominum et omne meritum eius nobis ad aeternam salutem nostram, eius verbis et sacramentis ibi exhiberi, tamen simul hoc quoque audirent omnes eos iudicium et condemnationem sibi ipsis accersere, qui his sacris adsunt nulla paenitentia peccatorum perculsi, nec Christum Dominum in verbis et sacramentis suis sese exhibentem vera fide cupientes excipere, quo vitam omnem ad eius praecepta queant plenius immutare. |

Re vera itaque missatores vestri illud summae salvificum caenae dominicae mysterium in horrendum redegerunt praestigium et antichristi toxicum, ut tantae hominum multitudini iam diu eo tantum valeat, ut in contemptu Dei et peccandi securitate magis, magisque indurentur. Quod et in ipsismet missatoribus, tum in nimis {*corr.* minis} multis etiam illis, qui missas eorum prae aliis sibi et liberalius comparant, et spectant studiosius, nimis perspicue cernitur. Nam postquam ipsi missatores eo impietatis exitialibus suis διαλογισμοῖς [Rm 1,21] proruperunt, ut hoc sacratissimum sacrificium et hunc sanctissimum novi testamenti cultum adeo perverterunt, ut nulla alia re Deus in hoc mundo maiore afficiatur contumelia, Deus illos suo consueto sed iusto iudicio: *Tradidit in mentem* adeo *reprobam* [Rm 1,28], et in tam pravas, noxias cupiditates, in adeo portentosos denique morbos et furores [cf. Rm 1,29–32], ut nullum aliud genus hominum vivat turpius, flagitiosius, et sceleratius. Id quod vident et deplorant omnes fideles Christi, et cum primis testatur Romana sedes cum sua curia, tum etiam eorum praelatorum et sacrificulorum disciplina, qui Romanis pontificibus dignitate et potentia proxime accedunt, et ab eisdem maioribus afficiuntur honoribus.

| Hinc et illud suo exemplo missatores vestri effecerunt, ut praecipui missarum cultores, qui scilicet aegre diem unum absque spectata missa velint transmittere, apud ipsas missas vestras, apud tam sacrosanctum cultum vestrum, et summae efficaciae ut putant sacrificium, cui cuncta bona sanctorum opera nulla ex parte queant comparari, non vereantur petulanter deambulare, impias et foedas saepe nugas suas tractare, interdum etiam amoribus studere

(cuius rei tu, Latome, in Gallia, et alias non raro spectator fuisti[1]) satisque se fecisse huic vestro tanto cultui, et omne scilicet missarum vestrarum meritum sibi comparasse existiment, si modo cum panis ille vester et calix elevantur spectanda, respiciant, genua flectant, oculos et manus ad eundem panem, eundem calicem attollant.[2] Ex qua religione et illae abominationes, ac omnino ethnicae et idolatricae pompae introductae sunt cum suis flagitiis et sceleribus, quae exhibentur et admittuntur in sollemnioribus illis panis vestri circumgestationibus.[3]

O iram Dei extremam! O furorem ultimum antichristi, adeo omnium importunissime, impuritati, nequitiae, impietati prostitui eam ceremoniam, illud sacramentum, illud sacrificium, quo nullum dedit Deus hominibus sanctius, nullum ad depellendum a nobis | omne peccatum, et ad sanandum omnes morbos nostros, ad instaurandam vitam Dei in nobis efficacius, nullum ad quod minus debent admitti homines non explorati, nedum adeo palam impuri!

Dominus Iesus illuminet cor tuum, Latome, et omnium qui istam missarum vestrarum abominationem extremam audetis defendere, discere ex ipsius scripturis, quem ille cultum a nobis requirat, in quem usum ceremonias suas, et sacramenta nobis instituerit, qua illa velit a nobis religione, et administrari, et summi, et quantopere irascatur nobis, et quam non ferat, ut illa aliter administremus, vel sumamus quam ipse instituit et mandavit, quantaque ipsi sit abominatio, cum has ipsas ceremonias eius traditas nobis, ut ad paenitentiam {*corr.* nitentiam} peccatorum acriorem et studium pietatis ardentius excitemur et inflammemur, eo pervertuntur, ut animos hominum contra metum iudicii eius impaenitentia nostra confirmentur, securioresque reddantur, cum in his cultu omni Dei defungi volunt, quo licentius omnibus aliis in rebus, locis, et temporibus vivant sibi [cf. 2Cor 5,15], vivant carni, mundo, et Satanae [cf. Eph 2,2–3], et contumeliam faciant Domino Deo suo, conculcent Filium eius, immundum ducant sanguinem Testamenti, perdant sese inexpiabili reatu corporis [cf. 1Cor 11,27] et sanguinis Domini nostri Iesu Christi. |

p1r; 297

p1v; 298

---

1 Again, apparently a reference to a private exchange between Bucer and Latomus.
2 Cf. the complaints recorded in Franz, 18–19, 28–32. See also Browe, 506–507.
3 i.e. the adoration of the consecrated host outside the Mass, e.g. in the Corpus Christi procession. See Nussbaum, 149–174; Browe, 459–474.

Frustraneum missatorum effugium de falsa fiducia missarum. Caput XXXVIII.

Sed quaerunt nunc quidam in parte vestra quoddam, sed frustraneum effugium, ne agnoscant se impiam in vulgo opinionem et fiduciam in missas ipsorum confirmare. Repetunt[1] enim illud Thomae Aquinatis et aliorum, ut antiquiorum, ita etiam saniorum scholasticorum sententiam: Missas nemini prodesse, nec applicari alicui per missam meritum Christi posse, qui non sit vivum membrum Christi, et vivat in caritate Dei.[2] Sed frustra isti, ut dixi, hoc affectant effugium. Nam in libris ista missatores relinquunt, nec explicant populo. Quem enim tu unquam audivisti praedicare, et ea qua decebat gravitate testari, eum missis adesse in iudicium [cf. 1Cor 11,29] et certam condemnationem sui, gravemque eo facere Deo et Christo contumeliam, qui missae adstet sine vera peccatorum paenitentia, sine fide, qua se totum Christo Domino restituat, et veniam peccatorum ab ipso oret, et ad id verbis, et sacramentis religiose, ita, ut Dominus instituit, utatur, quo haec ipsa paenitentia et fides in se augeatur, non ut ipso externo opere, sive missam facientis, sive missam spectantis, aliquid a Deo mereatur? Haec, inquam, quis audivit unquam doceri plane, et urgeri | ita, ut necesse erat, ea urgeri, postquam omnes promiscue, et quique sceleratissimi, fere frequentius missas spectant, omni praeterea cura pietatis et iustitiae neglecta.

Interim autem quis non audivit a missatoribus vestris, cum missam suam praedicare instituissent, grandi eas confidentia affirmare, nullum posse vel in caelo, vel in terra fieri opus bonum, quod sit vel aeque gratum Deo, et salutare hominibus, vivis et defunctis, quam missa sit, etiam si sacerdotes sint flagitiosissimi. Deinde quis unquam audivit, repulsum aliquem a missa et oblatione, quamvis consceleratum, et nefarium hominem?

Nobis perpetuo crimen hoc obiiciunt tui sacrificuli, quod veterum traditiones non servemus. Quare non ipsi igitur qui catholicam ecclesiam et traditiones eius sibi tantis clamoribus vendicant, qui omnes ecclesiae opes, omnes dignitates, omnem potentiam ecclesiae occupant, hanc ecclesiae veteris disciplinam revocare student, ut per restitutos suis muneribus ostiarios, et alios

---

1 Possibly adv: Gropper, *Gegenberichtung*, 101r–102r; Pighius, *Controversiarum explicatio*, 97r, though these do not cite Thomas Aquinas or other scholastic authorities, and I have not been able to find a citation to this effect in other traditionalist works published against the Cologne Reformation.

2 Ap: e.g. Thomas Aquinas, *Scriptum super Sententiis* 4, d. 45, q. 2, a. 1, qc. 2, co, *Opera omnia* 1, 654; *Summa theologiae* 3, q. 79, a. 7, ad 2, Caramello 3, 539, and even Gabriel Biel, *Canonis expositio* 29D, 56H, Oberman & Courtenay 1, 291–292; 2, 374.

ministros altaris, quorum apud eos nomina tantum et emolumenta reliqua sunt, eiicerentur templis omnes non probatae vitae et palam vitiosi, ac reprobi homines, cum missa sacratior iam celebranda sit | ut ea probatis tantum Christianis administraretur, ita ut vetus ecclesiae iubet traditio, quam sancti patres omnes magna observarunt severitate?[3]

At dices: nec apud nos istam adhuc restitutam esse disciplinam.[4] Laboramus autem nos, Latome, pro viribus ut restituatur, et gravissime omnes monemus, et obtestamur, ne quis his se iungat mysteriis, quem peccatorum suorum non vere paeniteat, qui Christo Domino non ex toto corde credat, pietatisque se omni addixerit. Recitamus quoque clare et graviter ex divinis literis, qui ad mensam Domini admitti possint, qui secus.[5] Quid horum auditur apud missas vestras?

Fac tu, ut quilibet apud vos sacrificulus, quoties missam instituit celebrare, praesentibus clare dicat, vel illud, quod Thomas[6] et scholastici[7] docent, mortem et condemnationem auferre a missa, quicumque illa audeat participare, non existens vivum membrum Christi, non vivens in caritate, dicat more et instituto veterum:[8] <Qui a missis repellendi> 'Discedat hinc omnis scortator, omnis adulter, omnis ebriosus, omnis qui fratrem suum in aliqua re circumvenit, et quae sibi non debentur ad se trahit [cf. 1Cor 5,11], omnis qui cum fratre suo quem offendit non studuerit redire in gratiam [cf. Mt 5,23–24], omnis non diligens proximum suum, etiam inimicum, et a quo iniuriam acce-|perit [cf. Mt 5,44].' Ista effice, ut sacrificuli tui confluentibus ad missas suas priusquam eis missas exhibere incipiant, digna his tantis mysteriis gravitate praedicent et testentur, ita scilicet, ut id requirunt praeceptum Dei et disciplina veterum, tum demum poterunt se purgare de eo, quod falsam illam fiduciam in missam suam non fulciant et confirment iis, quibus missas suas tam cupide vendunt et exhibent.

---

3 Cf. Bucer, *Florilegium patristicum*, BOL 3, 28 which cites John Chrysostom, *Homiliae in Matthaeum* 84 ('82' in MPG), MPG 58, 744–745 and *Decretum Gratiani* 1, d. 6, c. 1, Friedberg 1, 10 regarding nocturnal pollution. Cf. also, the complaint in Billick, *Iudicium deputatorum*, A6v, that Bucer gives priests permission to drive away from communion a sinner who has not yet been formally and publicly condemned according to the norms of church discipline.
4 Apparently a hypothetical objection, because it does not appear in Latomus's works.
5 Cf. Bucer, *Einfaltigs Bendencken*, BDS 11.1, 334, l. 31–p. 335, l. 12, 339, l. 21–p. 340, l. 6, 349, l. 3–35.
6 Ap: Thomas Aquinas, *Scriptum super Sententiis* 4, d. 9, q. 1, a. 3, *Opera omnia* 1, 466–468; *Summa theologiae* 3, q. 80, a. 4–a. 6, Caramello 3, 543–548.
7 For a resumé of scholastic thought on unworthy celebration and communication, see Gabriel Biel, *Canonis expositio* 7–8, 87A–H, Oberman & Courtenay 1, 51–65; 4, 141–149.
8 Despite Bucer's reference to the *mos et institutum veterum*, I can find no direct patristic model for this dismissal.

Nunc autem, cum missifices tui neminem de his vel verbo admonent, et ipsi adeo palam flagitiosi quibusvis implicatis sceleribus missas suas exhibent, idque etiam tam frigide, tam praepostere et irreligiose, tum etiam cuncta in illis verba Domini quae ad peccatorum paenitentiam possent commovere, et aliena lingua, et susurris suis plane opprimunt, et prorsus inutilia reddunt, opus autem missae suae tam portentosis et blasphemis laudibus vehunt, tamque magno vendunt, certe nec apud suas ipsorum conscientias se Deo purgare nunquam poterunt, quod non sint hominibus impiae illius fiduciae in hoc ipsorum opus et auctores et confirmatores.

Quaeso te, Latome, indica, quod verum non dubitas, fac duos homines venire ad missarum sacrificulos, et utrumque missam sibi petere: unum vere contritum corde ob peccata sua, et veniam peccatorum, ac spiritum | pie vivendi a Deo per Christum Dominum nostrum pia et solida fide quaerentem, et ob id etiam rogantem ut omnia Christi mysteria, quae in missis tractari debent, clare sibi et religiose exponantur, quo instaurari possit in fide, et vero pietatis studio magis inflammari, ita ut scriptura et omnis vera ecclesiae disciplina requirit, denique ex eadem pietate petentem missam exhiberi sibi gratis, ita ut Dominus praecepit, sit autem hic homo obscurus et tenuis, a quo tui sacrificuli nihil omnino expectent commodi; alterum vero, qui missam sibi a tuis missatoribus quaerat, fac esse manifestum adulterum, blasphemum, lusorem, bibonem, inimicitias cum proximis suis exercentem, rapacem, et aliis flagitiis implicatum, quique missam ea praefatione petat sibi fieri, ut sacrificulus omnia quam brevissime transcurrat, nihil explicet, nihil doceat, aut moneat de Christo, sit autem hic dives, potens, et nobilis apud mundum. Iam quod te rogo, Latome, dabis missificum sacrificorum collegium, apud quod ille vere pius, pieque missa usurus, sed pauper, tenuis et obscurus (ut dixi) missam citius impetret, quam ille alter, palam flagitiosus et impie missa abusurus, sed opulentus, clarus et potens?

Quod igitur non nos tantum, sed orbis terrarum | videt et detestatur in missis vestris, quod re ipsa, proh dolor, in eis geritur, non quod falsis verbis iactatur, respicere debemus, et arborem de suis fructibus cognoscere et iudicare [cf. Mt 7,17; 12,33; Lc 6,43–44]. Etenim vetus populus nunquam eo idolatriae pervasit, quin verbis contenderet se colere verum Deum, illi praecipue sacrificare, illius gloriam studere, suo cultu illustrare. At quid contra prophetae, et quid Deus per prophetas suos de illorum sacrificiis, et cultu sunt testati? Illos non sibi, sed daemoniis [cf. Dt 32,17; Ps 106,36–37], sed operibus manum suarum sacrificare [cf. e.g. Isa 2,8; Ier 1,16; 25,6; 44,8; Mi 5,13], esseque sibi omnem eum cultum eorum abominationem extremam [cf. e.g. Isa 1,13; 66,2–4; Ier 32,33–35; Ezec 5,11; 8,6–18] qua sua in populum ira ita inflammaretur [cf. Ps 106,40], ut nullo alio scelere gravius. Iuxta hoc igitur iudicium Dei de vobis et vestris abominationibus statuendum est nobis, siquidem eiusdem veri Dei ministri esse volumus. Non secundum splendidos titulos, quos vobis et ceremoniis vestris affingitis, res ipsa intuenda est, et quod operae vestri sacrificuli quotidie in oculis totius mundi exhibent.[9]

Quod iudicium, quo tandem agnoscere possis, quam sit verum et sanctum, proponam tibi brevem antithesin caenae Domini nostri Iesu Christi et missae vestrae inventi et operibus antichristi.[10] |

---

9 i.e. 'the matter should not be considered according to the flashy titles you devise for yourselves and your ceremonies, and the effort your massing-priests daily display in the sight of all the world.' This reading depends on the repunctuation of the original text, and the reading of 'opere' as 'operae.' The original is as follows: 'Iuxta hoc igitur iudicium Dei de vobis et vestris abominationibus statuendum est nobis, siquidem eiusdem veri Dei ministri esse volumus, non secundum splendidos titulos, quos vobis et ceremoniis vestris affingitis, res ipsa intuenda est, et quod opere vestri sacrificuli quotidie in oculis totius mundi exhibent.'

10 The expression here is awkward. One expects 'invento' rather than 'inventi,' as well as a past participle such as 'excogitae' following 'missae vestrae.'

Antithesis caenae dominicae et missae papisticae. Caput XXXIX.

<I> Caenam dominicam administravit Filius Dei, *summus sacerdos* [Hb 2,17 *et passim*]¹ a Patre quidem unctus Spiritu sancto [cf. Lc 4,18; Act 10,38; Ps 110,4; Hb 7,17,21] eoque omni pietate, sanctimonia, et iustitia ornatissimus, zeloque salutis nostrae ardentissimus. Sed ab ordinariis tantum apud mundum sacerdotibus omnique populo in obedientia illorum perseveranter, summo furore repudiatus, et condemnatus. Requirit itaque Dominus caenae huius suae eiusmodi administros, qui eadem sunt unctione uncti, eodem cultu ornati, et eodem zelo flagrent, eademque probatione probentur.

Missam autem vestram administrant homines plerumque omnium impurissimi, qui a larvatis sufraganeis, idolis episcoporum, sunt ordinati, et humano chrismate uncti, pareantque et probentur Romano papae, et ad aram accedant suis missalibus ornamentis personati, cum intentione consecrandi, satis ad hoc sacrum et instructi habentur, satis sancti, satis exculti.

<II> Dominus Iesus caenam suam exhibuit discipulis suis, confessione nominis sui et inculpabili vita ecclesiae praesenti probatis {*corr.* probatus} (Iudas enim nondum se ecclesiae ei prodiderat [cf. Mt 26,23–25; Lc 22,21–22]). Talibus igitur et modo sacramenta sua tantum exhiberi postulat, excludique vult ab eorum participatione, quicumque palam vitiosi sunt. |

Missam autem vestram sacrificuli vestri nulli libentius administrant quam divitibus et potentibus, a quibus scilicet plus emolumenti expectant, plus honoris, et commodi, de fide et vitae sanctimonia illorum nihil solliciti.

<III> Christus Dominus, ut veram peccatorum paenitentiam, atque iustam esuriem et sitim [cf. Mt 5,6] sui in discipulis excitaret, priusquam eis suum corpus et sanguinem praeberet edendum et bibendum, gravissima et clarissima contione eos de vera iustitia et solida fide in se docuit [cf. Io 13–17]. Ideo et per ministros suos vult convivas mensae suae praedicatione, et legis, et evangelii sui, omnibus humanis commentis reiectis, ad caenam suam salutariter sumendam, ante magno studio sanctificari.

Vestri vero sacrificuli legunt quidem et ipsi nonnulla ex divinis literis, quod vestigium instituti veteris utcumque retinent, sed legunt ea omnia lingua aliena, legunt sine mente, sine ulla interpretatione, horribili quoque levitate et manifesto Dei contemptu. Denique etiam adiecerunt in his novissimis

---

1 See above, p. 160, 190. Cf. Cyprian, *Epistola* 63, 14–15, MPL 4, 384B–386A; CCL 3C, 409–411, l. 251–284.

temporibus, praesertim in sequentiis suis, multa fabulosa, et cum verbo Dei prorsus pugnantia.²

<IIII> Sacerdos noster et Servator Iesus Christus ad panem et calicem *gratias egit* [Mt 26,27; Mc 14,23; Lc 22,19; cf. 1Cor 11,24] religione summa, et indubie de omnibus beneficiis Dei Patris humano generi et collatis et promissis, cui gratiarum actioni et benedictioni item preces indubie religiosissime haud defuerunt, et haec omnia purissime iuxta verbum suum in scripturis nobis traditum et ea lingua, eaque | verborum luce et energia exhibuit, ut discipulos ad una agendum gratias et precandum vehementer excitaret et incenderet. Quam religionem ecclesiae traditam ab apostolis summo studio observarunt, quamdiu ex sententia Domini sunt administratae.

q1v; 306

Vestri autem missatores agunt et ipsi gratias Deo verbis, et precantur, verum alieno et animo et lingua, sicque tacite, sic etiam properanter, ac irreligiose, ut nemo inde ad agendum gratias Deo, et orandum una queat excitari. Tum etiam his precibus admiscuerunt, quae cum scripturis et cum re ipsa, quam agunt, parum congruunt.

<V> Dominus Iesus *summus sacerdos* [Hb 2,17 *et passim*] noster verba illa sua, quibus sacramenta sua nobis sanctificavit [cf. Mt 26,26–28; Mc 14,22–25; Lc 22,19–20; 1Cor 11,23–25], et se in cibum et potum vitae aeternae [cf. Io 6,54–55] exhibuit discipulis suis, ut praecipuam huius ceremoniae partem, clara et intelligibili voce praedicavit, quem morem ecclesia vetus semper observavit, et observat hodie ecclesia Graeca.

Vestri vero missatores hoc evangelium vitae aeternae, quod sanctus Pontifex noster Christus mandavit praedicari *omni creaturae* [Mc 16,15], omnibus filiis Dei initiatis, non solum non clara et omnibus praesentibus intelligibili voce praedicant, verumetiam ita superstitioso sibilo,³ velut quoddam carmen magicum, insufflant magis quam eloquuntur, ut haec verba vix ipsi, qui ea proferunt, exaudiant.

<VI> Dominus Iesus pronuntiato Evangelio de salvifica communicatione corporis et sanguinis sui, et confirmatione *novi testa-|menti* [Lc 22,20], idipsum corpus et sanguinem suum, sacramentis, pane et vino, discipulis praebuit, et iussit accipere ea [cf. Mt 26,26; Mc 14,22], edere [cf. Mt 26,26], et bibere [cf. Mt 26,27], idque facere ad sui commemorationem [cf. Lc 22,19; 1Cor 11,24–25], quod

q2r; 307

---

2 i.e. 'sequences' are hymns such as *Veni Sancte Spiritus* following the gradual psalm and Alleluia before the Gospel. Prior to the 1570 revision of the Roman Missal (which retained only four sequences) the number of sequences sung in the Mass varied from region to region. See Jungmann 1, 539–565. Cf. Bucer, *Die ander Verteydigung*, BDS 11.2, 125, l. 14–19, p. 126, l. 1–2, 19–20, p. 127, l. 2–4, l. 13–26 for examples of the *multa fabulosa* that Bucer has in mind.

3 i.e. the whispered or silent recitation of the Canon of the Mass. See Jungmann 2, 131–132.

illi religiose quoque fecerunt. Hoc Domini institutum et iussum distribuendi corpus et sanguinem Domini in omni celebratione caenae eius, omnis ecclesia Christi, ita scilicet docta et instituta ab apostolis, ea observandum religione iudicavit, ut omni tempore sanctorum patrum inane praestigium caenae dominicae habitum fuisset, profiteri celebrationem eius, et sacramenta tamen nullis dispensare.

Tui autem, Latome, missifices, sublata ab omni missa sacramentorum integra dispensatione, execrandum sacramenti et Christi ludibrium, de falsa Christi in hoc sacro oblatione in locum salutaris dispensationis substituerunt. Unde statim a sibilo verborum Domini panem et vinum elevant, et ostendunt spectandum et adorandum;[4] de dispensandis vero et sumendis sacramentis nullum faciunt verbum ad populum.

<VII> Dominus Iesus, *sacerdos* noster *in aeternum* [Ps 110,4; Hb 5,6, 6,20, 7,17,21], totam caenam suam, et cuncta in ea, cum verba, tum symbola, ad eam sui commemorationem exhibuit discipulis, et illos exhibere iussit ecclesiis, ut homines ex clara et religiosa praedicatione mortis [cf. 1Cor 11,26] et resurrectionis eius admoniti, cum peccatorum et perditionis suae, tum et redemptionis et salutis nobis per eum partae, communionem corporis et sanguinis eius [cf. 1Cor 10,16] avidius ibi percipiant, pleniusque manentes et viventes in ipso, ipsumque | habentes, manentem et viventem in se [cf. Io 6,56], peccatis magis semper moriantur [cf. Rm 6,11], et vivant ad eius voluntatem et gloriam solidius. Ad quem finem et fructum, qui caenam eius, non vel administrent, vel sumant, eos pronuntiavit per prophetas et apostolos suos, haec sacra administrare et sumere sibi ad iudicium [cf. 1Cor 11,29], gravemque sibi ea perversitate facere contumeliam. Eadem docuerunt et curarunt in administratione sacrae caenae Dominicae summo studio omnes veri ecclesiarum episcopi.

At tui sacrificuli missas suas in hoc faciunt, ut oppressa, tandemque abolita viva Domini nostri Iesu Christi mentione et memoria, ipsi memorabiles et ut Christi vicarii (ab eo licet non substituti) adorandi habeantur inter homines, propterea quod hoc ipsorum opere missarum polliceantur hominibus sacrificium Domini nostri Iesu Christi, omnemque vim eius et efficaciam, hoc est, amolitionem omnium malorum et conciliationem omnium bonorum, nec ad veram peccatorum paenitentiam, fidemque vivam in Christum Dominum instituunt.

---

4 i.e. the elevation of the consecrated elements. See Jungmann 2, 257–271; Nussbaum, 125–139; Browe, 475–508 on the elevation and its reception by those in the church or attending Mass.

Auctoritate divi Cypriani de sacrificio caenae dominicae damnari missas papistarum, non doctrinam ecclesiae, damnantem hoc ipsum confictum missarum sacrificium. Caput XL.

Ex his iam, quae ex epistola divi Cypriani, atque ex scripturis sanctorum patrum, de sacrificio caenae dominicae adduxi, quaeque de vitiis missarum vestrarum subieci, facile intelligent quicumque res istas possunt intelligere, nullam nos, qui convictum mis-|sarum vestrarum sacrificium reiecimus, sed vos, qui illud defenditis, 'plagam'[1] accipere ex adductis divi Cypriani et aliorum sanctorum patrum auctoritatibus. Quare nondum piget me telum hoc contra vos movisse.

Te vero, Latome, pigere merito debet, quod tibi sumpseris disputare de rebus tam divinis, cum nec res ipsas, de quibus inter nos controvertitur, nec etiam eas, sive divinarum scripturarum, sive sanctorum patrum auctoritates, quibus decertas, inspicere, sed nec eorum, pro quibus pugnas, theologorum sententiam propius et planius cognoscere studueris. Scribis nos negare: 'in divino sacrificio panem et calicem pro peccatis nostris offerendum esse contra theologos' vestros, 'contraque vetustissimam ecclesiae consuetudinem,'[2] et nemo tamen vestrorum theologorum multo minus ecclesia vetus, unquam sensit, aut dixit, panem aut calicem offerri pro peccatis nostris. Agnoscunt enim et scholastici, solum Christum esse hostiam pro peccatis nostris, eumque fatentur non offerri in missis proprie, sed celebrari tantum memoriam oblationis eius factae in cruce.[3] Quamque posteriores scholastici, de applicatione meriti Christi, quae fiat in missis, pleraque commenti sunt, quae non minus cum doctrina sanctorum patrum, quam cum ipsis divinis scripturis pugnant.[4]

---

1   Ap and adv: Latomus, *Defensio*, CCath 8, 46, l. 9. See also above, p. 167, 170.
2   Ap and adv: Latomus, *Defensio*, CCath 8, 46, l. 6–8.
3   Ap: e.g. Thomas Aquinas, *Summa theologiae* 3, q. 83, a. 1, Caramello 3, 570–572; Gabriel Biel, *Canonis expositio* 85F, Oberman & Courtenay 4, 101–102.
4   If we take Aquinas and Biel as examples of Bucer's earlier and 'later' scholastics, both hold that the priest celebrating the Mass may 'apply' the fruits of Christ's sacrifice to the living and the dead. However, for Biel the *ex opere operato* application of Christ's sacrifice is more than just the consecration of the sacramental elements. It extends to the priest's intercession as minister of the church. *Ex opere operato* this intercession cannot be unfruitful, but it may be limited *ex opere operantis* by the moral condition of the priest and of the intended beneficiaries. See Aquinas, *Summa theologiae* 3, q. 79, a. 7, resp, Caramello 3, 538; Gabriel Biel, *Canonis expositio* 25–29, 56–58, Oberman & Courtenay 1, 234–303; 2, 392–427; Iserloh, 'Der Wert der Messe' 44–79.

Primus itaque lapsus tuus hoc loco est, quod {*om.* non} dederis operam intelligere, nec quid sacrificii nos in missis vestris negemus, nec quid eius, vel ecclesia vetus, vel etiam tui scholastici theologi affirment. |

Secundus lapsus, quod ausus sis scribere divum Cyprianum in tota illa epistola sua, ex qua testimonia quaedam contra te adduxeram, non disputare de calice laicis praebendo.[5] Cum, ut ex verbis divi martyris priore libro ostendi,[6] ille statim initio epistolae proposuerit, se velle ad radicem et originem traditionis dominicae revocare eos, qui vel ignoranter, vel simpliciter in calice dominico sanctificando, et plebi ministrando, non hoc faciebant, quod Iesus Christus Dominus et Deus noster, sacrificii huius Auctor, et Doctor, fecit et docuit. Ex his utique verbis videre satis poteras divum martyrem non minus de calice praebendo laicis scripsisse, quam de sanctificando, vel offerendo. Nec enim veteres, ut supra ostendi,[7] ullam calicis norunt oblationem, sine eius dispensatione, eaque facienda omnibus mensae Domini praesentibus et probatis, non minus laicis, quam sacerdotibus. Sed hunc tuum lapsum taxavi et superiore libro, capite ultimo.[8]

Tertius lapsus est, quod non animadverteris ea ipsa divi Cypriani sententia, quam contra me adduxisti,[9] sicut mutilationem sacramenti vestram, ita et missas vestras evidentissime et gravissime damnari. Nam clare admodum divus martyr testatur in hac ipsa sententia: illum demum sacerdotem, 'vice Christi vere' fungi, 'qui id quod Christus fecit, imitatur, et' tunc illum demum 'sacrificium verum et plenum' offerre 'in ecclesia Deo Patri, si sic incipiat offerre, secundum quod ipsum Christum videat obtulisse.'[10] Haec si vera scripsit divus Cyprianus, immo quia vera scripsit, et eius auctoritate | tum vere, tum evidentissime concluditur, vestros sacrificulos in missis suis, nec vice Christi vere fungi, nec sacrificium verum et plenum offerre in ecclesia Deo Patri, quia constat omni legenti fide Christi, quae de caena Domini tres evangelistae, et divus Paulus scripserunt [cf. Mt 26,26–28; Mc 14,22–25; Lc 22,19–20; 1Cor 11,23–25], eos id, quod Christus in sacra sua caena fecit, non imitari, nec offerre, secundum quod ipsum Christum vident obtulisse, nec exhibendo missas suas, nec dispensando sacramenta. Id quod et superius fusius explicavi, et in proposita caenae dominicae et missarum vestrarum antithesi,[11] conspiciendum tibi obtuli.

---

5   Adv: Latomus, *Defensio*, CCath 8, 46, l. 24–25.
6   See above, book 1, chap. 43–45.
7   See above, book 1, chap. 39–45.
8   See above, book 1, chap. 45.
9   Adv: Latomus, *Defensio*, CCath 8, 46, l. 10–24.
10 Ap: Cyprian, *Epistola* 63, 14–15, MPL 4, 386A; CCL 3C, 410, l. 278–p. 411, l. 2. See above, p. 160.
11 See above, p. 274.

Non nos igitur plagam ullam ab auctoritate divi Cypriani accipimus, qui, quod Christus Dominus in sacra sua caena, et fecit ipse, et facere nos iussit, imitati, et secundum quod videmus ipsum obtulisse, et nos offerre sacrificium hoc studemus, ad quod supra abunde demonstravi, sed vos, et vestri sacrificuli, qui et in missis suis, et in dispensatione huius sacramenti, contra quam Dominus et docuit et fecit, omnia faciunt, plagam gravissimam sane accipiunt. Vides itaque, quam intempestivum illud exclamaveris: 'Dii immortales, quantam hic plagam accipis!'[12]

Sed satis hac de re. Dominus donet tibi studium legendi suas scripturas, et aperiat tibi mentem, ut eas rite queas intelligere, id cum ab ipso impetraverimus, certum est, te praeclarum illud Domini donum, istam scribendi latine facultatem, non consumpturum amplius in defendendis ullis abusibus anti-|christi, nedum tam crassis et manifestis, sed consecraturum eam illustrandae potius doctrinae et disciplinae Servatoris Domini nostri Iesu Christi. Hanc tui conversionem oro Dominum, ut tibi, quam primum largiatur. Amen.

Cum Dominus tantum a magis necessariis negotiis otii dederit, et ad reliquas partes libri tui respondebo, maxime vero de caelibatu sacerdotum, ut simul tandem demonstrem, et Vintoniensem,[13] tam vane ea in re contra veritatem Christi gloriari, quam mendaciter, me mendacii de te arguit. Christus Dominus tandem efficiat, ut quicumque eius sunt, idem sentire et loqui, de omni doctrina et mysteriis eius valeant. Amen.

Ratisbonae Calendis Martii. Anno Domini.
MDXLVI

Impressum Neuburgi Danubii, apud Iohannem Kilianum.

---

12   Ap and adv: Latomus, *Defensio*, CCath 8, 46, l. 9.

13   i.e. Stephen Gardiner (c1497–1555) CE 2, 74–76, Bishop of Winchester and author of *Stephani Vvinton…conquestio* (1544; republished 1545), Schlüter, nos. 65, 165. Bucer, *Scripta duo*, 70–71, recalls Bucer's meeting with Gardiner at the first Colloquy of Regensburg and Gardiner's defence of the death penalty for clerical marriage under Henry VIII's Act of the Six Articles. The reply promised here came in the form of Bucer, *Gratulatio Martini Buceri* (1548), 7–84. The title page of Bucer's *Disputata* also claims to include a 'Responsio ad Stephanum episcopum Vintoniensem, Anglum, de coelibatu sacerdotum & coenbitarum.' While *Disputata*, 481–546 does deal with Gardiner's views on justification, Bucer's 'responsio' on priestly celibacy and monasticism is not in the three copies of *Disputata* that I have consulted. According to Janelle, 462–463, it follows in some copies with a separate pagination. See also Schlüter, 125–128.

Bibliography

1. Modern source editions
2. Individual Primary sources
3. Secondary Literature
4. Reference works, bibliographies etc.

1 Modern Source Editions

Acta conciliorum oecumenicorum. Edited by Edward Schwartz et al. Vol. 1—Berlin: Walter de Gruyter, 1914–.

Akten der deutschen Reichsreligionsgespräche im 16. Jahrhundert. Edited by Klaus Ganzer and Karl-Heinz zur Mühlen. Vol. 1—Göttingen: Vandenhoeck und Ruprecht, 2000–.

Agricola, Rudolf. *De inventione dialectica libri tres: Drei Bücher über die inventio dialectica auf der grundlage Edition von Alardus von Amsterdam (1539)*. Edited by Lothar Mundt. Tübingen: Max Niemeyer, 1992.

Aquinas, Thomas. *S. Thomae Aquinatis Doctoris Angelici Summa theologiae*. Edited by P. Caramello. 4 vols. Turin: Marietti, 1948–1950.

——— *S. Thomae Aquinatis opera omnia ut sunt in Indice Thomistico, additis 61 scriptis ex aliis medii aevi auctoribus*. Edited by Roberto Busa. 7 vols. Stuttgart-Bad Cannstatt: Friedrich Fromann and Günther Holzboog, 1980.

Aristotle. *Aristotelis opera ex recensione Immanuelis Bekkeri*. 5 vols. Berlin: De Gruyter, 1960–1987.

Baumgarten, Hermann, ed. *Sleidans Briefwechsel*. Strasbourg: Karl Trübner, 1881.

Bernard of Clairvaux. *Sancti Bernardi opera*. Vol. 5, *Sermones II*. Rome: Editiones Cistercienses, 1968.

Biel, Gabriel. *Gabrielis Biel Canonis misse expositio*. Edited by Heiko Oberman & William J. Courtenay. 4 vols. VIEGM 31–34. Wiesbaden: F. Steiner, 1963–1967.

Blaurer, Ambrosius and Thomas. *Briefwechsel der Brüder Ambrosius und Thomas Blaurer, 1509–1548*. Edited by Traugott Schieß. 3 vols. Freiburg i. Br.: Friedrich Ernst Fehsenfeld, 1908–1912.

Botte, Bernard & Christine Mohrmann, eds. *L'Ordinaire de la messe: Texte critique, traduction et études*. Études liturgiques 2. Paris: Éditions du Cerf, 1953.

Breviarum Romanum, editio princeps (1568). Edited by Manlio Sodi and Achille Maria Triacca. Vatican City: Libreri Editrice Vaticana, 1999.

Brightman, F. E., ed. *Liturgies Eastern and Western*. Oxford: Clarendon Press, 1896.

Bruylants, P., ed. *Les oraisons du missel romain: Texte et histoire*. 2 vols. Études liturgiques 1. Louvain: Centre de Documentation et d'Information Liturgiques, 1952.

Bucer, Martin. *Correspondance de Martin Bucer*. Edited by Jean Rott et al. Vol. 1—Martini Buceri opera omnia, series 3. Leiden: Brill, 1979–.

——— *Martini Buceri opera latina*. Edited by François Wendel et al. Vol. 1—Martini Buceri opera omnia, series 2. Paris; Leiden: Brill, 1955; 1979–.

——— *Martin Bucers Deutsche Schriften*. Edited by Robert Stupperich et al. Vol. 1—Martini Buceri opera omnia, series 1. Gütersloh: Gütersloher Verlagshaus, 1978–.

Calvin, John. *Ioannis Calvini opera quae supersunt omnia*. Corpus reformatorum 29–87. 59 vols. Brunswick: Schwetschke et filius, 1863–1900.

Canon missae. In CCL 160I

Concilium Tridentinum: Diariorum, actorum, epistularum, tractatuum nova collectio. Edited by Societas Goerresiana et al. 13 vols. Freiburg i. Breisgau, 1963–2001.

Corpus antiphonalium officii. Edited by René-Jean Hesbert. Rerum ecclesiastica documenta, series maior, fontes 7–12. 6 vols. Rome: Herder, 1965–1979.

Corpus Christianorum, series latina. Vol. 1—Turnhout: Brepols, 1954–.

Corpus iuris canonici. 2 vols. Edited by E. Friedberg. 1879. Reprint, Graz: Akademische Druck- und Verlagsanstalt, 1959.

Corpus reformatorum. 28 vols. Halle: Schwetschke, 1834–1860.

Corpus scriptorum ecclesiasticorum latinorum. Vol. 1—Vienna: apud C. Geroldi filium, 1866–.

Cicero, Marcus Tullius. *De natura deorum, Academica*. Edited and translated by H. Rackham. Loeb Classical Library 268. London: Heinemann, 1933.

——— *De officiis*. Translated by Water Miller. Loeb Classical Library 30. London: Heinemann, 1913.

Denzinger, Henrich, ed. *Enchiridion symbolorum, definitionum et declarationum de rebus fidei et morum*. 25th edition. Frieburg i. Breisgau: Herder, 1973.

Deshusses, Jean, ed. *Le sacramentaire Grégorien: Ses principales formes d'après les plus anciens manuscrits*. 3 vols. Spicilegium Friburgense 16, 24, 28. Fribourg: Éditions universitaires Fribourg Suisse, 1971–1982.

Deutsche Reichstagsakten, jüngere Reihe. Vol. 1—Gotha: F. A. Perthes, 1893–2010; Munich: Oldenburg, 2011–.

[Ps-] Dionysius. *Dionysiaca: Receuil donnant l'ensemble des traductions latines des ouvrages attribués au Denys de l'Aréopage*. 2 vols. Bruges: Desclée de Brouwer, 1937.

Eck, Johannes. *Johannes Eck: Enchiridion locorum communium adversus Lutherum et alios hostes ecclesiae (1525–1543)*. Edited by Pierre Fraenkel et al. CCath 34. Münster-i-Westfalen: Aschendorff, 1979.

Enzinas, Francisco de. *Epistolario, texto latino, traduccion española y notas*. Edited by Ignacio J. García Pinilla. Travaux d'humanisme et renaissance 290. Geneva: Droz, 1995.

——— *Historia de statu Belgico, deque religione Hispanica.* Edited by Franciso Socas. Bibliotheca scriptorum Graecorum et Romanorum Teubneriana. Stuttgart: Teubner, 1991.

——— *Verdadera historia de la muerte del santo varón Juan Díaz, por Claude de Senarclens.* Edited and translated by Ignacio J. García Pinilla. Cuenca: Ediciones de la Universidad de Castilla-La Mancha, 2008.

Epiphanius. *Epiphanius III, Panarion haer. 65–80, De fide.* Edited by Jürgen Dummer. Griechischen christlichen Schriftsteller der ersten Jahrhunderte. Berlin: Akademie-Verlag, 1985.

Erasmus, Desiderius. *Opus epistolarum Des. Erasmi Roterodami.* Edited by H. M. Allen. Rev. and enlarged ed. 11 vols. Oxford: Clarendon, 1906–1947.

Irenaeus of Lyons. *Contre les hérésies, livre 4.* Edited by Adelin Rousseau et al. Sources chrétiennes 100. Paris: Cerf, 1965.

Fabisch, Peter & Erwin Iserloh, eds. *Dokumente zur causa Lutheri (1517–1521),* 1. Teil, *Das Gutachten des Prierias und weitere Schriften gegen Luthers Ablaßthesen (1517–1518).* Corpus Catholicorum 41. Münster Westfalen: Aschendorff, 1988.

Friedensburg, Walter. 'Der Briefwechsel zwischen Bartholomaeus Latomus und Johannes Sturm von Straßburg im Jahr 1540.' ARG 30 (1933): 247–272.

Geiger, L., ed. 'Briefe Johann Sleidans an den Cardinal Johann du Bellay, 1542–1547.' *Forschungen zur deutschen Geschichte* 10 (1870): 167–198.

Griechischen christlichen Schriftsteller der ersten drei Jahrhunderte. Vol. 1—Leipzig: Hinrichs, 1897–1969; Berlin: Akademie Verlag, 1975–.

Iserloh, Erwin. *Der Kampf um die Messe in den ersten Jahren der Auseinandersetzung mit Luther.* Katholisches Leben und Kampfen im Zeitalter der Glaubensspaltung 10. Münster: Aschendorff, 1952.

——— 'Der Wert der Messe in der Diskussion der Theologen vom Mittelalter bis zum 16. Jahrhundert.' *Zeitschrift für Katholische Theologie* 83 (1961): 44–79.

Kawerau, G. 'Ein Brief des Barthol. Latomus an Melanchthon.' *Theologische Studien und Kritiken* 75 (1902): 140–147.

Krebs, Manfred & Hans Rott, eds. *Elsaß I: Stadt Straßburg, 1522–1532.* Quellen zur Geschichte der Täufer 7. Gütersloh: Gerd Mohn, 1959.

Laemmer, Hugo, ed. *Monumenta Vaticana historiam ecclesiasticam saeculi xvi illustrantia.* Freiburg-i-Breisgau: Herder, 1861.

Latomus, Bartholomaeus. *Zwei Streitschriften gegen Martin Bucer (1543–1545).* Edited by Leonhard Keil. CCath 8. Münster-i-Westfalen: Aschendorff, 1924.

——— *Deux discours inauguraux.* Edited and translated by Louis Bakelants. Collection Latomus 5. Brussels: Latomus—Revue d'études Latins, 1951.

Lenz, Max, ed. *Briefwechsel Landgraf Philipp's des Großmüthigen von Hessen mit Bucer.* Publicationen aus den K. Preußlichen Staatsarchiven 5, 28, 47. 3 vols. Leipzig: S. Hirzel, 1880–1891.

Letters and Papers, Foreign and Domestic of the Reign of Henry VIII Preserved in the Public Record Office and Elsewhere in England, Vol. 21. Edited by James Gairdner and R. H. Brodie. 2 vols. London: HMSO, 1908–1910.

Lombard, Peter. *Sententiae in IV libris distinctae.* 3rd ed. 2 vols. Spicilegium Bonaventurianum 4–5. Rome: Collegium S. Bonaventurae ad Claras Aquas, 1971–1981.

Mazzolini Silvestro ('Prierias'), *Dialogus de potestate papae,* see Fabisch, Peter & Erwin Iserloh, eds. *Dokumente zur causa Lutheri (1517–1521)*

Melanchthon, Philipp. *Melanchthons Briefwechsel: Kritische und kommentierte Gesamtausgabe.* 12 in 13 vols. Stuttgart-Bad Cannstatt: Frommann-Holzboog, 1977–2007.

Müller, Lydia, ed. *Glaubenszeugnisse oberdeutscher Taufgesinnter.* Quellen und Forschungen zu Reformationsgeschichte 20; Glaubenszeugnisse oberdeutscher Taufgesinnter 1. Leipzig: M. Heinsius Nachfolger, 1938.

Origen. *Commentarii in Epistulam ad Romanos: Römerbriefkommentar.* Edited by Theresia Heither. Fontes Christiani 2. 6 vols. Freiburg: Herder, 1990–1999.

Patrologiae cursus completus, series graeca. 162 vols. Edited by J. P. Migne. Paris: J-P. Migne, 1857–1864.

Patrologiae cursus completus, series latina. 221 vols. Edited by J. P. Migne. Paris: J-P. Migne, 1844–1864.

Pfeilschifter, G., ed. *Acta Reformationis Catholicae ecclesiam Germaniae concernentia saeculi XVI.* 6 vols. Regensburg: Friedrich Pustet, 1959–1974.

Pflug, Julius. *Correspondance,* Tome II, *1539–1547.* Edited by Jacques V. Pollet. Leiden: Brill, 1973.

Pollet, Jacques V. *Martin Bucer: Études sur la correspondance avec de nombreux textes inédits.* 2 vols. Paris: Presses Universitaires de France, 1958–1962.

——— *Études sur les relations de Bucer avec les Pays-Bas, l'Électorat de Cologne et l'Allemagne du Nord avec de nombreux textes inédits.* 2 vols. SMRT 34. Leiden: Brill, 1985.

Quintilian. *The Orator's Education.* Edited and translated by Donald Russell. 5 vols. Loeb Classical Library, 124–127, 494. Cambridge, Mass.: Harvard University Press, 2001.

Sacrorum conciliorum nova et amplissima collectio. Edited by Joannes Dominicus Mansi. 54 vols. Paris: H. Welter, 1901–1927.

Wasserschleben, F. W. H. *Die Bussordnungen der abendländischen Kirche.* Halle: C. Graeger, 1851.

2   Individual Primary Sources

Andreä, Jakob. *De usu calicis in synaxi contra veteratorem Bartholomaeum Latomum defensio.* Tübingen: apud viduam Ulrici Morhardi, 1560.

―――― Ὑπερασπιστής τῶν προλεγομενῶν Ioannis Brentii in Apologiam confessionis Ill. Ducis Vuirtenbergensis, contra mendacia & calumnias Mathiae Bredenbachij grammatici Embricensis... Frankfurt-am-Main: Petrus Brubachius, 1559.

Basil of Caesarea. *D. Basilii Magni Caesariensis episcopi eruditissimi opera...* Translated by Iohannes Argyropilus et al. Cologne: Eucharius, 1531.

―――― *Omnia d. Basilii Magni archiepiscopi Caesareae Cappadociae quae extant omnia, opera...* Edited by Janus Cornarius. Basel: Froben, 1540.

Billick, Eberhard. *Ivdicii vniversitatis et cleri Coloniensis, aduersus calumnias Philippi Melanthonis, Martini Buceri, Oldendorpij, & eorum asseclarum, defensio cum diligenti explicatione materiarum controuersarum.* Cologne: Iaspar Gennepaeus, 1545.

―――― *Iudicium cleri et uniuersitatis Coloniensis de doctrina et uocatione Martini Buceri ad Bonnam.* Cologne: Iaspar Gennepaeus, 1543.

―――― *Iudicium deputatorum universitatis et secundarij cleri Colonien. de doctrina & vocatione Martini Buceri ad Bonnam.* Cologne: Melchior Novesianus, 1543.

Bredenbach, Mathias. *De dissidiis quae nostra hac tempestate tanto cum terrore iactant ecclesiae navem, a quo et quibus rationibus haec sint excitata, & (quod omnium maxime optandum est, atque a domino deo precibus assiduis petendum) qua ratione uideantur posse componi, ad uniuersos uiros doctos, quarumcunque illi uel partium sint, uel opinionum, et fratres in Christo charissimos, pacis dei amatores, sententia Mathiae Bredenbachii Kerspensis, apud Embricam scholae moderatoris. Editio secunda iam recens ab authore recognita, cum noua eiusdem praefatione.* Cologne: Gualtherus Frabricius, 1557.

Breuiarium Romanum ex sacra potissimum scriptura, et probatis sanctorum historiis nuper confectum, ac denuo per eundem auctorem accuratius recognitum. Edited by Francisco de Quiñones. Antwerp: Michael Hillenius, 1542.

Bucer, Martin. *Abusuum ecclesiasticorum, et rationis, qua corrigi eos abusus oporteat, indicatio...* Strasbourg: [Wendelin Rihel], 1541.

―――― *Acta colloquii in comitiis imperii Ratisponae habiti, hoc est articuli de religione conciliati et non conciliati omnes, ut ab Imperatore ordinibus imperij ad iudicandum et deliberandum propositi sunt. Consulta et deliberata de his actis Imperatoris singulorum ordinum imperii, et legati Romani, et quaedam alia...* Strasbourg: [s.n.], 1541.

―――― *Alle Handlungen vnd Schrifften zů vergleichung der Religion durch die Key. Mai. Churfürsten, Fürsten vnd Staende aller theylen, Auch den Paebst. Legaten auff jüngst gehaltnem Reichstag zů Regenspurg verhandelt vnd einbracht, Anno D. M. XLI...* Strasbourg: Wendelin Rihel, [1541]

―――― *Ein Christlich ongefaehrlich bedencken, Wie ein leidlicher anefang Christlicher vergleichung in der Religion zů machen sein moechte. Zů Leypsig Anno M.D. xxxjx. zůsammen getragen, Dabey Georg Vicel auch gewesen, vnd in alles bewilliget hat.* [Strasbourg: Kraft Müller, 1545].

―――― *De concilio et legitime iudicandis controversiis religionis. Criminum, quae in Mart. Bucerum Ioh. Cochlaeus ad illustrissimos principes ac clarissimos ordines s. Ro.*

imperii per Germaniam, et quae Ioh. Gropperus ad maiest. imperatoriam perscripsit, confutatio. Epistola Io.Cochlaei ad eosdem ordines, in Mart. Bucerum. Strasbourg: Knobloch per Georgium Machaeropoeum, 1545.

────── *Der newe glaub von den Doctoren zů Loeuen, die sich Doctoren der Gottheit rhuemen in xxxij Articulen fuergeben, mit Christlicher verwarnung dagegen durch die prediger zů Straßburg.* Strasbourg: Wendelin Rihel, 1545.

────── *Disputata Ratisbonae, in altero colloquio, anno xlvi, et collocutorum Augustanae confessionis responsa, quae ibi coeperant, completa... : Tractata et decreta de concilianda religione in Comitijs, Ratisbonensi, anno 41. Spirensi, anno 44. Vuormacensi anno 45. et Augustano, anno 48.: Responsio ad Stephanum Episcopum Vintoniensem, Anglum, De coelibatu sacerdotum et coenobitarum.* [Basel: Oporinus,] 1548.

────── *Gratulatio Martini Buceri ad ecclesiam Anglicanam de religionis Christi restitutione, et Responsio eiusdem ad duas Stephani episcopi Vintoniensis Angli conviciatrices epistolas, de coelibatu sacerdotum et coenobitarum, in qua demonstratur s. coniugij abstinentiam contra Dei et ecclesiae leges exigi ab omnibus ad sacerdotium & admissis, & admittendis.* [Strasbourg: Johann Knobloch the Younger?] 1548.

────── *Scripta duo adversaria D. Bartholomaei Latomi LL. Doctoris et M. Buceri theologi de Dispensatione Sacramenti Eucharistiae, Invocatione Divorum, Coelibatu Clericorum, Communione, Authoritate, Potestate Ecclesiae et Episcoporum, Criminationibus arrogantiae, schismatis, et sacrilegii, quae sunt tentatae Statibus, qui vocantur Protestantes omnia ex authoritate non Scripturae tantum, sed etiam traditionum Apostolicarum, Canonum, et S. Patrum. Respondetur etiam Pighii, Alphonsii, atque deputatorum Coloniensium argumentis.* Strasbourg: Wendelin Rihel, 1544.

────── *Von den einigen rechten wegen vnd mitlen Deutsche nation inn Christlicher Religion zu vergleichen, Vnd was darfür vnd darwider auff den tagen zu Hagenaw, Worms vnd Regenspurg, Anno 40 vnd 41, vnd seither fürgenomen vnd gehandelt worden ist: Mit Warhafftiger Verantwortung auff das offenbar falsch erdichtes anklagen, des sich an die Kei. Maiet. D. Johan. Gropper, wider Mart. Bucerum angemasset hat.* Strasbourg: Wendelin Rihel 1545.

────── *Ein warhaffter berichte vom Colloquio zů Regenspurg, dis jars angefangen, vnd dem abzug der Auditoren vnd Colloquenten, die von Fürsten vnd Stenden der Augspurgischen Confession dahin verordnet waren.* Strasbourg: Wendelin Rihel, 1546.

────── *Ein warhafftiger Berichte vom Colloquio zu Regenspurg dis Jars angefangen, vnd von dem Abzug der Auditoren vnd Colloquenten, die von Fürsten vnd Stenden der Augspurgischen Confession dahin verordnet waren.* [Strasbourg: Georg Rhau], 1546.—*Wider vffrichtung der Messen, anderer Sacramenten vnd Ceremonien vnd des Papstumbs.* Strasbourg: Georg Messerschmidt, 1545.

────── *Wie leicht und fueglich Christliche vergleichung der Religion und des gantzen kirchendiensts Reformation bey vnß Teutschen zů finden, vnd in das werk zů bringen, Wellche die fuernemistenn hindernuessen dises wercks, vnd wie die Christlich hinzůlegen, Mit erbiettung, alles gründtlich zů eweisen vor der Keiserl. vnd Koenigl.*

Maiesteten, Churfürstenn, Fürstenn vnnd Stenden des Reichs, gegen den Coelnischen Sophisten vnd meniglich [Strasbourg: Kraft Müller], 1545.

Calixtus, George and George Cassander. *De communione sub utraque specie dialogus, una cum aliis superiore seculo scriptis et actis eodem facientibus, Georgius Calixtus... collegit et edidit. Accessit eiusdem de hac ipsa controversia Disputatio et in Academiam Coloniensem iterata Compellatio.* Helmstadt: in typographeo Calixtino excudit Henningus Mullerus, 1642.

Calvin, Jean. *De vitandis superstitionibus, quae cum sincera fidei confessione pugnant, libellus Ioannis Calvinus. Eiusdem excusatio ad Pseudonicodemos. Philippi Melanchthonis, Martini Buceri, Petri Martyris responsum de eadem re. Calvini ultimum responsum cum appendicibus.* Geneva: Jean Girard, 1549.

——— *Petit traicte monstrant que doit faire vn homme fidele congnoissant la verité de l'Euangile quand il est entre les Papistes, auec vne epistre du mesme argument: Ensemble l'Excuse faicte sur cela aux Nicodemites.* [Geneva: Jean Gérard], 1545.

Canones apostolorum, veterum conciliorum constitutiones, decreta pontificum antiquiora, de primatu Romanae ecclesiae. Edited by Joannes Cochlaeus. Mainz: Joannes Schoeffer, 1525.

Castro, Alfonso de. *F. Alfonsi de Castro Zamorensis ordinis Minorum aduersus omnes haereses libri xiiii. in quibus recensentur et reuincuntur omnes haereses, quarum memoria extat, quae ab apostolorum tempore ad hoc vsque seculum in ecclesia ortae sunt. Nunc demum digilentius recogniti, ac emendatius quam antehac, typis exusi* [sic]. Cologne: Melchior Nouesianus, 1543.

Cella, Anselmus and Christophorus. *Europae descriptio lucidissima d. Carolo. V. Romanorum imperatori dedicata... Prognosticon Antonii Torquati... De fide et moribus Aethiopum, libellus Christianis lectu plane dignus* [by Franciscus Titelmanns]. Antwerp: Ioannes Steelsius, 1536.

Cochlaeus, Johannes. *De animarum purgatorio igne epitome contra nouas sectas quae Purgatorium negant.* Ingolstadt: Alexander Weissenhorn, 1544.

——— *In primum Musculi Anticochlaeum replica breuis Iohannis Cochlaei, pro sacerdotij & sacrificij novae assertione. In Epilogo adiecta est breuis responsio in Antibolen Bullingeri. Addita est appendix gemina in librum Buceri, quem in Bart. Latomum aedidit.* [s.l.: s.n.] 1544.

——— *In XVIII articulos Martini Buceri excerptos ex nouissimo libro eius ad principes et status sacri Ro. imperij latine scripto, responsio Io. Cochlaei...* Ingolstadt: excudebat Alexander Weissenhorn, 1545.

Council of Florence. *Quae in hoc volumine continentur: Acta generalis octauae synodi sub Eugenio quarto Ferrariae inceptae Florentiae uero peractae... Magni Basilii contra Eunomium de spiritu sancto liber tertius interprete Georgio Trapezuntio... Bessarionis Cardinalis... Oratio ad Graecos habita, quae inscribitur dogmatica uel de coniunctione... Eiusdem Epistola de successu ipsius synodi de spiritus sancti processione ad Alexium Lasacari eodem interprete.* Rome: Antonius Bladus de Asula, 1526.

Council of Trent (see also Enzinas, Francisco de). *Admonitio atque hortatio legatorum Sedis apostolicae ad patres in Concilio Tridentino lecta in primo sessione.* Rome: in Platea Parionis, 1546.

Crabbe, Petrus, ed. *Concilia omnia, tam generalia, quam particularia, ab apostolorum temporibus in hunc vsque diem a sanctissimis patribus celebrata*... 2 vols. Cologne: Quentel, 1538.

Cyprian of Carthage. *Divi Caecilii Cypriani episcopi Carthaginensis et martyris opera.* Edited by Desiderius Erasmus. Basel: Froben, 1530.

Dathenus, Petrus. *Ad Bartholomaei Latomi rhetoris calumnias, quibus Augustanae Confessionis theologos, anno 1557 Wormatiae colloquii causa collectos, gravat ac traducit Petri Dathaeni responsio prima*... Frankfurt-am-Main: Michaelis Chirat, 1560.

[Ps-] Dionysius the Areopagite. Διονυσίου Ἀρεοπαγίτου ἐπισκόπου Ἀθηνῶν πρὸς Τιμόθεον ἐπίσκοπον περὶ τῆς ἐκκλησιαστικῆς ἱεραρχίας λόγος, μετὰ τῶν σχολίων ἑλληνικῶν: *D. Dionysii Areopagitae Atheniensium episcopi ad Timotheum de ecclesiastica hierarchia oratio, cuius capitum argumenta sequenti pagina continentur, adiuncta sunt fini Graeca scholia in hanc orationem.* Basel: Officina Heruagiana, 1539.

Eck, Johannes. *Apologia pro reverendis. et illustris. principibus catholicis, ac alijs ordinibus imperij aduersus mucores et calumnias Buceri, super actis comiciorum Ratisponae*... Cologne: Melchior Nouesianus, 1542.

——— *Replica Ioan. Eckii aduersus scripta secunda Buceri apostatae super actis Ratisponae.* [s.n.: s.d.], 1543.

——— *Secunda pars operum Iohan. Eckii contra Ludderum. Contenta in illa parte: I. De sacrificio missae lib. III. II. De purgatorio lib. IIII. III. Assertio Purgatorij lib. I. IIII. De imaginibus non tollendis lib. I.* Ingolstadt: Georgius Kapff and Jacobus Focker, 1531.

Enzinas, Francisco de. *Acta concilii Tridentini, anno M. D. XLVI celebrati, una cum annotationibus et lectu dignissimis. Item, ratio cur qui Confessionem Augustanam profitentur, non esse assentiendum iniquis Concilii Tridentini sententiis iudicarunt, per Philippum Melancthonem.* [Basel: Oporinus], 1546.

[Enzinas, Francisco de, ed. and Claude de Senarclens] *Historia vera de morte sancti uiri Ioannis Diazij Hispani, quem frater germanus Alphonsus Diazius, exemplum sequutus primi parricidae Cain, uelut alterum Abelem, nefarie interfecit per Claudium Senarclaeum* [Basle: Oporinus, 1546].

Epiphanius of Salamis. *D. Epiphanii episcopi Constantiae Cypri Contra octoaginta haereses opus*... Translated by Janus Cornarius. Basel: Robert Winter, 1543.

——— Τοῦ ἁγίου Ἐπιφανίου ἐπισκόπου Κωνσταντείας τῆς Κύπρου κατὰ αἱρέσεων ὀγδοήκοντα τὸ ἐπικληθὲν πανάριον...:*Epiphanii episcopi Constantiae Cypri contra octoaginta haereses opus eximium*... Basel: Johannes Herwagen, 1544.

Escobar, Andreas de. *Contenta hoc libello: Modus confitendi, compositus per reverendum Andream Hispanum Sancte Romane ecclesie penitentionarium. Interrogationes et doctrine quibus quilibet sacerdos debet interrogare suum confitentem. Canones penitentiales per episcopum Civitatensem compositi. Casus papales et episcopales.* Strasbourg: Mathias Hupfuff, 1507.

Gardiner, Stephen. *Stephani Vvinton. episcopi Angli ad Martinum Bucerum de impudenti eiusdem Pseudologia conquestio.* Cologne: Melchior Novesianus, 1545.

Góis, Damião de. *Legatio magni Indorum imperatoris Presbyteri Ioannis ad Emmanuelem Lusitaniae regis, anno M.D.XIII*... [Antwerp]: Joannes Graphaeus, 1532.

——— *Fides, religio, moresque Aethiopum sub imperio Preciosi Ioannis (quem vulgo Presbyterum Ioannem vocant)*... Translated by Paolo Giovio. Louvain: Rutgerus Rescius, 1540.

Gregory I. *Divi Gregorii papae, huius nominis primi, operum.* 2 vols. Lyon: [Mareschal], 1539–1540.

Gregory of Nazianzus. *D. Gregorii Nazianzeni orationes xxx Bilibaldo Pirkheimero interprete*... Basel: Froben, 1531.

Gropper, Johannes. *Antididagma, seu christianae et catholicae religionis per Reuerendos et Illustres dominos Canonicos Metropolitanae ecclesiae Coloniensis propugnatio, aduersus librum quendam universis Ordinibus seu Statibus Dioecesis eiusdem nuper Bonnae titulo Reformationis exhibitum, ac postea (mutatis quibusdam) Consultoriae deliberationis nomine impressum. Sententia item delectorum per Venerabile Capitulum Ecclesiae Coloniensis de uocatione Martini Buceri.* Translated by Eberhard Billick. Cologne: Iaspar Gennepaeus, 1544.

——— *Christliche vnd Catholische gegenberichtung eyns Erwirdigen Dhomcapittels zu Coellen, wider das Bůch der gnanter Reformationn, so den Stenden des Ertzstiffts Coellen vff junxstem Landtage zu Bonn vorgehalten, Vnd nun vnder dem Tittel eyns Bedenckens im Trůck (doch mit allerley zůsaetzen vnd veraenderungen) vßgangen ist.* Cologne: Iaspar Gennepaeus, 1544.

Hedio, Caspar, ed and transl. *Chronica der alten christlichen Kirchen. i. Hystoria ecclesiastica Eusebij Pamphili Caesariensis... ij. Hystoria ecclesiastica tripartita, Sozomeni, Socratis vnd Theodoreti... iij. Hystoria ecclesiastica, sampt andern trefflichen Geschiechten die zůuor in teudscher Sprach wenig gelesen sind*... [Strasbourg: Wolff Röphlin], 1545.

——— ed and transl. *Chronica der altenn christlichen Kirchen auß Eusebio, Ruffino, Sozomeno, Theodoreto, Tertulliano, Justino, Cypriano, vnd Plinio.* Strasbourg: Georgius Ulrich vom Andla in Jenna, 1530.

Haloander, Gregorius, ed. Νεαρῶν Ἰουστινιανοῦ βασιλέως... βιβλίον: προστέθεινται δὲ καὶ οἱ κανόνες τῶν ἁγίων ἀποστόλων διὰ Κλημέντος ἀθροισθέντες. *Novellarum constitutionum Dn. Iustiniani principis... volumen: Appositi sunt item Canones apostolorum per Clementem in unum congesti.* Nuremberg: Ioannes Petreius, 1531.

Irenaeus of Lyons. *Opus eruditissimum divi Irenaei Lugdunensis* . . . Basel: Froben, 1534.
John Chrysostom. *D. Ioannis Chrysostomi archiepiscopi Constantinopolitani opera.* Translated by Erasmus et al. 5 vols. Basel: Froben, 1530.

——— Liturgy of, see: Liturgy of John Chrysostom.

——— *Opera D. Ioannis Chrysostomi archiepiscopi Constantinopolitani, quotquot per Graecorum exemplarium facultatem in Latinam linguam hactenus traduci potuerunt* . . . Translated by Desiderius Erasmus and Wolfgang Musculus. 5 vols. Basel: Herwagen, 1539.

Latomus, Bartholomaeus. *Ad furiosas Petri Datheni criminationes, falsasque et absurdas eiusdem de verbo Dei & scriptura, item de ecclesia catholica eiusdemque communione, sententias interiectis interim & aliis controversae religionis locis Bart. Latomi altera responsio.* Cologne: Maternus Cholinus, 1560.

——— *Adversus Martinum Buccerum altera defensio.* Cologne: Melchior Novesianus, 1545.

——— *Artificium dialecticum et rhetoricum in quatuor praeclariβimas orationes ex Tito Livio & Cicerone* . . . Cologne: Ioannes Gymnicus, 1532.

——— *Epitome commentariorum dialecticae inventionis Rodolphi Agricolae, per Bartholomaeum Latomum Arlunensem olim Coloniae ex erudititiβimo ac copiosiβimo eius opere studiose collecta, quam nuper, quo rectius in scholis praelegeretur, magna cura recognitam, in gratiam studiosorum Parisijs edendam curauit.* Cologne: ad intersignium Monocerotis, [1532].

——— *Bartholomaei Latomi adversus Martinum Buccerum de controversiis quibusdam ad religionem pertinentibus, altera et plenaque defensio.* Cologne: Melchior Novesianus, 1545.

——— *De docta simplicitate primae ecclesiae et de vsu calicis in synaxi, et de eucharistico sacrificio, adversus petulantem insultationem Iacobi Andreae, pastoris Göppingensis Barth. Latomi Responsio.* Cologne: M. Cholinus, 1559.

——— *Refutatio calumniosarum insectationum Martini Buceri, quibus novissimis libellis aeditis in Bartholomaeum Latomum extra ordinem invectus est.* Cologne: Melchior Nouesiani, 1546.

——— *Responsio Bartholomaei Latomi ad epistolam quandam Martini Bucceri de dispensatione Eucharistiae, et invocatione divorum, et de coelibatu sacerdotum, in qua interim ecclesiae et sanctorum patrum authoritas acerrime defenditur.* Cologne: Melchior Novesianus, 1544.

——— *Summa totius rationis disserendi, vno eodemque corpore et dialecticas et rhetoricas partes complectens.* Cologne: Ioannes Gymnicus, 1542.

——— *Spaltung der Augspurgischen Confession, durch die newen vnd streitigen Theologen, mit kurtzer Widerlegung der vnbestendigen lere derselben. Jtem, mit ingefuehrte hindertreibung der vilfaltigen vnd vnerfindtlichen schmehe, ermelter*

Theologen, wider die Catholischen, Auch welche parthey die Trennung des angestelten Colloquij zu Wormbs verursacht habe. [s.n.: s.l.] 1557.

Latomus, Bartholomaeus and Johannes Sturm. *Epistolae duae duorum amicorum, Bartholomaei Latomi, & Ioannis Sturmij, de dissidio periculoque Germaniae, & per quos stet, quo minus concordiae ratio inter partes ineatur. Item alia quaedam Sturmij, de emendatione ecclesiae, & religionis controversiis. Iacobus Sadoletus Sturmio.* Strasbourg: ex officina Cratonis Cratomiliani, 1540.

Liturgies of John Chrysostom and Basil. Αἱ θεῖαι λειτουργεῖαι, τοῦ ἁγίου Ἰοάννου τοῦ Χρυσοστόμου, Βασιλείου τοῦ μεγάλου, καὶ ἡ τῶν προηγιασμένων. Γερμανοῦ ἀρχιεπισκόπου Κωνσταντινουπόλεως ἱστορία ἐκκλησιαστικὴ καὶ μυστικὴ θεωρία. [Rome: s.n., 1526].

Liturgy of John Chrysostom. Ἡ θεία λειτουργία τοῦ ἁγίου Ἰωάννου τοῦ Χρυσοστόμου: *Divina missa sancti Ioannis Chrysostomi.* Venice: Ioannes Antonius et fratres de Sabio, 1528.

―――― *Divina ac sacra liturgia sancti Ioannis Chrysostomi, Interprete Ambrosio Pelargo Niddano, ordinis predicatorum. Adiecta est doxologia Graece simul & Latine quae & in Missa, & in precibus matutinis usui fuit veteribus. Nicenum item symbolum Latine conversum, per eundem. Omnia bona fide ad exemplar diui Simeonis, quod apud Belgicam Treuerim habetur vetustissimum. Adiectae sunt et annotationes perbreues quidem illae, sed minime aspernandae, eodem autore.* Worms: Sebastian Wagner, 1541.

―――― *Missa D. Ioannis Chrysostomi secundum veterem usum ecclesiae Constantinopolitanae, a forma illa quam Magnus Dionysius depingit non ita multum evarians, insigne prorsus publici sacrificii specimen, digna plane quam docti piique cognitam ac perspectam habeant, a Leone Tusco Emmanuelis Imperatoris Constantinopolitani Ioannis F. Latinarum epistolarum magistro, iam olim conversa, regnante videlicet Fridericho Aug. huius nominis primo. Eadem recentius ab Erasmo Roterodamo tralata, hic autem adiecta quod diuersum uterque exemplar Graecum sit secutus, ne studiosus antiquitatis Christianae quicquam desideret.* Edited by Johannes Hoffmeister. Colmar: per Barptholomeum [sic] Gryeningerum, 1540.

Liturgy of the Hours, see also *Breviarium, Psalter, Vigiliae*.

[Liturgy of the Hours] [...*Januarius het dies. xxxi, luna vero xxx*...] [Speyer?: s.n.], 1488.

Melanchthon, Philipp. *Responsio Philippi Melanthonis ad scriptum quorundam delectorum a clero secundario Coloniae Aggripinae.* Frankfurt: Hermannus Gulfferich, 1543.

Merlin, Jacques, ed. *Conciliorum quatuor generalium Niceni, Constantinopolitani, Ephesini, Chalcedonensis... tomus primus, quadraginta quoque septem conciliorum prouincialium authenticorum, decretorum etiam sexaginta novem pontificum, ab apostolis & eorundem canonibus, usque ad Zachariam primum, Isidoro authore, item*

Bulla aurea Caroli iiij Imperatoris de electione regis Romanorum . . . Tomus secundus, aliorum aliquot conciliorum generalium . . . 2 vols. Paris: François Regnault, 1535.

Münster, Sebastian. *Dictionarium hebraicum, iam vltimo ab autore Sebastiano Munstero recognitum, & ex Rabinis, praesertim ex radicibus Dauid Kimhi, auctum et locupletatum.* Basel: Froben, 1539.

Oecolampadius, Johannes. *Quantum defunctis prosint viventium bona opera sermo Ioannis Damasceni, Ioanne Oecolampadio interprete.* Augsburg: [Sigmund Grimm and Marx Wirsung], 1520.

——— *Quid de eucharistia veteres tum Graeci, tum Latini senserint, dialogus, in quo epistolae Philippi Melanchthonis & Ioannis Oecolampadij insertae.* [Basel: Johann Herwagen] 1530.

Pighius, Albertus. *Apologia Alberti Pighii Campensis aduersus Martini Buceri calumnias, quas solidis argumentis, et clarissimis rationibus confutat.* Mainz: [s.n.], 1543.

——— *Controversiarum, quibus nunc exagitatur Christi fides et religio diligens et luculenta explicatio.* [Ingolstadt: A. Weissenhorn, 1541].

——— *Controversiarum praecipuarum in comitijs Ratsiponensibus tractatarum, et quibus nunc potissimum exagitatur Christi fides et religio, diligens, et luculenta explicatio.* Cologne: Melchior Novesianus, 1542.

——— *De libero hominis arbitrio et diuina gratia, libri decem.* Cologne: Melchior Novesianus, 1542.

——— *Hierarchiae ecclesiasticae assertio.* Cologne: Melchior Novesianus, 1542.

——— *Ratio componendorum dissidiorum, et sarciendae in religione concordiae.* Cologne: Melchior Novesianus, 1542.

Psalter, see also: *Liturgy of the Hours, Vigiliae.*

[*Psalter*] [Begins: *Dominicis diebus post festum Trinitatis. Invitatorium . . .*] Mainz: Petrus Schoffer de Geruszheim, 1502.

Reuchlin, Johannes. *Ioannis Reuchlini Phorcensis . . . Lexicon Hebraicum, & in Hebraeorum grammaticen commentarij . . .* Basel: Henricus Petrus, 1537.

——— [*Rudimentis Hebraicis*]. Pforzheim: Thomas Anshelmus, 1506.

Tertullian. *Opera Q. Septimii Florentis Tertulliani . . . per Beatum Rhenanum Selestadiensem e tenebris eruta . . .* [Basel: Froben, 1521].

University of Louvain. *Articuli orthodoxam religionem, sanctamque fidem nostram respicientes a sacrae theologiae professoribus Lovaniensis Vniuersitatis aediti, per sacratißimam Caesaream maiestatem merito confirmati, qui ab omnibus recte et religiose uiuere cupientibus, et syncere de eadem orthodoxa fide sentientibus, seruandi et firmiter credendi ueniunt.* Cologne: Melchior Novesianus, 1545.

University of Paris. *Catalogus librorum qui hactenus a facultate theologiae Parisiensi diligenter examinati, censuraque digni visi sunt: Le Catalogue des livres censurez par la faculte de theologie de Paris. Eiusdem facultatis theologiae Parisiensis articuli xxvi. fidem et religionem Christianam declarantes.* Antwerp: Ioannis Steelsius, 1545.

Virués, Alonso Ruiz de. *Alfonsi Virvesii Canarien. episcopi, Philippicae disputationes uiginti aduersus Lutherana dogmata, per Philippum Melanchthonem defensa, complectens summatim disputationes nuper Augustae ac deinde Ratisponae habitas.* Cologne: Melchior Novesianus, 1542.

—— *Alfonsi Virvesii Canarien. episcopi Philippicae disputationes viginti aduersus Lutherana dogmata, per Philippum Melanchthonem defensa, complectens summatim disputationes nuper Augustae ac deinde Ratisponae habitas.* Rev. ed. Cologne: Melchior Nouesianus, 1545.

Wied, Hermann von. *Nostra Hermanni ex gratia dei Archiepiscopi Coloniensis, et principis electoris, &c. Simplex ac pia deliberatio, qua ratione, christiana & in uerbo dei fundata reformatio, doctrinae, administrationis diuinorum sacramentorum, caeremoniarum, totiusque curae animarum, & aliorum ministeriorum ecclesiasticorum, apud eos qui nostrae pastorali curae commendati sunt, tantisper instituenda sit, donec dominus dederit constitui meliorem, uel per liberam & christianam synodum, siue generalem siue nationalem, uel per ordines imperii nationis Germanicae in spiritu sancto congregatos.* Bonnae: ex officina Laurentii Mylii, 1545.

—— *Von Gottes genaden vnser Hermans Ertzbischoffs zů Cöln, vnnd Churfürsten &c. einfaltigs bedencken, warauff ein Christliche, in dem wort Gottes gegrünte Reformation, an Lehr brauch der Heyligen Sacramenten vnd Ceremonien, Seelsorge, vnd anderem Kirchendienst, biß vff eines freyen, Christlichen, Gemeinen, oder Nationals Concilij, oder deß Reichs Teutscher Nation Stende, im Heyligen Geyst versamlet, verbesserung, bey denen so vnserer Seelsorge befohlen, anzurichten seye.* Bonn: Laurentius von der Mülen, 1543.

Vigiliae see also *Psalter*, Liturgy of the Hours.

[*Vigiliae mortuorum secundum usum Augustensem*] *Vigilie maiores minoresque mortuorum, annexis vesperis, necnon officiis eorundem, canticis in eis notatis.* [Augsburg: Erhard Ratdolt, 1491]

[*Vigiliae defunctorum secundum ordinem ecclesiae Coloniensis*] *Incipiunt vigilie defunctorum secundum ordinem ecclesiae Colon.* [s.n.: s.l., 14??]

3 Secondary Literature

Backus, Irena. 'What Prayers for the Dead in the Tridentine Period? [Ps-] John of Damascus, "De his qui in fide dormierunt" and its "Protestant" tranlsation by Johannes Oecolampadius.' In *Reformiertes Erbe: Festschrift für Gottfried W. Locher zu seinem 80. Geburtstag*, ed. H. Oberman et al., 13–24. Zwingliana 19.2. Zurich: Theologischer Verlag, 1993.

Bakelants, Louis. 'Latomus.' In *Bibliotheca Belgica: Bibliographie générale des Pays Bas*, 3: 678–747. 5 vols. Brussels: Culture et Civilisation, 1964.

Barron, William Stanton. 'The Controversy between Martin Bucer and Bartholomew Latomus (1543–1546).' PhD. diss., Catholic University of America, 1966.

Bataillon, Marcel. *Érasme et l'Espagne*. New edition by Daniel Devoto and Charles Amiel. 3 vols. Travaux d'humanisme et renaissance 250. Geneva: Droz, 1991.

——— 'Le Cosmopolitanisme de Damião de Góis.' In *Études sur le Portugal au temps de l'humanisme*, 148–196. [Coimbra]: Universidade de Coimbra, 1952.

Benedikt, Caspar. *Das Erzbistum Trier im Zeitalter der Glaubensspaltung bis zur Verkündigung des Tridentinums in Trier im Jahre 1569*. RGST 90. Münster: Aschendorff, 1966.

Bagchi, David. 'Diversity or Disunity? a Reformation Controversy over Communion in Both Kinds.' In *Unity and Diversity in the Church: Papers Read at the 1994 Summer Meeting and 1995 Winter Meeting of the Ecclesiastical History Society*, ed. R. N. Swanson, 207–219. Oxford: Blackwell, 1996.

Bonniwell, William R. *A History of the Dominican Liturgy*. New York: Joseph F. Wagner, 1944.

Bourilly, V. L. 'Jean du Bellay et Jean Sleidan: le premier séjour de Jean Sleidan en France.' *Bulletin de la Société de l'histoire du Protestantisme français* 50 (1901): 232–234.

Bradshaw, Paul. *Daily Prayer in the Early Church: A Study of the Origin and Early Development of the Divine Office*. London: SPCK, 1981.

Braun, Joseph. *Das christliche Altargerät in seinem Sein und in seiner Entwicklung*. Munich: Max Hueber, 1932.

Brockmann, Thomas. *Die Konzilsfrage in den Flug- und Streitschriften des deutschen Sprachraumes, 1518–1563*. Schriftenreihe der Historischen Kommission bei der Bayerischen Akademie der Wissenschaften 57. Göttingen: Vandenhoeck & Ruprecht, 1998.

Browe, Peter. *Die Eucharistie im Mittelalter: Liturgiehistorische Forschungen in kulturwissenschaftlicher Absicht*. Vergessene Theologen 1. Münster: Lit, 2003.

Burnett, Amy N. 'Martin Bucer and the Church Fathers in the Cologne Reformation.' *Reformation and Renaissance Review* 3, no. 1/2 (June/December 2001): 108–124.

Constant, G. *Concession à l'Allemagne de la communion sous les deux espèces: Étude sur les débuts de la réforme catholique en Allemagne (1548–1621)*. Bibliothèque des écoles françaises d'Athènes et de Rome 28. 2 vols. Paris: Boccard, 1923.

De Jongh, H. *L'ancienne faculté de théologie de Louvain au premier siècle de son existence (1432–1540): Ses débuts, son organisation, son enseignement, sa lutte contre Érasme et Luther*. Louvain: Bureaux de la Revue d'Histoire Ecclésiastique, 1911.

De Kroon, Marijn. 'Bucer und die Kölner Reformation.' In *Martin Bucer and Sixteenth Century Europe: Actes du colloque de Strasbourg (28–31 août 1991)*, ed. Christian Krieger and Marc Lienhard, 1: 493–506. 2 vols. SMRT 52–53. Leiden: Brill, 1993.

De Vocht, Henry. *History of the Foundation and Rise of the Collegium Trilingue Lovaniense, 1517–1550*. 4 vols. Louvain: Publications Universitaires de Louvain, 1951–1955.

Farge, James K. *Orthodoxy and Reform in Early Reformation France: The Faculty of Theology of Paris, 1500–1543*. SMRT 32. Leiden: Brill, 1985.

Filser, Hubert. *Ekklesiologie und Sakramentenlehre des Kardinal Johannes Gropper: Eine Glaubenslehre zwischen Irenik und Kontroverstheologie im Zeitalter der Reformation.* Studien zur systematischen Theologie und Ethik 6. Münster: Lit Verlag, 1995.

Franz, Adolph. *Die Messe im deutschen Mittelalter: Beiträge zur Geschichte der Liturgie und des religiösen Volkslebens*. Freiburg im Breisgau: Herder, 1902.

Gundersheimer, Werner L. *French Humanism, 1470–1600*. London: MacMillan, 1969.

Hans Kilian, Buchdrucker im Dienste Ottheinrichs und der Reformation: Ausstellung der Staatlichen Bibliothek (Provinzialbibliothek) vom 09. September bis 30. Oktober 1994, in der Städtischen Galerie im Rathausfletz, Neuburg an der Donau. Schrobenhausen: Benedikt Bickel, 1994.

Hazlett, W. I. P. 'Was Bucer an Aérian: The Question of Praying for the Dead.' *Reformation and Renaissance Review* 4, no. 2 (December 2002): 135–151.

Heinzer, Felix. 'Das Album Amicorum (1545–1569) des Claude de Senarclens.' In *Stammbücher des 16. Jahrhunderts*, ed. Wofgang Klose, 95–124. Wiesbaden: Harrassowitz, 1989.

Henker, Michael. 'Die Einführung der Reformation im Fürstentum Pfalz-Neuburg.' In *Pfalzgraf Ottheinrich: Politik, Kunst und Wissenschaft im 16. Jahrhundert*, 142–152. Neuburger Kollektaneenblatt 151/2003. Neuburg an der Donau: F. Pustet, 2002.

Higman, Francis. 'Bucer et les Nicodemites.' In *Martin Bucer and Sixteenth Century Europe: Actes du colloque de Strasbourg (28–31 août 1991)*, ed. Christian Krieger and Marc Lienhard, 2: 645–648. 2 vols. SMRT 52–53. Leiden: Brill, 1993.

Hirsch, Elizabeth Feist. *Damião de Gois: The Life and Thought of a Portuguese Humanist, 1502–1574*. International Archives of the History of Ideas 19. The Hague: M. Nijhoff, 1967.

Janelle, Pierre. 'La controverse entre Étienne Gardiner et Martin Bucer sur la discipline ecclésiastique (1541–1548).' *Revue des sciences religieuses* (1927): 452–466.

Jedin, Hubert. *A History of the Council of Trent*. Translated by Ernest Graf. Vol. 1–2. London: Thomas Nelson, 1957–1961.

———. 'The Council of Trent and Reunion: Historical Notes.' *Heythrop Journal* 3, no. 1 (1962): 3–14.

Jungmann, Josef Andreas. *Missarum sollemnia: Eine genetische Erklärung der römischen Messe*. 2 vols. Freiburg: Herder, 1952.

Köhn, Mechtild, *Martin Bucers Entwurf einer Reformation des Erzstiftes Köln: Untersuchung der Entstehungsgeschichte und der Theologie des 'Einfältiges Bedenkens' von 1543*. Wittenberg: Luther Verlag, 1966.

Kunzler, Michael. *The Church's Liturgy*. Translated by Placed Murray, Henry O'Shea, and Cilian Ó Sé. London: Continuum, 2001.

Laux, Stephan. *Reformationsversuche in Kurköln (1542–1548): Fallstudien zu einer Strukturgeschichte landstädtischer Reformation (Neuss, Kempen, Andernach, Linz)*. RGST 143. Münster: Aschendorff, 2001.

Marot, Hilaire. 'La place des lectures bibliques et patristiques dans l'office latin.' In *La prière des heures*, eds. Mgr Cassien and B. Botte, 149–165. Lex orandi 35. Paris: Éditions du Cerf, 1963.

Michaud-Quantin, Pierre. *Sommes de casuistique et manuels de confession au moyen âge (XII–XVI siècles)*. Analecta mediaevalia Namurcensia 13. Louvain: Editions Nauwerlaerts, 1962.

Mitchell, Nathan. *Cult and Controversy: The Worship of the Eucharist outside Mass*. New York: Pueblo, 1982.

Nussbaum, Otto. *Die Aufbewahrung der Eucharistie*. Theophaneia: heophaneia, Beitrage zur Religions- und Kirchengeschichte des Altertums 29. Bonn: Hanstein, 1979.

Old, Hughes Oliphant. 'Daily Prayer in the Reformed Church of Strasbourg, 1525–1530.' *Worship* 52, no. 2 (March 1978): 121–138.

Ortmann, Volkmar. *Reformation und Einheit der Kirche: Martin Bucers Einigungsbemühungen bei den Religionsgesprächen in Leipzig, Hagenau, Worms, und Regensburg, 1539–1541*. Veröffentlichungen des Instituts für Europäische Geschichte Mainz 85. Mainz: Philipp von Zabern, 2001.

Pelayo, Marcelino Menéndez. *Historia de los heterodoxos Españoles*. 4th ed. Biblioteca de autores cristianos 150. Madrid: Biblioteca de Autores Cristianos, 1986.

Pollet, Jacques V. 'Joh. von Bekensteyn et les théologiens Strasbourgeois: La Messe et l'opinion protestante en 1540–42.' In *Études sur les relations de Bucer avec les Pays-Bas, l'Électorat de Cologne et l'Allemagne du Nord avec de nombreux textes inédits*, vol. 1, 294–320. 2 vols. SMRT 33–34. Leiden: Brill, 1985.

Quicherat, Jules Etienne Joseph. *Histoire de Sainte-Barbe: Collège, communauté, institution*. 3 vols. Paris: Hachette, 1860–1864.

Reichold, Klaus. *Der Himmelsstürmer: Ottheinrich von Pfalz-Neuburg (1502–1559)*. Regensburg: F. Pustet, 2004.

Reifenberg, Hermann. *Sakramente, Sakramentalien und Ritualien im Bistum Mainz seit dem Spätmittelalter, unter besonderer Berücksichtigung der Diözesen Würzburg und Bamberg*. Liturgiewissenschaftliche Quellen und Forschungen 53–54. 2 vols. Münster: Aschendorff, 1971–1972.

Roersch, L. 'Barthélemy Latomus, le premier professeur d'éloquence latine au Collège Royal de France.' *Bulletins de l'Académie royale de Belgique*, 3rd series, 14 (1887): 132–176.

Rott, Hans. *Friedrich II von der Pfalz und die Reformation*. Heidelberg: G. Winter, 1904.

Salmon, Pierre. *L'Office divin au moyen âge: Histoire de la formation du bréviaire du IXe au XVIe siècle*. Lex orandi 43. Paris: Éditions du Cerf, 1967.

Schmidt, Charles. *La vie et les travaux de Jean Sturm, premier recteur du Gymnase et de l'Académie de Strasbourg.* Strasbourg: C. F. Schmidt, 1855.

Schottenloher, Karl. *Pfalzgraf Ottheinrich und das Buch: Ein Beitrag zur Geschichte der evangelischen Publizistik mit Anhang: Das Reformationsschriftum in der Palatina.* RGST 50–51. Münster: Aschendorff, 1927.

Schultze, Victor. 'Das Tagebuch des Grafen Wolrad II. zu Waldbeck zum Regensburger Religionsgespräch 1546.' ARG 7 (1909/1910): 135–184, 294–347.

Seitz, Reinhard H. 'Beiträge zur Geschichte der Lauinger und Neuburger Druckereien des 16./17. Jahrhunderts, mit Nachtrag zur Bucher-Bibliographie der Lauinger Drucke.' *Neuburger Kollektaneenblatt* 133 (1980): 187–221.

―――― 'Hans Kilian, erster Buchdrucker zu Neuburg an der Donau, und seine Malernachkommen Mang und Philipps Kilian.' In *Hans Kilian*, 18–49.

Shaffern, Robert. 'The Medieval Theology of Indulgences.' In *Promissory Notes on the Treasury of Merits: Indulgences in Late Medieval Europe*, ed. R. N. Swanson, 11–36. Brill Companions to the Christian Tradition 5. Leiden: Brill, 2006.

Smend, Julius. *Kelchversagung und Kelchspendung in der abenländischen Kirche: ein Beitrag zur Kulturgeschichte.* Göttingen: Vandenhoeck und Ruprecht, 1898.

Sohm, Walter. *Die Schule Johann Sturms und die Kirche Straßburgs in ihrem gegenseitigen Verhältnis, 1530–1581: Ein Beitrag zur Geschichte deutscher Renaissance.* Historische Bibliothek 27. Munich: R. Oldenbourg, 1912.

Stierhof, Horst H. 'Ottheinrich, die Reformation und das Buch.' In *Hans Kilian*, 50–56.

Strittmatter, Anselm. ' "Missa Graecorum," "Missa Sancti Iohannis Crisostomi": The Oldest Latin Version Known of the Byzantine Liturgies of St. Basil and St. John Chrysostom.' *Traditio* 1 (1943): 79–137.

Swierenga, Robert P. 'Calvin and the Council of Trent: A Reappraisal.' *The Reformed Journal* 16, no. 1 (March 1966): 35–7, no. 2 (April 1966): 16–21, no. 3 (May–June 1966): 20–23.

Taft, Robert. *The Liturgy of the Hours in East and West: The Origins of the Divine Office and Its Meaning for Today.* Collegeville, Minn.: Liturgical Press, 1986.

Tentler, Thomas N. *Sin and Confession on the Eve of the Reformation.* Princeton: Princeton University Press, 1977.

Tracy, James D. *Emperor Charles V, Impresario of War: Campaign Strategy, International Finance, and Domestic Politics.* Cambridge: Cambridge University Press, 2002.

Unger, Helga. 'Hans Kilians Drucke als Programm: Thematik, Funktion, Vermittlerbewußtsein im Spiegel der Widmungsvorreden an Pfalzgraf Ottheinrich.' In *Hans Kilian*, 57–80.

van de Poll, Gerrit Jan. *Martin Bucer's Liturgical Ideas: The Strasburg Reformer and his Connection with the Liturgies of the Sixteenth Century.* Van Gorcum's Theologische Bibliotheek 27. Assen: Van Gorcum, 1954.

van Eijl, Edmond. 'Louvain's Faculty of Theology during the Fifteenth and Sixteenth Centuries.' Translated by Frank de Graeve and Raymond Collins. *Louvain Studies* 5, no. 3 (Spring 1975): 219–233.

Varrentrapp, Conrad. *Hermann von Wied und sein Reformationsversuch in Köln: ein Beitrag zur deutschen Reformationsgeschichte.* Leipzig: Duncker und Humblot, 1878.

Vogel, Lothar. *Das zweite Regensburger Religionsgespräch von 1546: Politik und Theologie zwischen Konsensdruck und Selbstbehauptung.* Quellen und Forschungen zur Reformationsgeschichte 82. Gütersloh: Gütersloher Verlagshaus, 2009.

Von Bundschuh, Benno. *Das Wormser Religionsgespräch von 1557 unter besonderer Berücksichtigung der kaiserlichen Religionspolitik.* RGST 124. Münster: Aschendorff, 1988.

Weiss, Nathanaël and V.-L. Bourrilly. 'Jean Du Bellay, les protestants et la Sorbonne, 1529–1535.' *Bulletin de la Société de l'histoire du protestantisme français* 52 (1903): 193–231; 53 (1904): 97–143.

Wieck, Roger S. 'The Books of Hours.' In *The Liturgy of the Medieval Church*, ed. Thomas J. Heffernan and E. Ann Matter, 147–513. Kalamazoo, Mi.: Western Michigan University, 2001.

Wolff, Eugen. 'Beitrag von †Dr. Eugen Wolff.' RGST 21–22 (1912): 253–257.

Wolff, Eugène [sic]. *Un humaniste luxembourgeois au xvie siècle: Barthélemy Latomus d'Arlon (1498?-1570) (Bartholomaeus Henrici lapidicae Alunensis), sa vie et son oeuvre d'après des documents inédits. Première partie (1498–1541).* Großherzogliches Athenäum zu Luxemburg. Gymnasium. Programm herausgegeben am Schlusse des Schuljahres 1901–1902 = Athénée Grand-Ducal de Luxembourg, Gymnase. Programme publiée à la clôture de l'année scolaire, 1901–1902. Luxembourg: Imprimerie Joseph Beffort, 1902.

Wörle, Renate Giesla. 'Hans Kilian und die Zeit des Humanismus.' In *Hans Kilian*, 11–17.

4 Reference Works, Bibliographies *etc.*

Allgemeine Deutsche Biographie. 56 vols. Leipzig: Duncker und Humblot, 1875–1912.

Benzing, Josef. *Die Buchdrucker des 16. und 17. Jahrhunderts in deutschen Sprachgebiet.* Rev. ed. Wiesbaden: O. Harrassowitz, 1982.

Bibliotheca Belgica: Bibliographie générale des Pays-Bas. 6 vols. 1964. Reprint, Brussels: Éditions Culture et Civilisation, 1979.

Bietenholtz, Peter, ed. *Contemporaries of Erasmus: A Biographical Register of the Renaissance and Reformation.* 3 vols. Toronto: University of Toronto Press, 1985–1987.

Bohatta, Hanns. *Bibliographie der Breviere, 1501–1850.* Leipzig: Hiersemann, 1937.

────── *Bibliographie des livres d'heures (Horae B.V.M.) officia, hortuli animae, coronae B.V.M., rosaria et cursus B.V.M. imprimés aux xve et xvie siècles.* Bibliographical Tracts 11, no. 2. Vienna: Gilhofer & Ranschburg, 1909.

Cappelli, Adriano. *Lexicon Abbreviaturarum: Dizionario di abbreviature Latine ed Italiane.* 5th ed. Manuali Hoepli. Milan: Ulrico Hoepli, 1954.

De Bujanda, Jesús Martínez. *Index de l'Université de Louvain, 1546, 1550, 1558.* Index des livres interdits 2. [Sherbrooke, Québec]: Éditions de l'Université de Sherbrooke, 1986.

De Bujanda, Jesús Martínez, Francis Higman and James K. Farge. *Index de l'Université de Paris, 1544, 1545, 1547, 1549, 1551, 1556.* Index des livres interdits 1. [Sherbrooke, Québec]: Éditions de l'Université de Sherbrooke, 1985.

Diccionario de historia eclesiástica de España. Edited by Quintín Aldea Vaquero, Tomás Marín Martínez and José Vives Gatell. 4 vols. and suppl. Madrid: Instituto Enrique Flórez, 1972–1987.

Dictionnaire de théologie catholique. 15 vols. Paris: Letouzey et Ané, 1903–1950.

Encyclopedia of the Early Church. Edited by Angelo de Berardino. Translated by Adrian Walford. 2 vols. Cambridge: 1992.

Enzyklopädie des Märchens: Handwörterbuch zur historischen und vergleichenden Erzählforschung. Vol. 1—Berlin: De Gruyter, 1977–.

Frühneuhochdeutsches Wörterbuch. Edited by Robert R. Anderson, Ulrich Goebel and Oskar Reichmann. Vol. 1—Berlin: Walter de Gruyter, 1989–.

Grimm, Heinrich. *Deutsche Buchdruckersignete des XVI. Jahrhunderts: Geschichte, Sinngehalt und Gestaltung kleiner Kulturdokumente.* Wiesbaden: Guido Pressler, 1965.

Handbuch Gelehrtenkultur der Frühen Neuzeit. Bd. 1: Bio-bibliographisches Repertorium. Berlin: Walter de Gruyter, 2004.

Jaffé, Philipp et al. eds. *Regesta pontificum romanorum ab condita ecclesia ad annum post Christum natum MCXCVIII.* 2nd ed. 2 vols. Leipzig: Veit, 1885–1888.

Lautenbach Ernst. *Latein-Deutsch Zitaten-Lexikon: Quellennachweise.* Münster: Lit-Verlag, 2002.

L'Enfant, David. *Concordantiae Augustinianae, sive collectio omnium sententiarum quae sparsim reperiuntur in omnibus S. Augustini operibus.* 2 vols. Paris: Sebastien and Gabriel Cramoisy, 1656. Facsimile of the first edition. Brussels: Gabriel Lebon, 1965.

Neue Deutsche Biographie. 12 vols. Leipzig: Duncker & Humblot, 1952–2008.

Niermeyer, Jan Frederik and C. van de Kieft, eds. *Mediae latinitatis lexicon minus: Lexique latin médiéval-français/anglais: A Medieval Latin-French/English Dictionary.* Leiden: Brill, 1997.

Orbis latinus: Lexikon lateinischer geographischer Namen des Mittelalters und der Neuzeit. Edited by Helmut and Sophie-Charlotte Plechl. Rev. ed. 3 vols. Braunschweig: Klinkhardt & Biermann, 1972.

Ottosen, Knud. *The Responsories and Versicles of the Latin Office of the Dead*. Aarhus: Aarhus University Press, 1993.

Oxford Latin Dictionary. Edited by P. G. W. Glare. 2 vols. Oxford: Oxford University Press, 1982.

Pegg, Michael A. *A Catalogue of German Reformation Pamphlets (1516–1546) in Libraries of Great Britain and Ireland*. Bibliotheca Bibliographica Aureliana 45. Baden-Baden: Valentin Koerner, 1973.

Schlüter, Theodor C. *Flug- und Streitschriften zur 'Kölner Reformation': Die Publizistik um den Reformationsversuch des Kölner Erzbischofs und Kurfürsten Hermann von Wied (1515–1547)*. Buchwissenschaftliche Beiträge aus dem Deutschen Bucharchiv München 73. Wiesbaden: Harrassowitz, 2005.

Seebass, Gottfried, H. Pils, S. Ruderer, & P. Schaffrodt eds. *Martin Bucer (1491–1551): Bibliographie*. Gütersloh: Gütersloher Verlagshaus, 2005.

Short-title Catalogue of Books Printed in the German-speaking Countries and German Books Published in Other Countries from 1455 to 1600 Now in the British Museum. London: Trustees of the British Museum, 1962.

Theologische Realenzyklopädie. Edited by Gerhard Krause und Gerhard Müller. 36 vols. Berlin: Walter de Gruyter, 1976–2007.

Verzeichnis der im deutschen Sprachbereich erschienenen Drucke des XVI. Jahrhunderts. 22 vols. Stuttgart: Anton Hiersemann, 1983–1995.

Vogel, Cyrille. *Medieval Liturgy: An Introduction to the Sources*. Revised and translated by William G. Storey & Niels Krogh Rasmussen. Washington, D.C.: Pastoral Press, 1986.

Weale, W. H. James. *Catalogus missalium ritus latini ab anno M.CCCC.LXXIV impressorum*. Edited by Hanns Bohatta. London: Quaritch, 1928.

Index of Biblical Citations

Index entries are followed by the abbreviation used in the text

Genesis (Gn)

1,26–27	263
1,28	263
2,18–24	263
3	263, 265
4,1–15	262
4,1–16	137
4,3–4	180
4, 3–8	175
9,18–27	137
14,18–20	173, 180
17,1	264
17,7	99
17,10–14	89
17,14	86
22,1–18	180
25,21	190
29,8	190
29,18	188

Exodus (Ex)

12,6,8	103
12,19	86
20,1–11	90
20,10–11	90
20,2–3	82
23, 15	174, 176, 208, 243
30,1–10	87
31,14–15	86
31,14–16	90
34,20	174, 176, 208, 243
35,2	90

Leviticus (Lv)

1,9	188
7,7–10, 14–15	188
7,20	86
7,30	190
8,27	190
10,1–3	87
12,3	89
22,3	86
23,3	90
23,11	190
23,30	86

Numbers (Nm)

15,30	92
15,30–31	90–92
15,32–36	90
15,39	82, 91–92
15, 9–41	82
15,40–41	82
22,22–34	142

Deuteronomy (Dt)

4	77
4,1	81, 92
4,1–2	81
4,2	77, 79, 81, 85, 92, 106, 106n1
4,5	81
4, 8	81
4,24	87
5,32	81, 85
5,6–7	82
5,6–15	90
5,32–23	106
6,5	53–55, 87
8,6	86
10,12	87
10,16	89
12	77
12,1	81, 92
12,17–19	188
12,28	86, 88
12,32	77, 79, 92, 106n1
13,18	86, 88
16,6	103
16,16	174, 176, 208, 243
23,32	106

Deuteronomy (Dt) (cont.)

26,1–19	187
26,17	86
27,26	53, 132
28,9	86
30,6	89
30,16	86
32,17	272

1 Samuel (1Rg, i.e. 1 Regum)

6	87
3,3	87
6, 19–20	87
8,12–53	188
8,56–61	188
8,62–66	188
9,25	87
19,18	138
25,41	104

2 Samuel (2Rg, i.e. 2 Regum)

6	87
6,6–7	87
25,9	85
25,13–17	85

2 Chronicles (1Par, i.e. 1 Paralipomenon)

2,4	87
6,1–39	188
7,1–10	188
14,3	83
26,16–21	87
36,6	117
39,19	85

Ezra (1Esd, i.e. 1 Esdras)

1,2–4	85
5,17	85

1 Maccabees (1Mcc)

2,41	85, 90

2 Maccabees (2Mcc)

12,43–45	224, 225
12,44–45	225
12,45	226
14,37–46	225n10

Job (Iob)

7,21	227
10,8	227
14,1	227
14,14	227
19,25	227
19,26	227

Psalms (Ps)

1,2	121
1,16–23	83
2,11	91
29,2	249
29,5	148
34,1	264
39,12	213
39,13	214
41,11	227
45,6	148
50,16–18	161–162
50,18	92
50,19	92
51,4	227
75,15	192n4
76,12	87
103,32	264
106,36–37	272
106,40	272
110,4	274, 276
111,10	70
116,12–14	196
119,4–6	90
119,5–6	121
143,2	53
146,1	227

Proverbs (Prv)

19,17	176

INDEX OF BIBLICAL CITATIONS

Song of Songs (Ct, i.e. *Canticum canticorum*)

1,3	136
4,9	134
4,12	134, 136
6,8	134
8,5	204

Sirach (Sir)

9,17	234
35,6	174, 176, 208, 243

Isaiah (Isa)

1,11–15	86, 265
1,13	272
2,8	272
6,9–10	251
29,13	160, 162
43,7	263
51,6	86
53,7	185
58,3–5	265
66,2–4	272
66,3	175

Jeremiah (Ier)

1,16	272
2,13	58
3,8–9	265
3,9–10	161
4,4	89
5,30–31	156
7,8–34	265
14,14–15	156
23,28–32	161
25,6	272
32,33–42	88
32,33–35	272
44,8	272

Ezekiel (Ezec)

5,11	272
6,9	265
8,6–18	272

13,1–16	156
23,37	265

Hosea (Os)

3,1	265

Amos (Am)

5,21–24	265
5,26	267

Micah (Mi)

5,13	272

Malachi (Mal)

1,10–11	177
1,11	174, 184
2,2	84, 119
2,8–12	265

Matthew (Mt)

1,25	234
5,6	274
5,12	53
5,19	84, 160
5,22	137
5,23–24	174, 271
5,26	229, 234
5,29–30	137
5,44	271
6,4–6	53
6,9–10	55
6,24	248
6,33	158n10
7,15	136–137, 142
7,15–16	120
7,15–20	156
7,16	137
7,17	52, 272
7,18	137
9,14–15	245
10,11–13	62
10,28	137, 157
10,42	53

Matthew (Mt) (cont.)

11,29–30	158
12,1–8	90, 245
12,1–13	85
12,30	68
12,31	68
12,31–32	115–116, 118, 229
12,32	68, 232
12,33	52, 272
13,8	240
13,39	48n2
15,9	160, 162, 160n4
15,10–20	245
16,6	142
16,17–19	137
16,27	53
17	160
17,5	160
18,17	64
18,20	138
18,34	229, 234
19,12	54
19,14	99
19,17	107
19,28	87
19,29	53
22,14	137
22,37	55, 87
23	129
23,35	129
24,11,24	156
24,14	252
24,23–24	120
24,24	118
24,35	86, 157
25,31	87
25,32–33	137
25,34–36	176
25,35–40	236
25,40	237
26,14–16	137
26,23–35	274
26,24–25	137
26,26	95, 174, 275
26,26–27	255
26,26–28	77, 92, 275, 278
26,27	78, 190, 275
26,28	95, 132, 152, 174
27,30	190
28,18	136
28,18–20	161
28,19	93–95, 97–98, 100n7, 101, 252
28,19–20	94, 98
28,20	80, 98, 136

Mark (Mc)

1,4	100
2,18–20	245
2,23–28	245
2,27	90
3,21	232
3,22	232
3,28	232
3,29	115–116, 118, 232–233
7,1–23	245
7,6–7	160
7,8	160, 162, 160n4
8,38	157
9,41	53
10,14	99
12,30	55, 264
12,41–44	175
13,21–22	120
13,22	118, 156
14,10,21	137
14,22	95, 174, 275
14,22–25	77, 92, 275, 278
14,23	78, 190, 275
14,24	95, 174
14,26–28	190
16,15	99, 253, 275
16,16	235
26,26–27	254

Luke (Lc)

4,18	274
5,33–35	245
6,1–5	245
6,23	53
6,35	53
6,43–44	272
9,26	157
10,5–6	62
10,16	141

INDEX OF BIBLICAL CITATIONS

10,19	48n2	10,1	136
10,24	91	10,1–18	121
10,27	53–55, 87, 264	10,2–5	121
11,2	55	10,5	137
11,23	68	10,27	71
11,37–41	245	12,28	246
12,10	115, 117–118, 232	13–17	274
12,32	137, 138	13,8	104
13,10–17	245	13,12	137
16,13	248	13,13–15	104
16,22	209	13,14	104
18,16	99	14	77
19,8	66	14,15	77
21,1–4	175	14,16,26	48
22,3–6,21–22	137	14,17	66
22,17–20	77, 92	14,24	137
22,19	92, 95, 103, 174, 190, 254, 275	14,26	141
22,19–20	275, 278	14,27	158
22,20	92, 95, 132, 152, 174, 275	15,5	53, 55
22,21–22	274	15,14–15	160
22,53	253	15,15	253
23,43	107, 233	15,19	137
		15,26	48, 66, 141, 252
		16,7	48
John (Io)		16,8	49, 157
1,12	138, 144	16,12–13	141
1,14	193	16,13	63, 66, 119
3,5	101	17,2	253
3,16	52	17,21–22	253
3,18	235	18,14	142
3,36	235	21,15–19	137
4,10–11	58		
5,24	207, 214, 235	**Acts** (Act)	
5,39	121	2,5	252
6,16	137	2,6	252
6,45	63	2,11	252
6,47	207	2,38	57, 94–96
6,53	129	2,41	101
6,54	133, 194	4,1–22	138
6,54–55	275	5,17–40	138
6,56	188, 276	6,1–6	239
6,59	188	6,8–8,2	138
6,63	132	7,43	267
6,69	120	8,16	94–96
7,37–38	58	9,1–30	66
8,12	161	9,6	208
8,42	136	9,15	96
8,44	136, 156		

Acts (Act) (cont.)

10,1–48	94
10,36	157
10,38	274
10,43	57
10,48	94–96
14,21	98
15,10	91
15,10–11	53
15,36–41	121n5
17	121n5
17,2	121
17,11	121
19,5	94, 95
20,29	50, 51, 156
20,28	121
22,16	208
24,21	100

Romans (Rm)

1,16	52
1,18	58
1,21	58, 82–83, 122, 165, 233, 236, 268
1,21–2	82
1,21–25	83
1,23	83
1,23–31	58
1,28	58, 268
1,29–322	68
2,29	89
3,8	157
4,5	53
4,11	208
4,25	57, 195
5,12–21	263
6,2,11	210
6,4	101
6,6	210
6,10	205
6,11	210, 276
8,2	69
8,7	265
8,14–17	138, 144
8,29	263
9,8	99
10,3	52
10,4	57

10,9	157
10,17	263
11,4	138
12,1	183
12,5	139
12,12	183
15,2	158
15,15–16	183, 191n1, 239
16,17	158
16,18	248

1 Corinthians (1Cor)

1,31	240
1,9	138
2,3	54
2,10	63
2,11,14	141
2,15	63
3,11	235
3,12	235
3,11–15	229, 229n2, 230n5
3,13	229, 231
3,15	231, 235
5,11	271
5,11–12	56
6,2–3	64
6,9	233
6,9–10	56
9,11–15	54
10	87
10,6	87
10,11	87
10,16	152
10,17	120, 152, 257
10,26	276
11,7–11	54
11,22	174
11,23	78
11,23–26	77, 92
11,23–25	275, 278
11,23–29	120
11,24	95, 174, 190, 275
11,24–25	92, 103, 254, 275
11,25	77–78, 95
11,25–26	190
11,26	78, 152, 159–160, 276
11,27	269
11,29	270, 276

12,1	239	3,19	89
12,7	264	3,23–24	89
12,13	139	3,27	56, 58
13,9–10	80	4,5	54
13,10	153	4,6	138, 263
13,12	80, 153	4,9	91
13,13	80	5,1	91
14	251	5,6	265
14,1–37	50	5,19	137
14,1–40	251	5,22	64
14,16	251, 252	5,22–23	137
14,17,26	251	6,14	210
14,29–32	141	6,15	89
15,29	263		
15,44–45	263		
15,53	205	*Ephesians* (Eph)	
16,1–4	239	1,5	54
		1,12	263
		2,2–3	269
2 Corinthians (2Cor)		2,3	53
3,6	133	4,22–24	56, 58
3,13–18	91	5	77
3,17	69, 91	5,2	193
4,13	139	5,9	64
5,15	269	5,25	140
6,14	137	5,25–27,32	77
6,15	137	5,26	101
6,14–15	64	6,5	88
10,8	63, 140		
10,17–18	240		
11,4	137	*Philippians* (Phil)	
11,13	118	3,8	55
11,23	113	3,9	55
11,26	114	3,10–11	55
13,10	140	4,18	175

Galatians (Gal)		*Colossians* (Col)	
1	77	2,11–12	89
1,6	137	2,12	101
1,6–9	77, 79, 159	3,1	210
1,8	77, 80, 105, 110, 113, 122, 137	3,9–10	56, 58
1,10	158	3,10	263
2,16	53		
2,19–20	129		
2,20	132	*1 Thessalonians* (1Th)	
3,6–9,15–18	99	2,9–12	156
3,10	53, 132	4,16	107
3,15–20	82		

2 Thessalonians (2Th)

2,4	148, 168, 235
2,7	235
2,9–12	156

1 Timothy (1Tim)

1,13	67
1,13,16	123
1,20	137
2,1	239–240, 256
2,5	54, 240
3,8–13	239
4,1–2	156

2 Timothy (2Tim)

2,1	241
2,19	141

Titus (Ti)

2,12	210
3,5	58, 99, 263

Hebrews (Hb)

1,8	148
2,17	160, 190, 274–275
4,16	87
5,6	276
6,20	276
7,17	276
7,17,21	274
7,21	276
8,1–6	240
8,6	89
9,28	193
10,1	187–188
10,10	193
10,14	193
10,29	236
12,22	139
12,22–24	139

James (Iac)

2,10	54

1 Peter (1Pt)

1,23	117
2,24	210
3,18	193
3,19	233
3,20	136
5,8	48n2

2 Peter (2Pt)

2	156

1 John (1Io)

1,8–9	54
2,1–2	54
2,12	57
2,18	115–116, 118, 137
2,18–19	156
2,22	115–116, 118, 137
3,1–2	138
3,2	153
4,1	156
4,3	48, 115, 118, 137, 252
4,6	141
5,1	136

2 John (2Io)

1,7	115–116, 118, 137
7	156

Revelation (Apc)

11,19	176
14,13	214, 223
21,3	176

Index of Non-Biblical Sources

Adrian VI
 – *Instructio pro te domino Francisco Cheregato* 62
Agricola, Rudolf
 – *De inventione dialectica* 3,3   95
Ambrose
 – *De bono mortis* 2,5   214
 – *De obitu Theodosii*
  36–37   205
  39   205
  39 (8), 3–4   206
  40   205
 – *De obitu Valentiniani* 77–78   204
Ambrosiaster
 – *Commentaria in 1 Epistolam ad Corinthios*
  3   230
  14, 14–17   251
Andreä, Jacob
 – *De usu calicis in synaxi*   36
 – Ὑπερασπιστὴς τῶν προλεγομένων *Ioannis Brentii*   36
Aquinas, see Thomas Aquinas
Aristotle
 – *Analytica posteriora* 1, 6   165
 – *De sophisticis elenchis* 5   119, 217
 – *Rhetorica* 3, 10–11   95
Augustine
 – *Confessiones* 9, 12   209
 – *Contra duas epistolas Pelagianorum ad Bonifacium*
  1, 3 (6)   51
  3, 7 (19)   55
 – *Contra Faustum*
  18   192
  21   192
 – *Contra Gaudentium*
  1, 28 (32)   225
  1, 31 (36–40)   225
  1, 31 (38)   225
 – *Contra Iulianum* 4, 3   51
 – *De baptismo contra Donatistas*
  4, 23   99
  5, 22–25   75
 – *De civitate Dei*
  8, 8   56
  20, 6   183
  21, 21   230
  21, 26   230
  21, 24, 2   232
 – *De correptione et gratia* 13 (14)   51
 – *De cura pro mortuis gerenda* 1, 2   216
 – *De doctrina christiana*
  2, 8   225, 256
  3, 9   192
 – *De fide et operibus* 15   230
 – *De Genesi ad literam* 10, 23   99
 – *De gratia Christi et de peccato originali* 2, 24   53, 55
 – *De natura et gratia* 44, 51   54
 – *De octo Dulcitii quaestionibus*
  1   215, 216, 230
  1, 1, 11&14   234
  2   212, 222
 – *De spiritu et litera*   230
 – *De Trinitate* 3   234
 – *De unico baptismo contra Petilianum*
  11   234, 235
 – *Enarrationes in Psalmos* 75, 15   192
 – *Enchiridion*
  1, 68   230
  69   215, 216
  109–110   212
  110   222
 – *Epistolae*
  54   103, 218
  55   74, 104, 218
  82, 1   234, 235
  148, 4 (15)   235
  149, 2   256, 257
 – *Quaestiones evangeliorum* 2, 33   193
 – *Tractatus in evangelium Ioannis* 25, 12   106
[Ps–] Augustine (see also Fulgentius of Ruspe)
 – *Sermo* 300   128
Basil of Caesarea
 – *Homiliae*
  17   202

Basil of Caesarea (cont.)
- *Homiliae*
  18   202
  23   202
Bernard of Clairvaux
- *In coena Domini sermo de baptismo, sacramento altaris, et ablutione pedum*
  105
Biel, Gabriel
- *Canonis expositio*
  7–8   271
  14   103
  25–29   277
  29D   270
  56–58   277
  56H   270
  56P–U   213
  84O   125
  84O–P   127
  85F   277
  87A–H   271
  88   88
Billick, Eberhard
- *Iudicii defensio*   20–21, 51
- *Iudicium cleri*   14
- *Iudicium deputatorum*   14, 51–52, 56, 258, 271
- *Vrteil der Vniuersiteit und Clerisie*   15
Boniface VIII
- *Liber sextus decretalium* 1, t. 2, 1   122
Bucer, Martin
- *Acta colloquii*   12–13
- *Alle Handlungen*   12–13
- *Bericht auss der heyligen Geschrift*   99
- *Bestendige Verantwortung*   14, 99, 149, 154, 171–172, 178–179, 180–181, 190, 200–202, 204–205, 209, 212–214, 219, 234, 239–240, 243, 250–251, 255–257
- *Consilium theologicum privatim conscriptum*   38
- *De concilio*   11, 16, 44, 62, 75, 112, 122
- *De vera et falsa administratione*   11, 13, 15–17, 19–20, 44, 71, 111
- *Der newe Glaub*   51–52, 121–122, 146, 227
- *Die ander Verteydigung*   15, 20, 51–52, 227, 275
- *Disputata Ratisbonae*   19–21, 51, 70, 279
- *Ein christlich ongefaehrlich Bedencken*   38, 160, 193
- *Ein christliche Erinnerung*   16
- *Enarratio in Evangelium Ioannis*   101
- *Enarrationes perpetuae in sacra quatuor evangelia*   98
- *Florilegium patristicum*   74–75, 102, 115, 127, 192, 200–201, 212–213, 224, 242, 250–251, 271
- *Gratulatio Martini Buceri*   279
- *Grund und Ursach*   98
- *Scripta duo adversaria*   2, 9, 68, 7, 13, 43, 68, 70, 72, 74–75, 77, 79, 97, 106, 108, 119, 125, 134, 138, 142, 149–150, 152, 178–179, 208, 250, 258, 279
- *Von den einigen rechten wegen*   11, 16, 44, 155
- *Warhaffter Berichte*   70
- *Was in Namen des heiligen Euangeli*   149, 154
- *Wider Vffrichtung der Messen*   38–39, 255
- *Wie leicht vnnd füglich*   16–17, 156
- *Zwey Decret des trientischen Concilii*   18, 34
Calvin, Jean
- *De vitandis supersitionibus*   38
- *Petit traicte monstrant que doit faire un homme fidele*   36–38
Canon missae, see Mass
Canones apostolorum 84   224
Castro, Alfonso de
- *Adversus haereses*   14, 229
Cicero
- *De natura Deorum* 2, 3   88
- *De officiis* 1, 3, 8   55
Clement VI
- *Unigenitus*   56
Council of Basel
  Session 3   62
  Session 30   74
Council of Carthage II   75
Council of Carthage III   75
Council of Carthage 'Africae III'   224
Council of Chalcedon
  Actio 16   75
Council of Constance
  Session 4   62
  Session 13   74
Council of Ephesus II   75
Council of Florence
  Session 25   213

INDEX OF NON-BIBLICAL SOURCES

Council of Laodicea
   c. 59   224
Council, Lateran II
   c. 15   147
Council of Rimini   75
Council of Sirmium   75
Council of Trent
   – *Admonitio legatorum*   17–18, 48–50, 58–60, 65–66
Cyprian
   – *De lapsis* 25   196
   – *De unitate ecclesiae*
      5   257
      17   257
   – *Epistola unica ad Lucium papam* 4   199
   – *Epistolae*
      9, 2   198
      11, 2   198
      34, 3   200
      37, 2   200
      40, 5   257
      63   154, 159–161, 173
      63, 1   168
      3, 4   173
      63, 8   99
      63, 9–10   78
      63, 14   173
      63, 14–15   190, 274, 278
      63, 17   173
      66, 2   197
      69, 2   115
      69, 12, 3   101
      70   75
      72   75
      74   75, 163
      75   75
   – *Liber ad Demetrianum* 25–26   213
   – *Liber de opera et eleemosynis* 15   173, 179
Cyril of Alexandria
   – *Epistola* 17   194
Damasus I
   – *Epistola ad Aurelium Carthaginensem episcopum*   115
Dathenus, Petrus
   – *Ad Bartholomaei Latomi rhetoris calumnias*   36
Decretales Gregorii IX 3, t.41, c.6   102

Decretum Gratiani
   1, d. 6, c. 1   271
   1, d. 9, c. 3   235
   1, d. 9, c. 5   235
   1, d. 9, c. 8   235
   1, d. 9, c. 10   235
   1, d. 49   84
   2, c. 1, q. 1, c. 1   248
   2, c. 1, q. 1, c. 84   184
   2, c. 1, q. 1, c. 94   128
   2, c. 1, q. 1, c. 200   248
   2, c. 13, q. 2, c. 23   212
   2, c. 16, q. 1, c. 57   248
   2, c. 16, q. 1, c. 62   248
   2, c. 16, q. 1, c. 65–67   248
   2, c. 17, q. 4, c. 29   147
   2, c. 21, q. 3, c. 4   197
   2, c. 25, q.1, c. 5   115
   2, c. 25, q. 1, c. 6   112
   3, d. 1, c. 29   197
   3, d. 2, c. 12   150–151
   3, d. 2, c. 27   127
   3, d. 2, c. 47   106
[Ps–] Dionysius
   – *De hierarchia ecclesiastica*
      3   185
      3, 1, 7   186
      3, 1, 7–3, 1, 12   186
      3, 1, 12   186
      7   202, 209
      7, 1   206
      7, 1–2   206
      7, 2   209
      7, 3, 1   206
      7, 3, 2–7, 3, 3   209
      7, 3, 4   209
      7, 3, 4–7, 3, 5   206
      7, 3, 4–7, 3, 7   206
      7, 3, 6   206
      7, 3, 6–7, 3, 7   206
      7, 3, 7   206, 218, 226
      7, 3, 8–7, 3, 9   210
Divine Office
   – *Officium mortuorum*   214, 223
   – *Vigiliae mortuorum secundum usum Augustensem*   227, 228
Eck, Johannes
   – *Apologia*   109
   – 'De purgatorio'   229, 234

Eck, Johannes (cont.)
- *Enchiridion locorum communium*
    10   109
    25   229, 232, 234
- *Replica*   109
Enzinas, Francisco de
- *Acta concilii Tridentini*   18
- *Historia de statu Belgico*   122
- *Historia vera*   32–35
Epiphanius of Salamis
- *Panarion*
    75, 3   219–220
    75, 7   219–221
Erasmus, Desiderius, ed.
- *D. Ioannis Chrysostomi archiepiscopi Constantinopolitani opera*   152
Escobar, Andrés de
- *Modus confitendi*   146
Eusebius of Caesarea
- *Historia ecclesiastica* 6, 25   224
Fulgentius of Ruspe
- *De fide ad Petrum* 19   193–194, 196
Gardiner, Stephen
- *Ad Martinum Bucerum conquestio*   279
Góis, Damião de
- *Fides, religio, moresque Aethiopum*   111
- *Legatio magni Indorum imperatoris Presbyteri Ioannis*   111
Gregorian Sacramentary   95
Gregory I
- *Dialogi* 4   234
- *Epistolae*
    9, 12   251
    125   84
- *Regulae pastoralis liber ad Ioannem episcopum civitatis Ravennae* 1, 10   84
Gregory Nazianzen
- *Orationes*   202
Gropper, Johannes
- *Antididagma*   14, 205, 220, 221, 234
- *Gegenberichtung*   14–15, 51, 56, 170–172, 174, 178, 193, 195, 205, 209, 212, 215, 217, 219, 221, 224, 229, 234, 239–240, 242–243, 250, 258, 261, 264, 270
- *Historia tripartita*
    4–6, c. 18   138
    5, c. 6, 8–9   75
    5, c. 20–21   75

Hoffmeister, Johannes, ed.
- *Missa D. Ioannis Chrysostomi*   152, 181, 255
Irenaeus of Lyons
- *Contra haereses*
    4, 17, 5   174, 239
    4, 18, 1–3   175
    4, 18, 3   175
    4, 18, 3–4   175
    4, 18, 4   175
    4, 18, 5   175, 190
    4, 18, 5–6   176
    4, 18, 6   190
Isidore of Seville
- *Etymologiae* 6   184
Jerome
- *Commentarius in 1 Epistolam ad Corinthios* 3   230
- *Epistolae*
    60, 7   207
    75, 1–2   207
    77, 12   207
    108, 21   207
    125, 20   128
John Chrysostom
- *Homiliae in Matthaeum* 84   271
- *In epistolam ad Ephesios homiliae* 3, 4   255
- *In 1 Epistolam ad Corinthios homiliae*
    9, 2–3   230
    35, 2–3   251
- *In 2 Epistolam ad Corinthios homiliae*
    18   152
    18, 3   208, 250, 258
[Ps–] John Damascene
- *De his qui in fide dormierunt* 3   234
Latomus, Bartholomaeus
- *Adversus Martinum Bucerum altera plenaque defensio*   10
- *Artificium dialecticum*   3
- *De docta simplicitate primae ecclesiae*   36
- *Defensio*   2, 9, 11, 13, 16, 43, 68, 70–74, 79, 81, 84, 93–95, 97–98, 100–101, 103–104, 106–115, 117–119, 124–138, 140–145, 150, 152, 154–155, 157, 159, 163, 165, 167, 170, 208, 234, 243, 250, 258, 260, 277–279
- *Epitome commentariorum*   95

– *Refutatio calumniosarum sectationum*
    11, 44
– *Responsio*   2, 5, 67, 72–74, 97, 108, 111, 119
– *Spaltung der Augspurgischen Confession*
    36
– *Summa totius rationis disserendi*   3
Latomus, Bartholomaeus and Joannes Sturm,
    Epistolae duae duorum amicorum   6
Leo I
– *Epistolae*
    43–44   75
    105   75
Liturgy of John Chrysostom   152, 181–182,
    185, 201
Lombard, Peter, see Peter Lombard
Mass
– *Canon missae*   78, 95, 178–180, 254–255
– Dominica V post Pentecosten, oratio
    super oblata   178
– Dominica VII post Pentecosten, oratio
    super oblata   178
– *Sursum corda*   86
Melanchthon, Philipp
– *Responsio Philippi Melancthonis ad
    scriptum quorundam delectorum a
    clero secundario Coloniae
    Agrippinae*   8
Merlin, Jacques
– *Conciliorum quatuor generalium*   75
Münster, Sebastian
– *Dictionarium hebraicum*   81, 190
Oecolampadius, Joannes
– *Quantum defunctis prosint viventium
    bona opera*   234
Origen
– *Commentarii in epistulam ad Romanos*
    5, 9   9
Paul III
– *Bulla suspensionem concilii revocans*
    60
– *Indictio concilii Mantuae celebrandi*   60
Peter Lombard
– *Sententiae* 4, d.9   106
Pighius, Albertus
– *Controversiarum explicatio*   16, 51, 270
    2   51–52
    3   115
    16   147

– *Hierarchiae assertio*   147
    4, c. 8   115
    5   148
    5, c. 11–16   147
    6, c. 12   16
    6, c. 8   147
    6, c. 12–13   147

Prierias (Mazzolini), Silvester
– *Dialogus de potestate papae*   147
Quiñones, Francisco de
– *Breuiarium Romanum*   50
Quintilian
– *Institutio oratoria*
    4, 2, 63–65   95
    8, 3, 61–71   95
Regensburg Book, see *Worms Book*
Tertullian
– *Adversus Praxeam* 2   113
– *De corona*   102
    3   242
– *De exhortatione castitatis* 11   242
– *De mognogamia* 10   242
– *De praescriptionibus*
    6   113
    7   112
Thomas Aquinas
– *Scriptum super sententiis*
    4, d.3, q.1, a.2, qc.2, ad.3   96
    4, d.3, q.1, a.4, qc.1, co   101
    4, d.9, q.1, a.3   271
    4, d.21, q.1, a.3, qc.1, co   221
    4, d.45, q.2   237
    4, d.45, q.2, a.1, qc.2, co   270
    4, d.45, q.2, a.2, qc.1   213
– *Summa theologiae*   111
    3, q.64, a.8 & 10   193
    3, q.66, a.6, ad.1   96
    3, q.66, a.7   101
    3, q.79, a.7   277
    3, q.79, a.7, ad.2   270
    3, q.80, a.4–a.6   271
    3, q.80, a.12, co   111
    3, q.83, a.1   277
    3, q.83, a.2, ad.3   103
    3, q.83, a.2, co. & ad.1–5   103
    3, q.83, a.4, ad.7–9   193
    3, q.83, a.6, ad.7   127

University of Louvain
– *Articuli orthodoxam religionem ...
  respicientes*   17, 51, 121
  6, 27, 30   52
  6   52
  8   53
  9   51
  9–10   51
University of Paris
– *Catalogus librorum ... eiusdem facultatis
  theologiae Parisiensis articuli* xxvi   121

Virués, Alonso Ruiz de
– *Philippicae disputationes*   13–14, 52, 54, 56
Wied, Hermann von
– *Einfaltigs Bedencken*   89, 154, 170, 239–244, 271
– *Simplex ac pia deliberatio*   170, 239–240
Worms Book   27, 172, 239–240

Index of Subjects, Names and Places

Abel   137, 175, 178, 180
Abigail   104
Abihu   87
Abraham   29, 89, 99, 180, 208, 264
　Bosom of Abraham   209
Adam   31
Adrian VI   62
Aerius   29, 219–223, 242
Affaire des placards   4
Africa   75, 138, 224
'African Councils'   75
Alcoran   17, 121, 122n6
Almsgiving   27, 30, 173, 175, 179, 187, 212, 237, 239, 243, 248
　See also Poor and poverty
Alsace   38
Ambrose of Milan   28, 125, 202, 204–207, 213, 223, 230, 233, 251
Anabaptists   6n28, 17, 24–25, 98, 100
Ananias   208
Andernach   7
Andreä, Jacob   36
Antichrist(s)   12–13, 17, 25, 39, 48, 67–68, 73–74, 78, 88, 108, 109–110, 112–113, 115–123, 128, 131, 134, 136–137, 140, 142–145, 156, 158, 163, 169, 171, 235, 249, 252, 268–269, 273
Apocrypha   224–226
　See also Scripture, authority
Apostles' Creed   50, 146
Apostles, false   118, 141
Aquarii   26, 159, 165
Arianism   242
Ark of the Covenant   87
Arlon   2
Asia   138
Athanasius of Alexandria   25, 138
Augsburg   34
Augustine   28–30, 51, 55, 74, 103, 125, 127, 183, 192–193, 196, 209, 212–219, 222–225, 229–232, 234–235, 256–257

Baal   25
Baptism   20–21, 24, 58, 75, 85, 93–101, 208, 258
　infant Baptism   8, 24, 98–99

Barnabas   98
Bartholomaeus, Adam   33–34
Basel   3n10, 33, 35
Basel, Council   62, 74–75, 111, 120n4, 143
Basil of Caesarea   125, 202, 207
Bédier, Noël   5
Belial   64, 137
Bellay, Jean du   2, 4, 7
Berquin, Louis de   5
Beth Shemesh   87
Billick, Eberhard   14, 20–21, 51n13, 71n8
Bonn   8, 10
Bredenbach, Mathias   36
Breisgau   38
Brenz, Johannes   18–19
Briçonnet, Guillaume   5
Bucer, Martin   1–2, 6–39
Budé, Guillaume   3

Cain   137, 175, 262
Calvin, Jean   2, 3, 19, 32, 36–38
Canary Islands   14
Caritas   54, 85, 104, 134, 193–194, 199, 236, 263, 243, 270–271
　See also Dilectio
Carthage II, Council   75n11
Carthage III, Council   75n11
Catechism   48
Catholic (word)   13, 25, 77, 136–139
　See also Church
Celibacy   8, 10, 23, 70, 54, 55, 70, 279
Cervini, Marcello   19
Ceremonial Law   24, 27, 81–91, 103, 152, 187–190, 192–194, 245, 264
　See also Sacraments; Idolatry
Circumcision   85, 89
Chalcedon, Council   75
Charles V   6, 11, 13, 15–17, 19, 33
Church   134–143
　authority   8–10, 15–17, 23, 35, 63, 68, 70, 72–74, 77–78, 79–80, 93, 96–97, 100, 102–105, 108, 110–113, 115–121, 123, 125–126, 131, 140, 143, 150, 152, 163, 165–166, 169–170, 235
　See also Catholic (word); Schism

Clergy, moral conduct   48–50, 57–60, 62, 65, 83, 116–118, 120–121, 129, 141, 145–146, 155, 248, 268, 227
Cochlaeus, Johannes   13, 25, 109, 110n6, 224n2
Cologne   3n10, 9, 11, 14–16, 57, 83
Cologne Reformation   1, 7–9, 11–15, 20–21, 23, 26, 28, 31–32, 35, 41, 155, 170, 195, 221, 258, 266
Cologne, University   3
Concupiscence   20, see also Sin
Confessio Augustana   2n6, 14, 36
Constance, Council   62, 74–75, 95n3, 96n10, 111, 120n4, 123, 143
Constantinople   231
Contarini, Gasparo   11
Cornelius   94
Council
  See under name of place
Councils, authority   15–16, 62–64, 74–75, 96, 111–113, 115, 119–120, 125, 135, 143, 146–147
Covenant   88, 90, 99, 195
Crépy, Peace of   16
Cruciger, Caspar   2
Cuenca   33
Custom
  See Tradition
Cyprian of Carthage   10–11, 25–28, 32, 36, 72, 75n11, 78, 84, 149, 154–168, 170–171, 173, 179, 190, 196–202, 213–214, 223, 233, 238, 242–243, 257, 277–279
Cyril of Alexandria   28, 194

David   104
Day of Atonement   86
Dead, prayer for   14, 23, 27–31, 71, 200–237, 241–247
  See also Purgatory
Decalogue   49–50, 90, 145
Demons   272
  See also Satan; Belial
Derbe   98
Devil
  See Demons; Satan
Diaz, Alfonso   33–34
Diaz, Juan   14n69, 18n94, 19, 32–33–35
διαλογισμοί   21, 58, 82–83, 122, 233, 236, 268
Diet
  See under name of city

Dilectio   134, 175, 177, 207, 217, 236, 265
  See also *Caritas*
[Ps–] Dionysius the Areopagite   209–211
Dobneck, Johann
  See Cochlaeus, Johannes

Eck, Johannes   9–11, 13–14, 25, 97n13, 109
Edification   12n56, 54, 63, 140, 158, 171, 187, 204, 218, 240–241, 251–252
England   25, 135, 138, 141–142, 147–148
Enzinas, Francisco de   14n69, 18n94, 32n120, 33–35
Ephesus II, Council   75
Epiphanius of Salamis   219–223
Erasmus, Desiderius   3n10, 4, 13, 145
Ethiopia   25, 111, 120, 125, 136, 252
Eucharist   23–28, 30–32, 36–38, 58, 67, 77–78, 85, 93, 95–97, 102, 104, 108, 114, 127–132, 152–153, 159–161, 174, 188, 210, 248–251, 256–259, 274–276
  communion   254–259, 261, 275–276
  communion under one kind   1, 8, 10–11, 13, 23, 25, 35–36, 67, 70, 72–80, 92–93, 95, 108, 113, 122–124, 127–128, 129–133, 143–144, 149–152, 162, 165–169, 180, 276,
  effect 85, 89, 133, 152–153, 187–188, 190–191, 194–195, 204, 210, 249–250, 258, 262, 274–276, 278
  institution   77–78, 103, 159–166, 174, 190, 274–276
  sacrifice   10–12, 15, 23, 26–27, 30–32, 58, 88, 160–161, 165, 167, 170–202, 208–209, 212, 238–241, 256, 262, 270, 277–279
  See also Dead, prayer for; Mass; Language of worship; Liturgy of John Chrysostom
Eugenius IV   62
Europe   59

Faith   51–55, 57–58, 63, 80, 82, 85–86, 88–89, 99, 106–107, 129, 132, 138–139, 141, 168, 171, 175, 177, 190–191, 193, 199–202, 204, 206–207, 208, 211, 213–214, 217, 219–220, 222–223, 225, 229, 230, 235–236, 241–247, 250–252, 260, 262–266, 268, 270, 274, 276
  See also *Fiducia*
Fasting   86, 103, 245
Father, God   54, 95–96, 160, 170, 173, 176, 184, 190, 192–196, 199, 207, 213, 230, 240–241, 249, 252–253, 255, 263–264, 274–275, 278

Fathers, authority 10–11, 13, 17, 23, 62, 67, 71–72, 74, 88, 110, 116–117, 119, 125–127, 134, 145, 149, 159, 163, 165–166, 168–172, 184, 186, 191, 194, 196–197, 210–213, 218, 223–224, 230–231, 233–235, 238, 242–247, 256–257, 260, 277–279
  See also Church, authority; Tradition
Feet, washing 25, 103–104
Ferdinand I 16
Fiducia 53, 58, 129, 146, 188, 207, 230, 248–249, 270–272
  See also Faith
Flavin, Melchior 18–19
Florence, Council 231
France 5n24, 135, 138, 141–142, 169, 248, 269
Francis I 5, 16
Fratres infirmiores 9, 63, 67–68, 125
Frecht, Martin 34
Freedom, evangelical 91
Freiburg-in-Breisgau, University 3

Gardiner, Stephen 279
Gelasius I 149–151
Geneva 33
Germany 5–8, 9, 11–12, 18–19, 25, 33, 38, 48, 135, 138, 141–142, 145, 147, 169, 254n1
Gocleinus, Conrad 2n4
Góis, Damião de 111n4
Grace 52–55, 195, 207–208, 213, 215, 218
Gratian (emperor) 204–205
Gregory I 84, 184, 234, 251
Gregory Nazianzen 125, 202, 207
Greece 25, 125, 136, 231
Greeks 27, 172, 185, 201, 231, 250
  See also Orthodox churches
Greiffenklau, Richard von 3
Gropper, Johannes 9, 13–14, 15, 20, 71n8

Hagen, Johann Ludwig von 1, 3, 7, 11, 20
Hagen, Wolfgang von 3, 10
Hagenau, Colloquy 2
Ham 137
Henry VIII 18
Heresy 59–61, 63, 65, 68, 75, 95–97, 112–113, 116–117, 119, 123, 135–136, 139, 143, 145, 155–156, 169, 175–176, 219–220, 222, 242
  See also Schism
Hilary of Poitiers 125
Holy Spirit 48–49, 56, 59–70, 75, 86–87, 91, 94–95, 99, 115–116, 118–120, 123, 137, 139–142, 152, 169, 181–184, 193, 196, 206, 215, 217, 229, 232–233, 239, 241, 248, 251–252, 260, 263, 274
Hus, Jan 123

Idolatry 21, 25, 32, 37, 39, 81n3, 82–83, 88, 120, 125, 129, 144, 146, 155, 225, 251, 262, 265–267, 269, 272, 274
  See also Ceremonial Law
Images, sacred 145
Indulgences 22, 52, 56–57, 145–147, 236–237
Innsbruck 34
Inquisition, Spanish 14
Interior worship
  See Worship
Irenaeus of Lyons 27, 36, 174–177
Isaac 29, 209
Israel 85, 89–90, 138, 141, 187, 189
Italy 2, 5n24, 6, 18, 25, 135, 138, 141–142, 169

Jacob 29, 209
Japheth 137
Jerome 202, 207, 230
Jerusalem 58
Jesus Christ
  mediator 54, 82, 89, 139, 212, 240
  priest 160, 173, 190, 195, 274–276
  redeemer 181, 194
  saviour 67, 89, 99, 109, 120, 136, 181, 192
  sacrificial victim 193–195, 239, 277
  teacher 94, 104, 120, 159, 168–169, 131, 253, 254
Jews 262, 267
  See also Israel; Ceremonial Law
John Chrysostom 25–26, 72, 125, 149, 152–153, 168, 208, 230, 250–251, 255, 258, 271
John the Baptist 100
John of Damascus 234
Judas 137
Judas Maccabaeus 225
Justification 17, 20–22, 51–57, 221

Kilian, Hans 32–35, 45, 279
Koblenz 2, 8

Latomus, Bartholomaeus 1–17, 19–20, 22–26, 32, 35, 39, 45, 47, 66, 68, 70–76, 79–84, 88–89, 91, 93, 97n13, 98–102, 106–122, 124–147, 149–155, 157, 159, 162–167, 169–170, 176–177, 180, 183, 185, 212, 220, 227–228, 231,

Latomus, Bartholomaeus (cont.)
  238, 242–244, 247–249, 252, 254n1, 256,
  258n2, 269, 271–272, 276–279
Language of worship   13, 31, 61, 144–146, 237,
  241, 248–253, 255, 258–259, 274–275
Law   53–55
Leipzig, 1539 Colloquy   38
Ley, Georg   8–9
Linz   7, 9
Liturgy of John Chrysostom   181–182, 186, 201
Liturgy of the Hours
  See Office, Divine
Lord's Prayer   50, 146
Lord's Supper, see Eucharist
Loreto   58
Louvain, University   3, 17, 51, 121, 146
Love
  See Caritas; Dilectio
Low Countries   17
Loyola, Ignatius of   3
Lucius I   199
Lyon   9

Maccabees   85, 90, 224–226
Madruzzo, Cristoforo   34
Maier, Johann, see Eck, Johannes
Malvenda, Pedro   14, 21, 34
Mammon   31
Marguérite of Navarre   4
Mary, Virgin   28, 201, 234
Mass   31–32, 36–39, 267–276
  application   88, 267, 193, 197–198, 267,
    270, 277, 199–226
  Canon missae   12–13, 27, 31, 88, 178–180,
    249, 254–255
  opus operatum   12, 31, 249, 267, 270,
    277n4
  prayers   86, 178, 248
  word   39, 171n7
  See also Eucharist; Dead, prayer for;
    Language of worship
Massarelli, Angelo   17, 19
Mazzolini, Silvestro
  See Prierias Sylvester
Melanchthon, Philipp   4, 8, 19
Melchizedek   173, 180,
Merit   21–22, 51–53, 55–56, 146, 205, 207, 214,
  221, 223, 268–270, 277
  See also Mass, application; Mass, opus
    operatum; Supererogatory works

Mont, Christopher   18–19
Morone, Giovanni   2n6
Münster   7n28

Nadab   87
Nestorius   194
Neuburg-an-der-Donau   1, 32–35, 45, 47, 279
Nuremburg, 1523 Diet   62

Obedience   56, 81, 86, 90, 107, 134, 136, 139,
  143–144, 157–158, 189, 274
Office, Divine   48, 227–228
Opus operatum
  See Mass, application; Mass, opus
    operatum
Origen   224
Orthodox churches   75, 125, 136, 172, 201, 235
  See also Greeks
Ottheinrich von der Pfalz   32–33

Papacy   8, 16–18, 37, 39, 56, 60, 62, 64–65, 73,
  75, 83, 89, 109, 112–123, 131–132, 135–137,
  139–151, 155–156, 168–169, 199, 231, 247,
  251–252, 260, 268, 274–275
  See also Antichrist(s); Clergy, moral
    conduct; Patriarchs of the church; and
    names of individual popes
Papal infallibility   147
Paris   4, 5n24, 83
Paris, University   3–4, 7, 33, 121, 145
Passover   86
Patriarchs of the church   75
Paul   98
Paul III   16, 147
Penance (sacrament)   21
Penitentials   146
Peter   94, 101, 104
Pfalz-Neuburg   32
Pighius, Albertus   9, 13–14, 16, 25, 51n13,
  52n17, 55n26, 109, 110n6, 115n1, 147–148,
  270n1
Pilgrimage   58
Pole, Reginald   17
Poor and poverty   49, 60, 173, 175–177, 179,
  187, 208, 237, 239, 243–244, 248
  See also Almsgiving
Pope
  See under name of pope; Papacy
Prierias, Sylvester   147

Prophets, false   118–119, 141
   See also Apostles, false
Ps-Dionysius   29
Purgatory   8, 23, 27, 29–30, 52, 56, 66, 71, 145–146, 171, 202–204, 210, 212–238
   See also Dead, prayer for

Quiñones, Francisco de   48

Razias   225
Regensburg   32, 34, 69
Regensburg, 1541 Colloquy   11–13, 27, 32
Regensburg, 1541 Diet   11–12
Regensburg, 1546 Colloquy   1, 14, 19–21, 33–34, 41, 51, 279
Reichstag
   See under name of city
Relics, veneration   145
   See also Saints, invocation and intercession
Rimini, Council   75
Roman canon
   See Mass, *Canon missae*
Rome   57–59, 83, 251
Roussel, Gérard   5

Sabbath   85, 89–90
Sacraments   23–24, 48, 57–58, 58, 61, 79, 85–87, 88, 91–92, 97, 100, 102, 106–107, 122, 129, 132–133, 152–153, 264
   See also Baptism; Ceremonial Law; Eucharist; Penance; Worship
Sacrifice   86, 89–90, 174–175, 187–189, 192, 238–241, 262, 264
   See also Ceremonial Law; Eucharist; Worship
Saints, invocation and intercession   8, 10, 50, 56–57, 70, 145, 146
Santiago de Compostela   58
Satan   48, 58, 62, 65–66, 68, 118, 123, 136, 140, 147, 156–158, 183, 232, 265–266, 269
   See also Antichrist(s); Belial; Demons
Schism   5–6, 11, 38, 68, 134–135, 139, 143–145, 154–155, 157, 169
Schmalkaldic War   33
Scholastic theology   4–5, 32, 41, 51, 96–97, 103n4, 145, 213, 221, 270, 271, 277–278,
Scripture, authority   8–9, 25, 35, 61–63, 67, 70, 72, 86, 106, 109–110, 112–113, 119, 121–122, 157, 224–226, 234–235, 241, 243, 256
   canon   224–226

clarity   109–110
preaching   50–51, 57, 145, 252
translation   22, 50–51, 61, 145–146
Sélestat   3n10
Senarclens, Claude de   33
Shem   137
Simony
   See Clergy, moral conduct
Sin   20, 22, 52–55, 115, 221, 226, 235–236, 260
   unforgivable sin   68, 229, 232–233
   See also Concupiscence
Sirmium, Council   75
Sleidan, Johannes   2, 5
Sophistae   23, 26, 39, 71, 79, 170, 258
   See also Scholastic theology
Soto, Pedro de   34
Spain   14, 25, 33, 135, 138, 141–142, 169
Speyer, 1544 Diet   15, 19
Spirit
   See Holy Spirit
Spiritus adversarius
   See Satan
Strasbourg   2, 3n10, 8, 10, 19, 33
Sturm, Johannes   2, 4–6, 13
Suleiman II   16
Sundgau   38, 92
Supererogatory works   21, 22, 52, 54–56
   See also Indulgences; Merit; Saints, invocation and intercession
Superstition   88–89
   See also Idolatry
Switzerland   33
Syllogism   77, 79, 92–93

Tertullian   242
Theodosius I   28, 205–206
Thomas Aquinas   32, 96, 111
Tradition(s)   9, 15, 17, 25–26, 56–57, 60, 63, 72, 77–78, 80, 83, 92, 99, 102–103, 113, 120, 125, 150, 154, 159–169, 215, 224, 230, 233, 235–236, 242–243, 270–271, 275, 277–278
Trent, Council   1, 11–12, 15–22, 35, 39, 41, 45, 47–50, 58–59, 60–62, 65–66
Trier   2–3, 35, 57, 83
Trier, University   3
Turks   6, 15–16, 109, 139, 156, 231

Uzzah   87
Uzziah   87

'Valdés, Juan de' 34
Valentinian II 204
Vernacular
    See Language of worship; Scripture, translation
Vigils of the Dead
    See Office, Divine
Virués, Alfonso Ruiz de 10, 13–14, 21–22, 51n13, 54

Waldeck, Wolrad zu 18–19
Weaker brethren
    See Fratres infirmiores
Wied, Hermann von 7, 15, 26, 170
Witzel Georg 38
Works 50–57, 107, 129
    See also Faith; *Fiducia*; Justification; Merit; Supererogatory works
Worms, 1545 Diet 19
Worms, 1557 Colloquy 35
Worship 263–264
    external 79, 81–86, 89, 91–93, 97, 102, 104–105, 107, 122, 125, 132, 162, 165, 245, 260
    internal 86
    See also Ceremonial Law; Idolatry; Sacraments; Sacrifice

Zacchaeus 66
Zazius, Ulrich 3
Zell-an-der-Mosel 7
Ziegelein, Anna 7